Carl Dahlhaus · Ludwig van Beethoven

Große Komponisten und ihre Zeit

Carl Dahlhaus

LUDWIG van BEETHOVEN UND SEINE ZEIT

LAABER-VERLAG

Schutzumschlag: Ludwig van Beethoven. Ölbild von Joseph Willibrord Mähler (Beethoven-Haus, Bonn).

3. Auflage 1993
© 1987 by Laaber-Verlag, Laaber
Nachdruck, auch auszugsweise,
nur mit Genehmigung des Verlages
Notenherstellung: Curtius Notengraphik, Seubersdorf
Gesamtherstellung: Friedrich Pustet, Regensburg
ISBN 3-9215-1887-3

Inhalt

Vorwort

Eine „große" Beethoven-Biographie, die mit Philipp Spittas *Bach* und Hermann Aberts *Mozart* vergleichbar wäre, ist niemals geschrieben worden. (Daß Thayer darauf verzichtete, die Erzählung der Lebensgeschichte mit einer Interpretation der Werke und einer Darstellung des musikhistorischen Kontextes zu verbinden, schloß sein Buch, so verdienstlich es war, vom Begriff der „klassischen" Biographie, die ein die Schilderung der Einzelheiten durchdringendes Gesamtbild entwirft, von vornherein aus.) Die Zeit der Monumental-Biographien war, in der Musikgeschichte nicht anders als in der Kunst- und der Literaturgeschichte, mit dem Ersten Weltkrieg zu Ende, und das Beethoven-Buch, das um 1900 versäumt wurde, wird wahrscheinlich auch künftig nicht entstehen. Dadurch aber fehlt Darstellungen geringeren äußeren und inneren Formats (das eine ist vom anderen nicht so unabhängig, wie Apologeten des Essays meinen) ein Zentrum, auf das sie sich beziehen können. Zu hoffen, daß in näherer oder fernerer Zukunft ein Werk geschrieben werde, das die in Jahrzehnten gehäuften „Beiträge" zusammenfaßt und deren innere Einheit kenntlich macht, wäre schiere Utopie.

Erweist sich aber die Bemühung, von dem ständig wachsenden Stückwerk, als das sich die Beethoven-Literatur präsentiert, eine sinnvolle Konfiguration abzulesen, als vergeblich, so bleibt immerhin die Möglichkeit offen, in einer Darstellung, die ihren fragmentarischen Charakter nicht verleugnet, Interpretationsansätze zu zeigen, deren gemeinsames, von verschiedenen Seiten angesteuertes Ziel eine Rekonstruktion von Beethovens „musikalischer Poetik" ist. Um ausgeführte Werkanalysen, die mehr Platz beanspruchen würden, als zur Verfügung steht, kann es sich nicht handeln, sondern lediglich darum, Wege zu bahnen, auf denen man zu einer Werkexegese gelangen kann, die sich nicht in „Buchhaltung" erschöpft. Daß dabei die Ästhetik der Jahrzehnte um 1800, die an Sachgehalt und philosophischer Einsicht unübertroffen blieb, berücksichtigt wird, ist einer der Gründe, aus denen der Buchtitel *Beethoven und seine Zeit*, der zweifellos zu hoch greift, halbwegs gerechtfertigt sein mag.

Die Skizzierung von Interpretationsmöglichkeiten — von ästhetisch-kompositionstechnischen Annäherungen an Werke oder Werkgruppen — ist als Versuch gemeint, das Verständnis von Beethovens „musikalischem Denken" zu erschließen. Es ist keine Übertreibung, wenn man behauptet, daß das Metier des Komponierens bei Beethoven in einem besonderen, emphatischen Sinne zu einem Form- und Strukturdenken geworden sei; und die Bedeutung dieses Sachverhalts begreiflich zu machen, ist das Ziel eines Buches, das der Autor in dem Bewußtsein vorlegt, daß es fortgesetzt werden müßte, um eine geschlossene Darstellung zu sein.

Die „Chronik" ist nicht als Schrumpfform einer Biographie gemeint, sondern als Indiz für die Überzeugung des Verfassers, daß man einerseits — trotz der Suggestion, die von der Idee eines imaginären Museums zeitloser Werke ausgeht — ein Datengerüst braucht, um Werke und Ereignisse aufeinander beziehen zu können, daß aber andererseits die Probleme, mit denen das Verhältnis zwischen Kunstwerk und Biographie belastet ist, von einer Lösung so weit entfernt sind, daß sich nicht einmal sagen läßt, welche Arten von Tatsachen in einer Lebensgeschichte überhaupt zu erzählen wären.

Der Ehrgeiz, ein „Beethoven-Bild" zu entwerfen, liegt dem Autor fern, weil er nicht glaubt, daß die notwendigen Voraussetzungen — von der Analyse des „Beethoven-Mythos", dessen Entstehung kein Zufall war, bis zur Präzisierung des Verhältnisses zwischen biographischem Dokument und lebensgeschichtlicher Wirklichkeit und von der Untersuchung des Strukturzusammenhanges zwischen Sozial-, Ideen- und Kompositionsgeschichte bis zur Erhellung der Dialektik von musikalischer Gattungstradition und Werkindividualität — durch die Arbeit eines Einzelnen erfüllt werden können.

Chronik

1770 — 17. Dezember: Ludwig van Beethoven in Bonn getauft. Das Geburtsdatum ist wahrscheinlich des 16. Dezember. Beethoven hielt sich bis 1790 für ein Jahr, später für zwei Jahre jünger, als er war, und ließ sich sogar durch Dokumente kaum von der Wahrheit überzeugen. Ob es sich um einen Irrtum oder eine Fälschung des Vaters handelte, der seinen Sohn zum Wunderkind stilisieren wollte, ist ungewiß. Der Großvater, Ludwig van Beethoven (1712–1773), war Kapellmeister der kurfürstlichen Hofkapelle in Bonn; der Vater, Johann van Beethoven (ca. 1740–1792), von dem Beethoven den ersten Klavier- und Violinunterricht erhielt, war als Sänger in der Hofkapelle engagiert. Zwei jüngere Brüder, Caspar Anton Carl und Nikolaus Johann, wurden 1774 und 1776 geboren.

— Klopstock, *Oden*. Friedrich Rochlitz notierte 1822 eine Äußerung Beethovens: „Nun lachen Sie? Aha, darüber, daß ich den Klopstock gelesen habe! Ich habe mich jahrelang mit ihm getragen, wenn ich spazieren ging und sonst."

1774 — Gluck, *Iphigénie en Aulide* (Paris; in Wien 1808).

— Goethe, *Die Leiden des jungen Werthers*.

1776 — Unabhängigkeitserklärung von dreizehn amerikanischen Kolonien.

1778 — 26. März: Beethovens erstes öffentliches Konzert.

— Erstausgabe von Herders *Volksliedern* (in der posthumen Ausgabe von 1807 *Stimmen der Völker in Liedern*).

1779 — Christian Gottlob Neefe kommt nach Bonn; 1780 wird sein Singspiel *Adelheit von Veltheim* aufgeführt, 1781 wird er zum Hoforganisten ernannt. Der Beginn von Beethovens Unterricht bei ihm ist ungewiß.

— Gluck, *Iphigénie en Tauride* (Paris).

1781 — Reformen Kaiser Josephs II.: Aufhebung der Leibeigenschaft; Toleranzedikt für Protestanten und Juden; Auflösung der geistlichen Zensur.

— Haydn, Sechs *Streichquartette* opus 33 (Haydn bot am 3. Dezember Abschriften auf Pränumeration an).

— Kant, *Kritik der reinen Vernunft.*

— Johann Heinrich Voss, Übersetzung von Homers *Odyssee.* Am 8. August 1809 schrieb Beethoven an Breitkopf und Härtel über Goethe und Schiller: „Die zwei Dichter sind meine Lieblingsdichter, sowie Ossian, Homer, welchen letztern ich leider nur in Übersetzungen lesen kann."

1782 — *Variationen c-moll für Klavier über einen Marsch von E. Chr. Dreßler* erscheinen im Druck.

— Mozart, *Die Entführung aus dem Serail* (Wien; in Bonn 1783).

1783 — Die *Klaviersonaten Es-Dur, f-moll und D-Dur (Kurfürstensonaten),* entstanden 1782—1783, erscheinen im Druck.

— Neefe läßt am 2. März eine Notiz in Cramers *Magazin der Musik* einrücken: „Louis van Betthoven . . . ein Knabe von 11 Jahren, und von vielversprechendem Talent. Er spielt sehr fertig und mit Kraft das Clavier, ließt sehr gut vom Blatt, und um alles in einem zu sagen: Er spielt größtentheils das wohltemperirte Clavier von Sebastian Bach, welches ihm Herr Neefe in die Hände gegeben. Wer diese Sammlung von Präludien und Fugen durch alle Töne kennt, (welche man fast das non plus ultra nennen könnte), wird wissen, was das bedeute. Herr Neefe hat ihm auch, sofern es seine übrige Geschäfte erlaubten, einige Anleitung zum Generalbaß gegeben. Jetzt übt er ihn in der Composition, und zu seiner Ermunterung hat er 9 Variationen von ihm fürs Clavier über einen Marsch in Mannheim stechen lassen. Dieses junge Genie verdiente Unterstützung, daß er reisen könnte. Er würde gewiß ein zweiter Wolfgang Amadeus Mozart werden, wenn er so fortschritte, wie er angefangen."

1784 — Grétry, *Richard Coeur-de-Lion* (Paris; in Wien 1802 und 1810).

— Jacques-Louis David, *Schwur der Horatier.*

1785 — Gründung der Universität Bonn, an der Beethoven sich 1789 immatrikulierte.

1786 — Antonio Sacchini, *Oedipe à Colone* (Versailles; in Wien 1802).

— Mozart, *Le Nozze di Figaro* (Wien).

1787 — Im Frühjahr reiste Beethoven nach Wien, wo er wahrscheinlich Mozart traf; er mußte aber, da seine Mutter im Sterben lag, bald nach Bonn zurückkehren.

- Mozart, *Don Giovanni* (Prag).
- Antonio Salieri, *Tarare* (Paris; in Wien 1797).
- Goethe, *Faust, Ein Fragment.* Beethoven las das Werk 1790 und plante jahrzehntelang eine *Faust*-Oper.

1788 — Graf Ferdinand von Waldstein kommt aus Wien nach Bonn und lernt Beethoven, dem er später in Wien die Wege ebnete, im Hause der Familie von Breuning kennen.

- Goethe, *Egmont.*

1789 — Sturm auf die Bastille. Über Beethovens Sympathien für die Revolution ist, obwohl er wahrscheinlich bei dem Revolutionär Eulogius Schneider Vorlesungen hörte, nichts bekannt.

- Beethoven, der in der Hofkapelle Bratsche spielt, wird wegen der Trunksucht seines Vaters zum „Haupt der Familie" und bezieht, um seine Brüder zu erhalten, die Hälfte des väterlichen Gehalts.

1790 — *Kantate auf den Tod Kaiser Josephs II.* für Solostimmen, Chor und Orchester; *Kantate auf die Erhebung Leopolds II. zur Kaiserwürde* für Solostimmen, Chor und Orchester.

- Mozart, *Così fan tutte* (Wien).
- Johann Georg Albrechtsberger, *Gründliche Anweisung zur Composition.* Albrechtsberger, der die Fux-Tradition vermittelte, war 1794—1795 Beethovens Kontrapunktlehrer.

- Kant, *Kritik der Urteilskraft.*

1791 — Mozart, *Die Zauberflöte* (Wien).

- Mozart, *Requiem* (gedruckt 1800).
- Luigi Cherubini, *Lodoïska* (Paris; in Wien 1802). Beethoven schrieb 1823 an Cherubini, den er nach Haydns Tod für den größten lebenden Komponisten hielt: „Mit großem Vergnügen ergreife ich die Gelegenheit, mich Ihnen schriftlich zu nahen. Im Geiste bin ich es oft genug, indem ich Ihre Werke über alle andere theatralische schätze. Nur muß die Kunstwelt bedauern, daß seit längerer Zeit, wenigstens in unserm Deutschland kein neues theatralisches Werk von Ihnen erschienen ist. So hoch auch Ihre andern Werke von wahren Kennern geschätzt werden, so ist es doch ein wahrer Verlust für die Kunst, kein neues Produkt Ihres großen Geistes für das Theater zu besitzen."
- Zwischen 1791 und 1795 entstanden Haydns *Londoner Symphonien* (Nr. 93—104), deren Erstdrucke 1795—1801 bei André in Offenbach erschienen.

1792 — Frankreich wird Republik; „Septembermorde" an etwa dreitausend Royalisten.

— Franz II. wird nach dem Tode Leopolds II. Römischer Kaiser Deutscher Nation.

— Haydn, der im Juli auf der Reise von London nach Wien in Bonn Station macht, trifft Beethoven und nimmt ihn als Schüler an. Im November verläßt Beethoven Bonn, in das er niemals zurückkehrte, und übersiedelt nach Wien. Graf Waldstein schrieb ihm zum Abschied ins Stammbuch: „Durch ununterbrochenen Fleiß erhalten Sie: Mozarts Geist aus Haydns Händen."

1793 — Hinrichtung Ludwigs XVI. und Marie Antoinettes.

— Sechs *Streichquartette* von Haydn, die eigentlich einen Zyklus bilden, erscheinen als opus 71 und opus 74.

— 1793—1794 schrieb Beethoven die *Trios Es-Dur, G-Dur und c-moll für Klavier, Violine und Violoncello,* die 1795 als opus 1 gedruckt wurden. Haydn soll von der Veröffentlichung des *c-moll-Trios* abgeraten haben; und ihm wurde nicht opus 1, sondern opus 2 gewidmet.

1794 — Sturz Robespierres durch die „Thermidorianer".

— Haydn komponiert 1794—1795 die *Klaviersonaten in Es-Dur* und *C-Dur.* Beethoven nimmt — nachdem er sich schon 1793, unzufrieden mit Haydns Lehrmethode, heimlich von dem Singspielkomponisten Johann Schenk hatte unterrichten lassen — während Haydns letzter Londoner Reise Kontrapunktstunden bei Albrechtsberger.

1795 — 29. März: Bei einem Konzert im Burgtheater spielt Beethoven wahrscheinlich sein *Zweites Klavierkonzert* (B-Dur, opus 19), das chronologisch sein erstes ist.

— *Klaviersonaten f-moll, A-Dur und C-Dur* opus 2 (gedruckt 1796). Die Sonaten sind Joseph Haydn gewidmet.

— Schiller, *Briefe über die ästhetische Erziehung des Menschen* und *Über naive und sentimentalische Dichtung.*

— 1795—1796: Goethe, *Wilhelm Meisters Lehrjahre.* 1811 schrieb Beethoven an Therese Malfatti, die er heiraten wollte und um deren Bildung er besorgt war: „Haben Sie Goethes Wilhelm Meister gelesen, den von Schlegel übersetzten Shakespeare?"

1796 — Konzertreise über Prag, Dresden, Leipzig nach Berlin. Für Jean Pierre Duport, den Cellolehrer des preußischen Königs Friedrich

Wilhelm II., schrieb Beethoven die *Sonaten F-Dur und g-moll für Klavier und Violoncello* opus 5 (gedruckt 1797).

— Lied oder Kantate *Adelaide* opus 46 (gedruckt 1797). Das Werk ist dem Dichter des Textes, Friedrich von Matthisson, gewidmet, dem Beethoven am 4. August 1800 schrieb: „Die Dedikation betrachten Sie teils als ein Zeichen des Vergnügens, welches mit die Komposition Ihrer A. gewährte, teils als ein Zeichen meiner Dankbarkeit und Hochachtung für das selige Vergnügen, was mir ihre Poesie überhaupt immer machte und noch machen wird."

— Johann Schenk, *Der Dorfbarbier* (Wien).

— Peter von Winter, *Das unterbrochene Opferfest* (Wien).

— Zwischen 1796 und 1802 komponierte Haydn seine sechs späten Messen.

1797 — Friede von Campo Formio zwischen Frankreich und Österreich: Das linke Rheinufer wird an Frankreich abgetreten.

— Luigi Cherubini, *Médée* (Paris; in Wien 1802).

— Haydn schreibt die sechs *Streichquartette* opus 76.

1798 — Beethoven beginnt, nachdem er zuvor lose Blätter zu Entwürfen verwendet hatte, mit der Anlage von Skizzenbüchern.

— 1798—1799: *Klaviersonate c-moll (Sonate pathétique)* opus 13 (gedruckt 1799).

— 1798—1800: *Streichquartette F-Dur, G-Dur, D-Dur, c-moll, A-Dur und B-Dur* opus 18 (gedruckt 1801). Gustav Nottebohm rekonstruierte aus den Skizzen für vier Quartette die Reihenfolge der Entstehung: Nr. 3, 1, 2, 5.

— Im Verlag Breitkopf und Härtel in Leipzig erscheint, herausgegeben von Friedrich Rochlitz, die *Allgemeine musikalische Zeitung,* die Beethovens Werke regelmäßig, wenn auch nicht immer lobend berücksichtigt.

1799 — Napoleon wird Erster Konsul.

— 1799—1800: *Erste Symphonie C-Dur* opus 21 (gedruckt 1801).

— 1799—1800: *Septett Es-dur für Violine, Bratsche, Klarinette, Horn, Fagott, Violoncell und Kontrabaß* opus 20 (gedruckt 1802). In einem Brief an den Verleger Friedrich Hofmeister spricht Beethoven am 15. Dezember 1800 von einem „Septett per il violino, viola, violoncello, contra-Bass, clarinett, corno, fagotto; — tutti obligati. (Ich kann gar nichts unobligates schreiben, weil ich schon mit ei-

nem obligaten Accompagnement auf die Welt gekommen bin.)
Dieses Septett hat sehr gefallen."

— Etienne Nicolas Méhul, *Ariodant* (Paris; in Wien 1804). 1823
schrieb Beethoven an den Verleger Moritz Schlesinger: „Was von
Méhul Sie mir gezeigt haben, bitte ich Sie, mir zu schicken."

— Am 19. März wird Haydns Oratorium *Die Schöpfung*, entstanden
1796—1798, aufgeführt.

— Haydn komponiert die beiden *Streichquartette* opus 77.

1800 — 2. April: Bei einer Akademie im Burgtheater werden die *Erste Symphonie* opus 21 und das *Septett* opus 20 zum erstenmal aufgeführt.
Das Konzert scheint Beethovens Ruhm in der Öffentlichkeit, dem
ein Prestige in Adelszirkeln vorausging, fest begründet zu haben.

— 1800—1801: *Sonaten a-moll und F-Dur für Klavier und Violine*
opus 23 und 24 (1801 zusammen als opus 23 gedruckt; erst 1802
erschien die F-Dur-Sonate für sich als opus 24).

— 1800—1801: Musik zu dem Ballett *Die Geschöpfe des Prometheus*
von Salvatore Viganò, opus 43 (erste Aufführung am 28. März
1801 im Burgtheater).

— 1800—1802: *Drittes Klavierkonzert c-moll* opus 37 (gedruckt 1804).

— Luigi Cherubini, *Les deux Journées (Der Wasserträger)* (Paris; in
Wien 1802). Julius Benedict erzählt, daß Beethoven auf die Frage
„Welche halten Sie für die besten Libretti?" den *Wasserträger* und
Die Vestalin nannte.

1801 — Der Friede von Lunéville beendet die französischen Revolutions-
kriege; Frankreich schließt mit dem Papst ein Konkordat.

— Beethoven berichtet in Briefen an Carl Amenda (1. Juni) und
Franz Gerhard Wegeler (29. Juni) von seiner Taubheit, deren erste
Anzeichen drei Jahre zurückliegen. „Wie oft wünsche ich Dich" —
Amenda — „bei mir, denn Dein Beethoven lebt sehr unglücklich;
wisse, daß mir der edelste Teil mein Gehör sehr abgenommen hat,
schon damals, als Du noch bei mir warst, fühlte ich davon Spuren,
und ich verschwieg's, nun ist es immer ärger geworden; ob es wird
wieder können geheilt werden, das steht noch zu erwarten." „Trau-
rige Resigantion, zu der ich meine Zuflucht nehmen muß; ich habe mir freilich vorgenommen, mich über alles hinauszusetzen;
aber wie wird es möglich sein?"

— *Klaviersonate cis-moll (Sonata quasi una Fantasia)* opus 27,2 (gedruckt 1802). Gegenüber Carl Czerny äußerte Beethoven in späte-

ren Jahren: „Immer spricht man von der cis-moll-Sonate! Ich habe doch wahrhaftig Besseres geschrieben. Da ist die Fis-Dur-Sonate etwas anderes!"

— 1801–1802: *Klaviersonaten G-Dur, d-moll und Es-Dur* opus 31, gedruckt 1803 (Nr. 1 und 2) und 1804 (Nr. 3). Im Hinblick auf das, was ihm für opus 31 vorschwebte, sagte Beethoven, wie Czerny berichtet, zu dem Geiger Wenzel Krumpholz: „Ich bin nur wenig zufrieden mit meinen bisherigen Arbeiten: von heute an will ich einen neuen Weg einschlagen."

— 1801–1802: *Zweite Symphonie* opus 36 (gedruckt 1804).

— 24. April: erste Aufführung von Haydns Oratorium *Die Jahreszeiten*.

1802 — Am 6. und 10. Oktober schrieb Beethoven das sogenannte *Heiligenstädter Testament*, das weniger eine Verfügung über seine Hinterlassenschaft, gerichtet an seine Brüder, als ein von tiefer Resignation durchdrungener Monolog ist. „Da die geliebte Hoffnung, — die ich mit hieher nahm, wenigstens bis zu einem gewissen Punkt geheilet zu sein, — sie muß mich nun gänzlich verlassen; wie die Blätter des Herbstes herabfallen, gewelkt sind, so ist — auch sie für mich dürr geworden; fast wie ich hieher kam — gehe ich fort. — Selbst der hohe Mut, — der mich oft in den schönen Sommertägen beseelte, — er ist verschwunden. — Oh Vorsehung — laß einmal einen reinen Tag der Freude mir erscheinen!"

— *15 Variationen Es-Dur mit einer Fuge für Klavier* opus 35 (gedruckt 1803). Das Thema der Variationen ist von Beethoven viermal benutzt worden: zuerst in Nr. 7 der *12 Contretänze für Orchester*, dann im Finale der Ballettmusik *Die Geschöpfe des Prometheus*, ferner in opus 35 und zuletzt im Schlußsatz der *Dritten Symphonie*. An Breitkopf und Härtel schrieb Beethoven am 18. Oktober 1802 über opus 34 und opus 35: „Ich habe zwei Werke Variationen gemacht, wovon man das eine auf acht Variationen berechnen, und das andere auf 30. Beide sind auf einer wirklich ganz neuen Manier bearbeitet, jedes auf eine andere verschiedene Art. . . . Jedes Thema ist darin für sich auf einer selbst vom andern verschiedene Art behandelt. Ich höre es sonst nur von andern sagen, wenn ich neue Ideen habe, indem ich es selbst niemals weiß. Aber diesmal muß ich sie selbst versichern, daß die Manier in beiden Werken ganz neu von mir ist."

— 1802—1803: *Sonate A-Dur für Klavier und Violine* opus 47 (gedruckt 1805). Die Sonate ist Rodolphe Kreutzer gewidmet, der sie aber niemals spielte. Sie wurde im Mai 1803 von Beethoven zusammen mit dem Geiger George Bridgetower zum erstenmal aufgeführt.

1803 — Reichsdeputationshauptschluß: Säkularisation fast aller geistlichen und Mediatisierung von über tausend weltlichen deutschen Fürstentümern.

— 5. April: Akademie mit *Christus am Ölberge* (opus 85, gedruckt 1811), der *Ersten* und der *Zweiten Symphonie* sowie dem *Dritten Klavierkonzert*.

— August von Kotzebue, *Die Deutschen Kleinstädter*. Beethoven schrieb am 28. Januar 1812 an Kotzebue: „Indem ich für die Ungarn Ihr Vor- und Nachspiel mit Musik begleitete, konnte ich mich des lebhaften Wunsches nicht enthalten, eine Oper von Ihrem einzig dramatischen Genie zu besitzen, möge es romantisch, ganz ernsthaft, heroisch, komisch, sentimental sein, kurzum, wie es Ihnen gefalle, werde ich sie mit Vergnügen annehmen. Freilich würde mir am liebsten ein großer Gegenstand aus der Geschichte sein und besonders aus den dunklen Zeiten, z. B. des Attila."

— 1803—1804: *Dritte Symphonie Es-Dur (Sinfonia eroica)* opus 55 (gedruckt 1806).

— 1803—1804: *Klaviersonate C-Dur* opus 53 (gedruckt 1805). Die Sonate ist dem Grafen Waldstein gewidmet.

1804 — In Gegenwart des Papstes krönt sich Napoleon in Notre Dame in Paris zum Kaiser der Franzosen.

— Ferdinando Paër, *Leonore ossia L'Amore coniugale* (Dresden). Da die Oper erst 1809 in Wien aufgeführt wurde, kann Beethoven sie, entgegen einer von Ferdinand Hiller erzählten Anekdote, nicht gehört haben, bevor er seine *Leonore* schrieb.

— 1804—1805: *Leonore* (erste Fassung). Die erste Aufführung fand — unter dem Titel *Fidelio*, dem Beethoven weder 1805 noch 1806, sondern erst 1814 seine Zustimmung gab — am 20. November 1805, kurz nach der Besetzung Wiens durch die Franzosen statt.

— 1804—1805: *Klaviersonate f-moll* opus 57 (gedruckt 1807). Der Titel *Sonata appassionata* stammt aus einer Ausgabe für Klavier zu vier Händen aus dem Jahre 1838.

— 1804—1808: *Fünfte Symphonie c-moll* opus 67 (gedruckt 1809).

1805 — Admiral Nelson besiegt in der Seeschlacht von Trafalgar die französische Flotte. Gegen Österreich und Rußland gewinnt Napoleon die Schlacht bei Austerlitz. Im Frieden zu Preßburg verliert Österreich Venetien an das Königreich Italien.
— 1805—1806: Umarbeitung der Oper *Leonore* (erste Aufführung am 29. März 1806).
— 1805—1806: *Viertes Klavierkonzert G-Dur* opus 58 (gedruckt 1808).

1806 — Franz II. legt die Krone des Heiligen Römischen Reiches Deutscher Nation nieder.
— *Vierte Symphonie B-Dur* opus 60 (gedruckt 1808).
— *Violinkonzert D-Dur* opus 61 (gedruckt 1808).
— *Streichquartette F-Dur, e-moll und C-Dur* opus 59 (gedruckt 1808).
— Luigi Cherubini, *Faniska* (Wien).
— 1806—1808: Achim von Arnim und Clemens Brentano, *Des Knaben Wunderhorn.*

1807 — *Messe C-Dur* für Soli, Chor und Orchester opus 86 (gedruckt 1812).
— Ouvertüre zu H. J. von Collins Trauerspiel *Coriolan*, opus 62 (gedruckt 1808).
— Etienne Nicolas Méhul, *Joseph* (Paris; in Wien 1809).
— Gaspare Spontini, *La Vestale* (Paris; in Wien 1810). Beethoven hielt den Text zur *Vestalin*, neben dem zu Cherubinis *Wasserträger*, für das beste Libretto, das er kannte. Und Karl Gottlieb Freudenberg überliefert eine Äußerung Beethovens 1825: „Spontini habe viel Gutes, den Theatereffekt und musikalischen Kriegslärm verstände er prächtig."
— Hegel, *Phänomenologie des Geistes.*
— 1807—1808: *Sechste Symphonie in F-Dur (Sinfonia pastorale)* opus 68 (gedruckt 1809).
— Im Dezember bietet Beethoven der Hoftheaterdirektion an, „jährlich wenigstens eine große Oper" zu schreiben, und zwar gegen „eine fixe Besoldung von jährlich 2400 Florin nebst der freien Einnahme zu seinem Vorteile bei der dritten Vorstellung jeder solcher Oper." Eine Antwort scheint er nicht erhalten zu haben.

1808 — 22. Dezember: Konzert mit der *Fünften* und der *Sechsten Symphonie*, dem *Vierten Klavierkonzert*, Teilen der *C-Dur-Messe* und der

Chorphantasie opus 80, deren Klavierintroduktion allerdings noch improvisiert und erst 1809 niedergeschrieben wurde.

— *Trios D-Dur und Es-Dur für Klavier, Violine und Violoncello* opus 70 (gedruckt 1809).

— Goethe, *Faust. Der Tragödie erster Teil.*

— 1808—1809: Francisco Goya, *El Gigante.*

— 1808—1809: Caspar David Friedrich, *Mönch am Meer.*

1809 — Vergebliche Erhebung Österreichs gegen Napoleon.

— Ein Dekret vom 1. März garantiert Beethoven zum Ausgleich dafür, daß er einen Ruf nach Kassel als Kapellmeister von Napoleons Bruder Jérome ablehnt, ein Jahresgehalt von 4000 Florin, das Erzherzog Rudolph (1500 Florin), Fürst Lobkowitz (700 Florin) und Fürst Kinsky (1800 Florin) aufbringen. In einem Entwurf heißt es: „Es muß das Bestreben und das Ziel jedes wahren Künstlers sein, sich eine Lage zu erwerben, in welcher er sich ganz mit der Ausarbeitung größerer Werke beschäftigen kann und nicht durch andere Verrichtungen oder ökonomische Rücksichten davon abgehalten wird. Ein Tondichter kann daher keinen lebhafteren Wunsch haben, als sich ungestört der Erfindung größerer Werke überlassen und selbe sodann dem Publikum vortragen zu können. Hierbei muß er doch auch seine älteren Täge im Gesicht haben und sich für selbe ein hinreichendes Auskommen zu verschaffen suchen."

— Bombardement (11. Mai) und Besetzung (12. Mai) Wiens durch die Franzosen. An Breitkopf und Härtel schrieb Beethoven am 26. Juli: „Welch' zerstörendes wüstes Leben um mich her, nichts als Trommeln, Kanonen, Menschenelend in aller Art".

— *Fünftes Klavierkonzert Es-Dur* opus 73 (gedruckt 1811).

— *Streichquartett Es-Dur* opus 74 (gedruckt 1810).

— Joseph Weigl, *Die Schweizerfamilie* (Wien).

— Gaspare Spontini, *Fernand Cortez* (Paris; in Wien 1812).

— 1809—1810: *Klaviersonate Es-Dur* opus 81a („Das Lebewohl, die Abwesenheit, das Wiedersehn"). An Breitkopf und Härtel schrieb Beethoven am 9. Oktober 1811: „Ich sehe, daß Sie doch auch andere Exemplare mit französischem Titel verlegt haben. Warum denn? ‚Lebe wohl' ist etwas ganz anderes als ‚les adieux'. Das erstere sagt man nur einem herzlich allein, das andere einer ganzen Versammlung, ganzen Städten."

— 1809—1810: Musik zu J. W. von Goethes Trauerspiel *Egmont*, opus

84, gedruckt 1810 (Ouvertüre) und 1812 (Lieder und Zwischenakte).

1810 — *Streichquartett f-moll* opus 95 (gedruckt 1816).
  — E. T. A. Hoffmann, Rezension der *Fünften Symphonie* in der *Allgemeinen musikalischen Zeitung*.
  — Johann Friedrich Reichardt, *Vertraute Briefe, geschrieben auf der Reise nach Wien*. Reichardt sieht bereits die klassische Trias als Einheit und spricht, um sie zu charakterisieren, mit seltsamer Metaphorik von „Haydn, der ein Gartenhaus erschuf, Mozart, der es zum Palaste wandelte, und Beethoven, der darauf einen ragenden Turm setzte". Beethoven reagierte unwillig: „Was sagen Sie zu dem Geschmier von Reichardts Briefen? wovon ich zwar nur einzelne Bruchstücke gesehn."
  — Zacharias Werner, *Wanda, Königin der Sarmaten*. Beethoven erwähnt 1812 in einem Brief an Erzherzog Rudolph, daß er das Stück gesehen habe, und plante 1823, es einer Oper zugrundezulegen.
  — Germaine de Staël, *De l'Allemagne* (deutsch 1814).

1811 — Der österreichische Staatsbankrott führte zu einer Geldentwertung, die Beethovens Jahresgehalt von 4000 Florin auf einen Wert von ungefähr 1600 Florin reduzierte. Außerdem mußte Fürst Lobkowitz 1811 für vier Jahre die Zahlungen einstellen; Fürst Kinsky starb 1812, und Beethoven erhielt das, worauf er einen Anspruch zu haben glaubte, erst nach langen Verhandlungen mit den Erben.
  — *Trio B-Dur für Klavier, Violine und Violoncello* opus 97 (gedruckt 1816).
  — Friedrich de la Motte Fouqué, *Undine*. Beethoven schrieb am 6. Januar 1816 an die Sängerin Anna Milder-Hauptmann: „Wenn Sie den Baron de la Motte Fouqué in meinem Namen bitten wollten, ein großes Opernsujet zu erfinden, welches auch zugleich für Sie passend wäre, da würden Sie sich ein großes Verdienst um mich und um Deutschlands Theater erwerben."

1812 — Napoleons Rußlandfeldzug.
  — Am 6. und 7. Juli schrieb Beethoven in Teplitz den Brief *An die unsterbliche Geliebte*, der, wie es scheint, an Josephine Brunswick gerichtet war.
  — In Teplitz traf Beethoven mit Goethe zusammen, über den er am

9. August an Breitkopf und Härtel schrieb: „Goethe behagt die Hofluft zu sehr, mehr als es einem Dichter ziemt. Es ist nicht viel mehr über die Lächerlichkeiten der Virtuosen hier zu reden, wenn Dichter, die als die ersten Lehrer der Nation angesehen sein sollten, über diesem Schimmer alles andere vergessen können." Andererseits heißt es 1823 in einem Brief an Goethe: „Immer noch wie von meinen Jünglingsjahren an lebend in Ihren unsterblichen, nie veraltenden Werken und die glücklichen in Ihrer Nähe verlebten Stunden nie vergessend, tritt doch der Fall ein, daß auch ich mich einmal in Ihr Gedächtnis zurückrufen muß".

— 1811—1812: *Siebente Symphonie A-Dur* opus 92 (gedruckt 1816).
— *Achte Symphonie F-Dur* opus 93 (gedruckt 1817).
— 1812—1813: *Sonate G-Dur für Klavier und Violine* opus 96 (gedruckt 1816).

1813 — Niederlage Napoleons in der „Völkerschlacht bei Leipzig".
— Daß Beethoven in dem Jahr zwischen dem Abschluß von opus 96 (Datierung des Autographs: Februar 1813) und dem Beginn der Arbeit an der dritten Fassung des *Fidelio* (März 1814) als einziges größeres Werk *Wellingtons Sieg oder Die Schlacht bei Vittoria* komponierte (opus 91, gedruckt 1816), ist doppelt interpretiert worden: als Ausdruck einer Lähmung durch die Enttäuschung, die aus der unglücklichen Beziehung zur „unsterblichen Geliebten" resultierte, und als Ende des „heroischen Stils" in der Karikatur oder im Petrefakt. Einerseits aber fällt es den Exegeten schwer, sich zu entscheiden, ob biographische Verstrickungen bei Beethoven kompositorisch hemmend oder stimulierend wirkten; und andererseits wurde der „heroische Stil" inmitten des Spätwerks durch die *Neunte Symphonie* und die *c-moll-Sonate* opus 111 noch einmal triumphal repräsentiert.
— Am 8. und am 12. Dezember werden die *Siebente Symphonie* und *Wellingtons Sieg* in ungewöhnlich erfolgreichen Akademien aufgeführt.
— Gründung der Philharmonic Society in London. 1822 schrieb Beethoven, der Englands musikalische Institutionen ebenso hoch schätzte wie die politischen, an Ferdinand Ries: „Wäre ich nur in London, was wollte ich für die philharmonische Gesellschaft alles schreiben! Denn Beethoven kann schreiben, Gott sei Dank! — sonst freilich nichts in der Welt."

— Gioacchino Rossini, *Tancredi* und *L'Italiana in Algeri* (beide Venedig; in Wien 1816 bzw. 1817).

1814 — Wiener Kongreß.

— *Fidelio* opus 72 (dritte Fassung). Die erste Aufführung fand am 23. Mai statt.

— 29. Oktober: Akademie im Redoutensaal mit der *Siebenten Symphonie*, *Wellingtons Sieg* und der Kantate *Der glorreiche Augenblick* opus 136. In einem Polizeibericht vom 30. November heißt es: „Die gestrige Veranstaltung war nicht dazu angetan, die Begeisterung für das Talent dieses Komponisten zu erhöhen, der seine Anhänger und seine Gegner hat. Der Partei seiner Bewunderer gegenüber, in deren erster Linie Rasumowsky, Apponyi, Kraft u. a. stehen, die Beethoven anbeten, erhebt sich eine überwältigende Mehrheit von Kennern, die es unbedingt ablehnen, weiterhin seine Werke anzuhören."

— Franz Schubert, *Gretchen am Spinnrade* (1821 als opus 2 gedruckt).

— Walter Scott, *Waverley*. Beethoven war ein enthusiastischer Scott-Leser.

1815 — Rückkehr Napoleons von Elba; Niederlage bei Waterloo. Rußland, Österreich und Preußen bilden die „Heilige Allianz". Venetien und die Lombardei werden an Österreich zurückgegeben.

— Am 15. November stirbt Beethovens Bruder Caspar Carl, und Beethoven wird zusammen mit seiner Schwägerin Johanna Vormund seines neun Jahre alten Neffen Carl. Die geteilte Vormundschaft wurde zur Quelle erbitterter, bösartiger, mehrfach gerichtlich ausgetragener Streitigkeiten, die Beethoven, der sich als Vater seines Neffen fühlte, jahrelang schwer belasteten.

— *Sonaten C-Dur und D-Dur für Klavier und Violoncello* opus 102 (gedruckt 1817).

— Amadeus Wendt: *Gedanken über die neuere Tonkunst und van Beethovens Musik, namentlich Fidelio* in der *Allgemeinen musikalischen Zeitung*.

— 3. Dezember: Erstes Konzert der Gesellschaft der Musikfreunde in Wien. In den Konzerten der Gesellschaft wurden seit 1816 nahezu regelmäßig Symphonien von Beethoven aufgeführt.

1816 — Liederkreis *An die ferne Geliebte* opus 98 (gedruckt im selben Jahr).

— *Klaviersonate A-Dur* opus 101 (gedruckt 1817).

— Rossini, *Il Barbiere di Siviglia* (Rom; in Wien 1819) und *Otello* (Neapel; in Wien 1819). 1824 sagte Beethoven zu Johann Andreas Stumpff: „Rossini und Konsorten, die sind eure Helden. Von mir wollen sie nichts mehr." Ein Jahr später urteilte er gegenüber Karl Gottlieb Freudenberg zurückhaltender: „Den damals vergötterten Rossini, glaubte ich, würde Beethoven verspotten: mit nichten, er räumte ein, Rossini sei ein Talent und melodienvoller Komponist, seine Musik passe für den frivolen, sinnlichen Zeitgeist."

— Cherubini, *Requiem c-moll.*

— E. T. A. Hoffmann, *Undine* (Berlin).

— Louis Spohr, *Faust* (Prag; in Wien 1818). Spohr war 1812—1815 Kapellmeister am Theater an der Wien. Beethoven äußerte 1825, wie Freudenberg berichtet, „Spohr sei zu dissonanzenreich, und durch seine chromatische Melodik würde das Wohlgefallen an seiner Musik beeinträchtigt".

1817 — Muzio Clementi, *Gradus ad Parnassum.*

— Franz Grillparzer, *Die Ahnfrau.*

— 1817—1818 *Klaviersonate B-Dur* opus 106 (gedruckt 1819). An Ferdinand Ries in London schrieb Beethoven am 19. April 1819: „Sollte die Sonate nicht recht sein für London, so könnte ich eine andre schicken oder Sie könnten auch das Largo auslassen und gleich bei der Fuge im letzten Stück anfangen, oder das erste Stück, Adagio und zum dritten das Scherzo und das Largo und Allegro rissoluto. — Ich überlasse Ihnen dieses, wie Sie es am besten finden. — — — Die Sonate ist in drangvollen Umständen geschrieben; denn es ist hart, um des Brotes willen zu schreiben; so weit habe ich es nun gebracht!" Bevor Beethoven gegen Ende 1817 mit der Komposition der *Hammerklavier-Sonate* begann, hatte er ein Jahr lang kein größeres Werk geschrieben. Von einer Unterbrechung oder einer Zeit des Verstummens, die dem Übergang zum Spätstil vorausgeht und ihn als dramatischen Vorgang erscheinen läßt, kann man jedoch nicht sprechen, denn es ist ungerechtfertigt, die *Cellosonaten* opus 102 (1815) und die *Klaviersonate* opus 101 (1816) vom Begriff des Spätwerks auszuschließen. Vollends verfehlt ist es, die viereinhalb Jahre zwischen dem Februar 1813 (Datierung des Autographs von opus 96) und dem Jahresende 1817 insgesamt als „tote Zeit" zu betrachten, die als Kluft die „mittlere Periode" vom Spätwerk trennt und deren biographische Begründung zunächst in den Verstörungen des Jahres 1812 und später in den äußeren und inneren Konflikten um den Neffen zu suchen ist. Die Jahre 1814—1816 waren trotz einiger Unterbrechungen keineswegs unproduktiv.

1818 — Im Februar beginnt Beethoven, Konversationshefte zu führen, in denen seine Gesprächspartner ihre Anteile am Dialog notieren. Von den ungefähr vierhundert Heften sind von Anton Schindler zwei Drittel vernichtet worden.

— Mälzels Erfindung des Metronoms, aufgrund dessen schon 1817 die Tempi der Symphonien 1—8 fixiert worden waren, wird von Beethoven in einer öffentlichen Erklärung enthusiastisch begrüßt. Er unterscheidet zwischen Tempoangaben, die er durch Metronomzahlen ersetzen, und Charakterbezeichnungen, die er beibehalten möchte. An Ignaz von Mosel schrieb er 1818: „Was diese vier Hauptbewegungen betrifft, die aber bei weitem die Wahrheit oder Richtigkeit der vier Hauptwinde nicht haben, so geben wir sie gern hintan; ein anderes ist es mit den den Charakter des Stückes bezeichnenden Wörtern, solche können wir nicht aufgeben, da der Takt eigentlich mehr der Körper ist, diese aber schon selbst Bezug auf den Geist des Stückes haben."

— 1818—1819 Théodore Géricault, *Das Floß der Medusa*.

1819 — Ermordung Kotzebues, der als russischer Agent galt. Karlsbader Beschlüsse: Verschärfung der Zensur und der Überwachung des öffentlichen Lebens durch die Polizei. Beethoven, der zu drastischen Äußerungen in der Öffentlichkeit neigte, wurde als Exzentriker toleriert.

— Goethe, *West-östlicher Divan*.

— 1819—1823: *Missa solemnis D-Dur* opus 123 (gedruckt 1827). Das Werk war für die Inthronisation des Erzherzogs Rudolph als Erzbischof von Olmütz bestimmt, wurde aber nicht rechtzeitig fertig. In Konzerten wurde es, da die Zensur eine Meßkomposition in profanem Kontext nicht duldete, unter der Bezeichnung „Oratorium" oder „Hymnen" aufgeführt.

— 1819—1823: *33 Veränderungen über einen Walzer von Anton Diabelli für Klavier* opus 120 (gedruckt 1823).

— 1819—1823: E. T. A. Hoffmann, *Die Serapionsbrüder*. (Die Sammlung enthält einen Wiederabdruck von Hoffmanns Rezension der *Fünften Symphonie*, aber ohne den analytischen Teil.)

1820 — Wiener Schlußakte gegen die Verfassungsversprechen von 1815.
— Gründung der Wiener Concerts spirituels durch Franz Xaver Gebauer, der oft Werke von Beethoven in seine Programme aufnahm.
— *Klaviersonate E-Dur* opus 109 (gedruckt 1821).
1821 — Griechischer Unabhängigkeitskampf gegen die Türken (bis 1829).
— 1821—1822: *Klaviersonate As-Dur* opus 110 (gedruckt 1822) und *Klaviersonate c-moll* opus 111 (gedruckt 1822).
— Weber, *Der Freischütz* (Berlin; in Wien im selben Jahr). Nach dem Zeugnis des Sohnes Max Maria von Weber, der allerdings nicht immer zuverlässig ist, soll Beethoven gesagt haben: „Ich hätt's ihm nimmermehr zugetraut! Nun muß der Weber Opern schreiben, gerade Opern, eine über die andere und ohne viel daran zu knaupeln!"
1822 — Grillparzer, *Das goldene Vließ*.
— 1822—1824: *Neunte Symphonie d-moll* mit Schlußchor über Schillers Ode *An die Freude*, opus 125 (gedruckt 1826).
— 1822—1825: *Streichquartett Es-Dur* opus 127 (gedruckt 1826). Das Werk wurde wahrscheinlich im Frühjahr 1822 begonnen, erhielt aber den entscheidenden Anstoß durch einen Kompositionsauftrag des Fürsten Nikolaus Galitzin in St. Petersburg, der im November bei Beethoven „ein, zwei oder drei neue Quartette" bestellte.
1823 — Weber, *Euryanthe* (Wien). Beethoven bemerkte, wie Czerny erzählt, nach dem Durchblättern der Partitur: „Weber hat sich dabei zu viele Mühe gegeben."
— Schubert, Liederzyklus *Die schöne Müllerin* opus 25 (gedruckt 1824).
1824 — 7. Mai: Akademie im Kärntnertortheater — die erste seit 1814 — mit der Ouvertüre opus 124, dem Kyrie, Credo und Agnus Dei aus der *Missa solemnis* (unter der Bezeichnung „Hymnen") und der *Neunten Symphonie*.
— Adolf Bernhard Marx: *Etwas über die Symphonie und Beethovens Leistungen in diesem Fache* in der *Berliner Allgemeinen musikalischen Zeitung*.
— 1824—1828: Carl Friedrich Schinkel, Altes Museum in Berlin.
1825 — Plan einer Ausgabe von Beethovens sämtlichen Werken. An Bernhard Schott schrieb Beethoven am 22. Januar: „Schlesinger wollte auch meine Quartetten sämtlich herausgeben, und von mir perio-

disch jedesmal ein neues dazu haben, und zahlen, was ich wollte. Da dies aber meinem Zweck einer Herausgabe von mir meiner sämtlichen Werke schaden könnte, so blieb auch dieses von mir unbeantwortet. Bei dieser Gelegenheit könnten Sie wohl einmal darüber nachdenken, denn besser es geschieht jetzt von mir als nach meinem Tode."

— *Streichquartett a-moll* opus 132 (gedruckt 1827).

— *Streichquartett B-Dur* opus 130 (noch mit der *Großen Fuge* opus 133 als Schlußsatz; das neue Finale entstand 1826; gedruckt 1827).

— 1825—1826: *Streichquartett cis-moll* opus 131 (gedruckt 1827).

1826 — *Streichquartett F-Dur* opus 135 (gedruckt 1827).

— 30. Juli: Selbstmordversuch des Neffen Carl.

— James Fennimore Cooper, *The last of the Mohicans.*

1827 — 26. März: Beethovens Tod. Der Trauerzug am 29. März war ein öffentliches Ereignis, an dem ungefähr zehntausend Menschen teilnahmen: So wenig die späteren Werke verstanden wurden, so groß war der Ruhm, der Beethoven, einen Mythos zu Lebzeiten, umgab. Die Grabrede wurde von Franz Grillparzer verfaßt.

ASPEKTE

I. Werk und Biographie

Die biographische Methode

Das Bild, das von Beethoven im Gedächtnis der Nachwelt überdauert, setzt sich diffus zusammen aus Eindrücken, die von den Werken ausgehen, und Biographie-Fragmenten, die zu einem großen Teil aus Legenden und Anekdoten bestehen. Und die Beziehung zwischen Werk und Biographie scheint um so enger zu sein, je mehr man — statt sich auf Dokumente zu stützen, die der historischen Kritik standhalten — auf die erschließende Kraft von Anekdoten vertraut, deren Wahrheitsgehalt kein empirischer, sondern ein symbolischer ist. Die Szene in Teplitz, in der sich Beethoven als rüder Republikaner präsentiert, ist schlecht dokumentiert; der Versuch, sie aus dem Gedächtnis des Konzertpublikums auszulöschen, wäre jedoch vergeblich, denn sie ist nichts Geringeres als das den musikalischen Gestus der *Fünften Symphonie* ergänzende Bild. Die Evidenz, die sie trotz aller Kritik bewahrt, ist ästhetisch, nicht historisch begründet.

In dem Maße aber, in dem legendäre und anekdotische Vorstellungen durch historische Kritik zurechtgerückt werden, schwindet die Möglichkeit, Werk und Biographie sinnfällig zu verknüpfen. Besteht die Substanz der Anekdote in dem — nicht selten trügerischen — Licht, das sie auf den inneren Zusammenhang zwischen Leben und Werk wirft, so taugt die bestätigte biographische Tatsache in der Regel nur noch dazu, Teil einer lebensgeschichtlichen Erzählung zu werden, die neben der Werkinterpretation herläuft, ohne entscheidend in sie einzugreifen. Die wissenschaftliche Präzisierung der Biographik einerseits und der musikalischen Analyse andererseits führt zu einer Trennung der Bereiche, die nahezu unaufhebbar ist. Die scheinbare Trivialität, daß man die Biographie eines Komponisten erzählt, um das Werk begreiflich zu machen, hört auf, selbstverständlich zu sein.

Nicht zufällig ist also die wissenschaftliche Biographik lange vernachlässigt worden, so lange, daß es schwerfällt, sich überhaupt noch die Probleme zu vergegenwärtigen, als deren Lösung sie in der Zeit, in der sie als anspruchsvollste Form der Kunstgeschichtsschreibung galt, einmal gedacht war.

Daß eine Biographie als solche — gleichgültig, ob es die eines Komponisten, eines Politikers oder eines Forschungsreisenden ist, und sogar unabhängig davon, ob es sich um die Erzählung eines bedeutenden oder eines unauffälligen Lebens handelt — von Interesse sein kann und geschrieben zu werden verdient, dürfte unbestritten sein, berührt aber das kunstwissenschaftliche Problem der biographischen Methode nur am Rande. Lebensgeschichten, die aus schlichter Anteilnahme an der Person eines Dichters oder eines Komponisten geschrieben werden und keinen Anspruch auf Werkerhellung erheben, sind unproblematisch. Allerdings verzichten sie selten auf das Verfahren, dichterische oder musikalische Werke als biographische Dokumente zu benutzen, also aus Werkgehalten „Lebensmomente" zu erschließen und umgekehrt „Lebensmomente", die aus biographischen Zeugnissen eruiert werden, in Werkgehalten gespiegelt zu finden: Wer ein Kunstwerk als Dokument entziffert — also aus Ideen und Ausdruckscharakteren, die er darin zu erkennen glaubt, biographische Rückschlüsse zieht —, neigt unwillkürlich dazu, den gleichen Weg in umgekehrter Richtung zu gehen und aus biographischen Zeugnissen die Ideen und Ausdruckscharaktere der Werke zu „begründen", ihnen also gewissermaßen ein Programm zu unterlegen, das in der Biographie des Komponisten besteht.

Von der trivialen Tatsache, daß ein Werk insofern ein Dokument über einen Komponisten ist, als es Zeugnis ablegt von dessen „Einbildungskraft", geht man zu der problematischen Hypothese über, daß die expressiven Momente, die es enthält, Reflexe der Lebensgeschichte seien. Und die Biographik, die daraus resultiert, setzt sich zusammen aus einer „Außenseite", die aus Dokumenten rekonstruierbar ist, und einer „Innenseite", die aus den Werken erschlossen wird.

Daß biographische Untersuchungen für die Interpretation von Kunstwerken nützlich oder sogar unentbehrlich sein können, leugnet niemand. Manche Details bleiben ohne Rückgriff auf Biographisches schlechterdings unverständlich; nicht selten gehört ein Stück Entstehungsgeschichte, das gekannt werden muß, zum Werk selbst als ästhetischem Gegenstand. Und die zum Gemeinplatz der Kunstwissenschaft gewordene Norm, daß ein Werk aus sich selbst heraus begriffen werden müsse, sollte nicht darüber hinwegtäuschen, daß das Postulat eines lückenlos internen Funktionszusammenhangs in der Geschichte selten erhoben und noch seltener erfüllt worden ist. Nichts berechtigt also dazu, in Fällen, wo sich ein biographischer, entstehungsgeschichtlicher — das Immanenzprinzip durchbrechender — Rekurs als unumgänglich erweist, von einem ästhetischen Mangel zu sprechen, an dem das Werk krankt. Das Ideal eines restlos isolierten, in sich geschlossenen Daseins der Werke, von dem die Argumentation gegen das biographische Verfahren ausgeht, ist kein Naturgesetz der Kunst, das unverrückbar feststünde, sondern eine Regel mit begrenztem historischem Geltungsbereich: Die relative Legitimität oder Illegitimität der biographischen Methode ist partiell von der Nähe oder Ferne eines Werkes zur klassizistischen Ästhetik abhängig. „Objektiv" gerichtete Epochen oder Gattungen, wie die Klassik und das Drama der geschlossenen Form, sind einer biographischen Erschließung in geringerem Maße zugänglich als „subjektiv" orientierte, wie die Romantik und die „Erlebnislyrik".

Der unbestreitbare Nutzen biographischer Rückgriffe für die Erhellung von Einzelheiten — wie des Titels und der Widmung von Beethovens *Les-Adieux-Sonate* opus 81a — ist jedoch ein bloß peripheres Moment, das mit der zentralen Prämisse einer Biographik, die sich als kunstwissenschaftliche Methode versteht, lediglich indirekt zusammenhängt. Was in Beziehung gesetzt werden soll, sind nicht nur Details, sondern vielmehr die Totalität des Werkes und die des Lebens. Die ehrgeizige, monumentale Biographik, wie sie im späten 19. und im frühen 20. Jahrhundert — von Spittas *Bach* bis zu Aberts *Mozart* — praktiziert wurde, setzte nichts Geringeres voraus, als daß ein musikalisches Oeuvre, um von innen heraus verstanden zu werden, als „Lebenswerk" interpretiert werden müsse: als Werk, in dem sich die Substanz des Lebens ausdrückt, aus dem es hervorgegangen ist.

Es ist ungewiß, ob man von der Totalität eines Werkes überhaupt sprechen kann, ohne sie zu der eines Lebens in Beziehung zu setzen. Daß ein Werk für sich, unabhängig vom Autor, ein „Ganzes" sei, läßt sich schwerlich plausibel machen. Und zwar sind es in der Regel die „Nebenwerke", deren Stellung im Gesamtwerk nicht ohne biographischen Rekurs begründbar ist: Beethovens Tänze und Liedbearbeitungen sowie ein großer Teil der Klaviervariationen fallen aus dem „Werk" im emphatischen Sinne heraus, einem „Werk", dessen Begriff von den Symphonien, Streichquartetten und Sonaten abstrahiert ist.

Zwingen demnach die „Nebenwerke" zu einem Rückgriff auf die Biographie, und zwar die empirisch-sozialgeschichtliche, so gerät man andererseits bei der Festsetzung eines Kanons von „Hauptwerken" in Gefahr, einer „mythisierenden" Biographik zu verfallen. Wer die *Symphonien III, V, VII* und *IX* als die „eigentlichen" Ausprägungen von Beethovens symphonischem Stil apostrophiert, entwirft — ohne daß er behaupten müßte, die *Pa-*

storale sei geringeren Ranges als die *Fünfte Symphonie* — einen „Mythos" von Beethoven als dem Repräsentanten eines „heroischen Stils".

Steckte in der Biographik solchen Anspruchs, deren empirischer Sammeleifer ästhetisch — durch das Ziel der Werkerklärung — inspiriert war, einerseits ein Stück Lebensphilosophie im Sinne Diltheys[1], so ist andererseits der Zusammenhang mit dem Historismus — mit der These, daß Kunst „durch und durch geschichtlich" sei — unverkennbar. Als Sonderform der historischen Methode geht die biographische von der Prämisse aus, daß ein Verstehen von innen heraus immer ein genetisches sein müsse, daß man also, um wahrhaft zu begreifen, was eine Sache ist, den Ursprung entdecken müsse, aus dem sie hervorging. Den Sinn eines Textes, eines musikalischen ebenso wie eines dichterischen, versucht das genetische Verfahren dadurch zu erschließen, daß es den Prozeß nachvollzieht, der zur Entstehung des Textes führte. Und die begriffliche Voraussetzung, von der es ausgeht, ist die aristotelische Unterscheidung zwischen Ergon und Energeia: Werkinterpretation, wie Dilthey sie auffaßt, besteht in der Rückübersetzung des Ergon — des fertigen Gebildes — in die Energeia, aus der es stammt. Wesenserkenntnis — auch ästhetische — wird in der Rekonstruktion des Entstehungsvorgangs gesucht und der Entstehungsvorgang psychologisch-biographisch interpretiert.

Der Einwand, daß zwischen der biographisch erfaßbaren Genesis eines Werkes und dessen analytisch zu erschließender ästhetischer Geltung unterschieden werden müsse, liegt nahe. Der Sinnzusammenhang, den die Analyse als „objektivierten Geist" begreift, fällt mit dem Entstehungsvorgang nicht zusammen. Er ist Gegenstand einer phänomenologischen, nicht einer psychologischen Untersuchung. Und die Differenz zwischen Entstehungsgeschichte und Sinnzusammenhang gewinnt darüber hinaus an Plausibilität, wenn man sich bewußt macht, daß sie an die Unterscheidung zwischen dem Entdeckungs- und dem Begründungskontext wissenschaftlicher Thesen erinnert. Ebenso wie ein Begründungskontext ist ein ästhetischer Sinnzusammenhang eine Konstruktion. Allerdings setzt sich ein Sinnzusammenhang, um prüfbar zu sein, nur in begrenztem Maße einer möglichen Falsifizierung durch empirische Daten aus — die Strukturanalogie ist nicht lückenlos. Das Kriterium, aufgrund dessen sich eine Interpretation als mehr oder weniger stimmig erweist, besteht vielmehr in dem Grad von Konsistenz, den sie zwischen den Teilmomenten eines musikalischen Werkes zu zeigen vermag.

Durch die Unterscheidung zwischen biographischen Entstehungsbedingungen und ästhetischer Geltung wird die genetische Methode zwar angefochten, aber keineswegs destruiert. Denn sie läßt sich dadurch „retten", daß man an die Stelle des biographischen Subjekts ein ästhetisches rückt, das im Werk selbst präsent ist. Entscheidend am genetischen Aspekt ist das Moment der Prozessualität: die Auffassung eines musikalischen Werkes als Formprozeß, „hinter" dem ein tätiges Subjekt zu stehen scheint. Das Subjekt, das als imaginierter Träger des musikalischen Verlaufs einen Teil der ästhetischen Erfahrung bildet und nicht erst außerhalb ihrer „hinzugedacht" wird, kann nun aber statt der empirischen Person des Komponisten, wie sie aus biographischen Dokumenten rekonstruierbar ist, ein ästhetisches Subjekt sein, das einzig im Werk als ästhetischem Gegenstand und nirgends sonst präsent ist.

Manche der Einwände, die gegen die psychologisch-biographische Methode erhoben werden, sind so trivial, daß sie das Verfahren, das sie destruieren sollen, gar nicht treffen. Der Biographik die psychologische Naivität zu unterstellen, daß sie musikalische Expressivität schlicht als Abbild von Seelenregungen des Komponisten interpretiere, ist eine polemische Finte: Daß ein Kunstwerk, statt unmittelbarer Ausdruck eines „Lebensmoments" zu sein, auch als dessen Maske dienen kann und daß es statt der Realität, wie sie vom Autor erfahren wurde, manchmal den Traum darstellt, mit dem er sich gegen die Wirklichkeit zur Wehr setzte, ist von Biographen, die keine Banausen waren, kaum jemals verkannt worden.

Allerdings verstellt die Möglichkeit, zwischen der Erklärung als Abbild und der konträren als Gegenbild zu wechseln, jedem Versuch, psychologisch-biographische Auslegungen zu widerlegen, den Weg. Das Verfahren, teils von ästhetischen „Spiegelungen" der Realität und teils von Entwürfen einer ästhetischen „Gegenwelt" zu sprechen, ist methodologisch eine „Immunisierungs-Strategie". Durch „Immunisierung" gegen die Möglichkeit einer Falsifizierung aber schließt sich eine Interpretation — jedenfalls nach den Kriterien Karl R. Poppers[2] — vom Begriff der „Wissenschaft" aus.

Außerdem läßt sich die „Widerspiegelung" der Biographie in musikalischen Werken, wie es scheint, kaum anders als durch die Theorie einer „Mimesis der Mimesis", wie sie von Georg Lukács[3] entworfen wurde, theoretisch fundieren: Das musikalische Werk wäre demnach ein Ausdruck von Gefühlen, die ihrerseits ein Modus sind, sich die Substanz „lebensweltlicher" Vorgänge anzueignen. Lukács unterschätzt allerdings den Anteil „musikalischen Denkens", eines Denkens, dessen philosophische Implikationen eine andere Art von Zeitgenossenschaft begründen, als sie sich darin zeigt, daß sich in Beethovens Werken des „heroischen Stils" der Geist des Revolutionszeitalters manifestiert, der in die napoleonische Epoche fortwirkte.

Triftiger als der Vorwurf der psychologischen Naivität, der von mißglückten Exemplaren der Biographik auf das ganze Genre übertragen wurde, scheint ein anderes Argument gegen die biographisch-psychologische Methode zu sein: der Einwand, daß man nach der psychologischen Motivation eines Textes gewöhnlich nur fragt, wenn der unmittelbare Zugang zu dessen Sach- und Wahrheitsgehalt gestört ist, wenn also etwa eine Textstelle im Widerspruch zum Kontext, zur angenommenen Intention des Autors oder zu den unbezweifelten Überzeugungen des Lesers steht. Auch für die Rezeption musikalischer Werke gilt, wenngleich in geringerem Maße, die Alltagserfahrung, daß man sich erst dann, wenn die Logik eines Sachzusammenhangs nicht plausibel ist, dazu gedrängt fühlt, nach psychologischen Gründen zu suchen, warum sich ein Autor so äußert, wie man es nicht erwartet. Das formal schwer verständliche Rezitativ in Beethovens *d-moll-Sonate* opus 31,2 brachte August Halm[4], obwohl er gegen die psychologisch-programmatische Deutung Paul Bekkers polemisierte, einen Augenblick lang dazu, in seinen ästhetischen Grundüberzeugungen wankend zu werden und in Versuchung zu geraten, von der Phänomenologie zur Psychologie überzugehen. Mit anderen Worten: Die psychologische Interpretation erscheint als Lückenbüßer, der einspringt, wenn die ästhetische Kommunikation versagt oder unterbrochen ist.

Gerade das Unerwartete — die Abweichung vom Gewohnten und unmittelbar Einleuchtenden — gehört nun aber zur ästhetischen Substanz von Verfahrensweisen, die einen nachdrücklichen Kunstanspruch erheben, jedenfalls in der europäischen Neuzeit und gesteigert im 19. Jahrhundert. Sofern, wie es die Theorie des russischen Formalismus behauptet, die Funktion von Kunstmitteln in der Durchbrechung von Konventionen und der Störung und „Verfremdung" einer „automatisierten Wahrnehmung" besteht, ist eine Irritation des unmittelbaren Textverständnisses — das Moment also, das zur Suche nach psychologischen Motiven herausfordert — in den Prinzipien der künstlerischen Verfahrensweise vorgezeichnet, also in der Sache, nicht in der Person des Autors motiviert.

Die Einfügung eines Rezitativs in die Reprise des ersten Satzes der *d-moll-Sonate* opus 31,2, eine Interpolation, die August Halm verwirrte und fast zu einer Konzession an die „Inhaltsästhetik" bewog, läßt sich formal erklären, wenn man voraussetzt, daß die Durchbrechung von Konventionen ein Strukturprinzip ist, das keineswegs „außermusikalisch" motiviert werden muß. Das Hauptthema (T. 21) ist eine Variante der Dreiklangsbrechung, mit der die Sonate, scheinbar präludierend, beginnt (T. 1). Der Entwicklungsprozeß, dem das Hauptthema unterworfen wird, führt, ungewöhnlich genug, zu dessen Auflösung: Die Durchführung (T. 99) reproduziert motivisch die Exposition (T. 21), aber mit einem veränderten Harmoniegang, dem ein chromatisches Sequenzmodell zugrunde liegt; und in der Reprise (T. 159) bleibt vom Hauptthema dann einzig das chromatische Sequenzmodell — ohne die Motivik — übrig. So konsequent also der Formprozeß erscheint, so unkonventionell ist er. Im gleichen Maße aber, wie das Hauptthema sich auflöst, tritt dessen Vorform, die Dreiklangsbrechung, selbständig und mit deutlichem thematischem Anspruch hervor; und das problematische Rezitativ (T. 143), das in die Sonatenform „von außen" hereinzuragen scheint, ist nichts anderes als eine Ausformulierung oder Explikation des Sachverhalts, daß die Dreiklangsbrechung die primäre Ausprägung des Hauptthemas darstellt und auch von sich aus, nicht erst in Gestalt des „eigentlichen" Hauptthemas (T. 21), „beredt" zu sein vermag. Durch die formale Erklärung des Rezitativs wird eine psychologisch-biographische Begründung nicht ausgeschlossen; sie ist jedoch nicht mehr zwingend.

Einer der Rechtfertigungsgründe einer biographischen Literatur, die sich an das Konzert- und Opernpublikum wendet und musikalisches Verständnis vermitteln möchte, liegt zweifellos in dem Eindruck von Fremdheit und Unzugänglichkeit, der von esoterischen musikalischen Werken, und zwar von gegenwärtigen ebenso wie von vergangenen, ausgeht. Weil die Sache selbst, der tönende Sinnzusammenhang, nicht unmittelbar einleuchtet, sucht man nach Aufschluß in der Biographie des Komponisten, als dessen „Konfession" man das Werk begreift. Hermeneutische Bemühungen — zu denen auch der Versuch gehört, ästhetischen Zugang auf dem Umweg über biographische Kenntnisse zu finden — setzen in der Regel dann ein, wenn sich das, was ein Text sagt, nicht von selbst versteht. (Historiker und Philologen gehen sogar, im Unterschied zu Laien, nicht selten von der skeptischen Maxime aus, daß beim ersten, unmittelbaren Zugriff eher Mißverständnisse als Einsichten zu erwarten sind, daß also auch dort, wo ein Laie umstandslos zu begreifen glaubt, Grund zu dem Argwohn besteht, daß die Aneignung, die allzu mühelos gelingt, eine Verzerrung bedeutet.)

Das Gefühl einer durch Biographik vermittelten inneren Nähe zur Person eines Autors, ein Gefühl, aufgrund dessen ein zunächst sperriges Werk zugänglicher erscheint, ist jedoch trügerisch. Denn die Historie als Wissenschaft, die sich an Dokumente hält, löst das Versprechen, das — explizit oder unausgesprochen — von der Historie als Popularliteratur gegeben wurde, selten ein. Durch eine Geschichtsschreibung, die ein Stück Vergangenheit so zu schildern versucht, „wie es wirklich gewesen ist", werden Menschen und Werke gerade nicht „näher gebracht", wie die Biographenphrase der Popularliteratur lautet, sondern vielmehr ferngerückt. Geschichte wird, pointiert ausgedrückt, immer unverständlicher und fremder, je umfassender man sie kennt und je beharrlicher man den Voraussetzungen nachgeht, von denen die Vergangenheit getragen wurde, als sie noch Gegenwart war. Die verlorene ästhetische Unmittelbarkeit zu vergangener Musik, die uns ferngerückt erscheint, ist also keineswegs durch biographische Unmittelbarkeit wiederherstellbar: eine biographische Unmittelbarkeit, die sich als Illusion erweist, sobald man von naiver Vergegenwärtigung der Vergangenheit zu authentischer Geschichtsschreibung übergeht.

Eine zweite Voraussetzung biographischen Interesses liegt in dem unwillkürlich sich aufdrängenden Eindruck, daß musikalischen Werken, jedenfalls denen des späten 18. und des 19. Jahrhunderts, gleichsam ein „redendes Subjekt" zugrunde liegt, und zwar in Analogie zum „Erzähler" eines Romans oder zum „lyrischen Ich" eines Gedichts. „Erzähler" und „lyrisches Ich" gehören sogar für puristische Literaturtheorien durchaus zum „objektiven" — am Objekt vorfindlichen — ästhetischen Sachverhalt. Sie sind jedoch nur insofern ein Teilmoment des Werkes selbst, als sie mit der empirischen Person des Autors, auf die sich das biographische Interesse richtet, gerade nicht zusammenfallen. Daß das ästhetische Subjekt eines musikalischen Werkes, als dessen Äußerung der tönende Vorgang erscheint, mit der empirischen, aus Dokumenten rekonstruierbaren Person des Komponisten nicht gleichgesetzt werden darf, ist seit einigen Jahrzehnten ein Gemeinplatz der Kunsttheorie, eine Selbstverständlichkeit, an der theoretisch auch diejenigen nicht zweifeln, die in der biographischen Praxis gegen sie verstoßen.

Andererseits ist es keineswegs überflüssig, den vertrackten Beziehungen nachzugehen, die zwischen dem ästhetischen Subjekt musikalischer Werke und der empirischen Person des Autors bestehen. Denn so notwendig die Unterscheidung ist, so problematisch wäre es, sie zu forcieren. Die schlichte Behauptung, Objekt einer Biographie sei die empirische Person und nichts sonst, greift jedenfalls zu kurz. Andererseits setzt sich jeder Versuch, aus den Werken eine „innere Biographie" zu erschließen, der Gefahr einer Spekulation aus, die unter dem Vorwand, daß sie dem „intelligiblen", im Werk sich aussprechenden Subjekt gerecht werden wolle — statt sich auf die empirische, aus Dokumenten rekonstruierbare Person zu beschränken — ins Romanhafte ausschweift.

Die Roman-Biographie, die durch Intuition ersetzt, was an Fakten mangelt, ist eine hybride Gattung, in deren Verachtung sich die Romanciers mit den wissenschaftlichen Biographen einig sind. Um jedoch den Erfolg zu verstehen, der immer wieder mit der Methode, eine Lebensgeschichte aus der Anschauung eines Werkes zu konstruieren, erzielt wird, muß man sich, statt bloße Publikumsverachtung zu demonstrieren, bewußt machen, daß es sich bei der Roman-Biographie um die Verzerrung einer Intention handelt, die es verdient, ernst genommen zu werden. So verfehlt die Lösung erscheint, so unabweislich ist das Problem.

Die Voraussetzung, die dem fragwürdigen Genre zugrunde liegt, ist eine bedrückende Erfahrung, die jeder Biograph kennt: die Erfahrung, daß das Beethoven-Bild, das sich aus authentischen, den Prozeduren der Quellenkritik standhaltenden Zeugnissen zusammensetzen läßt, nicht genügt, um die Entstehung des Oeuvres, das unter Beethovens Namen überliefert ist, auch nur halbwegs begreiflich zu machen. Die empirische Person, die — in blassen Umrissen — aus den Dokumenten hervortritt, und das „intelligible Subjekt", das „hinter" dem musikalischen Werk steht, scheinen auseinanderzuklaffen. Und sobald ein Biograph von der Schilderung des Menschen, dessen Lebensgeschichte und Charakter sich in einer fragmentarischen Überlieferung abzeichnen, zu der des Komponisten übergeht, wie er dem Konzertpublikum als Autor eines monumentalen Werkes vor Augen steht, ist er gezwungen, intuitiv zu konstruieren, statt sich auf das zu beschränken, was dokumentarisch zu ermitteln ist. Das „Wesentliche" scheint sich, wenngleich trügerisch, erst im „Roman" zu erschließen, den sich die Wissenschaft versagen muß.

Die Rekonstruktion eines Autors aus einem musikalischen Oeuvre ist von der einer bürgerlichen Existenz aus einem Dokumentenbestand methodologisch grundverschieden. Der Quellenkritik, deren Regeln sich die an Dokumenten orientierte Biographik unterwerfen muß, stehen Verfahrensweisen der Werkinterpretation gegenüber, die für die Rekonstruktion einer „inneren Biographie" verbindlich sein sollten, sobald sie versucht, aus der schieren Spekulation, in der sich Intuitionen von Werkgehalten in

Phantasien über „Lebensmomente" verwandeln, herauszukommen. Im Unterschied zur historischen Kritik ist jedoch die ästhetische nicht strikt regulierbar. Vielmehr hängt in einer Komponistenbiographie das Verfahren, mit dem man das „intelligible Subjekt" zu rekonstruieren hofft, zu einem nicht geringen Teil von der Ästhetik ab, die man wählt. Ein „Inhaltsästhetiker", der die Werke eines Komponisten als „Bruchstücke einer Konfession" begreift, tendiert zwangsläufig zu einer anderen Art von Biographik als ein „Formalist", der sich die Entstehung von Kunst nach dem Muster von Edgar Allan Poes *Principles of Composition* vorstellt. Und die Tatsache, daß ein Formalist mit biographischen Dokumenten kaum jemals in Konflikt gerät, weil er die Entstehung von Werken von vornherein in einer vom Alltag psychologisch getrennten Sphäre ansiedelt, während ein Inhaltsästhetiker ständig zu biographischen Interpolationen gezwungen ist, die ihn der Gefahr philologischer Blamagen aussetzen, sollte nicht darüber hinwegtäuschen, daß das Komponisten-Bild des Formalisten ebenso auf Konstruktion beruht wie das des Inhaltsästhetikers. Einerseits ist das Ausmaß, in dem reale „Lebensmomente" in die Imagination musikalischer Ausdruckscharaktere hineinspielen, in der Regel nicht feststellbar. Und andererseits ist die Kontroverse zwischen Formalisten und Inhaltsästhetikern primär ein Streit über Prinzipien und nicht über Tatsachen: darüber nämlich, ob ein biographischer Einschlag, der in der musikalischen Intuition eines Komponisten enthalten sein mag, als ästhetisch „wesentlich" gelten soll oder nicht.

Musikalische Form und ästhetischer „Außenhalt"

Wer Biographie und Werk miteinander zu verknüpfen sucht, muß sich, um nicht in die Irre zu gehen, bewußt machen, daß sich Werkgehalte und „Lebensmomente" nicht in direktem Zugriff, der des einen wie des anderen sicher zu sein glaubt, aufeinander beziehen lassen, sondern daß sowohl Notentexte als auch biographische Dokumente der Interpretation bedürfen, damit die Tatsachen, die man einerseits „Werk" und andererseits „Leben" nennt, überhaupt sichtbar werden. Der Notentext stellt ebenso wenig die musikalische Wirklichkeit dar wie das Aktenstück die biographische.

Die historische Interpretation gleicht einem Gerichtsverfahren, bei dem die Wahrheit aus dem, was die Zeugen aussagen, erschlossen werden muß, und zwar nach Regeln, die manchmal äußerst artifiziell erscheinen; die

„Tatsachen" sind streng genommen „Hypothesen", deren empirisches Material Aussagen bilden, die trügerisch sein können. Und ebenso ist die ästhetische Werkauslegung in einem bestimmten Sinne „hypothetisch": Motivabgrenzungen, die nicht „in den Noten stehen", durch die aber die Noten erst musikalischen Sinn erhalten, erweisen sich dadurch als wahrscheinlich, daß die Konsequenzen, die sich im Hinblick auf die Syntax und den musikalischen Formprozeß aus ihnen ergeben, einen Funktionszusammenhang bilden. (In der Ästhetik ist wie in der Philologie die Konsistenz der Annahmen ein wesentliches Kriterium ihrer sachlichen Adäquatheit.)

Bei dem Versuch, bestimmte Werke mit bestimmten, biographisch faßbaren „Lebensmomenten" in Zusammenhang zu bringen, zeigt sich immer wieder, daß ein Konnex, der plausibel erscheint, solange man es bei einer vagen Andeutung beläßt, sich als prekär und mit einem Übermaß von Vermutungen belastet erweist, sobald man sich um Präzisierungen bemüht: Es gehört zu den Bedenklichkeiten der biographischen Methode, daß sie durch Detaillierung in der Regel an Evidenz verliert. So einleuchtend die generelle Behauptung sein mag, Beethovens Werke seien „Bruchstücke einer großen Konfession", so unüberwindlich erscheinen die Hindernisse, wenn man versucht, den „chiffrierten Text" Wort für Wort zu entziffern.

Das *Andante favori in F-Dur* (WoO 57), das ursprünglich den Mittelsatz der *Waldstein-Sonate* bildete, war insgeheim Josephine von Brunswick, der „unsterblichen Geliebten", gewidmet. Beethoven schickte es ihr mit den Worten „Hier — Ihr — Ihr — Andante".[5] Die Emphase fordert zu Hypothesen geradezu heraus. Romain Rollands Vermutung[6], daß der Satz wegen seiner allzu privaten Bedeutung — von der doch kein Außenstehender etwas ahnen konnte — aus der Sonate herausgelöst worden sei, ist jedoch methodologisch ebenso problematisch wie charakteristisch: problematisch, weil sich die biographische Erklärung als brüchig erweist und weil ihr eine ästhetische, die tragfähiger ist, gegenübergestellt werden kann; charakteristisch, weil die unwillkürliche Neigung, eine kompositorische Entscheidung biographisch zu motivieren, die Suche nach einer intern-musikalischen Begründung, die keineswegs vergeblich geblieben wäre, offenbar überflüssig erscheinen ließ und verhinderte.

Beethoven ließ das *Andante favori* bereits 1805, ein Jahr nach der geheimen Widmung, drucken, so daß von einem privaten Dokument, das wegen seiner biographischen Bedeutung der Öffentlichkeit entzogen bleiben sollte, nicht mehr die Rede sein kann. Außerdem ist aus der brieflichen Widmung, so emphatisch sie ist, nicht mit genügender Sicherheit zu schließen, ob das *Andante* im Gedanken an Josephine von Brunswick komponiert wurde, ob sich eine andere private Bedeutung daran knüpfte, oder ob ihr — die trivialste Möglichkeit — das Stück lediglich besonders gut gefiel. Musikalisch ist die Vermutung, daß Beethoven, als er das *Andante* schrieb, an Josephine von Brunswick dachte, keineswegs abwegig: Man kann ein Stück, das zu den „Charakterstücken" mit hohem Differenzierungsgrad gehört — und zwar insofern, als die Pointe nicht in dem graziösen Thema für sich genommen, sondern in der Schwierigkeit besteht, den Grazioso-Charakter auch bei virtuosen Terz-, Sext- und Oktavgängen zu wahren —, durchaus als musikalisches Porträt verstehen; was abgebildet wird, ist jedoch Noblesse schlechthin, nicht die einer einzelnen Person.

Bleibt demnach die biographische Interpretation vage, so ist es andererseits ausschlaggebend, daß sich die kompositorische Entscheidung, in der *Waldstein-Sonate* das *Andante favori* durch eine Introduktion zum Finale zu ersetzen, auch ästhetisch — ohne biographischen Rekurs — erklären läßt. Es scheint, daß Beethoven in der ursprünglichen Fassung der Sonate das unmittelbare Nebeneinander von zwei Rondosätzen mit kantablem Thema, virtuosem Anspruch und großer Ausdehnung als prekär empfand und darum das *Andante favori*, das auch für sich stehen konnte, austauschte. Außerdem ist die dem neuen Mittelsatz zugrunde liegende Formidee, die Introduktion zum Finale aus einem Tongerüst — dem fallenden chromatischen Tetrachord — zu entwickeln, von dem bereits das Hauptthema des ersten Satzes getragen wurde: die Idee also, den Mittelsatz substantiell mit dem ersten und funktional mit dem dritten Satz zu verknüpfen, so schlagend, daß Beethoven wahrscheinlich auch wegen der besonders einleuchtenden Idee für eine Alternative nicht zögerte, das *Andante favori* abzutrennen.

Die methodologische Maxime, die der Argumentation zugrunde liegt: die Maxime, daß in Zweifelsfällen ein Vorrang ästhetischer Motive gegenüber biographischen zu postulieren sei, ist allerdings nicht strikt begründbar. (In dokumentarisch greifbaren Fällen gab teils das eine, teils das andere Moment den Ausschlag.) Die Tendenz mancher Disziplinen, „Selbständigkeit" zu demonstrieren, und zwar dadurch, daß „interne" Erklärungen gegenüber „externen" bevorzugt werden, ist wissenschaftstheoretisch schwach fundiert. Dennoch ist es nicht schiere Willkür, einen Primat des Ästhetischen zu behaupten. Sich kompositorische Entscheidungen — und die Herauslösung eines Satzes aus einem Zyklus ist eine gravierende Maßnahme — nicht „von außen" diktieren zu lassen, ist gewissermaßen eine Sache der „künstlerischen Moral". Und ein Historiker hat, sofern er nicht durch Dokumente dazu gezwungen wird, nicht das Recht zu der Annahme, daß ein Komponist bei einem Stück, das keine Gelegenheitskomposition, sondern ein „Werk" im emphatischen Sinne ist, gegen das Prinzip der ästhetischen Autarkie verstoßen habe.

Der Ideen- und Ausdrucksgehalt eines Kunstwerks ist ebenso wenig ohne ästhetische Interpretation unmittelbar „gegeben" wie der Tatsachengehalt eines biographischen Dokuments ohne historisch-philologische Auslegung. (Nicht, daß eine Evidenz, die unreflektiert die ästhetische oder geschichtliche Wirklichkeit hervortreten läßt, ausgeschlossen wäre; sie einfach vorauszusetzen, als sei sie die Regel und nicht die Ausnahme, ist jedoch naiv.) Sind aber „Tatsachen" immer schon ein Resultat von „Interpretation", so besteht nicht der geringste Grund, die Forderungen, die an eine musikalische Werkinterpretation gestellt werden, in dem Augenblick zu lockern, wo vom Ideen- und Ausdrucksgehalt nicht im Hinblick auf das Werk selbst in seinem isolierten ästhetischen Dasein, sondern aus einem Interesse an übergreifenden geschichtlichen Zusammenhängen die Rede ist.

Ein Kunstwerk als biographisches, ideen- oder sozialgeschichtliches Dokument zu benutzen, ist möglich und in dem Maße legitim, in dem jede Disziplin zur „Hilfswissenschaft" einer anderen werden kann. (Die Historie ist nicht selten „Hilfswissenschaft" der Philologie und die Philologie umgekehrt „Hilfswissenschaft" der Historie.) Obwohl jedoch bei biographischer, ideen- oder sozialgeschichtlicher „Nutzung" eines Kunstwerks kein Anspruch erhoben wird, das ästhetische „Wesen" des Werkes zu erschließen, sind die methodologischen Prinzipien einer adäquaten Werkinterpretation keineswegs aufgehoben. Die Nachlässigkeit, vom Ausdrucksgehalt oberflächlich und unreflektiert zu sprechen, weil es sich „nur" um eine Illustrierung der Ideen- oder Sozialgeschichte und nicht um eine Werkinterpretation handelt, ist durch nichts gerechtfertigt. Die Werkinterpretation macht vielmehr, wenn sie in den Status einer „Hilfswissenschaft" der Ideen- und Sozialgeschichte oder der Biographik rückt, ihre methodologischen Ansprüche nach wie vor uneingeschränkt geltend.

Historiker, die in der *Egmont*-Ouvertüre ein biographisch-ideengeschichtliches Dokument zu erkennen glauben, gehen im allgemeinen davon aus, daß der Schluß, die „Sieges-Symphonie", Ausdruck einer „konkreten Utopie" (Ernst Bloch) sei, mit der sich Beethoven identifizierte. Die Interpretation ist jedoch zu reduziert, um tragfähig zu sein. Und die Akzentuierung des Endes — als wäre es ein „Resultat" — ist der Struktur eines Dramas — und einer Musik, in der sich ein Drama spiegelt — prinzipiell inadäquat: Die teleologische, der Katastrophe entgegenstürzende „Zeitform" der Tragödie sollte nicht darüber hinwegtäuschen, daß — nicht anders als in Beethovens Musik — aus dem zielgerichteten Prozeß eine Struktur resultiert, deren innere Ordnung sich nicht in einer bloßen „Logik der Aufeinanderfolge" erschöpft, in der das jeweils Frühere im Späteren aufgehoben ist. Der „Sinn" des Neben- und Gegeneinanderwirkens von Ideen und Charakteren besteht nicht einfach in einer „Lösung" der Konflikte, die im Drama ausgetragen werden. Entscheidend ist vielmehr, daß sich die „Positionen", die exponiert und entwickelt werden, gegenseitig relativieren, so daß sich eine paradoxe, ironisch gebrochene, in der Schwebe gehaltene Struktur abzeichnet, in der Widersprüche nicht geschlichtet, sondern vertieft und differenziert werden. Und es ist die — eine „Lösung" ausschließende — Radikalisierung von Konflikten, um derentwillen Dramen — und nicht Traktate — überhaupt geschrieben werden.

Die „Sieges-Symphonie", die den Schluß der *Egmont*-Ouvertüre bildet und — abgetrennt — am Ende des Schauspiels wiederkehrt, ist Ausdruck des Wachtraums, mit dem Egmont in den Tod geht: eines Wachtraums, der, wie gesagt, eine „konkrete Utopie", aber eben eine Utopie ist, deren Realisierung, wann immer sie geschieht, einer Dialektik verfällt, in der die „Objektivierung" zugleich „Entfremdung" ist. Die Dialektik war Beethoven, dem enttäuschten Anhänger der Revolution, der dennoch ein Anhänger nicht allein der Idee, sondern auch der wie immer fragmentarischen Realisierung blieb, schmerzlich bewußt. Die „Sieges-Symphonie" als „Quintessenz" der Ouvertüre zu verstehen, wäre demnach eine Verzerrung der dramatischen Struktur, die kein „Resultat" präsentiert, sondern in der sich die Realität der Gewalt und die Idealität der Hoffnung ebenso im Gleichgewicht halten wie Egmonts großmütig-leichtherzige Noblesse und Oraniens besonnene „Realpolitik".

Gesteht man den hohen Abstraktionsgrad zu, ohne den Dichtung und Musik unvergleichbar bleiben, so liegt es nahe, von einer Strukturanalogie zwischen Drama und Ouvertüre zu sprechen: einer Analogie nicht des Inhalts, sondern der Form. Die „Sieges-Symphonie", die 61 Takte umfaßt, wechselt vom Allegro zum Allegro con brio, vom 3/4- zum 4/4-Takt und von Moll nach Dur und steht mit dem Allegro in keinem — sei es offenen oder latenten — thematisch-motivischen Zusammenhang. Sie eindeutig entweder als angehängte Stretta oder als in sich begründeten Satz aufzufassen, wäre verfehlt, weil gerade nicht Eindeutigkeit, sondern Ambiguität ihr Wesen ausmacht. Sie ist durch das Paradox gekennzeichnet, in gleichem Maße selbständig (und darum isolierbar) und unselbständig (vom Kontext abhängig) zu sein; weder in sich selbst noch im Formprozeß der Ouvertüre ist der Schlußteil fest fundiert. Die formale Ambiguität aber läßt, wenn man Form als Sinn entziffert, kaum eine andere Deutung als die Hypothese zu, daß die „Sieges-Symphonie" nicht als „Resultat" des Dramas gemeint ist, das sich in der Ouvertüre musikalisch spiegelt, sondern lediglich eine der Ideen repräsentiert, deren Relation zueinander die Struktur des Dramas ausmacht: eine Struktur, die sich einer Formel entzieht, weil sie einem weitertreibenden, im Grunde unabschließbaren Prozeß gleicht. In der *Egmont*-Ouvertüre als „dramatischer" Musik wird der martialische Sarabandenrhythmus, der — als Zeichen spanischer Herrschaft — in der Coda des Allegro noch einmal — wie im Sostenuto — in Moll erscheint, nachdem er in Dur als Seitenthema des Allegro fungierte, durch die „Sieges-Symphonie" nicht „aufgehoben": Was am Ende bleibt, ist in der Musik wie im Drama keine „Lösung", sondern der ungeschlichtete Konflikt — die Gestalt gewordene, in Gestalten sich manifestierende Nicht-Lösung.

Identifiziert man, nach Hugo Riemann[7] und im Gegensatz zu Arnold Schering[8], den ins Martialische transformierten Sarabandenrhythmus des Anfangs als Symbol der Gewaltherrschaft und die Seufzerfiguren als Ausdruck des unterdrückten niederländischen Volkes, so erweist es sich paradoxerweise als ebenso unumgänglich wie unmöglich, der Durvariante des Anfangs, die das Seitenthema des Allegro bildet, einen manifesten „Inhalt" zuzuschreiben, der dem Wechsel von Moll nach Dur ebenso entspricht wie der Vertauschung der primären mit der sekundären formalen Position: als unumgänglich, weil eine programmatische Deutung nicht abbrechen darf; als unmöglich, weil der dramatische Prozeß nicht eine Milderung oder Aufhellung, sondern eine Forcierung des Themas zu fordern scheint.

In eine ähnliche Schwierigkeit gerät man beim Hauptthema des Allegro. Daß es aus der Seufzermotivik des Sostenuto „hervorgeht", ist unverkennbar; Beethoven „setzt" nicht das Thema, sondern läßt es „entstehen". Und es fiele nicht schwer, dem formalen Vorgang, wenn man sich auf den Umriß im Groben beschränkt, eine inhaltliche Deutung, bezogen auf das Verhältnis Egmonts zum niederländischen Volk, zu geben. Die Motivzusammenhänge sind jedoch so kompliziert, daß sie im Detail für eine programmatische Interpretation schlechterdings unzugänglich bleiben. Und der „Überschuß" an formaler Bestimmtheit ist ästhetisch ausschlaggebend (ihn unberücksichtigt zu lassen, ist das proton pseudos fast aller inhaltlichen Deutungen): Begreift man den formalen Prozeß als ästhetische Transformation, so läßt sich das, was bei adäquater Wahrnehmung geschieht, als fortschreitende „Aufhebung" des Inhalts in Form verstehen — genauer: als wachsende formale bei immer schwächerer inhaltlicher Bestimmtheit, wobei es ausschlaggebend ist, daß es sich um einen Prozeß, den Formprozeß als Formalisierung, handelt. Die manifesten Inhalte, die zu Beginn, im Sostenuto, noch unmißverständlich erscheinen, werden gewissermaßen in eine Entwicklung hineingezogen, in der das Programmatische vom abstrakt Musikalischen allmählich in den Hintergrund gedrängt wird, ohne allerdings restlos ausgelöscht zu werden. Und es ist der Übergang vom einen zum anderen, der als entscheidendes Moment erfaßt werden muß. Die Ouvertüre „ist" nicht — von Anfang bis Ende — entweder absolute oder Programmusik, sondern realisiert sich ästhetisch in der Transformation von Inhalt in Form: Sie vollzieht die Transformation, statt nur deren Ergebnis zu präsentieren.

Die Zitierbarkeit der „Sieges-Symphonie" als biographisch-ideengeschichtliches Zeugnis wird offenkundig in dem Maße geringer, in dem man sich den hochgesteckten methodologischen Forderungen fügt, die seit dem New Criticism an eine Werkinterpretation gestellt werden. Eine der Voraussetzungen allerdings, die der Argumentation gegen die biographische Methode zugrunde liegen: die Annahme, daß der in der dramatischen Werkstruktur begründete „Sinn" identisch sei mit der Intention des Komponisten, ist nicht zwingend. Und es wäre keineswegs absurd, zwischen dem „objektivierten Geist" eines musikalischen Werkes und der subjektiven Absicht und Meinung des Komponisten — einer Meinung, die nicht selten eine nachträgliche Interpretation ist und kein unmittelbarer Reflex des Schaffensimpulses zu sein braucht — prinzipiell zu unterscheiden. Daraus aber resultiert eine methodologische Möglichkeit, die man nicht als schiere Spekulation abtun sollte: die Möglichkeit, die „Autorenintention", sofern sie überhaupt dokumentiert ist oder sich indirekt rekonstruieren läßt, als biographisches Moment zu erfassen, ohne zugleich zu behaupten, daß sie mit dem objektivierten Sinn, wie er sich der Werkinterpretation erschließt, restlos übereinstimme. In der Schicht der subjektiven Überzeugungen könnte dann die „Sieges-Symphonie" ein ungebrochen utopisches Bewußtsein repräsentieren und als „Resultat" der Ouvertüre erscheinen, obwohl in der Schicht der Werkstruktur, deren methodologisch triftige Analyse die Einsicht in die fundamentale Paradoxie und Ironie des Dramas und der ein Drama spiegelnden Musik voraussetzt, von einer „Quintessenz", die sich in Worte fassen läßt, nicht die Rede sein kann.

Ist demnach die biographische Deutung eines einzelnen Werkes mit der Schwierigkeit belastet, daß sich die methodologische Forderung, der ästhetisch konstitutiven — den Kunstcharakter begründenden — Besonderheit des Gebildes gerecht zu werden, als nahezu unerfüllbar erweist, so scheint der Versuch, eine Zäsur in der Entwicklung eines Komponisten auf biographische Vorgänge zu beziehen, insofern unverfänglicher zu sein, als allgemeinere, von der Singularität der Werke abstrahierte Momente in der Regel einer „von außen", aus der Biographie oder der Ideen- und Sozialgeschichte, herangetragenen Begrifflichkeit eher zugänglich sind.

Charakteristisch für die Werke der „zweiten Periode" oder des „neuen Weges" seit 1802 — für die *Eroica* also oder die *Klaviersonate* opus 31,2 und die *Variationen* opus 34 und opus 35 — ist eine veränderte Relation zwischen den esoterischen und den exoterischen Momenten der musikalischen Form: zwischen nach außen gewandtem Pathos und latenten Strukturen. Der „heroische Stil", wie er von Romain Rolland genannt wurde, manifestiert sich in Formen, in denen die Thematik und deren „Abhandlung" einen neuartigen Zug zum Abstrakten zeigen, der zu dem Gestus, sich als musikalischer Rhetor an die „ganze Menschheit" zu wenden, in einem eigentümlich paradoxen — aber, wie sich zeigen wird, von innen heraus verständlichen — Verhältnis steht.

Der Revolutionsgestus der *Eroica*, der dazu herausfordert, das Werk in der inneren Chronologie der Weltgeschichte in das Jahr 1789 zurückzudatieren, ist niemals verkannt worden. Und daß der „Ton" revolutionär ist, gilt unabhängig davon, ob Beethoven die Revolutionsidee durch Napoleon weitergetragen oder — seit 1804 — verraten glaubte. Revolutionär war der „Geist des Zeitalters" insgesamt: des Zeitalters, das 1789 anbrach und 1814 endete und das Beethovens „heroischer Stil" in Töne faßte. Erst 1814, als nicht mehr nur, wie in jedem geschichtlichen Augenblick seit 1789, die Realisierung der Idee durch Verzerrung gefährdet erschien, sondern die Idee selbst, jedenfalls einstweilen, preisgegeben wurde, brach die Epoche ab. Und *Wellingtons Sieg* ist nur noch das Petrefakt oder die Parodie des „heroischen Stils", der in der *Eroica* begründet worden war.

Der esoterische Zug, der den Widerpart des Menschheitspathos bildet, tritt erst zutage, wenn man sich bewußt macht, daß — entgegen dem herrschenden Vorurteil — im ersten Satz der *Eroica* nicht die Dreiklangsbrechung der Takte 3—6 für sich, sondern die Diatonik in Relation zur Chromatik der Takte 6—7 das eigentliche Thema oder die „Thematik" darstellt. Die Chromatik aber, die in wechselnden Rhythmisierungen und immer wieder anderen satztechnischen Funktionen einen formal konstitutiven, den Fortgang bestimmenden Widerpart zur Akkordbrechung bildet, ist kein konkretes, rhythmisch und diastematisch fest umrissenes Motiv, sondern eine abstrakte Struktur. Der Motivbegriff, die grundlegende Kategorie der emanzipierten, von der Vokalmusik losgelösten Instrumentalmusik des 18. Jahrhunderts, wird in der *Eroica*, wenn nicht außer Geltung gesetzt, so doch durch eine „Tiefenstruktur" ergänzt, deren Einführung einen qualitativen Sprung in der Entwicklung des musikalischen Formdenkens bedeutet. Und daß eine abstrakte Struktur — in der *d-moll-Sonate* opus 31,2 ebenso wie in der *Eroica* — zur „thematischen Konfiguration" gehört, ist denn auch, wenn nicht alles täuscht, die wesentliche Eigentümlichkeit des von Beethoven selbst so genannten „neuen Weges", den er 1802 einschlug.

Geht man aber davon aus, daß für die seit 1802 entstandenen Werke eine zwischen extremer Esoterik und extremer Exoterik — zwischen der Abstraktion des „neuen Weges" und dem Revolutionston der „heroischen Periode" — vermittelnde Formidee charakteristisch ist, so läßt sich die Bedeutung oder Irrelevanz biographischer oder ideen- und sozialgeschichtlicher Momente für die kompositionsgeschichtliche Entwicklung daran ermessen, ob die Einschläge „von außen" auf die Dialektik von „neuem Weg" und „heroischem Stil" beziehbar sind oder nicht.

Das *Heiligenstädter Testament*, niedergeschrieben am 6. und 10. Oktober 1802, also in unmittelbarer chronologischer Nähe zu dem Ausspruch über den „neuen Weg", ist immer wieder zur biographischen Begründung der „zweiten Periode" herangezogen worden, ohne daß beim ersten Blick erkennbar wäre, worin denn eigentlich — abgesehen von der zeitlichen Koinzidenz, die durchaus Gewicht hat, aber nicht ausschlaggebend ist — der Zusammenhang zwischen Werk und Biographie bestehen soll. Die Veränderungen im Verhältnis zwischen esoterischen und exoterischen Momenten der Kompositionstechnik und des ästhetischen Anspruchs scheinen sich einer biographischen Deutung zu entziehen.

Interpretiert man aber die wachsende Reflektiertheit der formalen und ästhetischen Struktur — genauer: den qualitativen Sprung, als den man die Idee einer partiell abstrakten Thematik auffassen kann — als Wendung „nach innen" und den gleichzeitig vordringenden Revolutionsgestus — die Apostrophierung der „ganzen Menschheit" in Werken mit einem symphonischen Anspruch, wie er für den „heroischen Stil" insgesamt, auch in der

Kammermusik, charakteristisch ist — als Wendung „nach außen", so läßt sich ein Konnex zwischen dem esoterischen Zug und dem *Heiligenstädter Testament* insofern herstellen, als die in dem biographischen Dokument manifeste Melancholie, wenn man sie nicht als bloße Depression, sondern als ein in der Depression hervorbrechendes „saturnisches Temperament" auffaßt — und eine solche Deutung läßt sich durch früher entstandene Werke, den Quartettsatz *La malinconia* sowie das Largo e mesto aus der *Klaviersonate* opus 10,3 stützen —, mit dem grüblerischen Zug in den esoterischen Strukturen des „neuen Weges" in Verbindung gebracht werden kann. Der Tiefsinn, der sich in der Idee einer abstrakten Sonatenthematik zeigt, ist ein Merkmal der „melancolia illa heroica", wie sie von Marsilio Ficino genannt wurde.

Zwischen der esoterischen Tendenz, die in den kompositionstechnischen Veränderungen des „neuen Weges" zutage tritt, und der Intention, zur „ganzen Menschheit" zu reden, besteht nun aber ein Zusammenhang, ohne den die *Eroica* nicht entstanden wäre. Gerade das „saturnische Temperament" erweist sich als Bedingung der satztechnischen Realisierung des „heroischen Stils". So wenig nämlich in psychologischer Hinsicht das Menschheits- und Revolutionspathos mit der „melancolia illa heroica" zusammenstimmt — einer Melancholie, die eher dazu tendiert, sich vor der Welt zu verschließen —, so entschieden war kompositionstechnisch die Esoterik des „neuen Weges" tragende Prämisse des „heroischen Stils": Bedingung der Möglichkeit von dessen Realisierung in symphonischem Geiste.

Musikalisches Material, das zur Darstellung revolutionärer Ideen benutzt werden konnte, lag in der französischen Musik bereit und war ohne Mühe zugänglich. Und von Arnold Schmitz[9] und Claude Palisca[10] ist gezeigt worden, in welchem Ausmaß sich Beethoven Details der Revolutionsmusik zu eigen machte. Kompositionsgeschichtlich ausschlaggebend war jedoch weder das Material, das längst verfügbar war, noch die stilistische Intention, die Beethoven zweifellos schon Jahre zuvor mit sich herumtrug, sondern die Entdeckung eines Formprinzips, das es erlaubte, Material und Intention in Werken symphonischen Anspruchs — eines Anspruchs, gegen den sich das Material in seiner ursprünglichen Gestalt zu sperren schien — zur Geltung kommen zu lassen. Und das Formprinzip, das für den „heroischen Stil" grundlegend wurde, bestand in dem Gedanken, den „Revolutionston" — für den, in der Gluck-Tradition, eine emphatische Simplizität und eine Forcierung des Einfachen und Elementaren charakteristisch waren — in eine komplizierte formale Dialektik hineinzuziehen: eine Dialektik, die im Sinne des „neuen Weges" zwischen konkreter und abstrakter Thematik, und das hieß: zwischen manifest einfachen und latent differenzierten Strukturen, vermittelte. Damit aber wird der Zusammenhang sichtbar, der zwischen der wachsenden Reflektiertheit der Form und dem „heroischen Stil" besteht: einem Stil, der insofern, als er symphonisch und nicht nur martialisch ist, zu seiner Ausprägung den inneren Widerpart eines Zuges zum Esoterischen brauchte.

„Intitulata Bonaparte"

Beethovens berühmteste Widmung ist diejenige, die er tilgte: die Widmung der *Eroica* an Napoleon. Die Erzählung des Schülers und Adlatus Ferdinand Ries, daß Beethoven im Mai 1804 bei der Nachricht von Napoleons Kaiserkrönung in republikanischem Zorn das Titelblatt der Symphonie zerrissen habe, erscheint durchaus glaubwürdig und ist dennoch ein Mythos. Denn ein realer Sachverhalt kann dadurch in einen mythischen verwandelt werden, daß man ihn isoliert und aus dem geschichtlichen Kontext in einen symbolischen versetzt. Und umgekehrt ist die historische Wahrheit — die Wahrheit des Historikers gegenüber der des Mythologen — nur dadurch rekonstruierbar, daß man die Pedanterie nicht scheut, eine Geschichte so lückenlos zu erzählen, wie es die Dokumente irgend zulassen.

1. Während des französisch-österreichischen Krieges, im November 1796, schrieb Beethoven einen *Abschiedsgesang an Wiens Bürger beim Auszug der Fahnendivision des Corps der Wiener Freiwilligen* (WoO 121) und im April 1797 ein *Kriegslied der Österreicher* (WoO 122). Der Patriotismus, zu dem er sich hingerissen fühlte — ein Patriotismus, an dessen Spontaneität nicht zu zweifeln ist: So gering die ästhetische Bedeutung der Gelegenheitskompositionen sein mag, so unleugbar ist ihre biographische —, geriet nun aber mit der republikanischen, an Frankreich orientierten Gesinnung, die er trotzdem nicht preisgab, in einen Loyalitätskonflikt, der unauflösbar war: Beethoven fühlte sich als Anhänger der Revolution und zugleich als Opfer von deren Konsequenzen. (In späteren Jahren neigte er dazu, die republikanische Loyalität mit England statt mit Frankreich zu assoziieren.) Der politische Zwiespalt, daß in dem Augenblick, in dem der französische Revolutionskrieg in Imperialismus umschlug, auf österreichischer Seite die republikanische Idee von patriotischer Empörung zurückgedrängt werden

würde, ist gerade von Robespierre, dem Terroristen der Tugend, vorausgesehen worden: „Diejenigen, die mit der Waffe in der Hand Gesetze geben wollen, werden immer nur als Fremde und Eroberer erscheinen, vor allem den Menschen, die man von ihren Vorurteilen gegen die Republik und die Philosophie befreien und zu ihnen hinführen muß."[11] Daß in Augenblicken des offenen Loyalitätskonflikts bei Beethoven die patriotische Entrüstung überwog, bezeugen Berichte, in denen er als „Franzosenhasser" erscheint. Versucht man aber das Verhältnis zwischen republikanischer und patriotischer Gesinnung generell zu bestimmen, so zeigt sich, daß in der republikanischen das ideelle, in der patriotischen dagegen das pragmatische Moment den Ausschlag gab. Der österreichische oder deutsche Patriotismus war zu Beginn des 19. Jahrhunderts, vor den Freiheitskriegen, noch kein Nationalismus, sondern eine primär unmittelbar „lebensweltliche" und nur in geringem Maße ideologische Gesinnung. Gerade dadurch aber, daß demgegenüber Beethovens Republikanismus ideell und sogar utopisch geprägt war, erscheint er als die für die Werke des „heroischen Stils" entscheidende Loyalität. Man kann durchaus, angesichts zwiespältiger Zeugnisse, die biographische Tragweite von Beethovens republikanischem Pathos gering einschätzen; unbezweifelbar aber ist die Bedeutung für das Werk, sofern man unter „Werk" eben nicht Gelegenheitskompositionen wie die patriotischen Gesänge von 1796/97, sondern die *Eroica* oder die *Pathétique* versteht. Dem pragmatisch-biographischen Zusammenhang, dem die Kriegslieder mit ihrem eher dokumentarischen als ästhetischen Wert angehören, steht eine ideelle Ordnung gegenüber: die des Werkes im emphatischen Sinne und der „inneren Biographie", aus der es erwuchs. Und in ihr blieben Beethovens republikanische Überzeugungen unangefochten.

2. Anton Schindlers Erzählung[12], daß Beethoven 1798 von Marschall Bernadotte, dem französischen Gesandten, in dessen Hause er offenbar Gast war, die Anregung erhielt, eine Symphonie auf Napoleon zu schreiben, ist wenig glaubwürdig, so daß es kaum die Mühe zu lohnen scheint, die chronologische Nähe zu den patriotischen Gesängen von 1796/97 und den weiten Abstand von fünf Jahren zur Entstehung der *Eroica* hypothetisch zu erklären. Versucht man es aber trotzdem, so kann man gerade in dem schiefen Verhältnis zu den Gelegenheitskompositionen während des Krieges ein Zeugnis dafür sehen, daß in Konfliktsituationen der Patriotismus zutage trat, während in Friedenszeiten ideelle Momente, zu denen der Republikanismus gehörte, in den Vordergrund rückten. Daß der Plan zur

Eroica, wenn man ihn auf eine erste Anregung durch Bernadotte bezieht, erst spät realisiert wurde, läßt sich, wie erwähnt, dadurch begründen, daß zunächst nicht absehbar war, wie mit den „Intonationen" der französischen Revolutionsmusik — als dem Material, das für eine Bonaparte-Symphonie bereit lag — eine Konzeption verbunden werden konnte, die einem symphonischen Anspruch gerecht wurde. Erst der Gedanke, Menschheitspathos und kompositorische Abstraktion — das exoterische und das esoterische Moment des „neuen Weges" von 1802 — aufeinander zu beziehen, erlaubte es, für das Material der Revolutionsmusik eine Form zu finden, die Beethovens Begriff des symphonischen Stils adäquat war.

3. 1800—1801 entstand die Musik zu dem Ballett *Die Geschöpfe des Prometheus*, die im Finale Nr. 16 das Variationenthema des *Eroica*-Finales in der Funktion eines Rondothemas enthält. Der Sinn des Themas ist jedoch nicht so eindeutig, daß die an sich naheliegende, von Zeitgenossen immer wieder bezeugte Assoziation von Napoleon mit Prometheus fest begründet wäre, zumal der Rondoform geringeres Gewicht zukam als dem Variationenzyklus mit Fugato-Interpolationen. Die Libretto-Überlieferung ist dürftig. Daß sich das Finale Nr. 16 auf den Schlußsatz des Theaterzettels vom 28. März 1801 bezieht, dürfte jedoch feststehen: „Apoll befiehlt dem Bacchus, sie [die Menschen] mit dem heroischen Tanze, dessen Erfinder er [Bacchus] ist, bekannt zu machen."[13] Das Heroische des Tanzes, der sich als Rondo präsentiert, ist also mit Bacchus, nicht mit Prometheus, assoziiert.

4. An den Verleger Friedrich Hofmeister, der offenbar die Komposition einer „Revolutionssonate" angeregt hatte — womit er wahrscheinlich ein Gegenstück zur *Pathétique* opus 13 meinte —, schrieb Beethoven am 8. April 1802: „Reit Euch denn der Teufel insgesamt meine Herren — mir vorzuschlagen, eine solche Sonate zu machen? — Zur Zeit des Revolutionsfiebers — nun da wäre das so etwas gewesen, aber jetzt, da sich alles wieder ins alte Geleis zu schieben sucht, Bonaparte mit dem Papste das Konkordat geschlossen — so eine Sonate? — Wär's noch eine Missa pro sancta Maria à tre voci oder eine Vesper usw. — nun da wollt' ich gleich den Pinsel in die Hand nehmen und mit großen Pfundnoten ein Credo in unum hinschreiben, — aber du lieber Gott eine solche Sonate zu diesen neu angehenden christlichen Zeiten — hoho! — da laßt mich aus, da wird nichts daraus."[14] Die gewöhnliche Interpretation des Briefes: die Behauptung, er sei als Abwehr des Hofmeisterschen Gedankens gemeint, ist keineswegs selbstverständlich und eher unwahrscheinlich. Denn wogegen richtete sich ei-

gentlich Beethovens höhnischer Humor? Nur gegen die Schwankungen des „Zeitgeistes", denen er sich aber selbst, so abstoßend er sie empfand, nicht widersetzte? Oder gegen den Opportunismus derer, die sich widerstandslos anpaßten? Wenn aber Beethovens Hohn denen galt, die heute verleugneten, was sie gestern gedacht hatten, so ist es durchaus denkbar, daß er gerade entgegen dem „Zeitgeist" mit der Idee einer Revolutionssonate oder -symphonie umging. (Daß die Skizzen zur *Eroica* erst 1803 einsetzen, schließt frühere Gedanken an das Werk nicht aus, zumal die im Wege stehende Problematik, wie gezeigt, eine abstrakt musikalische war.) Der Brief an Hofmeister besagt dann, daß Beethoven sich dagegen sträubte, über eine Idee zu sprechen, die ihm nahelag, die ihm aber wohl — wegen der kompositionstechnischen Schwierigkeit der Vermittlung zwischen „esoterischen" und „exoterischen" Momenten — erst in vagen Umrissen vor Augen stand.

5. Am 6. August 1803 schrieb Ferdinand Ries an Nikolaus Simrock in Bonn: „Beethoven wird nun höchstens noch 1 1/2 Jahre hierbleiben. Er geht dann nach Paris, welches mir außerordentlich leid ist."[15] Im Zusammenhang mit dem Plan einer Übersiedlung muß zweifellos sowohl die Widmung der *Violinsonate* opus 47 an Rodolphe Kreutzer als auch die beabsichtigte Widmung der *Eroica* an Napoleon gesehen werden. Ob dann der Ausbruch des französisch-österreichischen Krieges 1805, die Enttäuschung über Napoleon oder die Einsicht, daß es prekär gewesen wäre, die Adelspatronage in Wien zugunsten der unsicheren Existenz eines Pariser Opernkomponisten preiszugeben, den Ausschlag gab, daß Beethoven den Plan fallen ließ, ist nicht entscheidbar. (Daß die Oper in Paris die dominierende musikalische Gattung war, muß Beethoven bewußt gewesen sein, und daß ihm der Gedanke, sich der Opernkomposition zu verschreiben, nicht fremd war, zeigt die Tatsache, daß er 1807 der Burgtheaterdirektion vorschlug, gegen ein festes Honorar von 2400 Florin jährlich eine Oper zu komponieren.[16])

6. Am 22. Oktober 1803 schrieb Ries an Simrock: „Er" — Beethoven — „hat viel Lust, selbe" — die *Eroica* — „Bonaparte zu widmen, wenn nicht, weil Lobkowitz sie auf ein halb Jahr haben und 400 Gulden geben will, so wird sie Bonaparte genannt."[17] Daß ein musikalisches Werk dem Widmungsträger für eine bestimmte Zeit zum privaten Gebrauch überlassen wurde, war um 1800 eine übliche Praxis. Daß aber Ries den tiefgreifenden Unterschied, ob die Symphonie Napoleons Namen tragen oder ihm lediglich gewidmet werden sollte, als geringfügige Differenz an der Oberfläche behandelt, ist befremdend. Eine Widmung ist ein nur biographisches

— und mit finanziellen Erwägungen verquicktes —, ein Werktitel dagegen ein ästhetisches, zum Werk als „ästhetischem Gegenstand" gehörendes Moment. Und es ist undenkbar, daß Beethoven die ästhetisch substantielle, durch den Namen des Werkes ausgedrückte Beziehung zu Napoleon erst in den Sinn kam, als ihm bewußt wurde, daß eine Widmung an den Fürsten Lobkowitz finanziell sicherer war als eine an Napoleon. Der innere, ideelle Zusammenhang mit Napoleon — und die darin begründete Möglichkeit, das Werk „Bonaparte" zu nennen — muß längst bestanden haben, bevor die Alternative einer Widmung entweder an Napoleon oder an den Fürsten Lobkowitz mit pragmatischer Nüchternheit erwogen wurde.

7. Gleichfalls von Ries stammt der Bericht über eine pathetische Szenen, die sich im Mai 1804 ereignete, die Szene, die zum festen Bestandteil des Beethoven-Mythos wurde: „Bei dieser Symphonie hatte Beethoven sich Buonaparte gedacht, aber diesen, als er noch erster Consul war. Beethoven schätzte ihn damals außerordentlich hoch, und verglich ihn den größten römischen Consuln. Sowohl ich, als Mehrere seiner näheren Freunde haben diese Symphonie schon in Partitur abgeschrieben, auf seinem Tische liegen gesehen, wo ganz oben auf dem Titelblatte das Wort ‚Buonaparte', und ganz unten ‚Luigi van Beethoven' stand, aber kein Wort mehr. Ob und womit die Lücke hat ausgefüllt werden sollen, weiß ich nicht. Ich war der erste, der ihm die Nachricht brachte, Buonaparte habe sich zum Kaiser erklärt, worauf er in Wuth geriet und ausrief: ‚Ist der auch nicht anders, wie ein gewöhnlicher Mensch! Nun wird er auch alle Menschenrechte mit Füßen treten, nur seinem Ehrgeize fröhnen; er wird sich nun höher, wie alle Andern stellen, ein Tyrann werden!' Beethoven ging an den Tisch, faßte das Titelblatt oben an, riß es ganz durch und warf es auf die Erde."[18] Der Bericht ist zweifellos glaubwürdig. Doch war Beethovens spontane Reaktion, was Ries nicht wußte, als er seine Erinnerungen niederschrieb, keine endgültige Entscheidung. Und dadurch, daß man die Geschichte überlieferte, als stünde sie für sich, wurde sie zur Legende. Man versetzte sie aus der Ordnung der Geschichte in die des Mythos, in der sie zum Symbol wurde.

8. Auf dem Titelblatt einer anderen, nicht zerrissenen Kopistenabschrift der Partitur sind zwar die Worte „Intitulata Bonaparte" ausradiert, doch ist vier Zeilen tiefer die Notiz „Geschrieben auf Bonaparte" mit Bleistift hinzugefügt.

Sinfonia Grande
Intitulata Bonaparte
im August
Del Sigr.
Louis van Beethoven
Geschrieben
auf Bonaparte
Sinfonie 3 Op. 55

9. Die — offenkundig spätere — Bleistiftnotiz, die einen Widerruf der
Rasur bedeutet, ist um so beweiskräftiger, als Beethoven am 26.
August 1804 — ein Vierteljahr nach der legendären Szene — an Breitkopf und Härtel schrieb: „Die Symphonie ist eigentlich betitelt Bonaparte."[19] Das Wort
„eigentlich" kann nichts anderes besagen, als daß Beethoven an der inneren
Beziehung des Werkes zu Napoleon festhielt — trotz der Empörung über
die Kaiserkrönung —, sie aber äußerlich nicht mehr dokumentieren mochte. Und 1805, als wiederum ein französisch-österreichischer Krieg ausbrach,
wurde es ohnehin — nicht mehr aus enttäuschter republikanischer Gesin-
nung, sondern aus patriotischer Rücksicht — unmöglich, sich öffentlich —
sei es mit einem Werktitel oder einer Widmung — zu Napoleon zu beken-
nen. Die innere Beziehung aber gab Beethoven auch dann nicht preis: Sie
gehörte unauslöschlich zum Werk. Man könnte allerdings einwenden, daß
zwischen Genesis und Geltung, zwischen den Entstehungsbedingungen des
werdenden Werkes und dem ästhetischen Sinn der abgeschlossenen Gestalt
unterschieden werden müsse. (In der Kontroverse über Programmusik ist
diese Argumentationsfigur von ausschlaggebender Bedeutung: Man kann
Programme, die verschwiegen werden, zur ästhetischen Substanz zählen,
weil sie die Entstehung der Werke beeinflußten, kann aber auch umgekehrt
publizierte Programme als die einzig gültigen betrachten, weil sie die Intention des Komponisten bekunden und zum Werk als „ästhetischem Gegenstand" gehören, und zwar unabhängig davon, ob sie Teil der ursprünglichen Konzeption waren oder erst nachträglich auf das Werk bezogen wurden. Man beruft sich, mit anderen Worten, entweder auf Implikationen des
Kompositionsprozesses oder aber auf die dokumentierte ästhetische Absicht des Komponisten.) Die Notiz, daß die Symphonie „eigentlich Bonaparte betitelt" sei, ist eine private, nicht eine öffentliche Äußerung, aber
doch Ausdruck einer ästhetischen Intention und nicht eine bloße Bemerkung über den Kompositionsvorgang, bei dem Beethoven das Bild Napole-

ons vor Augen stand. Der Titel ist ästhetisch gültig, obwohl er aus inneren wie äußeren Gründen verschwiegen wurde.

10. Am endgültigen Titel des Werkes in der Erstausgabe von 1806, *Sinfonia Eroica* ... *composta per festeggiare il sovvenire di un grand Uomo*, ist, wenn man die Beziehung des Werkes zu Napoleon für ästhetisch substantiell hält, das Wort „Andenken" — „sovvenire" — schwer interpretierbar. Die Annahme, daß der Konsul Napoleon, den Beethoven bewunderte, für ihn einer Vergangenheit angehörte, die als Realität versunken und nur als „Andenken" noch lebendig war, ginge insofern ins Leere, als sie für die Zeit, in der das Werk entstand, nicht gelten kann. Wahrscheinlicher ist darum die Hypothese, daß das Wort „Andenken" — emphatisch formuliert — den „Seinsmodus" bezeichnet, in dem das seltsame Paradoxon, daß die *Eroica* dem lebenden Helden, dessen Namen sie tragen sollte, eine musikalische Totenfeier und eine Apotheose bereitet, sinnvoll und nicht absurd erscheint. In Hölderlins Entwurf einer Ode auf Napoleon hieß es 1797:

> „Heilige Gefäße sind die Dichter,
> worin des Lebens Wein, der Geist
> der Helden sich aufbewahrt."

Und als „Aufbewahren" des „Geistes des Helden" ist, wie es scheint, auch das „Andenken" in Beethovens Werktitel von 1806 zu verstehen. Nicht das Bild Napoleons, sondern dessen Mythos, der mit dem Prometheus-Mythos assoziiert wurde, ist in der *Eroica* ästhetische Gestalt geworden. Der Mythos aber, der über die Realität hinauswächst und im dichterischen oder musikalischen Werk die Form erhält, in der er überdauert, kann nebeneinander Momente umfassen, die sich in der empirischen Wirklichkeit ausschließen. Und zu dem Bild eines „ganzen Lebens", wie es im „Andenken" vor Augen steht, das den „Geist des Helden aufbewahrt", gehören — und sei es zu Lebzeiten, die in eine mythische Zeitordnung übergehen — auch Totenfeier und Apotheose. Andererseits wäre es verfehlt, die Abstraktion ins Extrem zu treiben und mit der Behauptung, es handle sich um ein Werk, das nichts als die Idee des Heroischen schlechthin darstelle, die Beziehung zu Napoleon wegschrumpfen zu lassen. „Bonaparte" blieb für Beethoven der — wenngleich verschwiegene, nur privat genannte — „eigentliche" Titel des Werkes auch nach der Krise im Mai 1804 und dem Kriegsausbruch 1805. Und das besagt politisch, daß für Beethoven nicht allein die Idee des Heroischen wesentlich war, sondern in gleichem Maße die

54

durch den Konsul Napoleon einen geschichtlichen Augenblick lang sichtbar gewordene Realisierung der Idee. Die unaufhebbare Dialektik von Revolution und Terror, Revolutionskrieg und Imperialismus, Tugendherrschaft und Tyrannis — eine Dialektik, die Beethoven zweifellos ebenso bewußt war wie den herausragenden unter seinen Zeitgenossen — ließ eine unverzerrte Verwirklichung auch der „konkreten Utopie" (Ernst Bloch) nicht zu. Aber selbst die verzerrte war allein dadurch, daß sie ein Stück Wirklichkeit war, bloßen Abstraktionen überlegen. Darin war Beethoven mit Hegel eines Sinnes: Die in die Dialektik ihrer Realisierung verstrickte Idee ist substantieller als die „reine", von Wirklichkeit unberührte. Und darum konnte er, gleichfalls wie Hegel, für Napoleon und zugleich gegen ihn Partei ergreifen.

11. Baron de Trémont, Mitglied des napoleonischen Staatsrates, berichtet über Gespräche mit Beethoven in Wien 1809: „Napoleons Größe beschäftigte ihn ungemein, und er sprach oft mit mir darüber. Obwohl er ihm nicht wohlgesinnt war, merkte ich, daß er sein Emporsteigen aus so niedriger Stellung bewunderte. Das schmeichelte seinen demokratischen Ideen."[20] Die Äußerung ist, obwohl sie den Sachverhalt trivialisiert, insofern bedeutsam, als sie zeigt, daß Beethoven auch dann, wenn er von patriotischem Zorn gegen Napoleon erfüllt war, dessen Größe bewunderte, und zwar als Größe im republikanischen und nicht nur martialischen Sinne.

12. Am 8. Oktober 1810 notierte Beethoven — für sich selbst — im Hinblick auf die *C-Dur-Messe* opus 86: „Die Messe könnte vielleicht noch dem Napoleon dediziert werden."[21] Die Notiz, die nicht ironisch gemeint sein kann, weil sie an niemanden gerichtet war, steht in seltsam schiefer Relation zu dem zitierten Brief an Hofmeister aus dem Jahre 1802: Was Beethoven damals verhöhnte — die Anpassung an das opportunistische Konkordat, das von Napoleon geschlossen worden war —, scheint er nunmehr selbst zu praktizieren. Geht man aber davon aus, daß Widmungen einer pragmatischen Ordnung angehören, die von der ästhetisch-ideellen durch eine Kluft getrennt erscheint, so ist der Widerspruch zwar nicht restlos aufgehoben, erweist sich jedoch als sekundär und wenig bedeutsam.

Versucht man in groben Umrissen die Zeugnisse zusammenzufassen, die unmittelbar oder indirekt über Sinn und Tragweite von Beethovens Widmung der *Eroica* an Napoleon und damit über ein Paradigma für das Verhältnis zwischen Werk und Biographie Aufschluß geben, so zeigen sich zunächst Schwankungen und Widersprüche, die eine konsistente Interpretation zu verhindern scheinen. Wesentliches aber blieb, trotz Beethovens

Stimmungsänderungen, die eher Oberflächenphänomene waren, über die Jahre hin konstant: Immer ist Napoleons Größe von Beethoven bewundert worden, eine Größe, die er in der *Eroica* ins Mythische erhöhte und damit in eine geistige Ordnung versetzte, in der sie Gegenstand von Musik werden konnte; immer wurde von dem Republikaner Beethoven, der in pragmatischen Zusammenhängen zugleich Patriot war, die Dialektik von Revolution und Tyrannis, Revolutionskrieg und Imperialismus schmerzlich empfunden; immer aber hielt Beethoven am Vorrang der — sei es auch unzulänglich — realisierten, konkret gewordenen Idee gegenüber nur abstrakten Prinzipien fest; und immer bedeutete für ihn das Kunstwerk ein „Andenken", das, nach Hölderlins Worten, den „Geist der Helden aufbewahrt".

Musikalisch realisiert wurde die Werkidee der *Eroica* dadurch, daß Beethoven Strukturprinzipien entwickelte, aufgrund derer er sich die „Intonationen", die in der französischen Musik bereit lagen, in symphonischem Geiste aneignen konnte, woraus der Stil hervorging, der von Rolland „heroisch" genannt wurde.

Das thematische Material, das dem Finale der *Eroica* zugrunde liegt, ist durch dieselbe emphatische Simplizität geprägt, wie sie für die Themen des ersten Satzes charakteristisch ist: eine Simplizität, die als „noble simplicité" das Stilideal der aus der Gluck-Tradition hervorgegangenen französischen Musik des Jahrhundertendes darstellte.

Der symphonische Stil, dem das scheinbar undifferenzierte Material unterworfen wurde, manifestiert sich — anders als im ersten Satz, in dem ein Zug zum Abstrakten den inneren Widerpart zur Einfachheit der thematischen Oberfläche bildet — in einem prekären Gleichgewicht gegensätzlicher formaler und struktureller Prinzipien, einem Gleichgewicht, das gestört erscheint, wenn man ein bestimmtes, einzelnes Prinzip als „primär" oder „grundlegend" auffaßt. Zweifellos ist der Satz die Variationenfolge, als die er in der Literatur figuriert. Man wird jedoch zugeben müssen, daß Variationen mit Doppelthema — „Tema" und „Basso del Tema" nach der Terminologie der *Eroica-Variationen* opus 35 —, in denen anfangs das eine Thema und am Ende das andere für sich steht, schwerlich als geschlossener „Zyklus" im gewöhnlichen Sinne des Wortes bezeichnet werden können. Jedenfalls bedarf die Verlagerung vom einen Thema zum anderen einer formalen Begründung, die nicht im Variationsprinzip selbst liegen kann. Die elf Takte Einleitung, an der Oberfläche eine Modulation von g-moll nach Es-Dur: V^7, also eine Herbeiführung der Tonart „von außen", sind essentiell — Heinrich Schenker würde sagen: im „Hintergrund" — eine „Auskomponierung" des Tones d, so daß in Analogie dazu die ersten vier Takte des Baßthemas als „Auskomponierung" des Tones es erscheinen. Und der „lange Atem", der daraus resultiert, ist ein symphonisch-monumentaler Zug, durch den sich das Thema des *Eroica*-Finale von dem „gleichen" Thema in den *Geschöpfen des Prometheus* unterscheidet. (Die Substanz des Baßthemas bilden, wie die Fugati und die g-moll-Episode zeigen, die ersten vier Töne, und gerade sie erinnern an den melodischen Umriß des Hauptthemas im ersten Satz.)

Die thematische Melodie, das „Tema" zum „Basso del Tema", ist einerseits dritte Variation über dem Baßthema, andererseits Exposition, die allerdings nicht als Herausstellung des „eigentlichen" Themas mißverstanden werden sollte: Die Terminologie der *Eroica-Variationen* ist im Hinblick auf das Symphonie-Finale insofern schief, als in der Symphonie die Selbständigkeit und Gleichberechtigung von Baß und Oberstimme, nicht die hierarchische Ordnung von „Tema" und „Basso del Tema" entscheidend ist.

Der Exposition der thematischen Melodie folgt nicht unmittelbar eine Variation, sondern statt dessen ein Fugato über das Baßthema, so daß sich thematische Melodie und Baßthema, die zunächst ergänzende Themen waren, nunmehr als kontrastierende gegenüberstehen: Die simultane Relation, die aus dem *Prometheus*-Ballett stammt, wird als Sukzessivgegensatz auseinandergelegt. Zu behaupten, daß durch den Themenkontrast der „Geist der Sonatenform" in den Variationensatz hineingetragen werde und daß aus dem Gegensatz das Fugato „resultiere" — entsprechend der klassisch-romantischen Auffassung des Fugato als Durchführungstechnik in der Sonatenform —, wäre zweifellos eine „Überinterpretation" (die man nicht prinzipiell zu scheuen braucht, aber als solche erkennen sollte). Doch läßt sich kaum leugnen, daß die Präsentation des Kontrapunkts von „Tema" und „Basso del Tema" als sukzessiver Themenkontrast in Relation zu einem Fugato, das „daraus" folgt und nicht nur angefügt ist, ein Moment des symphonischen Stils darstellt, wie er dem *Prometheus*-Finale fremd war.

Die Variationen der thematischen Melodie nach dem Fugato sind Transpositionen — ohne den „Basso del Tema" —: nach C-Dur und nach D-Dur (mit sequenzierender Fortsetzung, die in ein zweites Fugato übergeht). Und die Transpositionen stellen weniger, wie in den *Variationen* opus 34, ein Moment der genaueren Bestimmung von Charaktervariationen durch Tonartencharaktere dar als vielmehr ein Mittel zur pointierteren Entgegensetzung des harmonischen und des kontrapunktischen Prinzips, wie sie durch das „Tema" und den „Basso del Tema" repräsentiert werden. Die Transpositionen bilden gewissermaßen ein Gegenstück zur Steigerung der kontrapunktischen Variationen des Baßthemas zu einem Fugato.

Bei der Reprise der thematischen Melodie in Es-Dur (Poco Andante) ist — durch Umharmonisierung — der „Basso del Tema" aufgehoben. (Fragmente in den Kadenzbässen zu entdecken, ist „buchstäblich" möglich, aber kaum sinnvoll.) So unverkennbar also der Satz auf einem Doppelgerüst beruht, so auffällig ist es, daß die Formentwicklung darin besteht, das Formgerüst zu zerlegen, statt dessen Teile immer enger zu integrieren: Die Doppelthematik begründet eine Doppelvariation in dem Sinne, daß die Themen abwechselnd variiert werden, und daß zu Beginn das Baß-, am Ende dagegen das Oberstimmenthema isoliert erscheint. Der Wechsel der Themen aber ist zugleich ein Prinzipienwechsel: Kontrapunktischen Variationen über das Baßthema stehen harmonisch-figurative über die thematische Melodie gegenüber. Und der Formprozeß im Ganzen besteht in einer Zurückdrängung des polyphonen Prinzips durch das homophone.

Liegt demnach dem Finale, das sich an der Oberfläche als Variationenfolge mit interpolierten Fugati präsentiert, ein hohes Maß an abstraktem Formdenken zugrunde, so gilt Analoges auch vom langsamen Satz. Zum symphonischen Stil, wie er von Beethoven verstanden wurde, gehört die Knüpfung eines dichten Netzes von motivischen Beziehungen, die gleichsam die „Innenseite" zur „Außenseite" der heroisch-monumentalen Thematik bilden, und zwar noch dort, wo man sie kaum erwartet: in der *Marcia funebre* der *Eroica*. Außerdem ist der Satz durch Teile erweitert, die aus dem traditionellen Schema eines Trauermarsches herausfallen: durch ein Fugato (T. 114—150) sowie durch eine ungewöhnlich ausgedehnte Coda in der Form eines „Auflösungsfeldes" (T. 209—247), so daß die Vermutung naheliegt, die eine Ungewöhnlichkeit werde sich als Korrelat der anderen erweisen. Und in der Tat sind gerade die Erweiterungsteile die Knotenpunkte motivischer Beziehungen.

Das Anfangsmotiv des Fugatothemas ist eine Umkehrung des Seitenthemas (T. 17—18), das Schlußmotiv eine Umkehrung der Baßfigur des Maggiore-Teils (T. 69—73):

Der Konnex ist ebenso eng wie sinnfällig. Und man könnte sogar darüber hinaus die Quartgänge des Seitenthemas und des Maggiore-Teils als immer schon — vor der Pointierung der Zusammenhänge im Fugatothema — miteinander verwandt auffassen. Die Beziehung wird jedoch erst durch das unmittelbare Nebeneinander der Motive im Fugatothema gewissermaßen ins Licht gerückt und ist zudem nur bei einem Satz, der einen symphonischen Anspruch erhebt, nicht aber in einer konventionellen Marcia funebre in Rondoform, überhaupt von Bedeutung — der symphonische Anspruch wird jedoch erst durch das Fugato manifest. (Motivbeziehungen bleiben ästhetisch irrelevant, wenn sie sich zwar melodisch-substantiell feststellen lassen, aber formal funktionslos sind.)

An der Coda, dem zweiten Knotenpunkt motivischer Beziehungen, sind vier Momente bedeutsam: Der Anfang (T. 213—214) ist eine Reminiszenz an den Maggiore-Teil; der Seufzermotivik (T. 217—232) liegt die chromatische Harmonik der Variante des Hauptthemas zugrunde (T. 31—36); das synkopierte Motiv (T. 232—235) ist das Resultat einer von weither kommenden „Motivgeschichte" (T. 4, 35 und 63); und der Zerfall des Hauptthemas läßt einen — auf das Fugato beziehbaren — Quartgang hervortreten (T. 241—242), der im Hauptthema verborgen lag.

Für den symphonischen Stil der Marcia funebre ist es demnach charakteristisch, daß es, ähnlich wie im ersten Satz, zu einem großen Teil „Elementarmotive" — Akkordbrechungen und Sekundgänge — sind, die das Substrat eines Netzes von Motivbeziehungen bilden. Und man kann generell sagen, daß das Symphonische, wie es von Beethoven seit 1803 verstanden wurde, durch das Paradox gekennzeichnet ist, daß äußerste Differenzierung, die ins Abstrakte führen kann, das Korrelat einer emphatischen Monumentalisierung darstellt.

August Wilhelm Ambros sprach die Erfahrung und Überzeugung eines ganzen Jahrhunderts aus, als er 1865 in den *Culturhistorischen Bildern aus dem Musikleben der Gegenwart* schrieb: „Das Gemälde des mächtigen Seelenlebens einer titanischen Natur ist vor uns aufgerollt — wir interessieren uns nicht mehr für die Tondichtung allein — wir interessieren uns auch für den Tondichter. Wir stehen demzufolge bei Beethoven fast schon auf demselben Standpunkte, wie bei Goethe — wir betrachten seine Werke als den Kommentar zu seinem Leben — wiewohl man bei beiden großen Männern den Satz auch umkehren und eben so richtig sagen könnte, daß wir ihr Leben als Kommentar zu ihren Werken betrachten."[22]

Ambros ging, wie es scheint, davon aus, daß Beethovens Leben mit ähnlicher Gewißheit aus den überlieferten biographischen Dokumenten rekonstruierbar sei wie die ästhetisch-psychologische Substanz der Werke aus den gegebenen Notentexten, und daß es darum gelingen müsse, zwischen den „Lebensmomenten", die sich in den geschichtlichen Zeugnissen spiegeln, und den Werkgehalten, die aus den Partituren erschließbar sind, ohne interpretatorische Gewaltsamkeit zu vermitteln.

Das Subjekt aber, von dem Ambros fühlte, daß es „hinter" Beethovens Musik stehe und „aus" ihr zum Hörer rede, ist mit der empirischen Person des Komponisten, wie sie sich — unzulänglich genug — aus biographischen Dokumenten rekonstruieren läßt, weder identisch, noch kann es so strikt, wie die Anhänger des New Criticism glauben, von ihr unterschieden werden. Ohne angemessene Bestimmung des Verhältnisses zwischen „ästhetischem" und „biographischem" Subjekt — zwischen dem hypothetisch aus Notentexten und dem nicht weniger hypothetisch aus Dokumenten erschlossenen Subjekt — ist jedoch eine triftige Interpretation von Werken, bei denen ein biographisch faßbarer Realitätsbezug unleugbar ist — zu denken wäre an die *Les-Adieux-Sonate* opus 81a —, schlechterdings nicht möglich.

Daß die Gefühlssubstanz, die ein musikalisches Werk „enthält", als Ausdruck eines Subjekts erscheint, ist keineswegs selbstverständlich. Ein Gefühl kann auch als objektives, am tönenden Objekt haftendes Moment wahrgenommen werden, ohne auf ein Subjekt — sei es das reale des Hörers oder das imaginäre, das „hinter" der Musik steht — bezogen werden zu müssen: Der Affektcharakter eines Trauermarsches braucht, um ästhetisch wirklich zu sein, nicht personalisiert zu werden; der Hörer erfaßt das Gefühl, auch wenn er weder selbst traurig gestimmt ist noch eine traurig gestimmte Person imaginiert, die „aus" der Musik redet.

Ist aber Subjektivität keine selbstverständliche Implikation musikalischer Expressivität, so tritt sie, wenn man die von Ambros formulierte ästhetische Erfahrung als adäquat gelten läßt, um so entschiedener als Eigentümlichkeit von Beethovens Musik hervor, die in einem Ausmaß, wie es früheren Generationen fremd war, „subjektiv" geprägt erscheint. Die Gefühlsmomente, die am tönenden Objekt haften, das imaginierte „ästhetische Subjekt", als dessen Ausdruck sie erscheinen, und die empirische Person des Komponisten, wie sie aus biographischen Dokumenten rekonstruierbar ist, fließen gerade in der Beethoven-Literatur — und dann in den Biographien „romantischer" Komponisten — fast ununterscheidbar ineinander.

So wenig es jedoch Zufall ist, daß besonders Beethovens Musik zu problematischen Gleichsetzungen herausfordert — zu Gleichsetzungen, denen unleugbar, so prekär sie sind, Merkmale der „Sache selbst" entgegenzukommen scheinen —, so notwendig ist andererseits der Versuch, differenzierte Verhältnisbestimmungen an die Stelle diffuser Identifikationen von ästhetischem und biographischem Subjekt zu setzen.

Die Literaturtheorie unterscheidet zwischen dem „lyrischen Ich", das in einem Gedicht ästhetisch präsent ist — bei einem Roman nimmt dessen Stelle der „Erzähler" ein —, und dem Autor, der sich in dem Augenblick, in dem er ein Werk abschließt, aus dessen ästhetischer Daseinsform zurückzieht. In dem Maße, in dem das „Ich", das sich als imaginäres Subjekt eines Gedichts präsentiert, von der empirischen Person des Dichters getrennt wird, ist jedes Gedicht ein „Rollengedicht".

Das „lyrische Ich" und der „Erzähler" gehören allerdings nicht, wie manche eher systematisch als historisch orientierten Literaturwissenschaftler zu glauben scheinen, zur poetologischen Grundstruktur jedes lyrischen Gebildes und jedes Romans. Und es steht auch nicht fest, daß die Kluft zwischen ästhetischem und biographischem Subjekt immer so tief war, wie es die Theorie suggeriert. (Die Geschmacklosigkeit abzuwehren, die in der einfachen Identifikation liegt, ist zweifellos berechtigt; daß die Geschmackskritik einen sicheren Leitfaden der historischen, vergangene Realität rekonstruierenden Kritik bildet, ist jedoch unwahrscheinlich.)

Sowohl die Präsenz oder Abwesenheit eines ästhetischen Subjekts im Werk als auch die Identität oder Nicht-Identität des empirischen und des ästhetischen Subjekts ist vielmehr, wie es scheint, geschichtlich veränderlich und außerdem von Gattung zu Gattung verschieden. In ein und derselben Epoche, der Klassik, forderte die Theorie der Lyrik — der „Erlebnislyrik", wie man sie später nannte — die ästhetische Präsenz des Dichters, die des Dramas dagegen dessen Abwesenheit. Und um 1900 trat umgekehrt der Autor im Drama, das zum „Epischen" tendierte, immer deutlicher hervor, während er sich gleichzeitig aus dem „Dinggedicht" zurückzog. (Die Musik partizipierte in der Klassik und Romantik, abgesehen von der Oper, an der Poetik des Gedichts, und zwar nicht allein im Lied, sondern auch in der Symphonie, in der sogar ein ästhetisches Subjekt vernehmlicher zu reden scheint als im Streichquartett, dem Diskurs von „vier vernünftigen Leuten".)

Der Unterschied zwischen den Epochen tritt besonders deutlich hervor, wenn man die Ästhetik der Empfindsamkeit mit der Barocktradition vergleicht. Carl Philipp Emanuel Bach sprach die tragende ästhetische Überzeugung eines ganzen Zeitalters aus, als er auf die Horazische Maxime zurückgriff, daß ein Dichter oder Komponist, um andere zu rühren, selbst gerührt sein müsse.[23] Der Seelenzustand des Autors, der am tönenden Objekt haftende Gefühlscharakter und die Affektwirkung eines Werkes werden von Bach gleichgesetzt. Dagegen postulierte die Barockpoetik, daß Affekte „dargestellt" — gewissermaßen „porträtiert" — werden. Zwischen Autor und Werk sowie zwischen Werk und Publikum bestand eine Distanz, die dann in der Empfindsamkeit eingezogen wurde.

Die Theorie des „Selbstausdrucks", die in der Beethoven-Zeit noch fast ungebrochen herrschte — Empfindsamkeit und Biedermeier sind durch eine Tradition „neben" Klassik und Romantik miteinander verbunden —, ist allerdings nicht so unmißverständlich, wie sie in ihren trivialen Fassungen erscheint. Und das Verhältnis zwischen ästhetischem und biographischem Subjekt, bei Carl Philipp Emanuel Bach oder Daniel Schubart scheinbar als schlichte Identität vorgestellt, ist in Wahrheit vertrackt.

Das auffälligste Problem besteht in der Schwierigkeit, daß ein Komponist nicht immer sein eigener Interpret sein kann — wie es Carl Philipp Emanuel Bach, dessen ästhetische Theorie von den eigenen Klavierphantasien abstrahiert zu sein scheint, offenbar voraussetzte —, und daß von anderen Interpreten eine restlose Identifikation mit dem Komponisten nicht erwartet werden darf. Die Differenz ist allerdings nicht so gravierend, wie sie zunächst erscheint, und zwar deshalb nicht, weil das Identifikationsproblem und eine andere, wesentlich tiefer greifende Schwierigkeit, die in dem Verhältnis zwischen ästhetischem und psychologischem Subjekt wurzelt, sich gewissermaßen gegenseitig aufheben. Offenkundig ist nämlich der „Selbstausdruck" des Komponisten — und nicht erst der des Interpreten — weniger eine psychische Realität als eine — ästhetisch legitime — Fiktion oder Imagination. Nicht eine reale Seelenregung, die vorhanden sein mag oder nicht, ist ausschlaggebend, sondern die Kunst, sie zu suggerieren. „Erlebnismusik", das Gegenstück zur „Erlebnisdichtung" der Goethe-Zeit, ist also primär eine stilistische und nicht etwa eine psychologische Kategorie. Entscheidend ist nicht, ob und in welchem Ausmaß wirkliche Gefühle zu den Kompositions- und Interpretationsbedingungen eines musikalischen Werkes gehören, sondern daß Komponist, Interpret und Publikum die Übereinkunft treffen, „Selbstausdruck" — „Authentizität", um das Modewort der „neuen Subjektivität" aufzugreifen — als ästhetisches Postulat anzuerkennen, über dessen Erfüllung nicht psychologisch-biographische Tatsachen, sondern ästhetische Evidenz entscheidet: eine Instanz eigenen Rechts.

Der Sachverhalt, daß die Stilkonvention — auch die der „Echtheit" — in einer gespaltenen und ungewissen Relation zur „inneren Wirklichkeit" steht, die sich ihrerseits erst dadurch konkretisiert, daß sie sich „entäußert", ist keineswegs so überraschend und befremdend, wie sie dem Adepten einer trivialisierten Romantik erscheinen mag. Denn das Verhältnis zwischen ästhetischer Norm und psychischer Realität war immer schon schwankend und zwiespältig. Daß im 17. und im frühen 18. Jahrhundert ein Affekt, der musikalisch dargestellt werden sollte, als „Nachahmung" oder „Abbild" und nicht, wie in der Empfindsamkeit, als „Ausdruck" oder „Kundgabe" galt — daß er gleichsam von außen porträtiert wurde, statt aus dem Inneren des Komponisten oder Interpreten zutage gefördert zu werden —, war, wie gesagt, eine ästhetische Übereinkunft, die keineswegs ausschloß, daß empirische Momente — „erlebte Gefühle" des Komponisten oder Interpreten — in die musikalische Darstellung einflossen. Der Anteil realer psychischer Regungen am Kompositions- oder Interpretationsvorgang galt jedoch als ästhetisch gleichgültig: als Privatsache, die das Publikum nichts anging. Im ästhetischen Resultat war der biographische Einschlag, wenn es ihn gab, „aufgehoben". Und da Imagination des Affekts — nicht „Nacherleben" — die Wirkung war, die man bei der Rezeption erwartete, lag es nahe, auch der Werkentstehung primär die Einbildungskraft und nicht ein „Erlebnis" zugrunde zu legen.

Daß der Anteil realer Gefühle größer ist, wenn die Imagination psychischer Wirklichkeit des Dargestellten die ästhetische Norm darstellt, ist selbstverständlich. Prinzipiell aber muß die stilistische Konvention, die entweder distanzierte „Porträtkunst" oder „Selbstausdruck" fordert, von der tatsächlichen Partizipation „authentischer" Gefühle am Kompositions- und Interpretationsvorgang getrennt werden.

Bei einem Werk, dessen biographische Voraussetzungen bekannt sind und immer bekannt waren, ist die Unterscheidung des ästhetischen Subjekts vom biographischen um so dringender, je mehr die Popularästhetik dazu neigt, die Differenz zu verwischen. Beethovens *Les-Adieux-Sonate* opus 81a ist dem Erzherzog Rudolph gewidmet und bezieht sich auf dessen Abwesenheit von Wien während der französischen Besetzung 1809. Das Werk unreflektiert als Dokument aufzufassen, dessen ästhetisches Verständnis im biographischen wurzeln muß, wäre jedoch verfehlt. Das Publikum, für das Beethoven die Sonate bestimmte, als er sie 1811 drucken ließ, war eine anonyme Öffentlichkeit, nicht ein geschlossener Freundeszirkel, wie er Carl Philipp Emanuel Bach vorschwebte, als er davon sprach, daß ein Komponist, um andere zu rühren, selbst gerührt sein müsse. Und in dem Maße, in dem der sympathisierende, an der Person des Komponisten Anteil nehmende Kreis zum „Publikum" wurde, trennte sich das ästhetische Subjekt immer entschiedener vom biographischen. Daß die Popularästhetik unter den Verhältnissen des 19. Jahrhunderts an der ohnehin problematischen Identifikation festhielt, war, grob gesagt, illegitim: Das Bild einer Gruppe von Gleichgestimmten wurde aus der Vergangenheit heraufbeschworen und in die Gegenwart übertragen, die bereits durch Entfremdung zwischen Komponist und Publikum charakterisiert war; die reale Teilnahme an der Person des Komponisten verwandelte sich in eine fiktive an einem legendären biographischen Subjekt.

Die sozialpsychologische Argumentation ginge allerdings ins Leere, wenn ihr nicht eine kompositionsgeschichtliche entspräche, auf die es in letzter Instanz ankommt. Daß das ästhetische Subjekt der *Les-Adieux-Sonate* — sozusagen deren „lyrisches Ich" — eine Identifikation mit dem biographischen Subjekt nicht zuläßt, muß auch aus dem Werk selbst begründet werden können. Und die Möglichkeit einer hermeneutischen Fundierung besteht darin, daß man die Sonate ästhetisch als Prozeß versteht, der sich fortschreitend von den biographischen Implikationen der zu Anfang exponierten Thematik entfernt, statt sich immer tiefer in sie zu versenken. Die „entwickelnde Variation" der Thematik, die deren Sinn immer deutlicher hervortreten läßt, ist ein Formprozeß, der das programmatische Moment nicht etwa ausarbeitet und in den Vordergrund rückt, sondern es vielmehr allmählich auslöscht oder zumindest reduziert. Der Verlauf des Satzes, der darüber entscheidet, was die Thematik bedeutet — und daß nicht der Ursprung das Resultat, sonder umgekehrt das Resultat den Ursprung erhellt, ist eine Prämisse der Argumentation —, ist unmißverständlich formal und nicht programmatisch determiniert. (In dem *Beethoven*-Buch von Paul Bekker setzte sich die programmatische Deutung gerade dadurch, daß sie konsequent war und die inhaltlichen Teilmomente zu einer zusammenhängenden „Erzählung" ausspann, der Widerlegung durch August Halm aus.[24])

Man könnte einwenden, es sei anachronistisch, bei Beethoven eine Ästhetik vorauszusetzen, deren Prinzipien erst im späteren 19. Jahrhundert formuliert wurden: eine Ästhetik, die sich in der Lyrik nicht an die Herkunft der Wörter aus der Umgangssprache klammert, sondern den ästhetischen Prozeß innerhalb des Gedichts akzentuiert, einen Prozeß, in dem die ursprünglichen Wortbedeutungen immer mehr zurücktreten oder aufgehoben werden und die Wörter sich statt dessen in ein Netz von Konnotationen einspinnen, die für das Gedicht spezifisch sind.

Zweifellos ist die Ästhetik der „Formalisierung", wie man sie nennen könnte — wobei unter Formalisierung ein Prozeß zu verstehen ist, der sich im Kunstwerk ereignet — der Beethoven-Zeit noch fremd gewesen. Man orientierte sich im frühen 19. Jahrhundert primär an der Thematik selbst und erst sekundär an deren formaler Entwicklung und suchte in der Thematik nach biographischen oder programmatischen Momenten, die der ästhetischen Wahrnehmung einen Rückhalt geben sollten. Wer den Formalisierungsprozeß als historische Realität bei Beethoven leugnet, setzt sich jedoch, so triftig seine Auffassung ideengeschichtlich sein mag, über Sachverhalte hinweg, die im Werk selbst gegeben sind. Daß die thematische Entwicklung der *Les-Adieux-Sonate* opus 81a formal und nicht programmatisch determiniert ist, läßt sich schlechterdings nicht bestreiten. Unabhängig davon, ob Beethoven, was unwahrscheinlich ist, die Populärästhetik seiner Zeit teilte, spricht das Werk, dessen Sinn sich — als „objektivierter Geist" — nicht in den Intentionen des Komponisten erschöpft, eine eigene Sprache.

Die Motive, die dem ersten Satz der *Les-Adieux-Sonate* zugrunde liegen, sind Formeln, deren Ausdrucksbedeutung um 1800 unmißverständlich war: Das Lebewohl-Motiv (T. 1—2) stilisiert die fallende Sprechintonation des Abschiedswortes, und der chromatische Baßgang (T. 3—4) war eine seit dem frühen 17. Jahrhundert zum Topos verfestigte Lamentofigur. „Thematisch" — im formalen wie im inhaltlichen Sinne — ist also nicht die Oberstimme für sich, sondern die Konfiguration von Lebewohl-Motiv und Chromatik. Und die Individualität des Werkes, die dessen Kunstcharakter begründet, entsteht aus der Entwicklung der Relationen, in die das Lebewohl-Motiv und die Chromatik zueinander gebracht werden. Die Motivvarianten aber, in denen sich das Doppelthema entfaltet, sind ihrerseits abhängig von den durch Tradition vorgezeichneten formalen Funktionen, die von den Teilen einer langsamen Einleitung und eines Sonatenallegro erfüllt werden. Mit anderen Worten: Die Besonderheit des Werkes resultiert aus der — in der „entwickelnden Variation" des Doppelthemas sich manifestierenden — Dialektik zwischen dem Allgemeinen der Thematik und dem Allgemeinen der Form.

Die Abhängigkeit von der Form ist allerdings nicht selbstverständlich. Schönberg, von dem das Problem am schärfsten gesehen wurde, beschreibt in der Abhandlung *Brahms, der Forschrittliche* das Verhältnis zwischen formalen Funktionen und motivischen Beziehungen in einer Weise, die eher seiner eigenen kompositorischen Praxis entspricht als der klassisch-romantischen Tradition, auf die er sich beruft: „Ich möchte Gedanken mit Gedanken verbinden. Was auch die Funktion oder Bedeutung eines Gedankens aufs Ganze gesehen sein mag, ganz gleich, ob seine Funktion einleitend, befestigend, variierend, vorbereitend, durchführend, abweichend, entwickelnd, abschließend, unterteilend, untergeordnet oder grundlegend ist, es muß ein Gedanke sein, der diesen Platz in jedem Fall einnehmen muß, auch wenn er nicht diesem Zweck, dieser Bedeutung oder dieser Funktion dienen sollte."[25] Der „Platz", von dem Schönberg spricht, ist die Position einer Variante in einer durch entwickelnde Variation konstituierten Reihe. Schönberg postuliert also einen Primat der entwickelnden Variation — als Mittel, musikalischen Sinn herzustellen — gegenüber den formalen Funktionen: Die unmittelbare oder indirekte Ableitung vom Thema soll auch ohne Berücksichtigung der „einleitenden, befestigenden oder abschließenden" Bedeutung sinnvoll und verständlich sein.

Worin die „Logik" einer Aufeinanderfolge von Varianten besteht, ist jedoch ohne Berücksichtigung von Anhaltspunkten, die außerhalb der entwickelnden Variation als einer Motivtechnik liegen, nicht vollständig bestimmbar. Ist es im kleinen die Stringenz der Harmonik, von der die „Logik" einer Variantenfolge abhängt — „Logik" in dem Sinne, daß sich sagen läßt, warum an einem „Platz" eine bestimmte Variante steht und nicht irgendeine andere —, so sind im großen die Funktionen der Teile in einer

Form Bestimmungsmomente für die „Verständlichkeit" der Aufeinander-folge. Entscheidend ist nicht, entgegen Schönbergs Auffassung, eine abstrakte, vom Formgrundriß losgelöste „Logik" der Motiventwicklung, sondern deren Vermittlung mit den Funktionen und Stationen eines Formprozesses. („Abstrakt" ist die Deduktion eines Motivs aus einem anderen immer dann, wenn die Variante mit einer anderen vertauschbar wäre.) Was „Vermittlung" zwischen Motiventwicklung und Formprozeß heißt, läßt sich am ersten Satz der Les-Adieux-Sonate zeigen. Die Introduktion, das Adagio, erweist sich insofern als Exposition, als in ihr die Hauptmotive, die dann auch dem Allegro zugrunde liegen: das Lebewohl-Motiv und der chromatische Baßgang, aufgestellt werden. Die Konfrontation von Es-Dur (T. 1) und — nach einem Trugschluß (V—VI) — c-moll (T. 2) bildet das harmonische Korrelat zum Motivgegensatz und ist zugleich — als tonale Spaltung — charakteristisch für die Vorläufigkeit, die zum Wesen einer Introduktion gehört. Der Rückleitung nach Es-Dur liegt — nunmehr in der Oberstimme (T. 5—7) — dieselbe Chromatik zugrunde, die anfangs von der Tonika zur Tonikaparallele wegführte.

Generell erfüllt eine Introduktion ihre formale Rolle dadurch, daß sie einerseits harmonisch-tonal als Umweg ins Ungewisse erscheint, der eine Festigung erwarten läßt, und andererseits thematisch-motivisch den Hauptsatz vorbereitet. Der harmonische Exkurs (T. 7—12), der nach Ces-Dur und as-moll führt, besteht in einer Chromatisierung des Anfangs, stellt also eine Konsequenz aus dem chromatischen Quartgang, gewissermaßen eine Übertragung der Chromatik auf das Lebewohl-Motiv dar. Und ein chromatischer Gang (ges—f—fes—es) bildet außerdem das Gerüst der Sequenz (T. 10—11), die an die Stelle der einfachen Wiederholung in der ersten Periode (T. 4—5) tritt, einer Sequenz, die ein Entwicklungsmoment ist, so daß sich Chromatisierung und Entwicklung als zwei Seiten desselben Vorgangs erweisen: Chromatisierung als motivische „Logik" und Entwicklung als formale Funktion.

Eine Vorbereitung des Allegro ist das Adagio in mehrfacher Hinsicht. Erstens liegt dem Hauptthema des Allegro das Lebewohl-Motiv, wenn auch paraphrasiert durch den oberen und den unteren Halbton, zugrunde (T. 17—19). Zweitens ist der Kontrapunkt zum Hauptthema ein chromatischer Gang. Drittens resultiert die Umdeutung des Motivschlusses zu einem Vorhalt (es—d) aus einem Rückgriff in Takt 19 auf Takt 9:

Viertens ist die Paraphrasierung des Terzgangs durch den oberen und den unteren Halbton ein Reflex der vorbereitenden Takte 12—16: ein Reflex, der wegen der äußeren Nähe kenntlich bleibt, obwohl es sich, kompliziert genug, um einen Krebsgang in Augmentation handelt:

Daß im Hauptthema zwar die Chromatik drastisch ausgeprägt ist, das Lebewohl-Motiv jedoch latent bleibt, wird verständlich, wenn man berücksichtigt, daß zwischen Haupt- und Seitenthema das für Beethovens Sätze in Sonatenform generell charakteristische Verhältnis der „kontrastierenden Ableitung" (Arnold Schmitz) besteht: Da im Seitenthema (T. 50) das Lebewohl-Motiv unverändert und in langen Notenwerten wiederkehrt, mußte es im Hauptthema, wenn ein Kontrast entstehen sollte, eingreifend modifiziert werden.

Daß gerade das Seitenthema ein Zitat des Lebewohl-Motivs aus der langsamen Einleitung darstellt, ist darin begründet, daß von einem Seitenthema Kantabilität erwartet wurde. Die Chromatik wiederum erscheint im Seitenthema als Seufzermotivik der Gegenstimme (cis—d und ges—f). Dagegen ist es in der Durchführung (T. 77—90) — wie in der Evolutionspartie des Adagio — das Lebewohl-Motiv selbst, das chromatisiert wird: In chromatischer Fassung (des-c, c-ces, ces-b) bildet es das Gerüst einer Modulation, die den für Beethovens Durchführungen charakteristischen Typus der „wandernden Tonalität" (Arnold Schönberg) ausprägt.

Analysiert man demnach das Adagio und das Allegro der *Les-Adieux-Sonate* unter dem Gesichtspunkt des Verhältnisses zwischen Motivbeziehungen und formalen Funktionen, so zeigen sich Korrespondenzen, die grundlegend sind:

1. Derselbe chromatische Gang, der von Es-Dur nach c-moll wegführt (T. 2—4), leitet in anderer motivischer Fassung von c-moll nach Es-Dur zurück (T. 5—7): Die entwickelnde Variation des Motivs bildet die Kehrseite der tonalen Disposition.

2. Die Chromatisierung, die für die harmonisch-tonale Labilität einer In-

troduktion charakteristisch ist, geht motivisch aus dem Lamentobaß hervor.

3. Die Abweichungen des Hauptthemas vom Lebewohl-Motiv begründen das formal konstitutive Verhältnis der „kontrastierenden Ableitung" zwischen Haupt- und Seitenthema. Und die Abweichungen vom Thema der Introduktion sind ihrerseits in der Entwicklung der Introduktion vorgezeichnet: als Vorausnahme des Vorhalts es—d und als Antizipation der Paraphrasierung des Terzzugs in der Krebsumkehrung.

Mit anderen Worten: Formale Funktionen wie Rückleitung, Exkurs, Vorbereitung und „Kontrastierende Ableitung" sind durch Motivbeziehungen — durch entwickelnde Variation des Lebewohl-Motivs und des Lamentobasses — vermittelt und umgekehrt Motivbeziehungen durch formale Funktionen.

Der Formprozeß, in dessen Verlauf sich die Konfiguration von Lebewohl-Motiv und Chromatik — die Konfiguration also, die das eigentliche Thema des Satzes darstellt, und zwar formal wie inhaltlich — fortschreitend differenziert, ist ästhetisch als Prozeß wachsender Entfernung vom Realitätsbezug des Satzes interpretierbar, denn es ist, wie erwähnt, nicht das programmatische, sondern das formale Moment, das die Satzentwicklung determiniert: Der biographische Hintergrund tritt gleichsam immer weiter zurück. Die Betrübnis wegen der Abreise des Erzherzogs Rudolph und die — übrigens wahrscheinlich antizipierende, der Wirklichkeit vorgreifende — Freude über die Rückkehr werden im Verlauf der musikalischen Entwicklung keineswegs durch Detailmalerei allmählich verdeutlicht, sondern vielmehr durch „Formalisierung" ferngerückt. Die immer genauere formale Differenzierung der Motive — die wachsende Bestimmtheit der Beziehungen zwischen ihnen — bildet die Kehrseite eines sich auflösenden Objektbezugs. Formale und programmatische Präzisierung entsprechen sich nicht, sondern verhalten sich eher gegenläufig zueinander.

Erweist sich demnach die „Geschichte" der thematischen Konfiguration als „Formalisierung" — und gerade nicht als „Geschichte" des „Inhalts" —, so zeichnet sich damit eine Möglichkeit ab, das Verhältnis zwischen biographischem und ästhetischem Subjekt, von dem die Argumentation ausging, genauer zu bestimmen, als es durch die allzu simple Entgegensetzung von Realität und Fiktion geschieht. Unabhängig davon, welchen Anteil an der Entstehung des Werkes man einem „wirklichen" und nicht bloß imaginierten „Erlebnis" zumißt — angesichts des Verhältnisses zwischen Beethoven und dem Erzherzog Rudolph ist der Ausdruckscharakter der *Les-Adieux-*

Sonate, obwohl er nicht die geringste Spur von distanzierender Ironie erkennen läßt, wohl nur als weitgehend fiktiver Affekt vorstellbar —, besteht offenbar der ästhetische Prozeß, der sich im Werk vollzieht, in einer Bewegung, die von der empirisch-biographischen Substanz wegführt. Das biographische Subjekt, anfangs noch präsent, geht in das ästhetische Subjekt über und ist schließlich in ihm „aufgehoben".

Die thematische Konfiguration der *Les-Adieux-Sonate* — die Konfiguration von Lebewohl-Motiv und Lamentobaß — ist zunächst noch formelhaft und gerade darum einer biographischen Auslegung zugänglich: Die Ausdrucksstereotype — mit Restbeständen aus dem barocken Arsenal der musikalisch-rhetorischen Figuren — bilden gewissermaßen ein musikalisches Gegenstück zur Umgangssprache. In dem Maße aber, in dem die Motive in immer differenziertere — durch formale Funktionen mitbestimmte — Beziehungen zueinander treten, rückt statt des Wirklichkeitsbezugs der musikalischen „Vokabeln" der „Sinnzusammenhang", den sie innerhalb des musikalischen Werkes miteinander bilden, in den Vordergrund. Der Bezugspunkt, der Konnex und Bedeutung verbürgt, verlagert sich von der Außenwelt in das Innere des Werkes.

Das Wort „Sinnzusammenhang", der grundlegende Terminus der musikalischen Analyse, ist allerdings insofern zwiespältig, als es einerseits auf einen Sinn zu verweisen scheint, der „von außen" in die Musik hineingetragen wird, andererseits aber die Vorstellung suggeriert, musikalischer Zusammenhang verbürge bereits als solcher, unabhängig von externen Momenten, ästhetischen Sinn. Erkennt man aber die musikalische Form als ästhetischen Prozeß, so erweist sich der Zwiespalt als auflösbar: Der Sinn, den die *Les-Adieux-Sonate* ausprägt, liegt weder in der außermusikalischen Realität, die sich in der Thematik des Werkes spiegelt, noch ausschließlich im innermusikalischen Strukturzusammenhang, sondern in der Transformation des einen in das andere. Der „Ursprung" im Biographischen wird im Werk und durch das Werk zum bloßen „Ausgangspunkt". Und ästhetisch entscheidend ist das Resultat des Prozesses, der sich in der Form vollzieht. Am Ende des Satzes bleibt als Bild des Ganzen nicht eine durch die Musik immer genauer bestimmte Vorstellung von der Trauer über die Abreise des Erzherzogs Rudolph zurück, sondern der musikalische Eindruck fortschreitend differenzierterer Relationen zwischen dem Lebewohl-Motiv und der Chromatik. Denn die Modifikationen im Verhältnis der thematischen Momente zueinander werden nicht vom Objekt- oder Realitätsbezug her gelenkt — es wird, mit anderen Worten, keine „Geschichte" erzählt —, sondern resultieren aus den Funktionen der Teile in der Sonatenform in Relation zum Prozeß der entwickelnden Variation. Und in dem ästhetischen Vorgang der „Formalisierung" konstituiert sich das Werk als ästhetischer Gegenstand.

Es ist demnach ebenso unzulässig, in der *Les-Adieux-Sonate* eine Mitteilung Beethovens an den Erzherzog Rudolph zu sehen — als wäre die Sonate ein musikalisch chiffrierter Brief —, wie es umgekehrt unmöglich ist, vom biographischen Einschlag zu abstrahieren. Ist aber der Objektbezug, den der Titel und die Widmung des Werkes andeuten, weder schlichte Realität, an deren Vorstellung sich der Hörer halten soll, noch schiere Fiktion, so kann er nur im Übergang vom einen Modus zum anderen bestehen.

Das ästhetische Subjekt, in das sich das biographische gleichsam zurückzieht, ist nun allerdings keine fest umrissene Kategorie, deren Sinn eindeutig wäre. Die Sturm-und Drang-Ästhetik Daniel Schubarts, die im „Selbstausdruck" die Substanz der Musik zu erkennen glaubte, war, wie sich zeigte, insofern unzulänglich, als sie das „Selbst", das „sich" ausdrückt, naiv mit dem biographischen Subjekt des Komponisten identifizierte. Man kann jedoch als Historiker die Subjekt-Objekt-Dialektik, obwohl sie dem Denken des 18. Jahrhunderts noch fernlag, nicht einfach vergessen, als wäre sie niemals — von Hegel oder von Humboldt — formuliert worden. Auch Musikästhetik darf sich, wenn sie nicht in Naivität zurückfallen soll, nicht darüber hinwegsetzen, daß sich das Selbst, von dem Schubart redet, als sei es unmittelbar gegeben, gleichsam erst im Widerschein erfährt: in dem Licht, das von einer auf ein Objekt gerichteten Tätigkeit zurückscheint, einer Tätigkeit, in die es sich „entäußert". Erst in der Reflexion — der Brechung vom Objekt her — wird das Subjekt für sich selbst erkennbar.

Geht man aber davon aus, daß sich das „Selbst" in Subjekt-Objekt-Relationen konstituiert, so kann man an der kompositorischen Tätigkeit entweder die „Arbeit am Werk" oder die Spuren, die aus „lebensweltlichen" Zusammenhängen in die Werkentstehung hineinreichen, in den Vordergrund rücken und als Substanz der „Entäußerung" begreifen. Es ist jedenfalls nicht abwegig, das ästhetische Subjekt, das „hinter" einem Werk steht, als primär hervorbringendes — und erst sekundär in biographisch faßbaren Zusammenhängen lebendes — Subjekt aufzufassen, dessen Tätigkeit dann in einer adäquaten Werkrezeption nachvollziehbar ist.

Ist nun aber — ideengeschichtlich — die Subjekt-Objekt-Dialektik eine Entdeckung der Zeit um 1800, so ist es nicht überraschend, daß das im musikalischen Formprozeß immer wieder — und nicht allein bei der Werkentstehung ein für allemal — tätige Subjekt erst bei Beethoven zu sich selbst gekommen zu sein scheint. Das ästhetische Subjekt ist gewissermaßen das im Werk überdauernde, ihm als „Energeia" einbeschriebene kompositorische Subjekt. Und aus der Reflektiertheit des Kompositionsprozesses resultiert wiederum die Forderung einer analogen Reflektiertheit des musikalischen Hörens, wie denn nicht der Kompositionsprozeß, sondern allein die ihn spiegelnde Rezeption — als Verhältnis zwischen dem tönenden Objekt und dessen Wahrnehmung — rekonstruierbar ist. Das ästhetische Subjekt ist also weder die empirische Person des Komponisten noch die des Hörers, sondern ein imaginäres Subjekt, das eine Vermittlungsinstanz zwischen der werkkonstituierenden Tätigkeit des Komponisten und der nachvollziehenden des Hörers darstellt.

Wenn Beethoven im ersten Satz der Es-Dur-Klaviersonate opus 31,3 die Sonatenform einer „Reflexion" unterwirft[26] — und zwar dadurch, daß sich der Anfang des Satzes, scheinbar eine Introduktion, nachträglich als Hauptthema erweist, und daß die Fortsetzung (T. 18), die wie eine Überleitung wirkt und in der Reprise auch als solche fungiert, von einer Evolutionspartie (T. 33), die als „eigentliche" Überleitung gelten muß, aus ihrer Rolle verdrängt wird —, so macht er die musikalische Form als vom Subjekt konstituiert kenntlich: „Introduktion", „Hauptthema" und „Überleitung" erweisen sich als Kategorien, die nicht am Objekt „gegeben" sind, sondern an das tönende Gebilde „herangetragen" werden. Bei unreflektiertem Formverständnis ist sich das Subjekt seiner konstituierenden Tätigkeit nicht bewußt; es versteht sich als Rezeptionsorgan für ein fest umrissenes „Ding" mit bestimmten „Eigenschaften". Erst die Zumutung, Kategorien auszutauschen, bringt dem Hörer seine Subjektivität als Konstituens des Formprozesses zu Bewußtsein.

Anmerkungen

1 C. Dahlhaus: Grundlagen der Musikgeschichte, Köln 1977, S. 132f.

2 K. R. Popper: Logik der Forschung, Tübingen [2]1966.

3 A. Riethmüller: Die Musik als Abbild der Realität, Wiesbaden 1976, S. 84ff.

4 A. Halm: Von zwei Kulturen der Musik, Stuttgart [3]1947, S. 65.

5 M. E. Tellenbach: Beethoven und seine „unsterbliche Geliebte" Josephine Brunswick, Zürich 1983, S. 207.

6 R. Rolland: Beethoven. Les grandes epoques créatrices, Paris 1966, S. 133.

7 H. Riemann: Ergänzung zu A. W. Thayer: Ludwig van Beethovens Leben, Band III, Leipzig 1911, S. 240.

8 A. Schering: *Humor, Heldentum, Tragik bei Beethoven*, Strasbourg 1955, S. 43.

9 A. Schmitz: *Das romantische Beethovenbild*, Berlin und Bonn 1927, S. 163—176.

10 C. Palisca: *French Revolutionary Models for Beethoven's Eroica Funeral March*, in: Music and Context, Department of Music, Harvard University 1985, S. 198—209.

11 J. und B. Massin: *Beethoven*, München 1970, S. 70.

12 H. Goldschmidt: *Zu Beethoven*, Berlin 1979, S. 194ff.

13 R. Lach: *Zur Geschichte der Beethovenschen „Prometheus"-Ballettmusik*, in: Zeitschrift für Musikwissenschaft 3 (1920/21), S. 225f.

14 L. van Beethoven: *Sämtliche Briefe und Aufzeichnungen*, hrsg. von F. Prelinger, Wien/Leipzig 1907—1909, Band I, S. 91.

15 M. Solomon: *Beethoven*, München 1979, S. 156.

16 Beethoven: *Sämtliche Briefe*, Band I, S. 167—170

17 G. Kinsky/H. Halm: *Das Werk Beethovens*, München/Duisburg 1955, S. 131.

18 F. Wegeler/F. Ries: *Biographische Notizen über Ludwig van Beethoven*, Koblenz 1838, S. 78.

19 Beethoven: *Sämtliche Briefe*, Band IV, S. 20.

20 F. Kerst: *Die Erinnerungen an Beethoven*, Stuttgart [2]1925, S. 139f.

21 Solomon, a.a.O., S. 166.

22 A. W. Ambros: *Culturhistorische Bilder aus dem Musikleben der Gegenwart*, Leipzig [2]1865, S. 9.

23 C. Dahlhaus: *„Si vis me flere . . .",* in: Die Musikforschung 25 (1972), S. 51f.

24 Halm, a.a.O., S. 38ff.

25 A. Schönberg: *Brahms, der Fortschrittliche*, in: ders., *Stil und Gedanke* (Gesammelte Schriften 1), Frankfurt 1976, S. 43.

26 L. Finscher: *Beethovens Klaviersonate opus 31,3*, in: Festschrift für Walter Wiora, Kassel 1967, S. 385—396.

II. Werkindividualität und Personalstil

Wer von Individualität in der Musik spricht, denkt gewöhnlich, ohne darin ein Problem zu sehen, an eine individuelle Prägung musikalischer Werke, die als Ausdruck der Individualität des Komponisten zu verstehen ist. Da in einem schlicht logischen Sinne jedes Gebilde, das sich als geschlossenes, isolierbares Ganzes auffassen läßt, ein Individuum darstellt, ist das spezifische, für die Individualität musikalischer Werke charakteristische Moment offenbar die Begründung im Personalstil des Komponisten.

Das Verhältnis zwischen Werkindividualität und Personalstil erweist sich jedoch, wenn man die sachliche Zusammengehörigkeit methodologisch zu fassen versucht, als überaus prekär. Denn ein Personalstil ist, ebenso wie ein Epochen-, ein Gattungs- oder ein Nationalstil, eine übergreifende, eine größere Anzahl von Werken umfassende Kategorie, die dadurch, daß sie von einem Werk bestimmte, in anderen Werken wiederkehrende Merkmale abstrahiert, die ästhetische Integrität des einzelnen Gebildes antastet. Das Herauslösen von Eigentümlichkeiten des „Personalstils" aus dem Kontext des Werkganzen geht über dessen Individualität hinweg. Der Personalstil, im Hinblick auf den Komponisten das Besondere und Unwiederholbare, ist in Bezug auf das Werk ein Allgemeines. Und die Konfiguration der Merkmale ist im Begriff des Personalstils prinzipiell anders strukturiert als in der Konzeption des einzelnen Werkes. Zur Werkindividualität gehören auch Teilmomente, die an sich konventionell, für die Bestimmung des Personalstils also bedeutungslos sind, in der Werkstruktur jedoch durch den Zusammenhang, in dem sie stehen, und durch die Funktion, die sie erfüllen, „spezifisch" und für das Werk in seiner Singularität charakteristisch werden.

Die Gewohnheit, einen Personalstil an herausgelösten, isolierten Details festzumachen, deren Wiederkehr in anderen Werken sich strikt demonstrieren und sogar statistisch erfassen läßt, ist allerdings eine fragwürdige methodologische Bequemlichkeit. Denn zu den Eigentümlichkeiten, in denen sich ein Personalstil manifestiert, gehören zweifellos außer melodischen Wendungen oder rhythmischen Mustern auch Formkonzeptionen, die dem Ganzen eines Werkes oder Satzes zugrunde liegen. Beethovens

Idee, die durch Konvention „zusammengewachsenen" Eigenschaften eines Formteils voneinander zu trennen und anders als gewöhnlich zu disponieren, ist personalstilistisch ebenso bedeutsam wie die besondere Art der Taktakzentuierung, die von Gustav Becking[1] beschrieben wurde. Und zwischen einem abstrakten, bei mehreren Komponisten wiederkehrenden Schema, wie es die Formenlehren darstellen, und einem konkreten, in einem einzelnen Werk realisierten Formgedanken halten sich Formideen, die man dem Personalstil zurechnen kann, in einer eigentümlichen, schwer erfaßbaren Mitte.

Die Individualität musikalischer Werke, von der man nur in einem wenig befriedigenden chronologischen Ungefähr sagen kann, daß sie sich zwischen dem 14. und dem 18. Jahrhundert in einem Prozeß der Individualisierung herausgebildet habe, besteht offenkundig nicht in dem ontologischen Sachverhalt, daß sich — um in der Sprache der Scholastik zu reden — „individuum", „ens" und „unum" als ein und dasselbe erweisen, sondern stellt eine ästhetische Idee dar, hinter der eine historiographische Entscheidung steht: die Entscheidung, daß nicht allgemeine, in anderen Werken wiederkehrende, sondern besondere, für ein einzelnes Werk charakteristische Eigenschaften als konstitutiv für dessen Kunstcharakter gelten sollen. Solange generelle Normen, deren Erfüllung die Artifizialität eines musikalischen Gebildes verbürgt, das Urteil über ein Werk begründen, ist dessen Individualität zwar ontologisch gegeben, aber ästhetisch sekundär. Erst der Gedanke, daß der Kunstcharakter eines Werkes in dessen Originalität wurzele, daß also Kunst neu sein müsse, um authentisch zu sein, läßt die Individualität zum dominierenden Kriterium werden.

Daß jedes Werk als Individuum wie als Exemplar einer Gattung angesehen werden kann, ist eine Trivialität. Umstritten ist denn auch nicht die Möglichkeit, den Gesichtspunkt zu wechseln, sondern das Ausmaß, in dem die Eigenschaften, die ein Gebilde als Kunstwerk legitimieren, im Individuellen oder im Exemplarischen gesucht werden sollen.

Es liegt nahe, die Differenz als historische aufzufassen. Noch in Fux' *Gradus ad Parnassum* (1725) erscheint das Allgemeine, das die Kontrapunktregeln repräsentieren, als das Essentielle und das Besondere, durch das sich das eine Werk vom anderen unterscheidet, als das Akzidentelle. Die Normen des strengen Satzes bilden das Fundament der Musik, das nicht angetastet werden darf; lediglich der Überbau, der sich darüber erhebt, ist geschichtlichen Veränderungen unterworfen, die als Wechsel der Mode interpretiert werden: einer Mode, der man sich zwar anpassen soll, aber nicht so rückhaltlos überlassen darf, daß man an den Grundlagen des Tonsatzes rüttelt.

Dem Modell von Fundament und Überbau steht im späteren 18. Jahrhundert die Vorstellung gegenüber, daß Kunst, formelhaft gesprochen, Ausdruck eines Genies und nicht Erfüllung einer Regel sei. Und aus der Genialität des Komponisten erwächst die Art von Individualität, an die man zunächst denkt, wenn man die Kategorie benutzt. Die Behauptung aber, daß spätestens um 1770 der Kunstbegriff gewissermaßen vom Exemplarischen zum Individuellen eines Werkes hinüberwechselte, muß differenziert werden, wenn sie nicht zu Irrtümern führen soll. Denn es steht keineswegs a priori fest, ob die ästhetische Bedeutung der *Eroica* in dem Reichtum und der besonderen Konfiguration unwiederholbarer Eigentümlichkeiten oder darin liegt, daß sie exemplarisch — mit generellen Eigenschaften — die Idee des Symphonischen ausprägt.

Die Gattungstradition, die den Widerpart zur Werkindividualität bildet, war im 19. Jahrhundert nicht dasselbe wie im 17.; und zwar veränderte sich nicht nur das System der Gattungen, sondern auch die Vorstellung davon, was eine Gattung überhaupt ist. Wurde ein Gattungstil im 17. Jahrhundert im wesentlichen durch einen liturgischen, repräsentativen oder geselligen Zweck und durch eine entsprechende Wahl der kompositorischen Mittel determiniert, so liegen den paradigmatischen Gattungen des 19. Jahrhunderts, der Symphonie und dem Streichquartett, ästhetische Ideen zugrunde, deren Realisierung nicht an einen festen, kodifizierbaren Bestand von Materialien und Techniken gebunden ist, sondern nur dann gelingen kann, wenn immer wieder andere Wege eingeschlagen werden.

Die Idee des symphonischen Stils, die Beethoven vorschwebte, läßt sich in erster Annäherung als Vermittlung zwischen überwältigender Monumentalität und äußerster, bis an die Grenze der Abstraktion getriebener Differenzierung charakterisieren. E. T. A. Hoffmann sprach einerseits von „Hebeln des Schauers, der Furcht, des Entsetzens, des Schmerzes", die Beethoven bewege, andererseits von einer halb verborgenen „inneren Struktur", in der sich „die hohe Besonnenheit des Meisters" zeige.[2] (Seine Kritik der *Fünften Symphonie* ist darum zunächst Dithyrambus, dann technische Analyse.)

Die ästhetische Doppelheit läßt sich institutionsgeschichtlich interpretieren, ohne daß entschieden werden müßte, ob die Institution des Symphoniekonzerts, die zugleich eine Organisationsform und eine Bewußtseinsverfassung ist, als Fundament oder als Konsequenz der ästhetischen

Idee verstanden werden soll. Wenn die Monumentalität eine Manifestation der Absicht ist, zur „Menschheit" im äußeren wie im inneren Sinne zu reden — zu einer versammelten Menge und zur humanen Substanz jedes Einzelnen —, so stellt die extreme Differenzierung die strukturelle Rechtfertigung eines ästhetischen Anspruchs dar: des Anspruchs der Symphonie, als autonomes Werk um seiner selbst willen und in kontemplativer Konzentration gehört zu werden.

Die Art von Individualisierung, die für die Instrumentalmusik des 18. Jahrhunderts charakteristisch ist — eines Jahrhunderts, das als musikhistorische Epoche von 1720 bis 1814 reicht —, wird in der Musikgeschichtsschreibung im allgemeinen primär als Individualisierung der Thematik beschrieben, einer Thematik, die zuvor weitgehend durch Topoi bestimmt wurde, so daß es angemessen wäre, im 16. und 17. Jahrhundert nicht von „Themen" zu sprechen, sondern Gioseffo Zarlinos Terminus „Soggetto" zu benutzen. Der „moderne Themabegriff", wie er von Hugo Riemann genannt wurde — die Orientierung der kompositorischen Phantasie an einem komplexen, unverwechselbar charakteristischen, eine Entwicklung aus sich heraustreibenden Grundgedanken —, ist zweifellos eine fundamentale Kategorie der sich emanzipierenden, vom Vorbild der Vokalmusik loslösenden Instrumentalmusik. Ein Thema muß jedoch, wenn man den Terminus beim Wort nimmt, in Relation zu der „Abhandlung" betrachtet werden, der es zugrunde liegt; und wenn das Thema die Substanz der Form bildet, die aus ihm erwächst, so zeigt umgekehrt erst die Form, was in einem Thema steckt. Die Individualisierung der Form und die des Themas sind zwei Seiten desselben Vorgangs.

In dem Maße, in dem Substanzbegriffe von Relations- oder Funktionsbegriffen abgelöst wurden, verlagerte sich der Akzent des Individualisierungsprozesses von der Thematik, die zum bloßen Ausgangspunkt wurde, auf die Form, bei der man streng genommen nicht mehr sagen kann, in welchem Grade sie Implikationen der Thematik entfaltet oder der Thematik einen Reichtum an Bedeutungen verleiht, der in ihr nur vage vorgezeichnet war.

Macht man sich also bewußt, daß über die Individualisierung der Thematik, die zunächst gewissermaßen ein uneingelöster Anspruch ist, in letzter Instanz die Form im ganzen entscheidet, so kann man das Verhältnis zwischen Werkindividualität und Formidee mit einem Problem und dessen Lösung vergleichen. Ausschlaggebend ist, daß man die Konfiguration, in der Thematik und Form, konkrete Substanz und abstrakte Relation zueinander stehen, nicht unzulässig simplifiziert.

Das unablässig wiederkehrende Hauptmotiv aus dem ersten Satz des *F-Dur-Quartetts* opus 18,1 ist nichts anderes als eine ornamentale Figur, die aber nicht eine Melodie umschreibt, sondern selbst das thematische Substrat bildet. Ist demnach der Grundgedanke substanzarm, so kann er Bedeutung erst durch die Zusammenhänge gewinnen, in die er gebracht wird. In der Überleitung (T. 30) wird das Hauptmotiv, das als ostinater Baß erscheint, mit einer Phrase kombiniert, als deren wesentliche Merkmale sich später die aufsteigende Terz und der Sekundvorhalt erweisen:

Aus der simultanen Beziehung geht dadurch eine sukzessive hervor, daß der erste Takt der Gegenphrase mit dem Hauptmotiv vertauscht wird (T. 42):

Die Motivverknüpfung erinnert an den Nachsatz des Hauptthemas (T. 17):

Zu behaupten, daß Takt 18 das Modell für Takt 31 sei, wäre allerdings, trotz der rhythmischen Identität, eine Übertreibung. Es verhält sich eher so, daß die latente Beziehug, die zwischen den Takten besteht, erst durch die Verbindung der Überleitungsphrase mit dem Hauptmotiv (T. 42) manifest wird. Die aufsteigende Terz und der Sekundvorhalt kehren als Kadenzwendung des Vordersatzes im Seitenthema wieder (T. 60):

Daß die Herauslösung der Intervalle aus der Überleitungsphrase nicht willkürlich ist, zeigt sich in der Schlußgruppe, in der das gemeinsame Moment der Überleitung und des Seitenthemas in isolierter Darstellung erscheint (T. 103):

Man kann von einem Netz motivischer Beziehungen sprechen, das sich über sämtliche Teile der Exposition, den Hauptsatz, die Überleitung, das Seitenthema und die Schlußgruppe, erstreckt. Und die Motive, die zunächst arm an Substanz sind, erhalten durch die Relationen, die zwischen ihnen hergestellt werden, eine charakteristische Prägung, die sie von sich aus nicht haben. Von motivischer Entwicklung kann man allerdings kaum sprechen. Vielmehr werden Zusammenhänge, die zunächst unerkannt bleiben — zwischen den Takten 17—18 und 30—31 oder zwischen den Takten 30—31 und 60 —, nachträglich verdeutlicht.

Als wesentliche logische Bestimmung der ästhetischen Individualität erweist sich demnach — neben der Singularität und Unverwechselbarkeit des einzelnen Gebildes — die von Karl Philipp Moritz in den achtziger Jahren des 18. Jahrhunderts akzentuierte Ganzheit der Form, deren musiktheoretische und -geschichtliche Bedeutung allerdings erst sichtbar werden kann, wenn man sich von dem eingewurzelten, pädagogisch motivierten Vorurteil der musikalischen Formenlehre, daß die Form das Allgemeine und die Thematik das Besondere sei, entschieden trennt. Die Einsicht, daß es die Individualität des Ganzen ist, durch die Thematisches, das für sich genommen nicht selten einen Topos reproduziert, seinerseits individualisiert werden kann, zwingt dazu, die Formenlehre, die sich im 18. und 19. Jahrhundert als normative Disziplin etablierte, in Analysen einzelner Werke aufzulösen. Erst dann ist der Weg frei, um zu erkennen, daß manche Themen nicht im Augenblick der Exposition bereits Individualitäten sind, sondern erst in dem Formprozeß, den sie in Relation zu anderen thematischen Momenten auslösen, dazu werden.

Ist die Werkindividualität primär durch eine Formanalyse bestimmbar, so liegt es bei der Untersuchung des Personalstils, dessen Merkmale eigentlich mit denen der Werkindividualität vermittelt werden müßten, gerade umgekehrt nahe, psychologisch zu argumentieren.

Verzichtet man nämlich auf einen psychologisch-biographischen Rekurs, so erweist es sich als schwierig, in dem musikalischen Merkmalbündel, das einen Personalstil konstituiert, einen inneren Zusammenhang zu entdecken. Und es ist darum nicht erstaunlich, daß Untersuchungen, deren Gegenstand musikalische Personalstile sind, nicht selten lediglich disiecta membra beschreiben — in getrennten Paragraphen über Melodik, Rhythmik und Harmonik —, ohne daß den Autoren bewußt wäre, daß sie gerade das außer Acht lassen, wovon sie behaupten, daß es ihr Thema sei. Andererseits sah sich Gustav Becking[3] bei dem Vorsatz, musikalische Personalstile zu bestimmen, ohne den inneren Zusammenhang der kompositionstechnischen Merkmale in einer Schilderung der psychologisch-biographischen Person des Komponisten zu suchen, zu einem Rückgriff auf Wilhelm Diltheys Weltanschauungstypen, die gleichsam eine Überhöhung psychologischer Kategorien darstellen, gedrängt: Durch Differenzierung eines Typus — „Naturalismus", „subjektiver Idealismus", „objektiver Idealismus" — soll der Weg zur Individualität gebahnt werden. Und es ist nicht zu leugnen, daß der Annäherungsprozeß, obwohl er prinzipiell unabschließbar ist, bei einem ingeniösen Schriftsteller wie Becking immerhin in die Nähe dessen führt, was der Begriff der „Person" impliziert.

Daß die Diltheyschen Weltanschauungstypen verschieden interpretierbar sind, ist offenkundig. Und ein Zwang zur Metaphysik besteht keineswegs. Man braucht sie, um sich wissenschaftlich auf sie stützen zu können, nicht zu einer letzten Instanz zu hypostasieren, die als nicht mehr hintergehbare Prämisse jeder sachlichen, auf Objekte gerichteten Einsicht zugrunde liegt, sondern kann sie auch als heuristisches Vehikel auffassen, dessen Funktion es ist, generelle Kategorien bereitzustellen, die als Ausgangspunkt individualisierender Begriffsbildungen nützlich sind, also nicht ein Ziel, sondern ein Mittel der Erkenntnis darstellen.

Die psychologisch-biographische Interpretation der Merkmale, die einen Personalstil konstituieren, geht in der älteren Musikgeschichte aus Mangel an Dokumenten ins Leere. Und der Mangel ist zweifellos kein bloßer Zufall. Biographische Überlieferungen über Komponisten, in früheren Epochen Relikte und kaum jemals Berichte, häufen sich erst seit der Mitte des 18. Jahrhunderts, als man anfing, musikalische Werke als Ausdruck einer Individualität zu begreifen: einer Person, die man mit psychologisch-biographischen Kategorien zu erfassen versuchte. Daß man dabei zum Anekdotischen neigte, ist entgegen einem eingewurzelten Historiker-Vorurteil nicht immer ein Nachteil, denn so fragwürdig die Anekdote als empirischbiographisches Zeugnis sein mag, so aufschlußreich kann sie für die Form sein, in der sich das ästhetische — in der Musik sich manifestierende — Subjekt des Komponisten den Zeitgenossen präsentierte. Daß ein Historiker nicht gezwungen ist, sich die Kriterien der Epoche, die er schildert, zu eigen zu machen, ist selbstverständlich. Die Tendenz des späten 18. und des 19. Jahrhunderts zur psychologisch-biographischen Deutung der Komponistenindividualität muß auch dann, wenn sie von den Komponisten selbst — den Akteuren der Musikgeschichte — geteilt wurde, vom rückblickenden Erzähler nicht respektiert und nachgeahmt werden. Allerdings muß er, wenn er vom Geist der Vergangenheit entschieden abweicht, die Beweislast für die Triftigkeit seiner Methode tragen.

Die Verwicklungen, in die man dabei gerät, lassen sich am Ausdrucksprinzip der Empfindsamkeit des 18. Jahrhunderts demonstrieren. Wie in anderem Zusammenhang erwähnt wurde, forderte Carl Philipp Emanuel Bach 1753, in Anlehnung an die Poetik Johann Jacob Breitingers und indirekt die Horazische *Ars poetica*, vom Komponisten und Interpreten, daß er, um andere zu rühren, selbst gerührt sein müsse. (Den Idealfall stellte die Personalunion von Komponist und Interpret dar.) Die Annahme aber, daß jede der rasch und abrupt wechselnden Empfindungen, die eine Bachsche Klavierphantasie ausdrückt, real erlebt worden sei, wäre absurd. Andererseits ist es keineswegs ausgeschlossen, daß in die Affektdarstellung einer barocken Arie, die in der Ästhetik der Epoche als Porträtierung eines Gefühls von außen her, nicht als Expression von innen heraus aufgefaßt wurde, manchmal reale Empfindungen des Komponisten oder des Interpreten einflossen. Mit anderen Worten: Der empirisch-psychologische Sachverhalt — die Einwirkung oder Nicht-Einwirkung realer Gefühle — ist, wenn nicht gleichgültig, so doch sekundär. Wesentlich ist die ästhetische Norm, eine Norm, die im Barock eine distanzierte Affektdarstellung, in der Empfindsamkeit dagegen einen Gefühlsausdruck forderte, der Unmittelbarkeit suggerierte.

Man kann demnach den Begriff des „Personalstils" als ästhetische — nicht psychologisch-biographische — Kategorie mit begrenzter historischer Geltung interpretieren: Es handelt sich beim „Selbstausdruck" um eine ästhetische — und das heißt: ästhetisch legitime — Fiktion, deren empirisch-psychologische Fundierung von geringer Bedeutung ist, jedenfalls nicht zum Ausgangspunkt der Interpretation gemacht werden sollte. Gegenstand einer historischen Rekonstruktion ist nicht das empirische Subjekt, dessen Spuren von biographischen Dokumenten ablesbar sind, sondern das ästhetische Subjekt, als das sich Carl Philipp Emanuel Bach und später Beethoven in Sonaten und Phantasien präsentierten.

Die Unterscheidung zwischen einem ästhetischen und einem psychologisch-biographischen Subjekt ist ein Interpretationsmodell, von dem ein Historiker zunächst einmal ausgehen kann, das aber seinerseits noch interpretationsbedürftig ist. Versteht man musikalischen Ausdruck, wie er seit Carl Philipp Emanuel Bach präsentiert wurde, als ästhetische Charaktermaske, so kann man den naheliegenden Einwand, es handle sich um eine Selbstinszenierung, dadurch abwehren, daß man die musikalische „Empfindungssprache" als grundlegend für die Konstituierung des Subjekts selbst — seiner Individualität als eines fühlenden Wesens — begreift. Mit anderen Worten: Das ästhetische Subjekt läßt sich dem empirischen annähern, wenn man geltend macht, daß Gefühle — und zwar die des Komponisten ebenso wie die des Hörers — durch Musik nicht allein ausgedrückt, sondern hervorgebracht werden oder eine Form erhalten: Gefühle, die man nicht einfach für scheinhaft erklären kann (wie sich denn kaum sagen läßt, was ein scheinhaftes Gefühl überhaupt ist). Das Subjekt „spricht" nicht nur die Sprache, die im 18. Jahrhundert „Empfindungssprache" hieß, sondern „wird" gewissermaßen „von ihr gesprochen" (um aus der Nomenklatur des Poststrukturalismus eine seltsame, aber für die Formulierung eines von Humboldt stammenden sprachphilosophischen Grundgedankens durchaus brauchbare Passivkonstruktion zu entlehnen). Der Begriff der „Sprachrolle" aber vermittelt dadurch zwischen ästhetischem und empirischem Subjekt, daß er das Verhältnis zwischen den realen Seelenregungen eines Komponisten und der musikalischen Empfindungssprache, die ebenso über ihn verfügt wie er über sie, als Wechselwirkung lesbar macht.

Die Formel von der Einheit in der Mannigfaltigkeit, die man im 18. Jahrhundert unablässig repetierte, ist unzulänglich, weil sie nicht erkennen läßt, daß zumindest in der Musik die postulierte Einheit doppelt — einerseits substantiell und andererseits funktional — bestimmt werden muß. Die Sonatenform der ersten Sätze Haydnscher oder Beethovenscher Symphonien und Streichquartette erreicht thematisch-motivische Einheit durch die Differenzierung eines zu Anfang exponierten melodisch-rhythmischen Materials und außerdem formale Einheit durch die Integration funktional differenzierter Teile, deren Namen — „Hauptsatz", „Überleitung", „Seitensatz", „Durchführung", „Reprise" — bereits Unterscheidung wie Zusammenschluß andeuten. Daß eine immer engere Integration das Korrelat einer immer reicheren Differenzierung bildet, ist ein Gemeinplatz der Organismustheorie, die im späten 18. Jahrhundert in der Ästhetik um sich griff und gleichzeitig als „implizite Theorie" in der kompositorischen Praxis enthalten war.

Von der funktionalen Differenzierung der Formteile, deren Ziel die Einheit durch Integration ist, muß, wenn eine Analyse nicht einseitig und fragmentarisch bleiben soll, die thematisch-motivische Differenzierung unterschieden werden. Daß bei Haydn und Beethoven aus einer Grundsubstanz durch „entwickelnde Variation" (Arnold Schönberg) ständig neue melodisch-rhythmische und kontrapunktische Prägungen hervorgehen, ist ein Prozeß, dessen Verhältnis zur funktionalen Differenzierung der Formteile keineswegs unproblematisch ist und in musikalischen Analysen, die dem Prekären ausweichen, gewöhnlich im Halbdunkel bleibt.

Ein spezifischer Zusammenhang zwischen Substanz und Funktion ist von Arnold Schmitz als „kontrastierende Ableitung" beschrieben worden[4]: Ein Haupt- und ein Seitenthema teilen einige — oft halb latente — Merkmale miteinander und prägen zugleich an der musikalischen Oberfläche durch andere Züge den komplementären Gegensatz aus, der für die thematische Struktur der Sonatenfom konstitutiv ist. Die kontrastierende Ableitung ist jedoch, was Schmitz offenbar nicht sah, streng genommen nichts anderes als ein Sonderfall der generellen, für sämtliche Formteile grundlegenden Relation zwischen entwickelnder Variation und funktionaler Differenzierung. So kann etwa eine Überleitung vom Haupt- zum Seitenthema, wie im ersten Satz von Beethovens Sonate opus 2,1, zugleich und in eins eine Evolution von Motiven des Hauptthemas und eine Vermittlung zwischen Grund- und Paralleltonart sein. Sie beruht dann auf motivischer Ableitung unter den Bedingungen einer bestimmten formalen Funktion; von der Funktion, die sie erfüllt, ist die Art von entwickelnder Variation abhängig, der die Motive unterworfen werden. Und im gleichen Sinne ist auch der Gegensatz zwischen Haupt- und Seitenthema, aus dem die kontrastierende Ableitung erwächst, eine den Variationsprozeß regulierende formale Funktion.

Die Einheit in der Mannigfaltigkeit ist demnach doppelt begründet: einerseits in der thematischen Substanz, aus deren Differenzierung durch entwickelnde Variation der Gestaltenreichtum eines Satzes hervorgeht, und andererseits in der Form des Ganzen, die durch Integration funktional unterschiedener und in der Unterscheidung aufeinander bezogener Teile entsteht. Und man kann die Differenzierung, wie sie sich vor allem in der Sonatenform Haydns und Beethovens zeigt, durchaus als Individualisierung im Sinne der Ästhetik des 18. Jahrhunderts auffassen. Allerdings läßt sich der Sachverhalt nicht unmittelbar und im ersten Zugriff, sondern nur auf einem Umweg plausibel machen.

Zunächst scheint es, als sei die musikalische Individualisierung von der dichterischen, die das Anschauungsmodell der Ästhetik Alexander Baumgartens[5] bildete, grundverschieden. Baumgarten, der von einer Theorie der poetischen Metapher ausging, verstand die bildliche Rede als Konkretisierung der begrifflichen: Die Chiffre malt Reales aus, während das Gemeinte abstrakt bleibt, und der logische „Abstieg" vom Allgemeinen zum Besonderen, den Baumgarten in Anlehnung an Leibniz als unendlichen, nicht abschließbaren Annäherungsprozeß auffaßt, soll als Erkenntnismodus eigenen Rechts, als „cognitio" mit spezifischer „perfectio" — der für die Ästhetik grundlegenden „perfectio sensitiva" — gelten. Die Anschauung kann, statt bloß Mittel zum Zweck des Begriffs zu sein, selbst als Zweck erscheinen.

In der Musik, die weder begriffliche Erkenntnis noch Anschauung von Realität vermittelt, wird ein der Dichtung — der metaphorischen Rede — partiell analoges Verhältnis zwischen Allgemeinem und Besonderem, das eine Interpretation als Individualisierung im Sinne des logischen „Abstiegs" erlaubt, erst erkennbar, wenn man den Themabegriff, die fundamentale Kategorie der emanzipierten, selbständigen Instrumentalmusik, anders als gewöhnlich interpretiert. Die Relation zwischen einem Haupt- und einem Seitenthema oder zwischen einem Thema und einer Überleitung wird in der Regel, sofern sie auf kontrastierender oder differenzierender Ableitung beruht, als Abwandlung eines Gebildes zu einem anderen, ähnlichen Gebilde aufgefaßt. Möglich und in manchen Werken sinnvoll ist aber auch die Interpretation, daß nicht ein konkretes Erstes in ein konkretes Zweites übergeht, sondern daß ein abstraktes Substrat — eine diastematische Struktur mit austauschbarem Rhythmus oder ein melodischer Umriß mit variabler Tonhöhenfixierung — in verschiedenen Konkretisierungen erscheint und daß es streng genommen dieses abstrakte Substrat ist, das als „Zugrundeliegendes" oder „Thematisches" fungiert und demgegenüber die fest umrissenen Themen zwar das Handgreifliche, aber eine bloße Erscheinungsform des Substantiellen sind.

Ob man sich für die eine oder die andere Auslegung entscheidet, ist nicht allein in methodologischen Präferenzen des Analysierenden, sondern auch und vor allem in Differenzen der Sache selbst begründet: Sätze, in denen „das Thematische" — als abstrakte Struktur — dominiert und den Zusammenhang verbürgt, stehen anderen gegenüber, in denen es nichts als Themen im gewöhnlichen, handgreiflichen Sinne des Wortes gibt. „Das Thematische", das in Beethovens *Eroica* in einer Konfiguration aus Dreiklangsbrechung und Chromatik und in der *Les-Adieux-Sonate* aus der Relation zwischen Terzgang und Lamentobaß besteht, stellt nun aber zweifellos, analog zum Begrifflichen in der Dichtung, wie es von Baumgarten aufgefaßt wurde, ein Allgemeines dar, dessen Spezifizierung und Individualisierung dann zu den konkreten Formulierungen führt, die die Oberfläche eines musikalischen Satzes ausmachen. Das Verhältnis zwischen Gedanke und Metapher, wie es Baumgarten beschrieb und als Grundmuster einer allgemeinen Ästhetik interpretierte, kehrt in seiner logischen Fundamentalstruktur — allerdings nur in ihr — in der Relation zwischen dem abstrakt Thematischen und den konkreten Themen und Themenvarianten wieder.

„Das Thematische" kann als Beharrendes im Wechsel der Erscheinungsformen und darum — sofern man metaphysische Deutungen ästhetischer Sachverhalte nicht a priori als „unwissenschaftlich" verwirft — als „Analogon des Ich" verstanden werden. Denn als Modell einer Einheit in der Verschiedenheit, die sich nicht in sinnfälliger, sondern in abstrakter Form manifestiert, dient immer und unvermeidlich die Erfahrung des eigenen Selbstbewußtseins: Wir wissen primär uns selbst — und nur darum sekundär auch anderes — als identisch im Wechsel von Zuständen. Und die Identität, die wir einem musikalischen Werk zuschreiben, ist insofern ein Reflex unserer eigenen.

Daß man sich bei manchen Werken dazu gedrängt oder herausgefordert fühlt, die ständig veränderte Wiederkehr eines thematischen Substrats nicht nur empirisch als partielle Gleichheit von Verschiedenem, sondern darüber hinaus metaphysisch als „Selbigkeit" in immer wieder anderen Erscheinungsformen zu interpretieren, ist offenbar darin begründet, daß bei der wechselnden Konkretisierung von abstrakt „Thematischem" im Sinne von Beethovens späteren Werken der Grad an greifbaren Übereinstimmungen zu gering ist, um den Zusammenhalt des Ganzen in genügendem Maße verständlich zu machen, daß aber andererseits die Geschlossenheit von innen heraus zwingend evident erscheint, so daß man, um sie zu erklären, ein durchgängig „Zugrundeliegendes" postulieren muß, ein „Zugrundeliegendes", das sich als ästhetisches Subjekt und dessen Identität bestimmen läßt.

Die Deutung als „Analogon des Ich" hängt demnach, wie es scheint, mit dem Abstraktionsgrad des Thematischen — und das heißt: mit der im späten 18. Jahrhundert erreichten Entwicklungsstufe des thematischen Denkens — zusammen. Ein Cantus firmus, ein ostinater Baß oder ein Fugenthema, Gebilde also, die dadurch Gegenstand von Variation werden, daß sich der satztechnische Kontext verändert, werden in geringerem Maße als ein abstraktes thematisches Substrat, das ein Haupt- und ein Seitenthema miteinander verklammert, mit der Vorstellung eines sich identisch durchhaltenden ästhetischen Subjekts in Verbindung gebracht. Von einem fest umrissenen, handgreiflich konkreten Subjekt der Musik — einem satztechnischen „Soggetto" im Sinne der Theoretikersprache des 16. bis 18. Jahrhunderts — geht keine Wirkung aus, die es nahelegt, von einem „Analogon des Ich" zu sprechen. Dagegen ist bei Beethovens Werken immer schon die Präsenz eines ästhetischen Subjekts empfunden worden, dessen Wesen man allerdings verkannte, wenn man es dem empirischen Subjekt gleichsetzte, das sich aus Dokumenten über Beethovens Biographie erschließen läßt.

In der Identität eines abstrakten thematischen Substrats eine ästhetische Chiffre des Selbstbewußtseins zu sehen, ist zwar eine Hypothese, die sich nicht auf Dokumente stützen kann, eine Hypothese aber, deren logische Grundstruktur der klassischen Musikästhetik des späten 18. und des frühen 19. Jahrhunderts nahe lag. Christian Gottfried Körner bestimmte in einer Abhandlung *Über Charakterdarstellung in der Musik*, die 1795 in Schillers Zeitschrift *Die Horen* erschien[6], das Ethos, das er dem Pathos entgegensetzte und durch das die innere Freiheit des Hörers gegenüber der Überwältigung und Fesselung des Gemüts durch Musik gewahrt bleiben sollte, primär als Rhythmus, wobei er unter Rhythmus nicht die Tondauerstruktur im einzelnen, sondern ein zugrunde liegendes Gleichmaß — sei es den Takt, den Wechsel von Systole und Diastole oder den „Klangfuß" (Johann Mattheson), das musikalische Gegenstück zum Versfuß — verstand: Das Ethos — oder der Charakter — ist das Beharrende, Standhaltende inmitten des Wechsels „leidenschaftlicher Zustände". Und Hegel interpretierte einige Jahrzehnte später das Taktmaß als das Feste und Konstante im Auf und Ab der Gemütsaffizierungen und insofern als tönende Chiffre der Kontinuität des Selbstbewußtseins in der Diskontinuität dessen, was als Inhalt im Bewußtsein vorüberfließt.[7]

Daß Körner und Hegel das Identitätsmoment gerade im Rhythmus — und nicht im tonalen Zentrum der Harmonik oder im thematischen Substrat der Form — suchten, war ein bloßer Zufall, der um so seltsamer wirkt, als zumindest die Vorstellung eines Ethos der Tonart — und das heißt unter anderem: eines beharrenden Grundtons in den Schwankungen der melodischen Empfindungssprache — in der antiken Theorie, an der sich humanistisch gebildete Philosophen unwillkürlich orientierten, vorgezeichnet war. Ausschlaggebend ist jedoch nicht die Begrenztheit der Ausarbeitung und Exemplifizierung des Grundgedankens, sondern die Entschiedenheit, mit der er prinzipiell gefaßt wurde.

Die Tatsache, daß gerade das Abstraktere — in der klassischen Sonate vor allem das abstrakt „Thematische", aber auch das Rhythmische im Sinne Körners und Hegels — als musikalisches Zeichen von Identität erscheint, macht es verständlich, daß bei Beethoven der Weg in die Abstraktion gerade nicht zu einer Ent-Individualisierung führte, wie manchmal behauptet wurde, sondern zu einer entschiedeneren Ausprägung der Werkindividualität. Unter Abstraktion muß dabei allerdings eine komponierte — als kompositorisches Konzept erkennbare — Abstraktion verstanden werden, und komponiert ist sie in dem Maße, wie sie sich als Einheitsmoment erweist, das den inneren Zusammenhalt eines Satzes, eines Werkes oder einer Werkgruppe verbürgt. Das in einigen späten Streichquartetten wiederkehrende viertönige Grundmotiv ist so abstrakt, daß es nicht mehr notierbar ist; dennoch zweifelt niemand an seiner ästhetisch-kompositionstechnischen Existenz: einer Existenz, die in seiner formalen Funktion begründet ist. (Der Entdeckung oder Konstruktion thematisch-motivischer Beziehungen, die sich mit geringer Mühe ins „schlecht Unendliche" treiben läßt, kann man dadurch eine Grenze setzen, daß man das formal Relevante vom Irrelevanten — und darum ästhetisch nicht Existierenden — unterscheidet.)

Ein Paradigma kontrastierender Ableitung, an dem sich einige Bedingungen musikalischer Individualisierung demonstrieren lassen, ist der erste Satz von Beethovens *Klaviersonate f-moll* opus 2,1. Der Hauptgedanke (T. 1—2) erinnert an das Finalthema in Mozarts *g-moll-Symphonie* KV 550; es handelt sich also um einen Topos, und zwar einen Topos Mannheimer Herkunft. Durch die Schlußwendung in Gegenrichtung erhält der Thementypus, der von Hugo Riemann als „Mannheimer Rakete" etikettiert wurde, ein Moment des Spezifischen; die eigentliche Individualisierung, die den Gedanken an Konventionen der Jahrhundertmitte auslöscht oder zumindest als irrelevant erweist, ereignet sich allerdings weniger im Thema selbst als in den Konsequenzen, die durch entwickelnde Variation aus ihm gezogen werden. Die Überleitung in die Paralleltonart wird motivisch mit dem transponierten Hauptgedanken und dessen abgespaltenem zweiten Takt bestritten; und das Seitenthema ist eine kontrastierende Variante des Hauptthemas: Es teilt mit ihm den melodischen Umriß und die Akkordumschreibung; die Bewegungsrichtung aber ist umgekehrt, die Artikulation ist von staccato zu legato verändert, der Tonikadreiklang ist mit einem Dominantseptakkord vertauscht, und die Diatonik ist partiell von Chromatik durchsetzt. Die Strukturveränderungen sind Zeichen und Ausdruck eines Charaktergegensatzes, der zu den konstitutiven Merkmalen der Sonatenform gehört: Man kann das Hauptthema — mit der Unzulänglichkeit, an der jede Beschreibung von Musik krankt — als auftrumpfend energisch, das Seitenthema als elegisch kantabel empfinden.

Die Differenzierung der Teile und deren Integration sind sowohl substantiell als auch funktional begründet. Die entwickelnde Variation der thematischen Substanz ist auf formale Funktionen bezogen: Daß der Exposition des Grundgedankens als Hauptthema zunächst in der Überleitung eine Motivabspaltung und dann als Seitenthema eine Umkehrung der Bewegungsrichtung folgt, läßt sich nicht mit einer inneren Logik der entwickelnden Variation erklären, sondern ist im konventionellen Umriß der Sonatenform vorgezeichnet: Die Verknüpfung des Übergangs zu einer anderen Tonart mit der Technik sequenzierender motivischer Arbeit geht als satztechnischer Topos bis ins frühe 18. Jahrhundert zurück. Das Substantielle und das Funktionale greifen ineinander: Die Richtung, die der Prozeß der entwickelnden Variation einschlägt — ein Prozeß, den musikalische Analysen oft so beschreiben, als sei er in sich selbst begründet —, ist vom Schema der Sonatenform abhängig; und umgekehrt realisiert sich die Sonatenform, deren Umriß auch anders als durch entwickelnde Variation ausgefüllt werden kann, in Beethovens opus 2,1 unter den Bedingungen einer von Station zu Station transformierten Thematik. Aus der Wechselwirkung zwischen dem logisch Allgemeinen der entwickelnden Variation und dem architektonisch Allgemeinen der Sonatenfom aber resultiert das Spezifische und schließlich das Individuelle; und daß die individualisierende Begriffsbildung der musikalischen Analyse ein unabschließbarer Annäherungsprozeß bleibt, ist weniger wesentlich als die Tatsache, daß es immerhin gelingen kann, die Richtung zu bestimmen, die in einem Werk vom Allgemeinen über das Besondere zum Individuellen führt.

Der innere Zusammenhalt der Teile in der Beethovenschen Sonatenexposition ist demnach nicht nur doppelt begründet — substantiell durch die Deduktion der Teile aus einem Grundgedanken, der als „das Thematische" zwischen Hauptthema, Überleitung und Seitenthema vermittelt, und funktional durch den komplementären Gegensatz, der in der Tonart und im melodischen Charakter zwischen Haupt- und Seitenthema besteht —, sondern die eine Begründung gehört zu den Implikationen der anderen: Wenn der entwickelnden Variation durch die formalen Funktionen des Sonatenformschemas der Weg vorgezeichnet wird, den sie einschlagen muß, so wird umgekehrt der Kontrast zwischen Haupt- und Seitenthema durch die substantielle Ableitung als ergänzender Gegensatz — statt als beziehungslose Verschiedenheit — kenntlich.

Daß die Werkindividualisierung, wie sich am Beispiel der Beethoven-Sonate zeigt, nicht allein von der Thematik, sondern auch von der Form abhängt, die aus der Thematik hervorgeht und umgekehrt deren Entwicklung beeinflußt, mag ästhetischen Vorstellungen, die als Erbschaft einerseits der Empfindsamkeit und andererseits der Romantik in Umlauf sind, widersprechen, stimmt jedoch zusammen mit grundlegenden Prämissen der klassischen Ästhetik des späten 18. Jahrhunderts.

Die Forderung, daß ein Kunstwerk — ein Werk der „schönen Kunst" — ein in sich geschlossenes und vollendetes Ganzes sein müsse, ist von Karl Philipp Moritz 1785 ins Zentrum der Ästhetik und Kunsttheorie gerückt worden (*Versuch einer Vereinigung aller schönen Künste unter dem Begriff des in sich Vollendeten*). Der Begriff des „in sich Vollendeten" bildet die Gegeninstanz zu dem des „äußeren Zwecks". Das Kunstwerk, dessen causa finalis in ihm selbst liegt, ist für sich ein Ganzes, statt einem größeren Zusammenhang anzugehören, in dem es eine Funktion erfüllt: Es ist autonom. Moritz ist bei der Ausschließung von Funktionen so rigoros, daß er geradezu die L'art-pour-l'art-Ästhetik Théophile Gautiers antizipiert: Weder ist ein musikalisches Werk, sofern es einen emphatischen Kunstanspruch erhebt, für den Hörer da, noch dient es der Kommunikation zwischen dem Komponisten und dem Publikum. „Bei der Betrachtung des Schönen aber wälze ich den Zweck aus mir in den Gegenstand selbst zurück: ich betrachte ihn, als etwas, nicht in mir, sondern in sich selbst Vollendetes, das also in sich ein Ganzes ausmacht, und mir um sein selbst willen Vergnügen gewährt; indem ich dem schönen Gegenstande nicht sowohl eine Beziehung auf mich, als mir vielmehr eine Beziehung auf ihn gebe."[8] „Während das Schöne unsere Betrachtung ganz auf sich zieht, zieht es sie eine Weile von uns selber ab, und macht, daß wir uns in dem schönen Gegenstande zu verlieren scheinen: und eben dies Verlieren, dies Vergessen unsrer selbst, ist der höchste Grad des reinen und uneigennützigen Vergnügens, welches uns das Schöne gewährt."[9]

Die Ganzheit aber, die Moritz als zentrale Eigenschaft eines Werkes der schönen Kunst apostrophiert, ist zugleich das wesentliche Merkmal der ästhetischen Individualisierung, wie sie in der klassischen Kunsttheorie begriffen wurde: einer Individualisierung, die sich primär in der Werkindividualität und dem sie konstituierenden Formprozeß und erst sekundär im Personalstil und dessen Originalität manifestiert. Daß ein Individuum immer ein Ganzes sein muß, ist, als Implikation des Terminus, eine logische Trivialität. Daß die Bestimmung als Ganzes, das seinen Sinn in sich selbst hat, auch in der Ästhetik dominiert, ist jedoch keineswegs selbstverständlich, sondern gehört zur Signatur einer geschichtlich begrenzten Epoche.

Das Problem, von dem die Reflexion über Werkindividualität und Personalstil ausging, schien zunächst unlösbar zu sein: Einerseits muß insofern, als in einem trivial logischen Sinne jedes konkrete, selbständige, in sich geschlossene Gebilde ein Individuum ist, mit dem Begriff der „ästhetischen Individualität" ein darüber hinausgehender Sachverhalt gemeint sein; und es liegt nahe, dieses spezifische Moment in der im Werk sich ausdrückenden Originalität des Komponisten zu suchen. Anderseits aber ist — jedenfalls methodologisch — ein Personalstil als Inbegriff gemeinsamer Merkmale verschiedener Werke eines Komponisten eine Abstraktion, die — prinzipiell nicht anders als ein Gattungs-, National- oder Epochenstil — das einzelne Werk als bloßes Exempel heranzieht, also nicht als Werk um seiner selbst willen, sondern als Dokument für etwas anderes betrachtet und somit die individualisierende Begriffsbildung mit einer generalisierenden vertauscht. Der von der Musik ablesbare Personalstil ist methodologisch das Resultat einer Verallgemeinerung.

Geht man allerdings davon aus, daß bei Haydn und Beethoven die Individualisierung weniger in der Originalität der Themen als in spezifischen Formkonzeptionen begründet ist — eine Einsicht, zu der unter den Theoretikern der Zeit einzig Francesco Galeazzi gelangte[10] —, so muß auch das wesentliche Moment des Personalstils in Formideen statt in auffälligen Details — seien es Themen, Harmoniewendungen oder rhythmische Überraschungswirkungen — gesucht werden. Macht man methodologisch Ernst mit der Erkenntnis, daß Haydn und Beethoven vor allem Genies der formalen Integration waren und daß darin ihre eigentliche Originalität besteht, so läßt sich der Personalstil nicht mehr als Bündelung hervorstechender Einzelzüge, sondern nur dadurch bestimmen, daß man ihn als Konfiguration von Formproblemen und deren wechselnden Lösungen begreift. Die Einheit, die ihn von innen heraus zusammenhält, zeigt sich dann, statt als Merkmalkomplex bestimmbar zu sein, in der Kontinuität einer kompositorischen Entwicklung: Der Begriff des „Personalstils" ist keine statischsystematische, sondern eine dynamisch-genetische Kategorie. Was ihn konstituiert, ist nicht dadurch zu erfassen, daß man von verschiedenen Lösungen gemeinsame Merkmale abstrahiert, sondern es muß auf dem entgegengesetzten Wege gesucht werden, indem man bestimmte Formprobleme und deren Entwicklungstendenzen als charakteristisch für das musikalische Denken eines Komponisten erkennt. Nicht der Sachverhalt, daß Beethoven die Durchführung und die Coda der Sonatenform erweiterte und bedeutsamer hervortreten ließ, ist für die Bestimmung des Personalstils wesentlich, sondern die Tatsache, daß er durch das Prinzip, die Form insgesamt und nicht nur partiell als thematischen Prozeß zu konzipieren, zu einer Fortsetzung dieses Prozesses über die Durchführung hinaus gezwungen war, zugleich aber den Satz trotz der Tendenz zur Unabschließbarkeit zu einem Ende führen mußte, das kein Abbrechen, sondern ein Ziel war: Die Coda ist ein paradoxer Einstand von Weiterstreben und Abschluß. Die Formprobleme aber wurden immer wieder anders gestellt und gelöst, und erst daraus, nicht aus dem generell formulierbaren Prinzip, erwachsen Werkindividualitäten.

Akzentuiert man die Probleme statt der Lösungen, also die Rekonstruktion statt des Greifbaren, so wird erstens die Individualität des einzelnen Werkes, die dessen Kunstcharakter ausmacht, nicht angetastet, denn bei der Präzisierung, durch die ein Problem überhaupt erst Gestalt annimmt — eine Problemskizze, wie sie im Hinblick auf die Coda versucht werden wird, ist nichts als ein Ausgangspunkt —, schlägt man notwendig den Weg der differenzierenden, individualisierenden Begriffsbildung ein, entfernt sich also nicht von der Besonderheit des einzelnen Werkes, sondern kommt ihr in dem Maße näher, wie es irgend möglich ist unter den Bedingungen der Goetheschen Maxime, daß das Individuum „ineffabile" sei. Zweitens gehört es zu den logischen Eigentümlichkeiten musikalischer Formprobleme, daß sie — anders als Merkmale der Melodik oder des Rhythmus — Generalisierungen kaum zulassen, ohne — wie in den Formenlehren des 19. Jahrhunderts — ihre Substanz einzubüßen. Personalstilistische Eigentümlichkeiten der Melodik und des Rhythmus erlauben, wie die Beethoven-Studien von Hans Gál[11] und Gustav Becking zeigen, Fixierungen auf hohem Abstraktionsniveau, ohne daß die Kategorien allzu inhaltsarm werden. Bei Formideen aber sind, wie es scheint, die Möglichkeiten einer substantiellen Abstraktion wesentlich geringer, wie August Halm[12] und Erwin Ratz[13] erfahren mußten, als sie generalisierende Formenlehren intendierten und sich dabei in wachsendem Maße zu individualisierenden Analysen gedrängt fühlten. Drittens ist ein kompositionstechnisches Problem — wie etwa die Paradoxie, daß eine Symphonie einerseits als eine im emphatischen Sinne „öffentliche" Musik zur Monumentalität tendiert, andererseits aber als autonome Kunst den ästhetischen Anspruch, um ihrer selbst willen da zu sein, durch kompositionstechnische Differenzierung rechtfertigen muß — insofern personalstilistisch interpretierbar, als bei Beethoven die Werkproblematik — die Idee einer Vermittlung zwischen einer geradezu forcierten Ausprägung des erhabenen Stils und einer ebenso extremen, in Esoterik sich verlierenden Abstraktion — in greifbarer Relation zu biographischen Tatsachen steht. Man kann den Sachverhalt in entgegengesetzten Richtungen pointieren und entweder sagen, daß die Werkproblematik psychologisch-biographisch fundiert sei, oder gerade umgekehrt behaupten, daß angesichts einer Konfiguration von Problemen, die kompositions- und ideengeschichtlich „an der Zeit waren", unter den „Vielen", die durch ihr Talent „berufen" sein mochten, von „der" Geschichte — im prekären Singular der Geschichtsphilosophie — die „Wenigen" herausgehoben wurden, die durch Charakter und Schicksal zu den „Auserwählten" gehörten. Gleichgültig aber, ob man sich am Schema der populären Biographik oder an der theologischen Härte des Bibelspruchs orientiert: Fest steht jedenfalls, daß die Interpretation der Kompositionsgeschichte als Problemgeschichte eine Vermittlung zwischen Werkindividualität und Personalstil — zwischen einer Werkindividualität, bei deren Analyse die individualisierende Begriffsbildung aus einer Präzisierung von Problemstellungen hervorgeht, und einem Personalstil, der sich in einer Konfiguration von Problemen und deren Geschichte manifestiert — möglich erscheinen läßt, die auf anderen Wegen kaum erreichbar ist.

Anmerkungen

1 G. Becking: *Studien zu Beethovens Personalstil: Das Scherzothema*, Leipzig 1921.
2 E. T. A. Hoffmann: *Schriften zur Musik. Nachlese*, hrsg. von F. Schnack, München 1963, S. 34—51.
3 G. Becking: *Der musikalische Rhythmus als Erkenntnisquelle*, Augsburg 1928, S. 23—53.
4 A. Schmitz: *Beethovens „zwei Prinzipe",* Berlin/Bonn 1923.
5 A. Bäumler: *Das Irrationalitätsproblem in der Ästhetik und Logik des 18. Jahrhunderts,* Darmstadt 1967, S. 207—231.
6 Abdruck in: W. Seifert: *Christian Gottfried Körner, ein Musikästhetiker der deutschen Klassik,* Regensburg 1960, S. 147—158.

7 G. W. F. Hegel: *Ästhetik*, hrsg. von F. Bassenge, Frankfurt am Main o. J., Band II, S. 284—286.

8 K. Ph. Moritz: *Schriften zur Ästhetik und Poetik*, hrsg. von H. Schrimpf, Tübingen 1962, S. 3.

9 Ebd., S. 5.

10 B. Churgin: *Francesco Galeazzi's Description (1796) of Sonata Form*, in: Journal of the American Musicological Society 21 (1968), S. 181.

11 H. Gál: *Die Stileigentümlichkeiten des jungen Beethoven*, in: Studien zur Musikwissenschaft 4 (1916), S. 58—115.

12 A. Halm: *Von zwei Kulturen der Musik*, Stuttgart [2]1947.

13 E. Ratz: *Einführung in die musikalische Formenlehre*, Wien 1951.

III. Ingenium und Witz

Der Begriff des „Witzes", der im 18. Jahrhundert ungefähr dasselbe wie „Esprit" bedeutete, war in der Aufklärung und, mit verändertem Sinn, in der frühen Romantik eine grundlegende Kategorie der Poetik, und zwar nicht nur der dichterischen, sondern auch der musikalischen. Der Sturm und Drang setzte, grob formuliert, der Kombinatorik des Witzes die Intuition des Genies entgegen, und auch die klassische Ästhetik räumte dem Witz nur einen peripheren Platz ein. Dennoch ist er nicht nur bei Haydn, wo der Sachverhalt unverkennbar ist, sondern auch bei Beethoven eines der grundlegenden ästhetischen Prinzipien, die sich analytisch dingfest machen lassen.

Gottsched schrieb in der *Critischen Dichtkunst*: „Dieser Witz ist eine Gemütskraft, welche die Ähnlichkeiten der Dinge leicht wahrnehmen, und also eine Vergleichung zwischen ihnen anstellen kann. Er setzet die Scharfsinnigkeit zum Grunde, welche ein Vermögen der Seelen anzeiget, viel an einem Dinge wahrzunehmen, welches ein anderer, der gleichsam einen stumpfen Sinn, oder blöden Verstand hat, nicht würde beobachtet haben."[1] Scharfsinn (acumen), Witz (ingenium) und Urteilskraft (iudicium) sind in Gottscheds Poetik, die als repräsentativ für die Mitte des 18. Jahrhunderts gelten darf, verschiedene Seiten derselben Sache.[2] Der Scharfsinn unterscheidet an Phänomenen eine Vielzahl von Merkmalen; der Witz setzt Momente, die vom Scharfsinn beobachtet wurden, aufgrund von Ähnlichkeiten in Beziehungen zueinander; die Urteilskraft schließlich ist eine Instanz, die dem Witz dadurch Grenzen zieht, daß sie dessen Kombinatorik auf das für die Logik und den inneren Zusammenhalt eines Werkes Notwendige beschränkt.

Als Methode, Zusammenhänge herzustellen, ist der Witz, verbunden mit der Urteilskraft, auf das Ganze eines Werkes gerichtet. Die Meinung, daß er ausschließlich in Einzelheiten wirksam sei und sich in Momenteffekten erschöpfe, wird dem Streben nach Ganzheit, das auch in der Poetik der Aufklärung herrschte und nicht erst in der klassischen Ästhetik bedeutsam hervortrat, nicht gerecht.

Im ersten Satz von Beethovens *A-Dur-Quartett* opus 18,5 ist die Exposition des Hauptthemas ein Paradox: Der erste Thementakt, dem drei Takte Introduktion vorausgehen, erscheint erst im Nachsatz (T. 8) in seiner „originalen" Gestalt, zu Beginn dagegen in einer Variante, die als Vermittlung zwischen Thema und Introduktion zu verstehen ist:

Der „eigentliche" Themenbeginn ist in Takt 4 durch eine Zusammenziehung der Terzgänge aus den Takten 1 und 2 ersetzt.

Die Anwendbarkeit der Kategorien, von denen die Poetik der Aufklärung getragen wurde, ist unverkennbar, ohne daß es sinnvoll wäre, aus der Beobachtung weitreichende ideengeschichtliche Konsequenzen zu ziehen. Daß der Quintgang, zu dem sich die Terzmotive der Takte 1 und 2 kontaminieren lassen, mit dem anders rhythmisierten Quintgang des „originalen" Themenbeginns vergleichbar erscheint, ist eine Einsicht, zu der Scharfsinn und Kombinationsgabe — Eigenschaften, die Gottsched als „poetisch" rühmte — gehören; und es ist Sache der Urteilskraft, die motivische Verknüpfung von Introduktion und Thema als sinnvoll zu erkennen.

Im Finale des *A-Dur-Quartetts* bestimmt eine Kombinatorik, die sich als Witz im Sinne der Aufklärungspoetik interpretieren läßt, sogar den ganzen Satz. Das Grundmotiv des Hauptthemas, das imitatorisch in sämtlichen Stimmen exponiert wird, erscheint im Nachsatz in der Umkehrung:

Daß die Umkehrung des dreitönigen Auftakts auch in den Takten 3 und 4 enthalten ist, bleibt einstweilen latent. Das Grundmotiv paraphrasiert in der Überleitung (T. 26—34) einen chromatischen Quartgang:

In der Durchführung (T. 117—122) erscheint stattdessen die Umkehrung als Umschreibungsfigur der Chromatik, so daß indirekt, durch Vermittlung eines Dritten, der Zusammenhang zwischen Grundmotiv und Umkehrung deutlicher hervortritt:

Die Chromatik, die in der Überleitung ein Gerüst für die Sequenzen des Grundmotivs bildet, erscheint als Kontrapunkt zum Seitenthema (T. 36—43), und andererseits sind die leeren Quarten des Seitenthemas im Quartengerüst des Grundmotivs aus dem Hauptthema vorgezeichnet. Die indirekte Beziehung zwischen Grundmotiv und Seitenthema, die sich daraus ergibt, wird in der Durchführung zu einer unmittelbaren umgeprägt: Das Grundmotiv erscheint als Paraphrasierungsfigur der sequenzierten Quarten des Seitenthemas (T. 144—149):

Der Gedanke, zwei Motive zunächst durch Vermittlung eines dritten und dann unmittelbar aufeinander zu beziehen oder einen latenten Zusammenhang durch analoge Funktionen der Teile manifest werden zu lassen, ist ohne Gewaltsamkeit als Werk des Scharfsinns und des Witzes interpretierbar; und die Logik, die dem motivischen Prozeß zugrunde liegt, ist nicht intuitiv, sondern kalkuliert. Die Chromatik der Überleitung bildet, wie es im Sinn des Formteils liegt, eine partielle Vorausnahme des Seitenthemas. Und die Umschreibung des Seitenthemas durch das Grundmotiv entspricht geradezu pedantisch der Lehrbuchforderung, in einer Durchführung das Haupt- und das Seitenthema in immer engere Beziehungen zueinander zu setzen.

Die Motivbeziehungen, die im *c-moll-Klaviertrio* opus 1,3 innerhalb der Sätze und zwischen ihnen bestehen, sind mit Begriffen wie „Monothematik" und „kontrastierende Ableitung", von denen die Analyse gewöhnlich ausgeht, nicht faßbar. Das Hauptthema des ersten Satzes und das des Finale sind unverkennbar einander ähnlich: Sowohl die „rückschlagende" Terz, mit der die Sätze beginnen, als auch der gebrochene Quartsextakkord, der die Fortsetzung bestimmt, sind gemeinsame Merkmale, in denen sich die Absicht manifestiert, die zyklische Einheit des Werkes motivisch sinnfällig zu machen.

Haupt- und Seitenthema sind nicht unmittelbar aufeinander bezogen. Um so frappierender aber ist ein indirekter Zusammenhang, von dem man ohne Übertreibung sagen kann, daß er ein Werk des „Witzes" im Sinne der Aufklärungspoetik ist. Der Kontrapunkt zum Seitenthema ist eine Umkehrung, die zwar nicht intervallgetreu, aber wegen der rhythmischen Identität unverkennbar ist:

In der Umkehrung aber tritt eine Beziehung zu einem Motiv des Hauptthemas zutage, die nicht in der Grundform des Seitenthemas — im Sinne kontrastierender Ableitung — vorhanden ist, sondern erst auf dem Umweg über den in Gegenbewegung imitierenden Kontrapunkt entsteht:

Aus dem Kontrapunkt wiederum wird durch Umrhythmisierung die kantable Fortsetzung des Seitenthemas abgeleitet:

So wenig also die Beziehungen zwischen den Themen mit dem Begriff der „motivischen Entwicklung" faßbar sind, so dicht sind sie geknüpft, und es liegt nahe, von einer Kombinatorik zu sprechen, die eine Sache des Kalküls ist. Die motivische Ähnlichkeit zwischen den Hauptthemen des ersten und des letzten Satzes bildet die Kehrseite einer syntaktischen Analogie. Beide Themen sind zweiteilig, wobei das Moment der Zusammengehörigkeit ebenso wesentlich ist wie das der Trennung. Der erste Teil erscheint als Introduktion, ist aber zugleich thematisch, und aus der Ambiguität werden formale Konsequenzen gezogen.

Im Finale ist die Überleitung (T. 35) eine Variante des Hauptthemas. Nur der erste Teil aber moduliert, während der zweite acht Takte lang tonal geschlossen in der Paralleltonart Es-Dur steht. Der Irrtum, es handle sich — im Sinne der monothematischen Sonatenform — um das Seitenthema, liegt also nahe. Das eigentliche Seitenthema aber folgt, gleichfalls in Es-Dur, erst in Takt 69. Man kann nun im Hauptthema entweder das Moment der Trennung oder das der Zusammengehörigkeit als dominierend empfinden. Im einen Fall treten der erste und der zweite Thementeil als Überleitung (T. 35) und scheinbares Seitenthema (T. 43) auseinander; im anderen dagegen wird durch den Konnex zwischen den Thementeilen angedeutet, daß das scheinbare Seitenthema in Wahrheit eine Fortsetzung der Überleitung ist.

Die Beobachtung, daß das Finale des *c-moll-Trios* ebenso wie das des *A-Dur-Quartetts* durch Kombinatorik und nicht durch ursprüngliche Intuition ein Ganzes darstellt, scheint der Beethovenschen Poetik, wie sie der Bericht von Louis Schlösser über einen Ausspruch aus dem Jahre 1823 überliefert, zu widersprechen: „Ich verändere manches, verwerfe und versuche aufs neue so lange, bis ich damit zufrieden bin; dann beginnt in meinem Kopfe die Verarbeitung in die Breite, in die Enge, Höhe und Tiefe; und da ich mir bewußt bin, was ich will, so verläßt mich die zugrunde liegende Idee niemals."[3] Der Kontext des Ausspruchs enthält, wie später gezeigt werden soll, manche Wendungen, deren Authentizität zweifelhaft ist. Der Begriff der „zugrunde liegenden Idee" ist jedoch philologisch unverdächtig; und gemeint ist zweifellos nicht das Thema — denn daß Beethoven während des Komponierens das Hauptthema eines Satzes stets gegenwärtig blieb, ist eine der Erwähnung kaum würdige Trivialität —, sondern eine Vorstellung vom Ganzen der Form. Die Ganzheit, die von Karl Philipp Moritz ins Zentrum der klassischen Kunsttheorie gerückt wurde, erscheint also, wenn man Beethovens Ausspruch in die Sprache der Ästhetik übersetzt, als Werk der Intuition des Genies, und zwar eines Genies, das nicht mehr im Sinne der Renaissancepoetik als rationales Ingenium, das als Erfindungsgabe zutage tritt, sondern als irrationale Produktivität begriffen wurde. Statt der Kombinatorik, die vom Teil zum Ganzen fortschreitet, bildet eine Intuition, die sich das Ganze in unmittelbarem Zugriff vor Augen stellt, die grundlegende Instanz. Und daß trotz Beethovens Gewohnheit, in Skizzenbüchern einzelne und nicht selten rudimentäre musikalische Gedanken zu notieren, die intuitive Vorstellung des Ganzen, die dann auf die Details verändernd zurückwirkte, das auslösende Moment des Kompositionsprozesses war, dürfte unzweifelhaft feststehen.

Dennoch sollte die Bedeutung der Kombinatorik, die dem Scharfsinn und dem Witz entspringt und durch die Urteilskraft reguliert wird, nicht unterschätzt werden. Daß sich Witz und Genie als tragende Kategorien der Aufklärung und des Sturm und Drang kontradiktorisch gegenüberstehen, also ideengeschichtlich einen ausschließenden Gegensatz bilden, ist kein Grund, die Vereinbarkeit der Prinzipien in der Poetik eines einzelnen Komponisten — sei es Haydn oder Beethoven — zu leugnen. Außerdem sind bei Jean Paul und den frühen Romantikern Witz und Genie — die Hervorbringung eines Ganzen durch Kombinatorik und durch Intuition — in einer Weise miteinander verschränkt, die den traditionellen Kontrast aufhebt und zu der man die Poetik, die sich aus Beethovens Werken erschließen läßt, in Analogie setzen kann, ohne daß daraus die Konsequenz gezogen werden sollte, daß Beethoven „eigentlich" ein Romantiker gewesen sei. Er war ein — innerer wie äußerer — Zeitgenosse Goethes, aber auch Jean Pauls, und in welcher Weise er am Geist einer Epoche partizipierte, die sich ideengeschichtlich in keine Formel fassen läßt, ist nicht durch eine Etikettierung, die den Zeitgeist beim Namen zu nennen beansprucht, sondern einzig mit dem Verfahren, das Karl Popper als „Stückwerk-Technik" bezeichnete, eruierbar.

Anmerkungen

1 J. Chr. Gottsched: *Critische Dichtkunst*, Leipzig [4]1751, Nachdruck Darmstadt 1962, S. 102.
2 J. Schmidt: *Die Geschichte des Genie-Gedankens in der deutschen Literatur, Philosophie und Politik 1750–1945*, Darmstadt 1985, Band I, S. 31ff.
3 F. Kerst: *Die Erinnerungen an Beethoven*, Stuttgart [2]1925, Band II, S. 15.

IV. Der symphonische Stil

Die Ästhetik des Erhabenen und die Theorie der „hohen Ode"

E. T. A. Hoffmanns Rezension über Beethovens *Fünfte Symphonie*, die 1810 in der *Allgemeinen musikalischen Zeitung* erschien, ist immer als eines der schönsten Zeugnisse eines gedankenreichen Beethoven-Enthusiasmus empfunden worden, zugleich aber als Dokument der romantischen Musikästhetik und insofern als Quelle von Mißverständnissen, die das „romantische Beethovenbild" einschloß.[1] Daß Hoffmanns Musikästhetik in einigen wesentlichen Merkmalen den Prinzipien widersprach, von denen Beethoven ausging, ist unleugbar. Wenn Hoffmann von der „reinen" Instrumentalmusik, die er „romantisch" nennt, insgesamt behauptet, daß sie „alle durch Begriffe bestimmbaren Gefühle zurückläßt, um sich dem Unaussprechlichen hinzugeben"[2], so nähert er sich der Auffassung Ludwig Tiecks, daß Symphonien „nicht von dieser Welt" seien: „Sie enthüllen in rätselhafter Sprache das Rätselhafteste, sie hängen von keinen Gesetzen der Wahrscheinlichkeit ab, sie brauchen sich an keine Geschichte und an keinen Charakter zu schließen, sie bleiben in einer rein poetischen Welt."[3] Tieck hebt die Instrumentalmusik, in der „die Kunst unabhängig und frei" sei, von der Vokalmusik ab, die „immer nur eine bedingte Kunst" sei: „Sie ist und bleibt erhöhte Deklamation und Rede."[4] Indem aber Tieck die absolute Musik, deren Ästhetik er begründete, vom Deklamatorischen und Charakteristischen loslöste, um sie ins Metaphysische zu erhöhen, geriet er in manifesten Widerspruch zu Beethoven, der Sonaten und Symphonien als „redende" Kunst und als tönende „Charakterdarstellung" begriff.

Andererseits ist jedoch die simplifizierende Vorstellung, daß durch Hoffmann die „klassische" Symphonie einem „romantischen" Interpretationsmuster unterworfen worden sei, insofern schief oder zumindest unzulänglich, als einige der wesentlichen Kategorien, die der Rezension der *Fünften Symphonie* zugrunde liegen, weder aus der romantischen Musikästhetik Wackenroders und Tiecks noch aus den verstreuten Ansätzen zu einer klassischen Musikästhetik, die man bei Karl Philipp Moritz und Christian Gottfried Körner entdecken kann, sondern aus einer ideengeschichtlichen Überlieferung stammen, die neben der Klassik und der Romantik bestand und in der Ästhetik der Symphonie ebenso wie in der Dichtungstheorie weit ins 18. Jahrhundert zurückreichte: einer Überlieferung, die sich dichterisch in den Werken Klopstocks, Jean Pauls und Hölderlins manifestierte. Und wenn Beethoven der Romantik Wackenroders und Tiecks — und den Schwärmereien Bettina Brentanos — innerlich fernstand, so gehörte die Poetik Klopstocks und des Göttinger Hainbunds, durch die Hoffmanns Beethoven-Kritik, wie sich zeigen wird, in nicht geringem Maße geprägt wurde, durchaus zu den Traditionsbeständen, mit denen Beethoven — unter dem Einfluß Neefes — aufgewachsen war und an denen er festhielt.

Für die Vorstellungen, die man im späten 18. Jahrhundert in Deutschland mit der Instrumentalmusik großen Stils verband, ist der Artikel *Symphonie*, den Johann Abraham Peter Schulz für Sulzers *Allgemeine Theorie der Schönen Künste* schrieb, zweifellos repräsentativ. Der Stil, der sich nach Schulz in der Symphonie ausprägt oder ausprägen soll, ist der hohe oder erhabene. „Die Symphonie ist zu dem Ausdruck des Großen, des Feierlichen und Erhabenen vorzüglich geschickt."[5] Das dichterische Modell aber, an das sich Schulz durch die Symphonie erinnert fühlte, war die Ode: „Ein solches Allegro in der Symphonie ist, was eine pindarische Ode in der Poesie ist; es erhebt und erschüttert, wie diese, die Seele des Zuhörers, und erfordert denselben Geist, dieselbe erhabene Einbildungskraft, und dieselbe Kunstwissenschaft, um darin glücklich zu sein."[6] Die Ode, wie sie im 18. Jahrhundert verstanden wurde, ist dadurch charakterisiert, daß sie sich der Dichotomie von Gefühls- und Gedankenlyrik nicht fügt, sondern eine von Enthusiasmus getragene Reflexion oder einen von Reflexion durchdrungenen Enthusiasmus ausdrückt. Karl Viëtor charakterisierte in seiner *Geschichte der deutschen Ode* den Stil der Hölderlinschen Oden als Versuch, „mit Besonnenheit und Leidenschaft zugleich die erhabene Höhe Pindars" zu erreichen.[7] Leidenschaft und Besonnenheit, Enthusiasmus und Reflexion aber sind die Momente, deren Konfiguration die Theorie der Symphonie bei Schulz ebenso bestimmt wie bei Hoffmann. Die „Erhebung" und „Erschütterung", die von einer Symphonie ausgehen, bilden bei Schulz die Kehrseite der „Kunstwissenschaft", über die ein Komponist verfügen muß, um in der Gattung der Symphonie „glücklich zu sein". Und Hoffmann beschreibt die *Fünfte Symphonie* einerseits in einer Sprache, die an den dithyrambischen Ton der Ode erinnert: „Beethovens Musik bewegt die Hebel des Schauers, der Furcht, des Entsetzens, des Schmerzes, und erweckt jene unendliche Sehnsucht, die das Wesen der Romantik ist."[8] Andererseits rühmt er die „Besonnenheit", die in einer „inneren Struktur" der Musik zutage tritt, wie sie ohne „anhaltendes Studium der Kunst" nicht gelingen kann.[9] Die „in Beethovens Tiefe nicht eingehende Menge spricht ihm einen hohen Grad von Phantasie nicht ab; dagegen sieht man gewöhnlich in seinen Werken nur Produkte eines Genies, das, um Form und Auswahl der Gedanken unbesorgt, sich seinem Feuer und den augenblicklichen Eingebungen seiner Einbildungskraft überließ. Nichtsdestoweniger ist er, rücksichts der Besonnenheit, Haydn und Mozart ganz an die Seite zu stellen. Er trennt sein Ich von dem innern Reich der Töne und gebietet darüber als unumschränkter Herr. Wie ästhetische Meßkünstler im Shakespeare oft über gänzlichen Mangel wahrer Einheit und inneren Zusammenhanges geklagt haben, und nur dem tiefern Blick ein schöner Baum, Knospen und Blätter, Blüten und Früchte aus einem Keim treibend, erwächst: so entfaltet auch nur ein sehr tiefes Eingehen in die innere Struktur Beethovenscher Musik die hohe Besonnenheit des Meisters, die von dem wahren Genie unzertrennlich ist und von dem anhaltenden Studium der Kunst genährt wird."[10]

Das kategoriale Grundmuster der Hoffmannschen Beethoven-Kritik — ein Grundmuster, das sich auch in der Gliederung des Aufsatzes in einen dithyrambischen und einen analytischen Teil spiegelt — stammt demnach aus einer musikästhetischen Tradition, die sich, unabhängig von Klassik und Romantik, an der Poetik Klopstocks und des Göttinger Hainbunds orientierte. Und die Abhängigkeit der Symphonieästhetik von der Odentheorie, die bei Schulz zutage tritt, läßt sich bis in Einzelheiten der Formulierung verfolgen. „Die Allegros der besten Kammersymphonien enthalten große und kühne Gedanken, freie Behandlung des Satzes, anscheinende Unordnung in der Melodie und Harmonie ... plötzliche Übergänge und Ausschweifungen von einem Ton zum andern, die desto stärker frappieren, je schwächer oft die Verbindung ist."[11] Der Begriff der „anscheinenden Unordnung", den Schulz aufgriff, war ein Topos der Odentheorie. So heißt es etwa in Moses Mendelssohns 275. Literaturbrief von der Ode: „Die Ordnung, welche ihr wesentlich ist, kann die Ordnung der begeisterten Einbildungskraft genannt werden. So wie in einer begeisterten Einbildungskraft die Begriffe nach einander den höchsten Grad der Lebhaftigkeit erlangen: ebenso, und nicht anders, müssen sie in der Ode aufeinander folgen ... Die Mittelbegriffe, welche die Glieder mit einander verbinden, aber selbst nicht den höchsten Grad der Lebhaftigkeit besitzen, werden von dem Odendichter übersprungen; und daraus entsteht die anscheinende Unordnung, welche man der Ode zuschreibt."[12] Und wenn Schulz an der Symphonie den „Ausdruck des Erhabenen", die „erhabene Einbildungskraft", die „großen und kühnen Gedanken" und die „plötzlichen Übergänge" hervorhebt, so zeigt ein Exkurs in die Dichtungstheorie, daß die gesamte Konfiguration der Begriffe, die Verknüpfung des Überraschenden, scheinbar Unmethodischen und Rhapsodischen mit dem Erhabenen und Enthusiastischen, in der Charakteristik der Ode, die Edward Young 1728 entwarf und die 1759 ins Deutsche übersetzt wurde, vorgezeichnet war. „Ihre Gedanken sollten ungewöhnlich, erhaben und moralisch ... ihre Ausführung sollte hinreißend, etwas abgebrochen, und einem gemeinen Auge unmethodisch sein."[13]

Zeichnet sich demnach in der Ästhetik des 18. Jahrhunderts eine Tradition ab, an die Hoffmann anknüpfte, als er 1810 versuchte, den übermächtigen Eindruck der *Fünften Symphonie* in Worte zu fassen, so blieb andererseits das kategoriale Muster, das der Rezension zugrunde lag, in Hoffmanns Schriften keineswegs auf Beethoven beschränkt. In dem panegyrischen Aufsatz über Gaspare Spontinis Oper *Olympia*, mit dem Hoffmann 1821 in die Berliner Musikpolitik eingriff, ist im Hinblick auf das Finale des ersten Aktes einerseits von der „Wirkung des Schauerlichen" und dem „Ausdruck des inneren Entsetzens" die Rede, andererseits jedoch von einer Entwicklung musikalischer Gedanken, die „nicht allein für seine [Spontinis] Genialität, sondern auch für die Besonnenheit zeugt, mit der er das Reich der Töne beherrscht".[14] Der Zusammenhang zwischen der Erschütterung, die ein Werk auslöst, und der Besonnenheit, mit der es konzipiert wurde — der in der Odentheorie des 18. Jahrhunderts vorgezeichnete Zusammenhang zwischen Überwältigung und Reflexion, den Hoffmann bei Spontini ebenso rühmte wie bei Beethoven —, war demnach sowohl in der Vokal- als auch in der Instrumentalmusik das Zeichen des „großen Stils", der Hoffmann als Ideal vorschwebte, eines Stils, in dem Monumentalität und Differenzierung sich durchdrangen, statt sich auszuschließen.

Von „Romantik" ist in dem Spontini-Aufsatz, so verschwenderisch Hoffmann sonst mit dem Wort umgeht, nirgends die Rede (außer in bezug auf Mozart), so daß sich die Vermutung aufdrängt, daß auch in der Beethoven-Rezension die eigentliche Ästhetik der Symphonie, die um die Kategorien „Erschütterung" und „Besonnenheit" kreist, mit den Dithyramben über musikalische „Romantik" weniger eng verknüpft ist, als es zunächst den Anschein hat. Und wenn Hoffmanns Theorie des symphonischen Stils in wesentlichen Grundzügen aus dem 18. Jahrhundert stammt, dessen „Genieästhetik" nicht umstandslos mit „Romantik" gleichgesetzt werden darf — jedenfalls nicht in einer Untersuchung über Beethoven, dessen Nähe zu Rousseau ebenso offenkundig ist wie die innere Ferne zu Wackenroder und Tieck, Novalis oder Friedrich Schlegel —, so läßt sich andererseits zeigen, daß Hoffmanns Interpretationsmuster auch im 19. Jahrhundert von Musikschriftstellern geteilt wurde, die man, wie etwa Friedrich Rochlitz, schwerlich zu den Romantikern zählen kann. Der Gedanke, eine Theorie der Symphonie aus der Ästhetik des Erhabenen zu entwickeln, gehört also, obwohl er von Romantikern aufgegriffen und charakteristisch modifiziert wurde, keineswegs ausschließlich der Romantik an.

Rochlitz empfand allerdings den Begriff des Erhabenen, der in der Ästhetikersprache des frühen 19. Jahrhunderts sowohl den Vokalstil Palestrinas als auch den Instrumentalstil Beethovens umfaßte, als in sich widersprüchlich und unterschied darum terminologisch zwischen dem „Erhabenen", das er in der älteren Kirchenmusik ausgeprägt fand, und dem „Großen", wie es sich in der modernen Symphonie manifestierte. (Von E. T. A. Hoffmann wurde das Problem, zwischen dem erhabenen Stil der alten Kirchenmusik und dem der modernen Instrumentalmusik gedanklich zu vermitteln, 1814 in dem Aufsatz über *Alte und neue Kirchenmusik* ins Geschichtsphilosophische gewendet.[15])

Das „Große", wie Rochlitz es auffaßt, ist das „Mächtige, Erschütternde".[16] „Das Gefühl für das Große hat — ist es erlaubt, so zu sagen — mehr Irdisches, als das Gefühl für das Erhabene; es hat mehr Gewaltsames, Affektvolles, Dahinreißendes."[17] Sogar das Merkmal der „anscheinenden Unordnung", das aus der Theorie der Ode stammt, kehrt bei Rochlitz wieder: „Musik im Charakter des Großen verlangt ein Gedräng von einer Menge, dem ersten Anschein nach unvereinbarer Melodien und Wendungen der Harmonie, die aber doch zu einem melodischen und harmonischen Ganzen verknüpft werden."[18] Und das Überraschende, Unvermutete plötzlicher Übergänge beschreibt Rochlitz fast mit denselben Worten wie Schulz: „Die Ausweichungen in fremde Tonarten sind nicht selten, nicht unvermerkt vermittelt, sondern frappant und rasch."[19] Daß aber aus dem scheinbar „Unvereinbaren" dennoch „ein Ganzes" resultiert — daß, wie Hoffmann es ausdrückte, im Überwältigenden „die hohe Besonnenheit des Meisters" fühlbar wird —, machte nach der Auffassung des 18. Jahrhunderts, die Sulzer in dem Artikel *Erhaben* aus der *Allgemeinen Theorie der Schönen Künste* zusammenfassend formulierte, das Wesen des erhabenen Stils aus: „Wenn aus Unordnung und Verwirrung Ordnung entsteht: so ist es ein erhabener Gedanke für die, welche die Richtigkeit desselben einigermaßen einsehen, daß aus aller scheinbaren Unordnung in der physischen und sittlichen Welt, die schönste Ordnung im Ganzen bewürkt wird."[20] Der Artikel von Schulz, der das Allegro der Symphonie mit einer „pindarischen Ode" vergleicht, wurde von Heinrich Christoph Koch 1793 im dritten Teil seines *Versuchs einer Anleitung zur Composition* weitläufig zitiert und durch eine Bemerkung über den Periodenbau ergänzt, die es erlaubt, die ästhetische Theorie kompositionstechnisch zu präzisieren: „Der Bau dieses Perioden, (so wie auch der übrigen Perioden der Sinfonie) unterscheidet sich von dem Periodenbaue der Sonate und des Concerts ... dadurch, daß 1) die melodischen Teile desselben schon bei ihrer ersten Darstellung mehr erweitert zu sein pflegen, als in andern Tonstücken, und 2) besonders dadurch, daß diese melodischen Teile gewöhnlich mehr an einander hängen, und stärker fortströmen, als in den Perioden anderer Tonstücke, das ist, sie werden dergestalt zusammen gezogen, daß ihre Absätze minder fühlbar werden."[21]

Die Strom-Metapher, die Koch aufgreift, um die Symphonie zu charakterisieren, stammt aus der Theorie der Ode — Herder nannte die Ode einen „Strom, der alles Bewegbare in seinem Strudel fortreißt"[22] — und geht letzten Endes auf ein Gedicht von Horaz zurück, das Pindar rühmt, indem es vor dem Versuch, ihn nachzuahmen, warnt.

Wie vom Gebirge der Strom stürzt,
Den Regengüsse über sein Bett anschwellten,
So brauset, so stürmet des unerreichbaren Pindars
Vollströmender Gesang.
Er verdient den Lorbeer Apollos,
Wenn er neue Worte durch kühne Dithyramben
Fortwälzt und in regellosen
Rhythmen dahinrauscht.[23]

Die „pindarische Ode" ist im 18. Jahrhundert einerseits als Verbindung von fortreißender Kontinuität und scheinbarer Regellosigkeit des Rhythmus, andererseits als Paradigma des Sachverhalts, daß auch dem „strömenden Gesang", der naturhaft wirken soll, eine artifizielle Methode zugrunde liegt, verstanden und nachgeahmt worden. In Herders „Literaturfragmenten" heißt es über Pindar: „Die Schöpfung seiner Worte, und die Verkettung seines Perioden, selbst bis zur Zerreißung der Silben, selbst bis zum

Überstrom über die Strophe, selbst bis zu seinem mannigfaltigen Nume-
rus, selbst bis zu seiner erscheinenden Wut ist doch wahrlich! nicht das
Werk wilder Phrenesie, sondern alles setzt so viel Wahl und vortreffliche
Kunst voraus, daß, wie die Lyrische Sprache schon an sich unter allen Ge-
dichtarten vielleicht die künstlichste sein sollte, mir unter allen Griechen
Pindar auf der höchsten Stufe der Poetischen Kunst erscheint."[24]

Ein musikalisches Analogon der „pindarischen Ode" ist unter Beethovens *Symphonien,* deren Charakter die Beschreibung von Schulz zu antizi-
pieren scheint, nicht erst die *Dritte,* sondern bereits die *Erste.* Daß der
„fortströmenden" Kontinuität, wie sie Koch postulierte, ein Kalkül zugrunde liegt, läßt sich sowohl am Periodenbau als auch an der Motiventwicklung zeigen.

Das Hauptthema des ersten Satzes exponiert das Motiv g—h—c' in drei verschiedenen rhythmischen Fassungen. Andererseits sind die aufeinander bezogenen Akkordfolgen der Takte 12—13 und 18—19, G^7—C und A^7—d
(mit dem chromatischen Terzgang h—c—cis—d als Oberstimme) in der
langsamen Einleitung (T. 1 und T. 3—4) vorgebildet. Und aus beiden Momenten werden Konsequenzen gezogen. In der Überleitung (T. 41—42)
sind die Achtelnotenversion des Hauptmotivs und dessen Versetzung nach
d-moll unmittelbar nebeneinandergerückt; zu Beginn des Seitenthemas erscheint die Viertelnotenversion in der Begleitstimme (T. 53—54) — daß es
sich um eine zufällige Übereinstimmung handelt, eine Analogie der Noten,
aber nicht des Motivs, ist allerdings nicht auszuschließen —, und in der
Schlußgruppe wird sowohl das Hauptmotiv in der ersten rhythmischen
Fassung als auch die Akkordfolge der Takte 18—19 zitiert (T. 88—90 und
T. 93—94).

Die metrische und syntaktische Irregularität, die nach Horaz zu den
Merkmalen der „pindarischen Ode" gehört, läßt sich am Hauptthema der
Ersten Symphonie ebenso beobachten wie der von Koch hervorgehobene
Sachverhalt, daß die „melodischen Teile . . . stärker fortströmen", weil sie
„dergestalt zusammen gezogen" sind, „daß ihre Absätze minder fühlbar
werden". Zu Beginn des Themas sind eine Gruppe von fünf Takten in den
Streichern und eine von drei Takten in den Holzbläsern miteinander ver-

schränkt, so daß aus der „Zusammenziehung", wie Koch sagen würde, ein siebentaktiger Komplex resultiert, der ebenso irregulär ist wie die Teile, aus denen er besteht. Man kann allerdings, wenn man das Hauptthema im Hinblick auf die syntaktische Struktur mit anderen Teilen der Exposition vergleicht, zu einer Interpretation kommen, die hinter der scheinbaren Regellosigkeit ein Prinzip entdeckt.

Den Beginn der Überleitung (T. 33) bilden zwei Viertaktgruppen, deren zweite eine Paraphrase der ersten ist. Zwei Takte Tonika wechseln mit zwei Takten Dominante ab, und das Motivende fällt in den Anfang des fünften Taktes:

Man zögert aber, von einer Taktverschränkung 5=1 zu sprechen, denn sie stünde erstens quer zur „Quadratur" (und wurde darum in Hugo Riemanns Theorie nicht einmal in Erwägung gezogen, um negiert zu werden) und würde zweitens dazu zwingen, eine analoge Verschränkung im dritten Takt anzunehmen. Thrasybulos Georgiades bezeichnete die Reihung harmonisch offener Viertaktgruppen, deren erste durch die gesamte zweite ergänzt wird — und nicht nur durch einen fünften Takt, der mit dem ersten der nächsten Gruppe zusammenfällt —, als „Gerüstbau".[25] Das harmonische Fundament und der melodische Überbau — Georgiades spricht von Vorder- und Hintergrund — brauchen in ihren Abgrenzungen nicht übereinzustimmen: Die melodische Phrase kann über das Gerüst hinausgreifen, ohne daß von einer Taktverschränkung die Rede sein müßte: Es wird nicht ein Ende zu einem Anfang umgedeutet, sondern Ende und Anfang, die gleichzeitig erscheinen, gehören verschiedenen Schichten des Tonsatzes an.

Statt der harmonisch offenen Viertaktgruppen, wie sie zu Beginn der Überleitung aneinandergefügt sind, können auch Dreitaktgruppen ein „Gerüst" im Sinne von Georgiades bilden. In der Fortsetzung des Seitenthemas (T. 79—87) wird eine Oboenphrase, die drei Takte umfaßt, von B-Dur nach g-moll versetzt und durch eine Kadenz in G-Dur abgeschlossen:

Den ersten Takt als Augmentation zu interpretieren, die drei Takte also auf zwei zu reduzieren, wäre schief, weil die Harmonie wechselt. Und ebenso ginge die Annahme einer Taktverschränkung ins Leere, denn der vierte Takt ist vom dritten durch eine abrupte harmonische Zäsur getrennt: Die Dominante von B-Dur und die von g-moll beziehen sich nicht unmittelbar, sondern nur indirekt aufeinander. Takt 84 wiederum erscheint, trotz des engen harmonischen Zusammenhangs mit 85, primär als Analogon zu 81; und sogar die Takte 85—87 werden, obwohl es naheliegt, in Takt 88 eine „Takterstickung" (Koch) anzunehmen, nach dem Trägheitsprinzip zugleich als „Gerüst" aufgefaßt.

Vor dem Hintergrund der syntaktischen Strukturen, die in der Überleitung und in der Fortsetzung des Seitenthemas zu beobachten sind, läßt sich das Hauptthema als Gruppierung von 6+6+6 Takten interpretieren. Die drei — im Sinne des „Gerüstbaus" harmonisch offenen — Abschnitte prägen eine Kadenz im großen, I—II—V, aus (und die abschließende I. Stufe ist als Kadenz im kleinen auskomponiert), so daß es gerechtfertigt erscheint, nicht nur Takt 19 als die Konsequenz von 18 und Takt 25 als die von 24 aufzufassen, sondern die zweite Sechstaktgruppe als ganze auf die erste und ebenso die dritte auf die zweite zu beziehen. (Wer die Theorie des Gerüstbaus nicht anerkennt und an der Interpretation als Taktverschränkung festhalten möchte, müßte wenigstens annehmen, daß der erste und der zweite Abschnitt nicht einen Takt, sondern zwei Takte gemeinsam haben — eine Hypothese, die ungewöhnlich erscheinen mag, aber keineswegs widersinnig ist.)

Unabhängig davon, ob man „Takterstickungen" unterstellt oder das Prinzip des Gerüstbaus gelten läßt, das eine Unterscheidung zwischen harmonischem Fundament und motivischem Überbau voraussetzt, erweist sich die Syntax der *Ersten Symphonie*, die für Beethovens symphonischen Stil insgesamt repräsentativ ist, als kompliziert und artifiziell. Die „Regellosigkeit" ist allerdings, wie in der „pindarischen Ode", vorgetäuscht. Und gerade aus der scheinbaren Irregularität — einer Irregularität, die kalkuliert ist, aber naturhaft im Sinne des nicht Abgezirkelten wirken soll — geht die Kontinuität hervor, deren „Fortströmen" nach Koch das wesentliche Merkmal der Symphonie bildet.

Monumentalität

„Die sinfonische Gattung ist für den schaffenden Musiker das Mittel, sich durch die Instrumentalmusik einem großen Hörerkreise mitzuteilen. Aus der Vorstellung dieses Hörerkreises heraus konzipiert er das Werk und gestaltet es im einzelnen. Er komponiert also nicht nur das, was in der Partitur deutlich zu lesen steht, er komponiert auch gleichzeitig ein ideales Bild des Raumes und der Hörerschaft."[26] Paul Bekker, der die zitierten Sätze als Definition der Symphonie verstanden wissen wollte, postulierte eine soziologische statt einer kompositionstechnischen Interpretation. Die Raumwirkung, die er mit Recht hervorhob, ist jedoch ein Merkmal, an dem sich zeigen läßt, wie die Analyse der Partitur in eine ästhetische Charakteristik übergehen kann. Das Anwachsen der Stimmenzahl zu Beginn der *Neunten Symphonie* erweckt den Eindruck räumlicher Tiefe. Zugleich aber dient es dazu, die Instrumente ebenso allmählich zu exponieren wie die Thematik: Der Hauptsatz in der Grundtonart — und darin unterscheidet sich eine Symphonie von einem Streichquartett oder einer Sonate — ist nicht nur eine Darstellung von Motiven, die dem Satz zugrunde liegen, sondern zugleich auch des Orchesterapparats, von dem die Motetwicklung getragen wird. (Die Definition der Symphonie als „Orchestersonate" ist insofern mißverständlich, als sie suggeriert, eine Symphonie sei eine orchestrierte Sonate.)

Nach Bekker ist „die Bedeutung der Beethovenschen Sinfonie" — die er, wie der Kollektivsingular zeigt, als Typus begriff — darin zu sehen, „daß sie die neue Menschheit der Jahrhundertwende zur künstlerischen Form organisierte".[27] Die Menschheit, an die sich Beethovens Symphonien wenden, ist jedoch nicht nur, wie Bekker es ausdrückte, eine „Volksversammlung", sondern zugleich die innere Menschheit des Einzelnen, die Herder meinte, wenn er von einer Bildung zur Humanität sprach. Daß die eine ohne die andere nicht bestehen könne, daß also die Politik in Moral und umgekehrt die Moral in Politik begründet sein müsse, war eine der tragenden Ideen des Idealismus, als dessen musikalischer Ausdruck Beethovens Symphonien erscheinen.

Der musikalische Monumentalstil, den Beethovens *Neunte Symphonie* wie kaum ein anderes Instrumentalwerk repräsentiert, ist, wie Arnold Schering erkannte[28], in der Ästhetik des Erhabenen begründet, die von Johann Abraham Peter Schulz geradezu mit der Ästhetik der Symphonie gleichgesetzt wurde. Vorbilder des erhabenen Stils aber fand Beethoven weniger in der Instrumentalmusik als in Händels Oratorien, die er, wie es scheint, vor allem darum bewunderte, weil sie in der Vokalmusik die Monumentalität ausprägten, die er selbst im symphonischen Stil zu erreichen suchte.

Zu den Bedingungen des monumentalen Stils gehört eine Simplizität, die es erträgt, mit Emphase vorgetragen zu werden, ohne in leere Rhetorik zu verfallen. Das Hauptthema des ersten Satzes der *Neunten Symphonie* beginnt mit einer einfachen, wenn auch rhythmisch differenzierten und pointierten Dreiklangsbrechung sowie einer kadenzierenden Wendung im Fortissimo, und die Akkordschläge, die den im engeren Sinne thematischen Gedanken folgen, sind durch Sforzati akzentuiert, die den Einwand herausfordern, daß Unscheinbares mit dynamischen Gewaltmitteln zum „Ereignis" stilisiert werde. Die Sforzati sind jedoch in der irregulären Syntax begründet: Das erste Motiv umfaßt drei, das folgende zwei Takte, von denen der zweite mit dem ersten Takt der Fortsetzung verschränkt ist; und es ist die Gleichsetzung von Ende und Anfang, die durch das erste Sforzato — das die anderen nach sich zieht — markiert wird. Zwischen der syntaktischen Struktur, die den Akzent motiviert, und der Absicht, durch emphatische Simplizität einen monumentalen Stil auszuprägen, besteht also eine Wechselwirkung; und so einseitig es wäre, von einer Begründung der Monumentalität durch Komplikationen der Syntax zu sprechen, so substanzlos wäre eine Emphase, die nicht in der Satzstruktur begründet ist. Die syntaktische Irregularität ist allerdings in der *Neunten Symphonie* nicht die Regel, sondern eine Ausnahme. Sogar die Durchführung (T. 160—300), von der man erwarten könnte, daß sie eine zerklüftete Außenseite zeigt, besteht fast ausschließlich aus Viertaktgruppen: Die Motive des Hauptthemas werden vom Irregulären ins Reguläre — und nicht umgekehrt, wie es die Norm einer Durchführung ist, vom Regulären ins Irreguläre — gewendet. Die Viertaktgruppen sind allerdings harmonisch offen, bilden also, wie Thrasybulos Georgiades es nannte[29], ein „Gerüst": Von einem harmonischen Hintergrund mit regelmäßiger „Quadratur" heben sich im Vordergrund melodische Motive und Phrasen ab, die vom Gerüst prinzipiell unabhängig sind und sich entweder in dessen Grenzen halten oder sie überschreiten.

Die Verarbeitung des dritten Thementaktes — eines Taktes, der aus dem Schlußton des ersten Motivs und dem Auftakt des zweiten besteht, dessen Isolierung also das seltsame Phänomen exemplifiziert, daß Motive, obwohl sie immer wieder mit Wörtern verglichen werden, sich gleichsam in Silben zerschneiden lassen, die neu zusammengesetzt werden — bildet in der Durchführung (T. 192—197) eine harmonisch offene Gruppe von sechs Takten, der das Schema I—IV—V (mit auskomponierter V. Stufe) zugrunde liegt:

Die syntaktisch stereotype Ergänzung bestünde in zwei Tonikatakten; und so wäre zu fragen, ob nicht der motivische Neuansatz in der Tonika (T. 198) als eine Verschränkung interpretierbar ist, die zwei Takte — und nicht, wie gewöhnlich, einen Takt — umfaßt. (Mit einer Modifizierung von Hugo Riemanns Chiffrensystem könnte man den Sachverhalt durch die Formel 7+8 = 1+2 ausdrücken.) Läßt man aber eine Verschränkung von mehr als einem Takt theoretisch zu, so liegt es nahe, die Konsequenz zu ziehen, daß der „Gerüstbau", den Georgiades als Ergänzung der ersten Viertaktgruppe durch die gesamte zweite — und nicht als Überschneidung einzelner Takte — auffaßte, gewissermaßen eine Verschränkung im großen sei.

Unabhängig davon, wie man die Reihung harmonisch offener Vier- oder Sechstaktgruppen interpretiert, dürfte feststehen, daß es sich um ein Mittel zur Realisierung eines monumentalen Stils handelt, denn die Simplizität der Proportionen erscheint wegen der offenen Harmonik der Taktgruppen als Ausprägung dessen, was Heinrich Christoph Koch „fortströmende" Kontinuität nannte und als Merkmal eines symphonischen Allegro im erhabenen Stil rühmte.

Zu den Merkmalen des Monumentalstils, die der erste Satz der *Neunten Symphonie* paradigmatisch ausprägt, gehört ein langsamer und gleichmäßiger harmonischer Rhythmus: Man kann mit nur geringer Übertreibung behaupten, daß ein Harmoniewechsel im Abstand von zwei oder vier Takten die Norm bildet, die der Durchführung, trotz ihres vorwärtsdrängenden Charakters, zugrunde liegt. Der Begriff des „harmonischen Rhythmus", der von Jan LaRue stammt[30], muß allerdings, wenn bloße Mechanik des Zählens und Messens vermieden werden soll, differenziert werden. Die Kadenzen in den Takten 196—197 und 214—215 sind zweifellos als Beschleunigung des langsamen, im Abstand von zwei Takten fortschreitenden harmonischen Rhythmus der vorausgehenden Takte gemeint. Einerseits aber steht nicht fest, ob ausschließlich selbständige Funktionen oder auch Vorhaltsakkorde als rhythmische Einheiten gezählt werden sollen. Andererseits kann man die ganze Zweitaktgruppe als auskomponierte V. Stufe verstehen. Der Akkordwechsel nach einem Viertel ist ebenso real wie der Funktionswechsel nach zwei Vierteln und die übergeordnete V. Stufe, die in Analogie zu den vorausgegangenen Stufen I und IV zwei Takte umfaßt; es bleibt also nichts anderes übrig, als eine Mehrschichtigkeit des harmonischen Rhythmus anzunehmen, die der Mehrschichtigkeit des Metrums, des Wechsels zwischen schweren und leichten Zeiten, entspricht.

Sowohl die Langsamkeit als auch das Gleichmaß des harmonischen Rhythmus scheinen dem Fugenstil, zu dem ein rascher und irregulärer Akkordwechsel gehört, zu widersprechen. Andererseits ist die Fuge oder zumindest das Fugato bei Händel, der Beethovens Vorbild war, ein nahezu unentbehrliches Requisit musikalischer Monumentalität. Und ein Fugato bildet denn auch im ersten Satz der *Neunten Symphonie* das Zentrum der Durchführung (T. 218—240). Als Thema liegt dem Fugato das erweiterte mittlere Motiv des Hauptthemas zugrunde, und der formale Zusammenhang, in dem es steht, ist insofern doppeldeutig, als dem Fugato eine Verarbeitung des dritten Hauptthementaktes vorausgeht, die sich nachträglich als Antizipation des ersten Fugatotaktes erweist: Das Fugato wird gewissermaßen, wie es bei Beethoven kaum anders zu erwarten ist, in den Prozeß der thematischen Arbeit hineingezogen.

Das Fugatothema umfaßt eigentlich fünf Takte, wird aber mit wechselnden Begründungen der Geradtaktigkeit angepaßt, die dem Monumentalstil adäquat ist. Beim ersten Einsatz wird ein modulierender Überleitungstakt angestückt, beim zweiten eine gleichfalls der Modulation dienende harmonische Sequenz interpoliert und beim dritten das Ende des Themas mit dessen Anfang verschränkt. Die irreguläre Syntax des Fugato bildet also gewissermaßen eine verdeckte Implikation der symphonischen Syntax.

Der monumentale und der dramatische Stil scheinen sich auszuschließen. Das Drängen zum Ziel, das der Musik den Charakter einer vorwärtsstürzenden Handlung verleiht, steht einer Gefügtheit in großen Dimensionen gegenüber, die dazu auffordert, betrachtend innezuhalten. Dennoch ist der Eindruck, daß der erste Satz der *Neunten Symphonie* sowohl monumental als auch dramatisch sei, unabweisbar. Und man kann, um eine Erklärung zu finden, davon ausgehen, daß die Verschränkung der gegensätzlichen Momente im Hauptthema insofern vorgezeichnet ist, als die Dreiklangsbrechung ein statisches und die forcierte Punktierung ein dynamisches Merkmal darstellt. Entscheidend für den Eindruck des zugleich Beharrenden und Zielgerichteten ist jedoch das Prinzip des „Gerüstbaus", das der Durchführung zugrunde liegt. Die Viertaktgruppen sind, wie erwähnt, einerseits harmonisch offen: Die zweite bildet eine notwendige Ergänzung der ersten, und die dritte geht wiederum aus der zweiten hervor. Andererseits liegt in der Quadratur, die gewissermaßen eine musikalische Realisierung des Trägheitsgesetzes bildet, ein Moment des Beharrenden, und die Teile scheinen nebeneinander zu stehen, statt sich auseinander zu entwickeln. Gerade die Gespaltenheit des Eindrucks aber ist charakteristisch für einen musikalischen Monumentalstil, der zwar mit Architektur vergleichbar ist, sich jedoch von ihr durch eine Zeitlichkeit unterscheidet, die immer — sei es auch in schwacher Ausprägung — einen dramatischen Zug enthält.

Die Überschaubarkeit, die zur „edlen Einfalt" des Monumentalstils gehört, wird musikalisch durch das Gleichmaß verbürgt, das Eduard Hanslick „Rhythmus im Großen" nannte. Der Terminus besagt, daß sich das

Verhältnis zwischen schweren und leichten Zählzeiten in den Dimensionen des Taktes, der Taktgruppe, des Halbsatzes und des Satzes reproduziert, wobei die Grenze, bis zu der das Prinzip der Komplementarität wirksam bleibt, nicht prinzipiell, sondern nur kasuell bestimmbar ist. In der Durchführung, die nicht eine einzige Periode enthält, scheint das Ergänzungsprinzip über die Größenordnung der Viertaktgruppe nicht hinauszureichen. Man kann aber auch eine Aneinanderfügung von Viertaktgruppen, bei der die erste weder schwerer noch leichter als die zweite ist, als „Rhythmus im Großen" auffassen, denn die einfache, undifferenzierte Reihung ist — entgegen einem Vorurteil der Theorie — ebenso eine Grundform des Rhythmus wie der Wechsel zwischen schweren und leichten Zeiten. Sie stellt vielleicht eine niedrigere Stufe dar; aber auch das steht nicht fest, wenn man berücksichtigt, daß das einfache Gleichmaß von Teilen zu den Merkmalen der Monumentalität gehört, die den erhabenen oder hohen Stil repräsentiert.

Zeitstrukturen

Die Sonatenform wurde 1826 von Antoine Reicha mit einem Drama verglichen, das sich nach den Regeln der klassischen Poetik aus der Exposition, der „Schürzung des Knotens" und dessen „Auflösung" zusammensetzt. Und es ist kaum zweifelhaft, daß Reicha, der in Bonn und später in Wien jahrelang in Beethovens Nähe lebte, zu seiner Interpretation der Sonatenform durch Werke von Beethoven, vor allem die Symphonien, angeregt worden ist.

Vom Gattungsbegriff des „Dramas" muß allerdings, wenn Reichas Vergleich nicht eine flüchtige Assoziation bleiben soll, der Stilbegriff des „Dramatischen" unterschieden werden: Eine Novelle kann „dramatisch", ein Drama „lyrisch" oder „episch" sein. Und es war nicht die pragmatische Kategorie des Dramas als einer Handlung zwischen Personen, sondern die ästhetische Idee des dramatischen Prozesses, die Reicha in Beethovens Symphonien wiederzuerkennen glaubte. Die Themen von Sonatensätzen sind keine tönenden Bilder von Protagonisten und Antagonisten, die mit- und gegeneinander agieren, sondern die Zeitstruktur des symphonischen Allegro gleicht der des dramatischen Stils, die von Emil Staiger als „reißende Zeit" charakterisiert wurde.

Versucht man die Metapher, die an einen Strom denken läßt, in eine

Sprache zu übersetzen, in der man über kompositionstechnische Sachverhalte reden kann, so liegt es nahe, die Zeitlichkeit, die sich in Beethovens Symphonien manifestiert, als teleologisch zu beschreiben: Das symphonische Allegro scheint unaufhaltsam einem Ende entgegenzustreben, das als Ziel und Resultat erscheint; und der einzelne musikalische Augenblick beruht weniger in sich selbst, als daß er dazu herausfordert, als Konsequenz des Vorausgegangenen und als Prämisse des Folgenden erfaßt zu werden. Die Substanz der Gegenwart besteht in der Vergangenheit, aus der sie hervorgeht, und der Zukunft, die sie herbeiführt. (Mit den Ausdrücken „Gegenwart" und „Augenblick" ist eine Präsenzzeit im Sinne William Sterns gemeint, nicht die Punktualität des „Jetzt", aus der Hegel in der *Ästhetik* eine Theorie des Rhythmus entwickelte.)

Daß das symphonische Allegro zielgerichtet ist, besagt, daß die Zeit, der es angehört, kein bloßes Medium ist, in dem es sich bewegt, sondern selbst als Fortgang empfunden wird, den die Musik fühlbar und sinnfällig macht. Die Zeit wird durch die Musik als Prozeß erfahrbar. Die Prozessualität aber, die in Beethovens Symphonien eine emphatische, extreme Ausprägung erhält, manifestiert sich in der Entwicklung eines Themas oder eines Gegensatzes von Themen. Der „moderne Themabegriff", wie er von Hugo Riemann genannt wurde, war denn auch neben der harmonischen Tonalität und dem Prinzip der rhythmisch-syntaktischen Komplementarität eine der fundamentalen Kategorien der Instrumentalmusik des 18. Jahrhunderts, einer Instrumentalmusik, die sich vom Vorbild der vokalen Gattungen und von den außermusikalischen Funktionen, die sie als Tanz- und Repräsentationskunst erfüllte, dadurch emanzipierte, daß sie einerseits im Allegro als „musikalische Logik" der Themenentwicklung und andererseits im Adagio als melodische „Empfindungssprache" ästhetische Selbständigkeit erreichte. Daß in dem Emanzipationsprozeß zunächst das „rührende" Adagio, zu dem das „rauschende" Allegro eine bloße Einleitung bildete, später dagegen das Allegro als Hauptsatz der Symphonie galt, gehört zu den Differenzen, durch die sich Empfindsamkeit und Klassik voneinander abheben.

Die Deutung der Zeitstruktur, die dem thematischen Prozeß zugrunde liegt, ist von der Metaphorik, mit der man den Vorgang beschreibt, nicht unabhängig. Heinrich Christoph Koch verstand die Gesamtheit der Themen als „Anlage", deren Substanz in den späteren Teilen des Satzes durch „Zergliederung", Ergänzungen und Paraphrasierungen herausgearbeitet werde. Er ging also, als seiner selbst unbewußter Aristoteliker, davon aus, daß die Thematik oder das thematische Material ein Inbegriff von Möglichkeiten sei, die durch den Formprozeß aktualisiert werden.

August Halm beschrieb die Sonatenform als „Geschichte eines Themas", wobei ihm offenbar das Modell des Bildungsromans vorschwebte, in dem ein Charakter durch die Situationen, in die er gerät, allmählich aus dem Zustand diffuser Unbestimmtheit in den einer differenzierten Bestimmtheit übergeht. Für Halm war die Form des Sonatensatzes weniger eine Funktion des Themas als umgekehrt das Thema eine Funktion — eine abhängige Variable — der Form.

Man kann andererseits das Thema als Text auffassen, der den Gegenstand einer Exegese bildet. Und manche Formenlehren orientieren sich an dem biologischen Modell, das als Organismusidee in der Ästhetik des späten 18. Jahrhunderts dominierende Bedeutung erlangte; der musikalische Formprozeß erscheint dann als Entwicklung, die manifest werden läßt, was verborgen im Thema steckte.

Bei einer Exegese, deren Gegenstand ein Text ist — also auch bei einer musikalischen Form, die als Exegese aufgefaßt wird —, ist der Ausgangspunkt, den die Kommentare und Paraphrasen gleichsam umkreisen, in der Regel wesentlicher als bei der „Geschichte" eines sich herausbildenden Themas, die nicht allein dessen latenten Sinn zutage treten läßt, sondern aus den gegebenen Prämissen Konsequenzen zieht, die über das im Thema Angelegte hinausgehen. Bei musikalischen Werken, denen sprachliche Modelle niemals restlos angemessen sind, steht zwar keineswegs unzweideutig fest, ob es sich um eine Explikation — eine „Ausfaltung" von „Eingefaltetem" — oder um eine Verkettung von Folgerungen handelt, die ins Unvorhersehbare führen. Doch läßt sich aus der Beobachtung, daß bei Beethoven im allgemeinen eine Entwicklung um so drängender erscheint, je substanzärmer das Thema ist, von dem sie ausgeht, immerhin schließen, daß ein Fortgang, der nicht vom Reichtum, sondern von der Kargheit des Themas herausgefordert wird, in besonderem Maße teleologisch geprägt ist und den Eindruck von Konsequenzen hervorruft, in deren Aufeinanderfolge ständig das Gegenwärtige aus dem gerade Vergangenen herauswächst und zugleich das Künftige hervortreibt.

Der Begriff der „Entwicklung", den man im allgemeinen unreflektiert benutzt, steckt allerdings, wie fast die gesamte Umgangssprache, voller Implikationen, die wissenschaftlichen Schaden anrichten, wenn sie unbemerkt bleiben. Die Vorstellungen, daß die latente Substanz eines Themas allmählich an die Oberfläche tritt, daß ein thematischer Keim zu einer

Form heranwächst, oder daß ein Thema als Inbegriff von Möglichkeiten erscheint, die nach und nach aktualisiert werden, bleiben unklar, solange man sich nicht bewußt macht, daß in der aristotelischen Philosophie der Ausdruck „Bewegung" sowohl einen Ortswechsel als auch eine qualitative Veränderung bezeichnet, und daß in dieser doppelten Bedeutung die Art, in der sich Zeit in der Musik manifestiert, begrifflich erfaßt ist.

Die Assoziation eines musikalischen Verlaufs mit einem Ortswechsel — eine Assoziation, die sich in der Horizontale der Notenschrift ausdrückt — ist trotz des Einspruchs von Bergson-Anhängern für die Bestimmung der „Bewegung", die durch Zählzeiten und deren Gewichtsabstufungen gegliedert wird, wahrscheinlich unentbehrlich. Sie ist ein Wahrnehmungsstereotyp mit so langer Vorgeschichte, daß man fast von einer Naturgegebenheit sprechen kann, und darf als Tatsache, die zumindest in die Fundamente der europäischen Musik gleichsam eingemauert ist, vorausgesetzt werden.

Orientiert man sich an der aristotelischen Definition der Zeit als „Maß einer Bewegung im Hinblick auf das Früher und Später", so kann man außer der durch Takte gegliederten rhythmischen Struktur die qualitativen Veränderungen einer thematischen Substanz als „Bewegung" auffassen, deren „Maß" die in der Musik sich manifestierende Zeit ist. Und erst durch den Rekurs auf qualitative Veränderungen gewinnt man eine für die Musik charakteristische Zeitbestimmung. Daß Musik einerseits in der Zeit — der unwiederholbaren „Weltzeit" — lokalisiert sein muß und daß sie andererseits eine bestimmte — wiederholbare — Zeitstrecke umfaßt oder ausfüllt, ist ein zwar fundamentaler, aber noch unspezifischer Sachverhalt, der auch für andere, von Musik weit entfernte Vorgänge gilt. Und auch das Phänomen der „Erlebniszeit" — die Erfahrung, daß eine objektiv gleiche Zeitdauer je nach dem Inhalt, der sie ausfüllt, und nach der Stimmung, in der sie wahrgenommen wird, länger oder kürzer wirkt — ist nicht auf die Musik beschränkt. Dagegen ist ein Thema als Substrat einer „Bewegung" — als das dem tönenden Formprozeß „Zugrundeliegende" — ein spezifisch musikalisches Phänomen, wobei das ausschlaggebende Moment in dem Sachverhalt besteht, daß die Musik das den qualitativen Veränderungen „Zugrundeliegende" aus sich selbst hervorbringt. Daß aber Musik einerseits die Assoziation eines Ortswechsels hervorruft und andererseits aus qualitativen Veränderungen besteht, deren Substrat in ihr selbst enthalten ist, stellt die Voraussetzung dafür dar, daß sie nicht nur im Medium der Zeit verläuft, sondern in einem emphatischen Sinne „komponierte Zeit" ist: „Zeit" verstanden als „Maß einer Bewegung", die als imaginärer Ortswechsel und als qualitative

Veränderung eines „Zugrundeliegenden" doppelt bestimmt ist, und zwar durch die Doppelheit, die den aristotelischen, in der griechischen Sprache präformierten Bewegungsbegriff charakterisiert.

Daß qualitative Veränderungen eines Themas — Veränderungen, die man gewöhnlich Verarbeitung und Durchführung nennt — eine „Bewegung" darstellen, der eine spezifische Zeitstruktur entspricht, ist keine Bestimmung der Musik schlechthin, sondern lediglich der Musik im „Zeitalter der thematischen Prozesse" (Karl H. Wörner). Und daß die Zeitlichkeit der Musik gerade in Beethovens symphonischem Stil, der als Inbegriff einer von Themen ausgehenden Prozessualität gilt, mit besonderem Nachdruck hervortritt, ist von jeher empfunden und ausgesprochen worden, so daß die metaphysische Spekulation — wie so oft — an der Alltagserfahrung einen Rückhalt findet und als deren Explikation erscheint.

Das hervorstechende syntaktische Merkmal eines symphonischen Stils, den man als dramatisch empfindet, ist eine Unselbständigkeit der Teile, die als Spannung wirkt, weil das Einzelne nicht in sich selbst beruht, sondern eine Ergänzung verlangt und dadurch über sich hinausweist. Man muß allerdings, um das Allegro im Gegensatz zum Adagio — also die „thematische" Form gegenüber der „melodischen" — adäquat zu beschreiben, zwischen einfacher und problematischer oder gestörter Komplementarität der Teile unterscheiden. Im dramatisch-symphonischen Stil ist nicht die Entsprechung als solche, sondern vielmehr, wenn man so sagen darf, die Unvollkommenheit der Entsprechung ausschlaggebend: Zwar soll eine Balance fühlbar, zugleich aber ein Zwang zur Fortsetzung evident sein.

Im ersten Satz der *Achten Symphonie* — dessen Gangart trotz der Tempovorschrift Allegro vivace e con brio eher gelassen wirkt, weil die punktierte Halbe als sekundäre Zählzeit neben der Viertelnote fühlbar ist — sind die Kategorien Vorder- und Nachsatz in den Taktgruppierungen des Hauptthemas zwar wirksam, aber nicht als in sich sinnvolle Struktur, sondern als Mittel, um das Gegenteil dessen zu erzielen, was die gewöhnliche Funktion einer in sich geschlossene Periode ist: einen von Taktgruppe zu Taktgruppe kontinuierlich fortschreitenden Prozeß. Die Ambiguität, die sich in der Umdeutung des Nachsatzes zu einem Vordersatz manifestiert, durchkreuzt die syntaktische Festigkeit, die man von einem Thema erwartet.

Man kann die ersten acht Takte als Vorder- und Nachsatz auffassen. Die Harmoniefolge I—V wird zu V—I umgekehrt (die Takte 7 und 8 sind eine auskomponierte I. Stufe); und der Anfang des Nachsatzes entspricht rhythmisch dem des Vordersatzes. Die Voraussetzungen einer Periode, motivische Analogie und harmonische Gegenläufigkeit, sind also erfüllt. Die Endung in Takt 8 aber ist kein stringenter Periodenschluß, und die Takte 9— 12 erscheinen darum nicht als Wiederholung der Takte 5—8, sondern als deren Nachsatz. Die Takte 1—12 bilden also, weil die Takte 5—8 zugleich Nach- und Vordersatz sind, eine Einheit im Sinne des von Heinrich Christoph Koch gerühmten „Fortströmens" symphonischer Musik. Takt 12 aber ist zugleich Anfang einer Überleitung, die auf dem Prinzip des „Gerüstbaus" beruht. Zwar ist Takt 12 motivisch der Schluß des Hauptthemas, und andererseits gehören die Takte 13—14 motivisch zusammen (ebenso wie dann 15—16 und 17—18). Harmonisch und in der Satzstruktur aber bilden die Takte 12—19 (und nicht 13—20) einen geschlossenen Block, dem die Stufenfolge I—IV—IV$\frac{5}{6}$—V zugrunde liegt: Nach Thrasybulos Georgiades, von dem die Theorie des „Gerüstbaus" stammt, stellt zu einer Taktgruppe, die harmonisch offen endet, die ganze nächste Taktgruppe eine Ergänzung dar. Mit wechselnden Mitteln — der Umdeutung eines Nachsatzes zum Vordersatz, der Verschränkung von Ende und Anfang und der „Phasenverschiebung" von harmonisch-satztechnischem Fundament und motivischem Überbau — wird also, obwohl die Quadratur den Ausgangspunkt der syntaktischen Konstruktion bildet, eine Kontinuität erreicht, die in genau kalkulierten Störungen des Gleichgewichts begründet ist.

Dem Verfahren, Teile dadurch miteinander zu verbinden, daß immer ein ungelöster Rest bleibt, der eine Fortsetzung erzwingt, steht die Methode gegenüber, die Eduard Hanslick „Rhythmus im Großen" nannte: eine Methode, die gleichfalls syntaktische Kontinuität herstellt, aber mit prinzipiell anderen Mitteln. Einem syntaktisch Ersten — einer Zählzeit, einem

Takt, einer Phrase, einem Halbsatz oder einer Periode — folgt ein Zweites, das als notwendige Ergänzung erscheint, wobei der Streit, ob das Zweite schwer oder leicht sei, insofern irrelevant ist, als man eine auftaktige Dominante, die zu einer niedertaktigen Tonika führt, wegen der vorwärtsdrängenden Intensität als schwer oder wegen des Zurückstehens der Prämisse hinter dem Resultat als leicht empfinden kann. Entscheidend ist, daß die Größenordnung, in der die Komplementarität zwischen einem Ersten und einem Zweiten herrscht, ständig wächst: Man bezieht den zweiten Takt auf den ersten, dann die beiden folgenden Takte auf die ersten beiden, ferner vier Takte Nachsatz auf vier Takte Vordersatz und schließlich die zweite Periode auf die erste.

Das Larghetto der *Zweiten Symphonie* ist ein Satz in Sonatenform, und die Durchführung, der im Wesentlichen die Anfangstakte des Hauptthemas zugrunde liegen, ist keineswegs so rudimentär, wie man es in einem langsamen Satz kantablen Charakters erwartet. Dennoch dominiert, abgesehen von der Durchführung, nicht das Prinzip der thematischen Kontrastierung und Entwicklung, sondern das der melodischen Parataxe. Die Fortsetzung der ersten 16 Takte ist ein gleichberechtigter, kein untergeordneter Formteil, und sogar die Überleitung (T. 33) ist melodisch selbständig.

Die ersten acht Takte bilden eine Periode mit einem Halbschluß auf der V. Stufe der Grundtonart und einem Ganzschluß in der Dominanttonart; motivisch knüpft der Nachsatz zwar nicht an den Beginn, aber immerhin an den Schluß des Vordersatzes an. Die zweite Periode ist eine Wiederholung der ersten, erhält aber durch die reichere Instrumentierung den Charakter einer Ergänzung, so daß dem bloßen Nebeneinander des Gleichen ein Moment von Komplementarität beigemischt ist. Die Fortsetzung ist syntaktisch ein achttaktiger „Satz", zusammengefügt aus einer Sequenz von 2+2 Takten und einem kadenzierenden Nachsatz. Da der Anfang motivisch an die Takte 1—2 erinnert und die Kadenz in der Grundtonart steht, ist es nicht abwegig, zwischen dem Hauptthema (das, wie erwähnt, in der Dominanttonart schließt) und der Fortsetzung das Verhältnis einer Periode im Großen (16+16) anzunehmen. Die Fortsetzung wird, ebenso wie das Hauptthema, wiederholt, wobei der schwachen Kadenz in Takt 24 eine stärkere in Takt 32 entspricht. Komplementarität — statt bloßer Wiederholung — wird außerdem, wie beim Hauptthema, durch eine reichere Instrumentierung suggeriert. Man kann also ohne interpretatorische Gewaltsamkeit von einer Verwirklichung des Periodenprinzips in drei Größenordnungen — in den Relationen 4:4, 8:8 und 16:16 — sprechen. Die Differenzierung von Halb- und Ganzschlüssen, der Wechsel zwischen Kadenzen in der Dominant- und der Grundtonart, die motivischen Assoziationen und die Verstärkung des Orchesterapparats dienen sämtlich dem Zweck, den „Rhythmus im Großen" als hierarchische Ordnung fühlbar zu machen. Der Vorgang, daß immer ausgedehntere Teile im Vordergrund der Aufmerksamkeit stehen — obwohl natürlich die Entsprechungen im einzelnen weiterhin wahrgenommen werden —, daß also in ständig wachsenden Dimensionen ein Gleichgewicht korrespondierender Abschnitte hergestellt wird, ist das Gegenteil eines zielgerichteten Prozesses, ohne daß in den Details teleologische Momente ausgeschlossen wären. Und man kann mit Jacques Handschin von „architektonischer" im Unterschied zu „logischer" Form sprechen. Die Raummetapher besagt, daß die Musik dem Zeitverlauf, dem sie angehört, gewissermaßen Widerstand entgegensetzt, statt sich ihm zu überlassen oder ihn, wie Beethoven in seinen Allegrosätzen, so emphatisch darzustellen, als würde er durch die Musik überhaupt erst hervorgebracht.

Die Annahme, daß „Rhythmus im Großen" ein striktes Gleichmaß der korrespondierenden Teile — die von Wagner verspottete „Quadratur" — voraussetze, wäre ein Mißverständnis. Ein Verhältnis, das man als Balance und Komplementarität empfindet, kann durchaus auch zwischen Taktgruppen bestehen, die in ihrer Länge voneinander abweichen. Es liegt nahe, eine Gruppe von 5, 6 oder 7 Takten, die einen Nachsatz zu einem Vordersatz von 4 Takten bildet, als Variante einer latent zugrunde liegenden „Quadratur" — als Erweiterung durch Interpolationen, Augmentationen oder Anhänge — zu interpretieren. Zwar ist Hugo Riemanns Methode, irreguläre Taktgruppen prinzipiell und ohne Ausnahme auf das „normative Grundschema", wie er es nannte, zurückzuführen, häufig und nachdrücklich kritisiert worden. Der Fehler war jedoch nicht das Verfahren als solches, sondern dessen Verallgemeinerung. Und aus der Tatsache, daß es — entgegen Riemann — unreduzierbare Drei- und Fünftakt-Gruppen zweifellos gibt, sollte man nicht schließen, daß Reduktionen grundsätzlich verfehlt seien: Die vernünftige Antithese zur Starrheit des Dogmas bildet nicht die Starrheit der Verwerfung des Dogmas, sondern dessen Differenzierung. Und ob die Zurückführung einer Drei- oder Fünftakt-Gruppe auf die „Quadratur" adäquat ist oder nicht, hängt unter anderem davon ab, ob der Syntax das Prinzip des „Rhythmus im Großen" oder das der Komplementarität mit „ungelöstem Rest" zugrunde liegt: Wenn die Balance der

Teile insgesamt formbildend ist, liegt es nahe, die Reduzierbarkeit irregulärer Taktgruppen zu unterstellen.

Die Zeitstruktur, die in einem musikalischen Werk enthalten ist, wird im allgemeinen als Akzentsetzung und Akzentverlagerung im Verhältnis der Gegenwart zur Vergangenheit einerseits und zur Zukunft andererseits interpretiert, wobei mit „Gegenwart", wie gesagt, nicht der abstrakte „Jetztpunkt", sondern die Strecke, die von den Psychologen „Präsenzzeit" genannt wird, gemeint ist.

Die Behauptung, daß durch das Prinzip des „Rhythmus im Großen" immer ausgedehntere Formteile — von den Takten über die Taktgruppen und die Perioden bis zu den Periodengruppen — zueinander in ein Komplementaritätsverhältnis gebracht werden, besagt, daß die ästhetische Gegenwart gleichsam eine immer größere Last von Vergangenem, das sich der Hörer bewußt halten muß, mit sich trägt. Und umgekehrt geht aus dem Prinzip, jeden Teil der Form als Problem erscheinen zu lassen, dessen Lösung im nächsten Teil liegt, der sich dann seinerseits als Problem erweist und eine Lösung erzwingt, ein Prozeß hervor, in dem die Gegenwart, um mit Hegel zu sprechen, weniger „bei sich" als „außer sich" in der Zukunft ist, zu der sie hinstrebt.

In einem Satz, dessen Form sich als „Rhythmus im Großen" konstituiert, ist Vergangenheit als ein „rhythmisch Erstes" präsent, das nach Ergänzung durch ein „rhythmisch Zweites" verlangt. Die Form im Ganzen resultiert daraus, daß man das jeweils Nächste nicht als angestückt empfindet, sondern erwartet, daß es sich als Ergänzung des Früheren in wachsenden Größenordnungen erweist, wobei ein immer größeres Maß an Vergangenem ästhetisch gegenwärtig bleiben muß.

Dagegen ist in Sätzen, in denen das Verhältnis der Gegenwart zur Zukunft dominiert, die Bedeutung des Vergangenen problematisch. Und die verschiedenen Interpretationen der Beethovenschen Sonatenform, die eingangs skizziert wurden, lassen sich, ohne daß den Autoren der Sachverhalt bewußt gewesen wäre, als Antworten auf die Frage verstehen, wie eine Form, die sowohl themagebunden als auch teleologisch ist, also zugleich einen Akzent des Anfangs und einen Akzent des Endes trägt, in ihrer Zeitstruktur zu verstehen ist.

Die Mängel der Metaphern, mit denen man das Verhältnis zwischen dem Ausgangspunkt und dem als Ziel verstandenen Ende zu umschreiben versuchte, sind so offenkundig, daß Polemik überflüssige Pedanterie wäre. Ein Drama, in dem die Katastrophe — wörtlich: die Umwendung — in der

Wiederkehr der Vorgeschichte besteht, ist streng genommen eine Absurdität. Und die Behauptung, daß durch Abwandlungen von Themen oder Themenbruchstücken Möglichkeiten aktualisiert werden, die in der Thematik verborgen lagen, ist eine prekäre metaphysische Interpretation des schlicht empirischen Sachverhalts der Variantenbildung: eine Interpretation, die zwischen der Tatsache der Veränderung eines zu Anfang Gegebenen und dem Eindruck von Gerichtetheit auf ein Ziel vermitteln soll.

Eine erste Lösung der Schwierigkeit, eine Korrelation zwischen themagebundener und teleologischer — also rückwärts und vorwärts gerichteter — Bestimmtheit herzustellen, besteht in der Wahl einer Thematik, die weniger die Form aus sich hervortreibt, als daß sie umgekehrt, wie August Halm es ausdrückte, eine Funktion der Form ist. Der zielgerichtete Zug, der in Beethovens Symphonien unaufhaltsam erscheint, resultiert dann nicht aus dem Thema, sondern ergreift das Thema.

Thematik „im Dienst der Form" ist fast immer — was Halm als Mangel beklagte, obwohl er es als Notwendigkeit erkannte — melodisch rudimentär, so daß sie weniger den ständigen Bezugspunkt als den bloßen Ausgangspunkt der Entwicklung bildet. Die funktional begründete Substanzarmut aber ist bei Beethoven nicht selten mit dem Formgedanken verbunden, die „eigentliche" Thematik von der Oberfläche des melodisch-rhythmisch Konkreten in eine Schicht des „Submotivischen" zu verlegen, die aus abstrakteren Strukturen besteht. (Versteht man unter einem Motiv ein melodisch-rhythmisch konkretes Gebilde, so stellt eine diastematische Konfiguration ohne feste, gleichbleibende rhythmische Bestimmtheit eine abstraktere Struktur dar, die einem „submotivischen" Bereich angehört.) Nichts könnte abstrakter sein als das Merkmal „gebrochener Dreiklang", das — ohne rhythmische Präzisierung — im ersten Satz der *d-moll-Sonate* opus 31,2 die Vorform des Themas (T. 1) mit dessen prägnanterer Darstellung (T. 21) — die aber bereits moduliert, so daß die Vorform im Rückblick die Funktion einer Exposition in der Grundtonart erhält — verbindet.

Läßt man melodische Substanzarmut und Abstraktheit als Eigentümlichkeiten einer Thematik gelten, deren Wesen sich darin erschöpft, Funktion eines zielgerichteten Formprozesses zu sein, so kann man umgekehrt einen Zusammenhang sehen zwischen einer melodisch reicheren Thematik und einem Zeitverlauf, der eher einer umkreisenden Bewegung als einem teleologischen Prozeß gleicht. Die Durchführung einzelner Motive des Themas entspricht in der nicht oder in geringerem Maße zielgerichteten Form, deren Ausprägung durch Franz Schubert nicht als defizienter Modus, sondern als Gegentypus zum Beethovenschen Typus begriffen werden muß, dem sprachlichen Modell der Exegese als einer Alternative zum Modell des Dramas.

Die Vorstellung einer umkreisenden, ein Thema oder dessen Teile von immer wieder anderen Seiten zeigenden Bewegung, durch die eine spezifische Zeitstruktur der Musik begründet wird, fordert den Einwand heraus, es sei unzulässig, Merkmale eines Vorgangs, der sich in der Zeit ereignet, auf die Zeit selbst zu projizieren. Die verschiedenen Akzentuierungen, die angesichts des problematischen Verhältnisses zwischen themagebundener und teleologischer Bestimmtheit möglich sind — einerseits die paraphrasierende, rückblickende Orientierung an einem reich differenzierten Thema und andererseits der Vollzug eines vorwärts drängenden Formprozesses, in dem das Thema bloßes Substrat ist — sind jedoch Vorgänge, bei denen die Zeit nicht nur ein Medium darstellt, sondern gewissermaßen „komponiert" wird. Ein Schubertsches Hauptthema, das während einer Durchführung als Gegenstand einer Exegese ständig in Gedanken präsent ist, trägt in dieser ästhetischen Präsenz die Farbe der Vergangenheit, und der Vergangenheitscharakter — die Vorstellung der zwischen Durchführung und Exposition liegenden Zeit — gehört zum ästhetischen Sachverhalt. Läßt der zielgerichtete Prozeß das Vergangene, das in der Gegenwart „aufgehoben" ist, hinter sich zurück, so gleicht die das Thema umkreisende Bewegung einer Erinnerung, in der die Vergangenheit in die Gegenwart hereinreicht.

Anmerkungen

1 A. Schmitz: *Das romantische Beethovenbild*, Bonn 1927, Nachdruck Darmstadt 1978, S. 81.

2 E. T. A. Hoffmann: *Schriften zur Musik. Nachlese*, hrsg. von F. Schnapp, München 1963, S. 34.

3 W. H. Wackenroder: *Werke und Briefe*, Heidelberg 1967, S. 255.

4 Ebd.: S. 254.

5 J. G. Sulzer: *Allgemeine Theorie der Schönen Künste*, Leipzig [2]1794, Nachdruck Hildesheim 1967, Band IV, S. 478.

6 Ebd.: S. 479.

7 K. Viëtor: *Geschichte der deutschen Ode*, München 1923, Nachdruck Darmstadt 1961, S. 162.

8 Hoffmann: S. 36.

9 Ebd.: S. 37.

10 Ebd.: S. 36f.

11 Sulzer: S. 479.

12 Zitiert nach Viëtor: S. 140.

13 Zitiert nach Viëtor: S. 134.

14 Hoffmann: S. 382.

15 E. T. A. Hoffmann: *Alte und neue Kirchenmusik*, in: ders., *Schriften zur Musik. Nachlese*, hrsg. von F. Schnapp, München 1963, S. 229.

16 F. Rochlitz: *Vom zweckmäßigen Gebrauch der Mittel der Tonkunst*, in: *Für Freunde der Tonkunst*, Leipzig ²1830, Band II, S. 166.

17 Ebd.: S. 167.

18 Ebd.: S. 169.

19 Ebd.: S. 169.

20 Sulzer: Band II, S. 99.

21 H. Chr. Koch: *Versuch einer Anleitung zur Composition*, Band III, Leipzig 1793, Nachdruck Hildesheim 1969, S. 305.

22 Zitiert nach J. Schmidt: *Die Geschichte des Genie-Gedankens in der deutschen Literatur, Philosophie und Politik 1750–1945*, Darmstadt 1985, Band I, S. 182.

23 Zitiert nach Schmidt: S. 181.

24 Zitiert nach Schmidt: S. 188f.

25 Thr. G. Georgiades: *Schubert. Musik und Lyrik*, Göttingen 1967, S. 69ff.

26 P. Bekker: *Die Sinfonie von Beethoven bis Mahler*, Berlin 1918, S. 13.

27 Ebd.: S. 18.

28 A. Schering: *Über den Begriff des Monumentalen in der Musik*, in: ders., *Von großen Meistern der Musik*, Leipzig 1940.

29 Thr. G. Georgiades: S. 69ff.

30 J. LaRue: *Harmonischer Rhythmus in Beethovens Symphonien*, in: *Ludwig van Beethoven*, hrsg. von Ludwig Finscher, Darmstadt 1983, S. 181ff.

V. Sonatenform-Probleme

Motivbeziehungen

Zu den Vorurteilen, die bei der Analyse musikalischer Werke Schaden anrichten, gehört die Meinung, es sei ein methodologischer Triumph, wenn sich die gesamte Thematik und Motivik — und sogar die nicht-thematischen Teile — eines Satzes aus ein und derselben Substanz, einer diastematischen „Zelle", ableiten lassen.[1]

Erstens ist es prekär, von bloßen Ton- oder Intervallkonfigurationen auszugehen und vom Rhythmus zu abstrahieren, als gehöre er, um mit Arnold Schönberg zu sprechen, nicht zum musikalischen „Gedanken", sondern nur zu dessen „Darstellung". Daß die Tonqualität „zentral" und die Tondauer „peripher" sei[2], ist eine These, die in der Theorie einleuchten mag, sich aber in der Praxis der Analyse, auch der Analyse von Zwölftonmusik, als unzulänglich erweist. Die Toneigenschaften oder Parameter voneinander zu trennen und diastematische Zusammenhänge unabhängig vom Rhythmus oder umgekehrt rhythmische Zusammenhänge unabhängig von der Diastematik zu verfolgen, ist nicht selten angemessen und sinnvoll; das abstrahierende Verfahren impliziert jedoch keinen Vorrang der Diastematik gegenüber dem Rhythmus.

Zweitens ist die Methode, einen ganzen Satz aus wenigen Tönen oder Intervallen zu deduzieren, insofern verfänglich, als die Transformationsmöglichkeiten, die man um der Omnipräsenz der „Zelle" willen zulassen muß, so zahlreich sind, daß sich nahezu alles aus allem ableiten läßt. Der Gedanke, das Prinzip der inneren Einheit eines Satzes in einem handgreiflichen Substrat vor Augen zu haben, ist von bestechender Simplizität; die unglückliche Alternative aber, daß entweder die Reichweite der Analyse auf wenige Partien begrenzt bleibt oder die Anzahl der Variationsarten, denen die diastematische Substanz unterworfen werden kann, ins Unabsehbare wächst, ist, wie es scheint, kaum zu umgehen.

Drittens ist das Verfahren, das Ganze eines Satzes oder Werkes in einer einzigen diastematischen „Zelle" präformiert zu finden, mit einem Entwicklungsbegriff verknüpft, der nicht unproblematisch ist. Das Organismusmodell, an dem sich die Interpretation orientiert, legt es nahe, diastematische Substrate gleichsam als Samenkörner aufzufassen, in denen das Wachstum der Form angelegt ist, obwohl man empirisch nichts anderes zeigen kann, als daß bestimmte Eigenschaften einer Struktur in den Varianten wiederkehren und andere ausgetauscht werden. Der Begriff der „Entwicklung" ist eine Metapher, die unverfänglich bleibt, solange sie nichts anderes besagt, als daß die Veränderung von Merkmalen ein Vorgang in der Zeit ist, die aber bedenklich erscheint, wenn man aus ihr die metaphysische Konsequenz zieht, daß eine diastematische Konfiguration eine „Zelle" sei, die nach einem musikalischen Naturgesetz, dem sich der Komponist fügt, statt es aufzustellen, ein Wachstum aus sich heraustreibt.

In Wahrheit handelt es sich bei den Voraussetzungen, die einen musikalischen Formprozeß konstituieren, nicht um eine einzige Substanz, sondern um verschiedene, miteinander verknüpfte oder sich überlagernde Ausgangspunkte und Zusammenhänge; und zwar wechseln sowohl die Toneigenschaften, in denen sie sich ausprägen, als auch die Abstraktionsgrade, die ihnen zugrunde liegen, und die Tragweite, die sie erreichen. Ein Konnex, der formbildend wirkt, kann abstrakt oder konkret, diastematisch oder rhythmisch begründet und von lokaler oder umfassender Bedeutung sein.

Das Hauptthema des ersten Satzes der *A-Dur-Klaviersonate* opus 2,2 ist reich an internen Beziehungen, die man in der Regel, aber nicht immer als „motivisch" bezeichnen kann:

Der aufsteigende Quartgang in Takt 10 kehrt in den Takten 11–12 in anderer metrischer Position wieder, und die Verschiebung im Takt ist eine ebenso eingreifende Veränderung, wie es eine Abstraktion vom ursprünglichen Rhythmus wäre. Die Motivformen der Takte 12–13 und 13–14 lassen sich als Analogon zu einer tonalen Beantwortung interpretieren; der Rekurs auf die Fugentechnik schließt allerdings ein Maß an Reflexion ein, wie es in den gewöhnlichen Formen der motivischen Variantenbildung nicht enthalten ist. Die Motivfolge der Takte 12–14 wird dann, ohne daß die tonale Beantwortung noch kenntlich wäre, in der Überleitung diminuiert (T. 32), und der Quartgang, von dem die Entwicklung ausging, wird in Umkehrung zitiert (T. 33). Die Methode der Verschiebung im Takt liegt auch dem Übergang zum Seitenthema zugrunde:

Die Wechselnotenfigur in Takt 48 wird im nächsten Takt sowohl umgekehrt als auch anders akzentuiert. Und den Anfang des Seitenthemas bildet dann die Diastematik der ersten Fassung im Metrum der zweiten. Von einem hohen Abstraktionsgrad zu sprechen, ist also keine Übertreibung.

Die Zusammenhänge, die man schwerlich als fiktiv abtun kann, werden erst beschreibbar, wenn man Kriterien zugrunde legt, die sich auf wechselnde Parameter beziehen. Die Umkehrung ist ein diastematisches, die tonale Beantwortung ein fugentechnisches, die Diminution ein rhythmisches und die Verschiebung im Takt ein metrisches Phänomen; und keines der Momente kann unberücksichtigt bleiben, wenn man das Netz der motivischen Beziehungen, denen die Exposition der *A-Dur-Sonate* ihre Kontinuität und Geschlossenheit verdankt, zu rekonstruieren versucht. (Von Lückenlosigkeit zu sprechen, wäre heikel, denn in der Absicht, die Ableitbarkeit jeder Note zu zeigen, liegt die Gefahr, in Beziehungswahn zu geraten.) Man könnte einwenden, daß man — abgesehen von der tonalen Beantwortung — durch Abstraktion vom Rhythmus und vom Metrum zu denselben Zusammenhängen gelange, daß also die Diastematik und nichts sonst das Substrat der inneren Einheit bilde. An den Motivbeziehungen der Takte 48—49 und 59 ist jedoch nicht allein die Diastematik, sondern auch die Dialektik des melodischen und des metrischen Moments wesentlich: eine Dialektik, die prozessual und nicht, wie die diastematische Ableitung, gewissermaßen zeitlos ist.

Daß ein musikalischer Satz mit einem sprachlichen, also auch ein Motiv mit einem Wort vergleichbar sei, ist ein musikästhetischer Topos, dessen Ursprünge bis ins Mittelalter zurückreichen. Die Abgrenzung von Motiven ist jedoch, anders als die von Wörtern, nicht selten ungewiß oder doppeldeutig. Die Methode Hugo Riemanns, prinzipiell auftaktig zu phrasieren

— eine Methode, die manchmal zu absurden Resultaten führte —, war nur darum möglich, weil die Ungewißheit Platz läßt für einseitige Doktrinen.

Daß die Gliederung eines Themas in Motive manchmal doppeldeutig bleibt, hat zur Folge, daß sie wechseln kann. Die Verschiebung der Zäsur, ein bei Beethoven häufiges Phänomen, ist keine Verzerrung, mit der der Komponist seinen eigenen Gedanken Gewalt antut, sondern die Ausnutzung einer Ambiguität, die das Thema von Anfang an enthält.

Das Hauptthema des ersten Satzes der *Neunten Symphonie* ist syntaktisch insofern irregulär, als das erste Motiv drei und das zweite zwei Takte umfaßt; außerdem ist das Ende des zweiten Motivs mit dem Anfang des dritten verschränkt:

In der Durchführung wird Takt 3 herausgelöst und für sich wiederholt und sequenziert:

Daß in der Exposition der Ton d in Takt 3 nicht nur als Schluß des ersten, sondern auch als Beginn des zweiten Motivs verstanden werden soll, so daß außer Takt 5 auch Takt 3 eine Verschränkung wäre, ist unwahrscheinlich, weil der Dezimensprung, der in der Durchführung zum Terzsprung gemildert ist, eine Zäsur markiert. Will man aber nicht unterstellen, daß das Thema in der Durchführung entstellt werde, so bleibt nichts anderes übrig, als eine Doppeldeutigkeit anzunehmen, die in der Exposition nach der einen und in der Durchführung nach der anderen Seite gewendet wird.

Ohne daß im Vorübergehen eine systematische Untersuchung möglich wäre, läßt sich sagen, daß die Ambiguität der Gliederung, die den Vergleich zwischen Wort und Motiv durchkreuzt, zu den charakteristischen Kunstgriffen der Beethovenschen Syntax gehört. Das Hauptthema des ersten Satzes der *Pastorale* beginnt mit einer Taktgruppe, deren Artikulation im Verlauf des Satzes verschiedenen Deutungen unterworfen wird:

129

Die Annahme, daß der Anfangston des zweiten Taktes sowohl das Ende des ersten als auch den Beginn des zweiten Motivs bilde, scheint einen Ausweg aus der Schwierigkeit zu zeigen, daß das Thema verschiedene „Zergliederungen" zuläßt, stellt aber streng genommen weniger eine Lösung als eine bloße Formulierung des Problems dar. In der Durchführung wird Takt 2 isoliert und als motivisches Substrat von Klangflächen geradezu obsessiv wiederholt. Die Takte 5—7 der Exposition aber zeigen die entgegengesetzte Artikulation, die nicht vom ersten zum vierten, sondern über den Taktstrich hinweg vom zweiten zum ersten Achtel reicht; und dieselbe Gliederung liegt auch den Takten 16—29 zugrunde. Das Thema impliziert also die Möglichkeit einer doppelten Artikulation, ohne daß es sinnvoll wäre, in einer der Varianten die Grundform und in der anderen eine bloße Abweichung zu sehen.

Die Variabilität ist, obwohl sie sich als Ungewißheit manifestieren kann, kein Mangel an Deutlichkeit, sondern — wie eine andere Rhythmisierung — ein Mittel, um ein Thema oder ein Motiv zu differenzieren. Andererseits besagt sie, daß man bei der Rekonstruktion von Motivbeziehungen, in denen die innere Einheit eines Satzes begründet ist, nicht davor zurückzuschrecken braucht, einen Zusammenhang auch dann gelten zu lassen, wenn er einen Artikulationswechsel einschließt. Die Differenzierung der Gliederung bildet insofern, als sie zu den Mitteln der thematisch-motivischen Arbeit gehört, auch eine der Prämissen, von denen die Entdeckung von Motivbeziehungen ausgehen kann.

Das Hauptthema des ersten Satzes der *D-Dur-Klaviersonate* opus 10,3 ist unverkennbar in 4+4+6 Töne gegliedert. (Der Nachsatz beginnt mit einer Sequenzierung des ersten Motivs, die keinen Zweifel an der Artikulation läßt.)

Das zweite Motiv ist eine Umkehrung des ersten, die außerdem dadurch variiert ist, daß eine Akkordbrechung den Sekundgang ersetzt, und das dritte Motiv stellt insofern eine Vermittlung dar, als es die Dreiklangsbrechung durch einen Sekundgang ausfüllt.

Die Gliederung des Hauptthemas schließt, so eindeutig sie ist, nicht aus, daß das zweite Motiv durch Abtrennung des Schlußtons zu einer Dreitongruppe verkürzt werden kann. Läßt man die Reduktion als verständliche

Variante gelten — obwohl durch sie die beschriebenen motivischen Zusammenhänge innerhalb des Hauptthemas aufgehoben werden —, so zeigt sich ein Zusammenhang zwischen den Hauptthemen des ersten Satzes und des Finale, der fiktiv bliebe, wenn man auf der Viertönigkeit des Motivs beharren würde.

Ist also einerseits die Entdeckung von Motivbeziehungen von dem Ausmaß abhängig, in dem man Variantenbildungen als ästhetisch real gelten läßt, so kann umgekehrt die formale Tragweite einer Motivbeziehung ein Grund sein, einen hypothetischen Zusammenhang nicht als bloße Fiktion abzutun.

Ob in der *D-Dur-Sonate* eine partielle Ableitung des Seitenthemas vom Hauptthema sinnvoll erscheint, ist zweifelhaft:

Die Annahme, daß zu Beginn des Seitenthemas die Achtelnoten den Ton a' paraphrasieren, so daß sich ein Gerüst ergibt, das eine Umkehrung des zweiten Motivs aus dem Hauptthema darstellt, ist zunächst wenig plausibel. Die Realität von Motivbeziehungen ist jedoch, wie gesagt, zum Teil von den formalen Funktionen abhängig, die sie erfüllen. Läßt man den Zusammenhang zwischen Haupt- und Seitenthema gelten, so handelt es sich um den Sachverhalt, den Arnold Schmitz „kontrastierende Ableitung" nannte.[3] Eine Verknüpfung aber, die zugleich einen Gegensatz bildet, bleibt notwendig latent; und die Möglichkeit, der hypothetischen Relation ästhetische Realität zuzuschreiben, ist darin begründet, daß erstens die Latenz ein generelles Merkmal der „kontrastierenden Ableitung" ist, und daß zweitens die „kontrastierende Ableitung", wie von Schmitz gezeigt wurde, ein geradezu stereotypes Beethovensches Verfahren ist, das vom gebildeten Hörer insofern, als er es erwartet, auch in seinen entlegeneren Ausprägungen wahrgenommen werden kann. Außerdem folgt dem Seitenthema eine Fortsetzung, deren Substanz das Anfangsmotiv des Hauptthemas ist, so daß der Kontext, in dem das Seitenthema steht, den Zusammenhang mit dem Hauptthema bestätigt: einen Zusammenhang, der sich in fortschreitender Verdeutlichung — in der offenen Darstellung einer zunächst latenten Motivbeziehung — manifestiert.

Expositionsmodelle

Das Schema der Sonatenform, dessen Entwurf aus dem frühen 19. Jahrhundert stammt[4], ist von Beethovens Werken, vor allem den Klaviersonaten, abstrahiert worden, war aber primär nicht als Mittel der Analyse, sondern der Didaktik — der Unterweisung in den Anfangsgründen des kompositorischen Metiers — gemeint. Die Vergröberung, die ihm zum Vorwurf gemacht wurde, war also in dem Zweck, den es erfüllen sollte, begründet.

Bei der Auflösung der Formenlehre in Analyse ist das Schema weniger revidiert als vielmehr einem Funktionswandel unterworfen worden. Es gilt nicht mehr als Norm, die den Umriß eines Sonatensatzes festlegt, sondern als heuristisches Modell, das den Ausgangspunkt einer Analyse bildet und Kategorien bereitstellt, durch deren Differenzierung oder Korrektur man die Besonderheit des einzelnen Werkes zu erfassen sucht. Theoretisch ist das Schema in Verruf; in der Praxis der Analyse aber scheint es immer noch unentbehrlich zu sein, und man benutzt die überlieferte Nomenklatur in dem Bewußtsein, daß es gleich schwierig wäre, sie entweder zu ersetzen oder im Ernst zu rechtfertigen.

Die Vorstellung, daß sich Schema und Abweichung wie Allgemeines und Besonderes zueinander verhalten, liegt nahe, ist jedoch unzulänglich. Die Differenzen zwischen dem Modell und der Realität der Beethovenschen Klaviersonaten sind zum Teil keineswegs individuelle Züge einzelner Werke, sondern Merkmale, die zwar nicht generell gelten, aber so häufig wiederkehren, daß man von Modifikationen, die sich zwischen Allgemeinem und Besonderem in der Mitte halten, sprechen kann. Eine zusammenfassende, abstrahierende Darstellung ist also sinnvoll, ohne daß entschieden werden müßte, ob die Abweichungen genügen, um eine Revision des Lehrbuchschemas zu erzwingen. (Die Entscheidung ist insofern nicht wesentlich, als die Modifikationen zusammen mit den allgemeinen Merkmalen die Voraussetzungen bilden, die der Analyse des Besonderen und Individuellen zugrunde gelegt werden müssen.)

Niemand, der Beethovens Klaviersonaten unbefangen analysiert, wird leugnen, daß zwischen der Überleitung und dem Seitenthema manchmal ein melodischer Gedanke erscheint, der selbständig und prägnant ist, aber insofern, als er moduliert, nicht als erstes Seitenthema gelten kann, dem dann ein zweites folgt; daß die Partie, die sich an das Seitenthema anschließt, in der Regel zu lang ist, um, wie es üblich ist, als bloßer Appendix angesehen zu werden; daß die Schlußgruppe oft kein bloßer Epilog ist, sondern thematische Selbständigkeit erreicht und in monothematischen Sätzen — die demnach streng genommen gar nicht monothematisch sind — sogar das eigentliche Gegenthema darstellt.

Die skizzierten Sachverhalte sind so offenkundig, daß die Gewohnheit, über sie hinwegzusehen, in dem Gefühl begründet sein muß, daß man in unlösbare theoretische Schwierigkeiten geriete, wenn man sie berücksichtigen würde. Das heißt nicht, daß das Modell der Sonatenform unumstritten wäre. Die Kontroverse darüber, ob der Dualismus der Exposition primär thematisch oder tonal begründet sei, läßt jedoch die Grundzüge des Schemas — das dreiteilige Gerüst, das von einer Berücksichtigung der erwähnten Modifikationen betroffen wäre — unangetastet. Das ältere, aus dem 19. Jahrhundert stammende Dogma, daß der Themenkontrast das ausschlaggebende Merkmal einer Sonatenexposition sei, ist in den letzten Jahrzehnten von Theoretikern und Historikern wie Leonard Ratner[5] und Jens Peter Larsen[6], zum Teil im Rückgriff auf theoretische Ansätze des 18. Jahrhunderts, revidiert und durch die Vorstellung ersetzt worden, daß die Tonartendifferenz grundlegend sei. Die bei Haydn in den achtziger Jahren des 18. Jahrhunderts dominierende Neigung zur Monothematik läßt sich, wenn man von der zeitgenössischen Theorie ausgeht, ohne Schwierigkeiten erklären: Sofern die Markierung der Dominant- oder Paralleltonart durch ein Thema, gleichgültig welches, das ausschlaggebende Moment ist, erfüllt ein Seitenthema auch dann seine primäre Funktion, wenn es nicht kontrastiert, sondern mit dem Hauptthema ganz oder teilweise übereinstimmt.

Man darf allerdings, wenn man den Anspruch erhebt, deskriptiv und nicht normativ zu verfahren, den Primat des Tonartengegensatzes nicht zu einem Merkmal „der" Sonatenform schlechthin — einer Sonatenform im Kollektivsingular, die es nicht gibt — hypostasieren. Im 19. Jahrhundert ist allmählich die thematische statt der tonalen Struktur in den Vordergrund gerückt — die Marxsche Sonatentheorie[7] ist, obwohl Beethovens Werke ihr Anschauungsmodell bildeten, gewissermaßen ein Reflex dieser Entwicklung —, und im 20. Jahrhundert, bei Arnold Schönberg, wurde als extreme Konsequenz des Vorrangs der Thematik das Paradox einer Sonaten-form unter den Bedingungen der Atonalität möglich. Bei Beethoven ist demgegenüber die tragende Bedeutung der tonalen Struktur noch ungebro-chen; die Form ist, wie August Halm[8] erkannte, weniger eine Funktion der Thematik als umgekehrt die Thematik eine Funktion der Form. Die Wechselwirkung zwischen thematischer und tonaler Struktur ist jedoch so differenziert, daß sich über ihre Erscheinungsformen und die abgestufte Akzentuierung der Momente nicht prinzipiell, sondern nur kasuell urtei-len läßt.

Der Streit über den Vorrang des Thematischen oder des Tonalen, der ei-gentlich eine Auseinandersetzung über Gradunterschiede und deren ge-schichtliche Entwicklung sein sollte, läßt eine der wesentlichen Prämissen der traditionellen Sonatentheorie unberührt: die Prämisse, daß bestimmte Korrelationen zwischen tonalen und thematischen Momenten für die So-natenform konstitutiv sind. Von einer Überleitung erwartet man, daß sie einerseits tonal offen und andererseits nicht-thematisch ist, von einem Sei-tensatz gerade umgekehrt, daß er sich tonal geschlossen und melodisch prägnant präsentiert, wobei, wie erwähnt, nicht die Neuheit des Themas ausschlaggebend ist, sondern der Umstand, daß der Eintritt der Gegenton-art überhaupt durch ein Thema – und sei es eine Variante des Hauptthe-mas – nachdrücklich markiert wird. Die prononcierte Darstellung der Kontrasttonart ist das entscheidend Neue gegenüber der unauffälligen Her-beiführung der Dominante oder Parallele in der Suitensatzform: Die andere Tonart wird, wie August Halm es ausdrückte, zum „Ereignis". (Von einem Mangel der Suitensatzform an deutlicher Artikulation zu sprechen, ist al-lerdings ein Irrtum, der daraus resultierte, daß Halm weniger historisch als normativ dachte.)

Die Formulierung, daß eine Überleitung „nicht-thematisch" sei, ist kei-ne grobe Simplifizierung; sie setzt vielmehr eine Nomenklatur voraus, die von Hugo Riemann stammt und zunächst eher bizarr als plausibel er-scheint. Nach Riemann[9] ist einzig die Aufstellung – oder die Wiederho-lung – eines prägnanten und komplexen musikalischen Gedankens, nicht aber dessen Verarbeitung „thematisch". Überleitungen oder Durchführun-gen werden also auch dann, wenn sie Motive des Hauptthemas entwickeln – also auf dem Prinzip beruhen, das Riemann selbst „thematisch-motivi-sche Arbeit" nannte – zu den „nicht-thematischen" Teilen gezählt. Die Terminologie mag verquer wirken, ist aber nützlich zur Formulierung der Korrelationen, die der konventionellen Theorie der Sonatenexposition zugrunde liegen; und es ist nicht ausgeschlossen, daß darin der Zweck lag, den Riemann mit dem ungewöhnlichen Wortgebrauch verfolgte.

Die einfache Formel, daß in einer Sonatenexposition die tonal geschlossenen Teile — gleichgültig, ob in der Grund- oder der Dominanttonart — zugleich thematisch und umgekehrt die tonal offenen zugleich nichtthematisch sind, stellt die Prämisse dar, um derentwillen sich das dreiteilige Schema, das sich aus Hauptthema, Überleitung und Seitenthema zusammensetzt und in dem die Schlußgruppe einen bloßen Appendix bildet, hartnäckig in der Theorie behauptete, obwohl in der Praxis bestimmte Abweichungen offenkundig und keineswegs auf einzelne Werke beschränkt sind. Die Korrelationen zwischen dem Thematischen und dem tonal Geschlossenen einerseits, dem Nicht-Thematischen und dem Modulierenden andererseits sind in der Tradition der selbständigen Instrumentalmusik tief verwurzelt, und man kann ohne Übertreibung behaupten, daß sie zu den fundamentalen Voraussetzungen des „Formdenkens" in der Instrumentalmusik des 18. Jahrhunderts gehören. Die in der Sonatenform und deren Theorie weiterwirkende Verknüpfung der Bestimmungsmerkmale war ein gemeinsamer Grundzug der Konzertform des frühen 18. Jahrhunderts und der Fuge, die dadurch überhaupt erst zu einer Form im engeren Sinne geworden ist. Das Konzertritornell und die Episode stehen sich ebenso wie die Fugendurchführung und das Zwischenspiel einerseits als tonal geschlossene und offene, andererseits als thematische und nicht-thematische Teile gegenüber.

Daß die Korrelation zu den Traditionsbeständen gehört, in denen die Möglichkeit einer selbständigen, von der Vokalmusik emanzipierten, mit eigenen Formkategorien operierenden Instrumentalmusik begründet war, erklärt die Zurückhaltung, mit der man Phänomenen begegnete, die zu dem Vorstellungsstereotyp quer standen: dem melodisch prägnanten und selbständigen, aber modulierenden musikalischen Gedanken zwischen Überleitung und Seitenthema, der ausgedehnten, die Proportion von Haupt- und Seitensatz störenden Fortsetzung des Seitenthemas und der thematisch geprägten Schlußgruppe, deren Motivik nicht selten größeren Teilen der Durchführung zugrunde liegt. (Daß erst bei Bruckner, bei dem ihr Umfang — entsprechend den Dimensionen der übrigen Teile — derart wuchs, daß von einem sekundären Formteil nicht mehr die Rede sein konnte, die Schlußgruppe zu einem „dritten Thema" wurde, ist eine „fable convenue".)

Die Meinung, daß der Themendualismus das grundlegende Merkmal einer Sonatenexposition sei, ist wahrscheinlich — abgesehen von der generellen Neigung zu Dichotomien — doppelt begründet: einerseits in der Tatsache, daß das Seitenthema, im Unterschied zur Schlußgruppe, eine Gegentonart markiert, andererseits in dem Vorurteil, daß der dramatische Zug, der seit Reicha als charakteristisches Merkmal der Sonatenform empfunden wurde, in dem Widerstreit zwischen einem Protagonisten und einem Antagonisten begründet sein müsse. Über den störenden Sachverhalt, daß das Seitenthema in der Durchführung, dem eigentlichen Ort der „Dramatik", nicht selten von geringer Bedeutung ist oder überhaupt nicht erscheint, setzte man sich hinweg.

Die thematische Prägung der Schlußgruppe ist in Beethovens Klaviersonaten zwar keine Norm, aber ein so häufiges Phänomen, daß man angesichts der Fragwürdigkeit, die dem normativen Anspruch der Sonatentheorie anhaftet, immerhin von einem Merkmal sprechen kann, dessen Allgemeinheitsgrad kaum geringer ist als der des Schemas. In der *A-Dur-Sonate* opus 2,2 unterscheidet sich die Schlußgruppe (T. 104) durch ihren hymnischen Ton sowohl vom Haupt- als auch vom Seitenthema. In der *F-Dur-Sonate* opus 10,2 steht die Schlußgruppe (T. 56) dem kantablen Seitenthema (T. 19) als Scherzando gegenüber, und der daraus resultierende Charaktergegensatz ist in der Sonatenexposition, und zwar bereits bei Haydn, geradezu ein Stereotyp. Die Schlußgruppe der *D-Dur-Sonate* opus 10,3 (T. 106) schlägt wiederum einen hymnischen Ton an; daß er in der Fortsetzung des Seitenthemas (T. 87) antizipiert wurde, ändert nichts an der thematischen Selbständigkeit. In der *E-Dur-Sonate* opus 14,1 ist die Schlußgruppe (T. 47), wie es Hugo Riemann vom Hauptthema einer Sonate forderte, ein komplexes, in sich kontrastierendes Gebilde. In der *G-Dur-Sonate* opus 14,2 besteht sie aus Partikeln des Haupt- und des Seitenthemas (T. 49—50 = T. 33 und T. 52—53 = T. 1). Und in der *D-Dur-Sonate* opus 28 ist sie (T. 136) wiederum ein Scherzando.

Der flüchtige Überblick über Beethovens Klaviersonaten der „ersten Periode" mag genügen, um zu zeigen, daß nicht ein Mangel an melodischer Selbständigkeit, sondern die Tatsache, daß die Schlußgruppe keine eigene Tonart ausprägt, der Grund ist, warum ihr die Anerkennung als „drittes Thema" verweigert wurde. Der Begriff des Themendualismus, der ein „drittes Thema" nicht duldet, ist jedoch, obwohl er die ästhetische Idee der Sonatenform darstellt, strukturell schwach fundiert. Die Sonderstellung des Seitenthemas ist in der Markierung einer neuen Tonart begründet: in einem Moment also, das nicht der thematischen, sondern der tonalen Struktur der Sonatenform angehört, einer Struktur, die bei Beethoven zwar noch dominiert, aber in so geringem Maße, daß das Marxsche Mißverständnis, die Thematik sei ausschlaggebend, immerhin möglich war. In dem Augenblick jedoch, in dem man die thematische Struktur hervorhob, hätte man die Dualismusthese, um derentwillen die Hervorhebung geschah, eigentlich preisgeben müssen, weil die Ausschließung der Schlußgruppe vom Begriff des „Themas" nur durch die tonale Struktur, durch die das Seitenthema eine Sonderstellung erhielt, zu rechtfertigen war.

Die Schlußgruppe ist nicht der einzige Formteil, dessen Bedeutung in der „klassischen" Sonatentheorie, die in Wahrheit eine epigonale ist, unterschätzt wurde. Dem Seitenthema folgt in der Regel eine längere nichtthematische Partie, deren Selbständigkeit die Sonatentheorie durch einen terminologischen Kunstgriff verleugnete: Der Ausdruck „Seitensatz" — statt „Seitenthema" —, der insofern gerechtfertigt ist, als er die Unabhängigkeit des tonalen Moments vom thematischen kenntlich macht, dient zugleich dazu, die nicht-thematische Fortsetzung des Seitenthemas als bloße Ergänzung, die funktional wenig besagt, erscheinen zu lassen. Ein eigener Name ist ihr ausschließlich in Beschreibungen von Solokonzerten, in denen die Differenz zwischen kantablem Seitenthema und virtuoser „Spielepisode" unübersehbar war, zugestanden worden.[10] Der Terminus „Spielepisode" ist jedoch nicht ohne Vorbehalt übertragbar; in Klaviersonaten ist er manchmal, aber nicht immer adäquat. Angemessen erscheint er in opus 2,2 (T. 84), opus 2,3 (T. 61), opus 10,2 (T. 38), opus 13 (T. 89) und opus 22 (T. 44). Dagegen ist in opus 10,3 die Fortsetzung des Seitenthemas (T. 67) eine Durchführung des Anfangsmotivs aus dem Hauptthema; in opus 14,1 prägt sie den Scherzando-Charakter aus (T. 39), der sonst eine Eigentümlichkeit von Schlußgruppen ist.

Daß es schwer fällt, einen passenden Terminus zu finden, ist zweifellos einer der Gründe, aus denen man zögerte, der relativen Selbständigkeit der Fortsetzung des Seitenthemas theoretisch gerecht zu werden. Ausschlaggebend dürfte allerdings der Sachverhalt gewesen sein, daß ein nicht-thematisches und nicht-modulierendes Zwischenstück in einer Formbeschreibung, die von der Differenz zwischen thematischen, nicht-modulierenden Teilen einerseits und nicht-thematischen, modulierenden Partien andererseits ausgeht, keinen Platz findet, obwohl sich kaum leugnen läßt, daß es mindestens so unabhängig ist wie die Überleitung.

Ob die relative Selbständigkeit der Fortsetzung des Seitenthemas und die thematische Prägnanz der Schlußgruppe genügende Gründe sind, um von einem fünfteiligen Modell der Sonatenexposition zu sprechen — einem Modell, das das dreiteilige, aus Hauptthema, Überleitung und Seitenthema bestehende Schema ersetzt oder zumindest eine Alternative zu ihm bildet —, ist schwer zu entscheiden. Die Notwendigkeit, das gewohnte Schema zu ergänzen, ergibt sich zu häufig, als daß von einer bloßen Variante ohne selbständige Geltung die Rede sein könnte. Andererseits begegnen jedoch „Spielepisoden" und thematisch geprägte Schlußgruppen nicht so regelmäßig wie die übrigen Formteile, so daß man zögert, eine Revision des Schemas von Grund auf zu postulieren. Außerdem ist insofern, als das Lehrbuchschema keine Norm mehr darstellt, der Unterschied, ob es sich bei den Modellen, von denen eine Analyse ausgehen kann — dem drei- und dem fünfteiligen —, um gleichberechtigte oder nicht-gleichberechtigte Möglichkeiten handelt, von sekundärer Bedeutung.

Das verwirrendste Problem, mit dem eine Theorie der Exposition, die der Wirklichkeit der Beethoven-Sonaten gerecht werden möchte, sich konfrontiert sieht, bildet weder die Fortsetzung des Seitenthemas noch die Schlußgruppe, sondern das eigentümliche Phänomen eines melodisch prägnanten und manchmal sogar kantablen, aber tonal offenen Formteils zwischen Überleitung und Seitenthema. Von einer bloßen Fortsetzung und Ergänzung, die sich mit der Überleitung zusammenfassen läßt, weil sie deren Funktion verdoppelt, kann nicht die Rede sein. Das Zwischenstück, für das ein Name fehlt, ist vielmehr von der Überleitung deutlich abgehoben und setzt in einigen Sonaten nach vorbereitenden, hinauszögernden Wendungen ein, wie sie für die Situation unmittelbar vor einem Seitenthema charakteristisch sind. Außerdem ist der Begriff der „kantablen Überleitung" — einer Überleitung, die um der Kantabilität willen zumindest zu Beginn eine eigene, wenn auch manchmal entlegene Tonart ausprägt — ein Paradox: ein Widerspruch in sich, der zwar ästhetisch nicht unmöglich, aber so ungewöhnlich ist, daß eine Wiederholung in mehreren Sonaten befremdend wirkt. Andererseits wäre es prekär, von einem ersten Seitenthema zu sprechen, dem dann ein zweites folgt. Denn die primäre Funktion eines Seitenthemas, in harmonischer Geschlossenheit die Dominant- oder Paralleltonart auszuprägen, erfüllt das Zwischenstück gerade nicht.

Die innere Gespaltenheit eines Formteils, der die modulierende Funktion einer Überleitung mit der Kantabilität eines Seitenthemas verbindet, kann als besondere Erscheinungsform eines allgemeineren Prinzips, das zu Beethovens bedeutendsten Formgedanken gehört, verstanden werden. In der Sonatenform des späten 18. Jahrhunderts — in der nicht zum Modell verfestigten ebenso wie in der kodifizierten — sind die Teile der Exposition dadurch charakterisiert, daß formale Funktionen, tonale Strukturen und ästhetische Charaktere gewissermaßen zusammengewachsen sind: Eine Überleitung ist tonal offen und melodisch unspezifisch, ein Seitenthema dagegen tonal geschlossen und kantabel. Beethoven aber tendiert dazu, die Merkmalkomplexe zu zerlegen und die Teilmomente, aus denen sie bestehen, anders als gewöhnlich zusammenzusetzen: Eine Überleitung nimmt kantable Züge an, obwohl sie moduliert, und ein Seitenthema ist zwar, wie man es erwartet, tonal geschlossen, gleicht aber motivisch einer „Spielepisode".

Daß die Abweichungen vom Modell der Sonatenexposition die Kenntnis der Grundform voraussetzen, auf die sie in Gedanken bezogen werden sollen, ist selbstverständlich; und man könnte geradezu behaupten, daß Strukturen, die zur „zweiten Natur" geworden sind, im Sinne der Theorie des russischen Formalismus „artifiziell durchbrochen" werden. Die modifizierte Form, die gewissermaßen eine Form zweiten Grades darstellt, ist in einer Reflexion begründet, die vom verständnisvollen Hörer — den man auch, um eine Formel der Literaturwissenschaft[11] aufzugreifen, den „impliziten Hörer" nennen könnte — nachvollzogen werden soll.

In der Exposition der *A-Dur-Sonate* opus 2,2 stehen sich nach der Überleitung (T. 32), die regulär zur Dominante der Dominante führt, zwei melodische Gedanken gegenüber, deren „Merkmalverteilung" die Entscheidung, welcher von ihnen als das „eigentliche" Seitenthema gelten soll, schwierig macht. Und es ist nicht ausgeschlossen, daß nicht eine der Lösungen, sondern die Ambiguität den intendierten Sinn der formalen Struktur ausmacht. (Ohne das Risiko, daß sie unzulässig „modernisiert", ist eine Interpretation, die nicht im Trivialen stecken bleiben möchte, manchmal kaum möglich.) Der erste Gedanke (T. 59) bildet durch Kantabilität einen Kontrast zum Hauptthema, steht in der Dominantvariante e-moll und kehrt am Schluß zur Ausgangstonart zurück, ist aber im Inneren durch dauerndes Modulieren und Sequenzieren gekennzeichnet. Dagegen ist der zweite Gedanke (T. 84) tonal geschlossen und prägt die reguläre Dominanttonart aus; die Motivik aber ist die einer „Spielepisode". Außerdem folgt dem zweiten Gedanken nach wenigen Takten ein Rückgriff auf die Überleitung (T. 92) in analogem Rhythmus, so daß es nahe liegt, die Takte 84—103 insgesamt als vermittelndes Zwischenstück zwischen Seitenthema und Schlußgruppe aufzufassen. Doch ist es, wie gesagt, wohl nicht wesentlich, Eindeutigkeit herzustellen, sondern die Doppeldeutigkeit — den Austausch von Merkmalen zwischen den Formteilen — als Formidee eigenen Rechts zu begreifen.

Die Exposition der *C-Dur-Sonate* opus 2,3 besteht aus nicht weniger als sechs Teilen, die man in erster Annäherung als Hauptthema, Überleitung (T. 13), kantable Episode (T. 27), Seitenthema (T. 47), Spielepisode (T. 61) und Schlußgruppe (T. 78) bezeichnen kann. Ebenso wie in der *A-Dur-Sonate* steht die kantable Episode in der Dominantvariante und ist, obwohl sie zur Ausgangstonart zurückkehrt, in sich modulatorisch. Anders als in opus 2,2 ist jedoch die unmittelbar folgende Partie keine Spielepisode, sondern ein reguläres, gleichfalls kantables Seitenthema in der Dominanttonart. Lag es bei der *A-Dur-Sonate* nahe, die Kantilene in der Dominantvariante als das „eigentliche" Seitenthema anzusehen, so tendiert man angesichts der *C-Dur-Sonate* bei weitgehend analoger Anlage zur entgegengesetzten Entscheidung. Daß aber die Differenz, aufgrund derer sich die Ambiguität auflösen läßt, geringfügig ist, besagt, daß die Paradoxie der Struktur deren ästhetisch ausschlaggebendes Merkmal darstellt.

Die Exposition der *Es-Dur-Sonate* opus 7 zwingt dazu, von zwei Seitenthemen zu sprechen, denn bereits das erste (T. 41) und nicht erst das zweite (T. 60) steht tonal geschlossen in der Dominanttonart. Allerdings erscheint das zweite insofern als das „eigentliche" Seitenthema, als es kantabel ist, während das erste einen Scherzando-Ton anschlägt. War das Zwischenstück, dessen Benennung schwer fällt, weil Merkmalvertauschungen statt fester Merkmale sein Wesen ausmachen, in opus 2 kantabel, aber modulatorisch, so ist es in opus 7 tonal geschlossen, ohne kantabel zu sein.

In der *D-Dur-Sonate* opus 10,3 besteht die Harmonik der Überleitung (T. 17) nicht in einer Modulation, sondern in einer kaum merklichen Störung der Grundtonart. Erst die Episode (T. 23) moduliert entschieden zur Dominanttonart, widerstrebt aber durch ihre Kantabilität der Kennzeichnung als Überleitung. Formale Funktion und ästhetischer Charakter stehen im Widerspruch zueinander.

In der Exposition der *Pathétique*, der *c-moll-Sonate* opus 13, sind die mittleren Formteile — zwischen der modulierenden und sequenzierenden Überleitung (T. 36) und der zunächst kadenzierenden und dann auf das Hauptthema zurückgreifenden Schlußgruppe (T. 114) — formal doppeldeutig. Die Takte 51—88, die von der Parallelvariante es-moll zur Parallele Es-Dur modulieren, lassen sich als kantable Episode oder als Seitenthema interpretieren; und die Takte 89—113 stehen zwar tonal geschlossen in der Paralleltonart, präsentieren sich aber motivisch als pathetische Form einer

Spielepisode. Man könnte argumentieren, daß die es-moll-Episode, die zwar moduliert, aber wenigstens gegen Schluß die Ausgangstonart noch einmal berührt (T. 76—79), das Seitenthema sei, weil sonst eine Fortsetzung des Seitenthemas, die bei Beethoven zu den festen Formteilen der fünfteiligen Exposition gezählt werden darf, fehlen würde. Es läßt sich jedoch nicht leugnen, daß Argumentationen, die auf formale Eindeutigkeit zielen, ins Labyrinthische geraten, weil die Merkmalvertauschungen einem ästhetischen Konzept gehorchen, das man in der Barockpoetik — die in der Frühromantik noch einmal zu ästhetischen Ehren kam — „schöne Verwirrung" nannte. Der Hörer soll reflektieren, aber mit seinen Reflexionen an einen Punkt gelangen, an dem sich Gründe und Gegengründe gegenseitig aufheben. Daß Beethoven ein Zeitgenosse Jean Pauls war, ist manchmal fühlbar, ohne daß allerdings der Zusammenhang, der nur flüchtig aufblitzt, zu einer ideengeschichtlichen Charakteristik verfestigt werden dürfte.

Introduktion und Coda

Einen Anfang zu setzen, der einen Fortgang aus sich heraustreibt, und ein Ende zu finden, das als Schluß und nicht als Abbruch wirkt, ist in der Musik fast so schwierig wie in einem Drama, in dem eine Vorgeschichte integriert werden muß und die Katastrophe keinen ungelösten Rest zurücklassen soll. Nicht ohne Grund sprach darum Peter Gülke[12] von der Introduktion als einem „Widerspruch im System", und Joseph Kerman[13] betonte, daß in der Theorie der Sonatenform die Coda einen „blinden Fleck" darstelle.

Vergleicht man die Anfänge der *Violoncellosonaten* opus 5,1 und opus 5,2 miteinander, so handelt es sich bei der *F-Dur-Sonate* unmißverständlich um eine langsame Einleitung, während man bei der *g-moll-Sonate* im Zweifel sein kann, ob das Adagio sostenuto ed espressivo eine Introduktion oder ein selbständiger Satz ist. Die Merkmale, die man nennen kann, um die eine und die andere Auffassung zu stützen, halten sich ungefähr im Gleichgewicht. Betrachtet man aber den Satz, weil eine Entscheidung gewaltsam wäre, als Zwischenform oder vermittelnde Form, so tritt gerade in ihm das Strukturproblem einer Introduktion — gleichsam ins Extrem getrieben — mit besonderer Drastik hervor: das Problem einer nicht rhapsodischen, sondern zielgerichteten, also in sich konsistenten Instabilität. Es ist um so prekärer, je länger der Zustand der Vorläufigkeit, den eine Einleitung umschreibt, andauert. Und der quantitative Unterschied zwischen den Anfängen von opus 5,1 und opus 5,2 ist darum zugleich ein qualitativer.

In der *F-Dur-Sonate* wird in der Introduktion, die 34 Takte umfaßt, trotz melodischer Verfestigungen der Eindruck des Vorläufigen unmißverständlich erzielt, und zwar mit metrischen und harmonischen Mitteln, die das Schema einer geschlossenen Syntax durchkreuzen. Sowohl die Takte 1—7 als auch die Takte 7—14 wären regelmäßige Perioden mit komplexer motivischer Substanz, wenn nicht in der ersten Taktgruppe durch die „Takterstickungen" (4) = (1) und (8) = (1) und in der zweiten durch den Trugschluß auf der Moll-Subdominante die syntaktische Norm gestört würde.

Der Harmonieschritt ^{0}S—D^7, der von dem Schlußtakt 14 zu Takt 15 weiterführt und die Zäsur überbrückt, ist auch im weiteren Verlauf grundlegend: Erscheint die Moll-Subdominante zunächst akzentuiert mit eigener Zwischendominante (T. 20—21), so ist sie später bloße Interpolation (T. 28) in einer flächigen Ausbreitung des Dominantseptakkords, die sich über nicht weniger als elf Takte erstreckt. Und die Variabilität in der Darstellung der Moll-Subdominante bildet gewissermaßen eine ästhetische „Bedingung der Möglichkeit" für die Permanenz des Dominantseptakkords, die ihrerseits den Charakter der Vorläufigkeit im wesentlichen hervorbringt.

Ist demnach die Verzögerung des Ziels in der *F-Dur-Sonate* anfangs metrisch und später harmonisch begründet, so beruht sie in der *g-moll-Sonate*, in der die Introduktion 44 Takte in einem noch langsameren Zeitmaß umfaßt, außerdem auf der thematisch-motivischen Struktur. Die erste Taktgruppe ist ein „Satz" von sechs Takten mit Modell (2), tonaler Sequenz (2) und Abspaltung (1+1), die zweite eine von g-moll nach Es-Dur modulierende Sequenz (2+2) und die dritte die Imitation eines viertaktigen melodischen Gedankens im Abstand eines Taktes (T. 11—15). Das am Satzanfang exponierte Motiv erscheint dann als Substanz zunächst einer Kadenz (T. 16—18) und später eines ersten Durchführungsteils (T. 19—27), dem als zweiter eine Verarbeitung der in den Takten 7—10 exponierten kantablen Phrase folgt (T. 28—37): Die Achtelgänge in den Takten 35—37 lassen sich als Diminution der Viertelgänge in den Takten 30—34 auffassen.

Der Satzanfang ist demnach „thematisch"; und die Motivkomplexe, die er exponiert, werden regulär „durchgeführt". Der zweite Gedanke, der zu melodischer Verfestigung tendiert, wird jedoch in eine modulierende Sequenz aufgelöst; und der Durchführung folgt nicht eine Reprise, sondern das Allegro, das Ziel der Introduktion: Der teleologische Zug der Durchführung wird gewissermaßen der Einleitungsfunktion dienstbar gemacht. Als radikale Modifikation der Sonatenform, die allerdings das Grundmuster durchscheinen läßt, erreicht die langsame Einleitung den Charakter des Vorläufigen, der ihrer formalen Funktion entspricht. Andererseits aber ist sie selbständig genug, um als Repräsentant oder Substitut des langsamen Satzes, der ohne sie der Sonate fehlen würde, gelten zu können. Die Sonate ist zugleich zwei- und dreisätzig.

Eine Introduktion, die weniger in sich selbst beruht, als daß sie zum Hauptteil als ihrem Ziel hinführt, legt die Vorstellung nahe, daß sie die Prozessualität der Musik besonders sinnfällig auspräge. Die musikalische Erfahrung aber steht eigentümlich quer zu dieser Erwartung. So wenig eine langsame Introduktion sich — wie manche selbständigen langsamen Sätze — in „reiner Gegenwart" ausbreitet, so wenig ist sie — opus 5,2 ist eine Ausnahme — in dem Sinne zielstrebig, wie es Beethovensche Durchführungen in der Regel sind. Der Eindruck der „Vorläufigkeit" ist unbestreitbar; was aber daraus hervorgehen soll, bleibt einstweilen unbestimmt. Weil einer Introduktion — im Unterschied zu einer Durchführung — der thematische Ausgangspunkt fehlt, fehlt ihr auch das thematische Ziel.

Das Gerüst der Introduktion zum ersten Satz der *Siebten Symphonie* bildet ein zunächst absteigender (T. 1—8 und T. 15—22), später aufsteigender (T. 29—41) chromatischer Baßgang. Dessen Erscheinungsform als Quartgang stellt — als Topos, der Verständlichkeit verbürgt — die Voraussetzung dafür dar, daß die nach funktionalen Kriterien „haltlose" Harmonik in sich konsistent wirkt: Die Baßformel fungiert als Ersatz für funktionale Logik; die geschichtliche Fundierung übernimmt die Rolle der systematischen. Die von A-Dur über D-Dur nach C-Dur abschweifende Harmonik aber bringt — zusammen mit der Unregelmäßigkeit des harmonischen Rhythmus — den Eindruck eines Schwebezustands hervor, in dem eine Richtung der harmonischen und motivischen Veränderungen nicht erkennbar ist.

Die chromatischen Gänge werden unterbrochen durch eine Holzbläser-Episode (T. 23—33 in C-Dur und T. 42—52 in F-Dur), deren formalen Sinn man verkennen würde, wenn man sie als „Thema" apostrophierte, das den Bezugspunkt der Introduktion bildet. Erstens lassen die Tonarten — C-Dur und F-Dur — eine Interpretation als thematisches Zentrum nicht zu. Zweitens wird der Charakter des Vorläufigen, der insgesamt der Introduktion anhaftet, durch die Episode, die trotz einfacher Kadenzharmonik eigentümlich „unbegründet" wirkt, als wäre der Tonika-Dreiklang ein Quartsextakkord, nicht aufgehoben. Und drittens ist die Episode dadurch mit den chromatischen Gängen verbunden, daß der Baß der Episode in die Chromatik gleichsam „hineinwächst".

Der Zustand der Erwartung von Künftigem, den die Episode umschreibt, ist mit der drängenden Prozessualität, die für Beethovensche Durchführungen charakteristisch ist, nicht gleichzusetzen. Stellt die Vorläufigkeit ein gemeinsames Merkmal einer Introduktion und einer Durchführung dar, so ist, wie erwähnt, die Zeitstruktur insofern verschieden, als das Verhältnis zum Thematischen von Grund auf anders ist: Der Rückbezug auf ein Thema und die Zielgerichtetheit auf dasselbe Thema ist das Moment, das eine Durchführung von einer Introduktion unterscheidet.

Die Harmonik ist „vagierend", ohne kompliziert zu sein: Das C-Dur — später das F-Dur — der Episode erscheint nicht als Resultat einer Modulation, die zu der Tonart „hinführt", sondern ergibt sich durch ein Innehalten auf einer der Stufen, die der chromatische Baßgang durchmißt: ein Baßgang, der seinerseits zwar eine geprägte Struktur — mit weit zurückreichender Vorgeschichte — ist, aber nicht Manifestation von Fortgang in dem prononcierten Sinn, den die Kategorie bei Beethoven angenommen hat.

Mit der Introduktion zur *Siebten Symphonie* ist die zur Florestan-Arie insofern vergleichbar, als beiden — ungewöhnlich ausgedehnten — Einleitungen der chromatische Quartgang als tragendes Gerüst zugrunde liegt. Und in der Florestan-Arie ist das Lamento-Motiv sogar in dem Sinne „thematisch", daß es einen Bezugspunkt für Entwicklungen bildet, für Teilungen, Varianten und Augmentationen. Aus dem diatonisch-chromatischen Quartgang (f—e—es—des—c), der zu Beginn im Baß, also sinnfällig und nachdrücklich, exponiert wird (T. 1—8), werden die Halbtöne des—c und f—e als melodische „Seufzermotive" herausgezogen (T. 11—12); Halbtonmotive, die ein dichtes Netz von Beziehungen bilden, durchwirken den ganzen Satz. Allerdings schließen sich erst durch den Rückhalt an dem chromatischen Gang, der gewissermaßen ein gemeinsames Bezugszentrum darstellt, die Halbtonmotive zu einem dichten Konnex zusammen, einem Konnex, den sie von sich aus, als Halbtöne in verschiedenen, nicht voneinander ableitbaren Rhythmisierungen, nicht konstituieren würden.

Der aufsteigende chromatische Gang am Schluß des Rezitativs (T. 49—50): H—c—des—d—es, eine geradezu barocke Ausdrucksfigur des Leidens, ist vor dem Hintergrund der Motiventwicklung, die er abschließt, als zusammengedrängter Quartgang zu verstehen, dessen Verkürzung — technisch gesehen — aus der enharmonischen Umdeutung des zweiten Akkords resultiert.

Die Konstruktion motivischer Beziehungen ist fast immer partiell hypothetisch, und es bleibt dem Gefühl für das Angemessene oder das gerade noch Zulässige — einem spezifisch humanistischen Einschlag in der Methodologie der Geisteswissenschaften — überlassen, „wie weit man", um mit Karl Kraus zu sprechen, „zu weit gehen" mag. Aber es ist immerhin nicht abwegig, von einer Ergänzung der Halbtonmotive, die den Umriß des Quartgangs andeuten (T. 11—12 und T. 34), durch einen weiteren Halbton, ges—f, zu sprechen (T. 6—7, T. 14 und T. 35). Die aus der Ergänzung resultierende verminderte Quinte erscheint dann isoliert als Paukenmotiv (T. 14—16), dessen Rhythmus wiederum auf ein Halbtonmotiv übertragen wird (T. 31—32). (Daß in T. 31—32 eine rhythmische und eine diastematische Struktur verschiedenen Ursprungs miteinander verquickt werden, ist keineswegs ungewöhnlich: Das Poco allegro Takt 44—45 ist eine rhythmische Variante des Synkopenmotivs aus den Takten 21, 23 und 41—42).

Die Orchestermotive des Recitativo accompagnato sind demnach musikalisch nicht aneinandergestückt, sondern zum Teil innerhalb des Rezitativs aufeinander bezogen. Partiell aber ist der Zusammenhang, der zwischen ihnen besteht, nur vor dem Hintergrund und durch Vermittlung der Introduktion erkennbar. Partizipiert demnach die scheinbare Rhapsodik des Rezitativs an dem Netzwerk von Verknüpfungen in der Introduktion, so fällt andererseits vom Rezitativ Licht zurück auf die expressive Bestimmtheit der Introduktion. Nicht, daß sie für sich semantisch vage wäre: Der Lamentobaß ist ebenso eine durch Tradition fest umrissene Ausdrucksfigur wie die Seufzermotive oder die verminderte Quinte des Paukenmotivs, das zusammen mit dem Streichertremolo auch ohne Text eine „Stille" darstellt, die „Grauenvolles" ahnen läßt. Musikalische „Vokabeln" werden jedoch, wie sprachliche, durch den Kontext, in dem sie erscheinen, präzisiert. Und daß Introduktion und Rezitativ zusammen einen Kontext bilden, ist eine der Möglichkeiten, die in der Funktion der langsamen Einleitung liegen.

Das Problem, das in dem Formteil gelöst werden muß, den man inadäquat „Coda" nennt, besteht — grob simplifiziert — in der Ausprägung einer zweiten Durchführung, die jedoch, im Unterschied zur ersten, in sich ein Ziel darstellt, statt zu einem Ziel hinzuführen.

Die Coda des ersten Satzes der *Eroica* kann insofern als zweite Durchführung gelten, als sie ein zusammengezogenes Abbild der ersten ist. Ob allerdings ein Abbild eine analoge oder — gerade als Abbild — eine gegensätzliche Funktion erfüllt, steht nicht a priori fest.

Der Anfang der Coda, die Versetzung des Hauptthemas von Es-Dur nach Des-Dur und C-Dur, ist ein Analogon zur Modulation der Durchführung von c-moll über cis-moll nach d-moll. (Allerdings ist die Rückung in der Coda eher eine bloße „Ausweichung": Des-Dur erweist sich — innerhalb überschaubarer Grenzen — als f-moll: VI und f-moll wiederum als Es-Dur: II.) Das neue, die Exposition ergänzende Thema der Durchführung erscheint bei seiner Aufstellung in e-moll und es-moll, in der Coda dagegen in f-moll und es-moll, also enger mit Es-Dur verbunden; in der Durchführung wechselt es mit Entwicklungen des Hauptthemas ab, steht also im Kontext einer „thematischen Abhandlung", in der Coda dagegen erscheint es, wie in einer Reprise, isoliert für sich. Die Rückleitung weicht in der Coda dadurch von der Durchführung ab, daß sie zwar die Baßmotivik, aber nicht die Fragmentierung des Hauptthemas in den Oberstimmen übernimmt. Und das Hauptthema präsentiert sich in der Coda in anderer Gestalt und in bloßen Wiederholungen statt der Sequenzierungen der Durchführung.

Nicht Entwicklung des Hauptthemas, sondern der Abbau von Entwicklung — als Abbau erkennbar wegen der Strukturanalogie von Durchführung und Coda, die bei der Coda unwillkürlich an die Durchführung denken läßt — ist demnach charakteristisch für die Coda. Die Rückung des Hauptthemas, die harmonische Darstellung des neuen Themas der Durchführung, die Rückleitung und die letzte Präsentation des Hauptthemas sind sämtlich in der Coda harmonisch und motivisch undifferenzierter. Der Abbau ist jedoch die Kehrseite einer Überbietung, und erst beide Momente zusammen, das zum Schluß führende und das steigernde, machen das Wesen der Coda aus. So wenig man von der letzten Variante, in der das Hauptthema erscheint, sagen kann, daß sie die „eigentliche" Gestalt des Themas sei — in Analogie zu einem Entwicklungsroman, dessen Held am Ende die Vollkommenheit erreicht, zu der er fähig ist —, so unleugbar handelt es sich um eine Steigerung, und zwar nicht trotz, sondern wegen der Vereinfachung, die als Monumentalisierung wirkt. Versteht man aber den Satzschluß zugleich und ineins als Reduktion und als Monumentalisierung, so wird begreiflich, warum er in paradoxer Verschränkung die Funktionen einer Coda — die der Überbietung der Durchführung und die des Abschlusses der Reprise — zu erfüllen vermag.

Zurückliegendes aufzugreifen und es monumentalisierend zu vereinfachen, ist eine besonders plausible Lösung des Problems, dem Fortgang der Zeit gerecht zu werden, indem man ihn durch Veränderungen der musikalischen Substanz „auskomponiert", andererseits aber den Rückgriff nicht als Anstoß zu weiterer Entwicklung — wie in der Durchführung —, sondern als einen Modus begründeten Schließens fühlbar zu machen: eines Schließens, das die Zielstrebigkeit des Verlaufs in einem „Blick zurück" zu Ruhe kommen läßt.

Die Coda des ersten Satzes der *Fünften Symphonie* entspricht in den Grundzügen der Coda der *Eroica*, die als Prototyp einer „zweiten Durchführung" gilt. Wiederum ist die Reduktion unverkennbar: Die Harmonik — ohnehin auf die Stufen von c-moll beschränkt, so daß die tonale Einheit in keinem Augenblick gefährdet ist — wird im Verlauf der Coda immer ärmer und schrumpft zuletzt zu einem geradezu obsessiv repetierten Wechsel zwischen Dominante und Tonika. Und das Motiv der Takte 6—9 wird am Schluß der Coda in der Tonika wiederholt, statt in der Dominante „beantwortet" zu werden. Zwar wird die Motiventwicklung der Durchführung in der Coda gewissermaßen fortgesetzt: Die letzte Variante des Hauptmotivs in der Durchführung — die Terzen des Hauptthemas erscheinen im Rhythmus der Quinten des Seitenthemas — bildet in der Coda den Ausgangspunkt einer motivischen Evolution. Deren wesentliches Moment — und „wesentlich" heißt funktional ausschlaggebend — ist jedoch nicht das diastematische, sondern das rhythmische: Die halben Noten des Seitenthemas werden zu Viertelnoten diminuiert, wobei es nicht auf die melodische Substanz der Diminution, sondern auf die Viertelnoten als solche ankommt, denn die Bewegung in gleichmäßigen Vierteln über eine längere Strecke bildet die Voraussetzung und Kontrastfolie dafür, daß die modifizierte — nicht wie in der *Eroica* durch Variantenbildung ins Triumphale gewendete — Wiederkehr des „Mottos" (im Fortissimo) als eine letzte Steigerung oder Übersteigerung zu wirken vermag.

Betont man das motivische (melodische) Moment, so ist der Anschluß an die Durchführung, also der Charakter einer „zweiten Durchführung", ausschlaggebend; läßt man dagegen das rhythmische Moment hervortreten, so erweist sich dessen Funktion, einen Hintergrund für die Monumentalisierung des „Mottos" zu bilden, ohne den die letzte Steigerung eine bloße Repetition bliebe, als wesentliche Eigentümlichkeit, die dem Formsinn einer Coda entspricht.

In Sätzen, deren Schema nicht das des Sonatenallegros ist, kann die Coda eine der Funktionen übernehmen, die in der Sonatenform die Durchführung erfüllt: die Funktion, zwischen gegensätzlichen Themen von innen heraus Beziehungen herzustellen. Sofern die Vermittlung zwischen Divergierendem den Charakter eines Resultats hat, ist es durchaus logisch, sie in einem Teil herbeizuführen, der das Ziel eines Formprozesses darstellt: ein Ziel, für das dann allerdings der Name „Coda" inadäquat ist.

Die „Coda" (17 Takte) des langsamen Satzes der *Es-Dur-Klaviersonate* opus 7 (Largo, con gran espressione) scheint im Verhältnis zu der dreiteiligen „Liedform" A¹ B A² (26+26+23 Takte), die sie abschließt, disproportional lang zu sein. Die ungewöhnliche Ausdehnung ist jedoch eine zwingende Konsequenz der formalen Funktion, die sie erfüllt: der Funktion, zwischen dem Hauptteil und dem kontrastierenden — oder abweichenden — Mittelteil eine „Synthese" herzustellen, die von weither vorbereitet ist.

Die „Coda" schließt mit einem chromatischen Baßgang, der sich in nachdrücklicher Dehnung über drei Takte erstreckt. Und die Chromatik, die am Ende offen — gleichsam als Sentenz — hervortritt, bildet im A- wie im B-Teil das „Motiv der Veränderung": das satztechnische Moment, durch das Themen bei ihrer Wiederholung oder Wiederkehr modifiziert werden.

Der Anfang des A-Teils (T. 1—2) erscheint in den Takten 15—24 in einer „Prolongation" (Heinrich Schenker), die aus dem aufsteigenden Halbton (H—c) des Basses in Takt 2 „herauswächst", und zwar in Gestalt einer chromatischen Formel, cis—d—e—f—fis—g, die zunächst einer den Satzanfang entwickelnden (T. 17—19) und dann einer schroff abweichenden Motivbildung (T. 21—23) als gemeinsames Merkmal zugrunde liegt.

Aus der chromatischen Formel, die zunächst nur „lokale" Bedeutung zu haben scheint, werden Konsequenzen gezogen, die sich über den ganzen Satz erstrecken: Sie bildet, und zwar untransponiert, in der „Coda" das Gerüst einer Variante der Thematik des B-Teils (T. 76—78).

Der Übertragung vom A- auf den B-Teil geht im B-Teil selbst gleichsam eine „Vorgeschichte" voraus: Das Thema des Mittelteils enthält einen Halbtonschritt (T. 27: a—b), aus dem sich bei der transponierten Wiederholung des Themas durch Sequenzierung ein chromatischer Terzgang entwickelt (T. 35—36: d—es—e—f). Die chromatische Formel, cis—d—e—f—fis—g, wird also nicht nur vom A- auf den B-Teil übertragen, sondern ist zugleich letzte Stufe einer Entwicklung des B-Teils selbst.

Mit der chromatischen Angleichung der Formteile in der „Coda" ist andererseits eine motivische verbunden. Das Motiv des B-Teils weicht in Takt 76 durch einen Terzsprung von der Grundform in Takt 27 ab:

Der gleiche Terzsprung erscheint drei Takte später — ebenfalls als Modifikation — in einem Motiv (T. 79—80), das unverkennbar die Stelle des Hauptthemen-Anfangs einnimmt:

Die Vermittlung zwischen dem A- und dem B-Teil durch die chromatische Formel in Takt 76 bildet demnach das Korrelat einer motivischen Annäherung. Und man übertreibt nicht, wenn man behauptet, daß sich in Takt 76 die Formidee des Satzes gewissermaßen in einer „Sinnfigur" zusammenzieht, als deren Auflösung sie lesbar wird. Die „Coda", die zu Unrecht so heißt, erweist sich als „Synthese".

Form als Transformation[14]

Der Streit über „visuelle" und „auditive" Methoden der musikalischen Analyse ist im wesentlichen als Auseinandersetzung über die Wahrnehmbarkeit von Motivzusammenhängen, die von Analytikern aus Notentexten herausgelesen wurden, geführt worden. Ein Ende der Kontroverse ist nicht absehbar, denn erstens steht nicht fest, wessen Wahrnehmung als Instanz der Wahrnehmbarkeit gelten soll, zweitens sind auch abstruse Konstruktionen auditiv lernbar, und drittens sollte nicht prinzipiell ausgeschlossen werden, daß ein durch Notenlektüre ergänztes Hören ein ästhetisch legitimer Zugang zu manchen Formen von Musik ist.

Der Disput über Wahrnehmbarkeit — der durch die Verquickung mit Problemen der Rezeption Neuer Musik eine Schärfe erhielt, wie sie für Auseinandersetzungen im Grenzbereich zwischen Wissenschaft und Ideologie charakteristisch ist — hat die Frage nach der Struktur des als Vorgang und Vollzug begriffenen musikalischen Hörens in den Hintergrund gedrängt. Daß musikalische Form einen Prozeß darstellt, ist ein Gemeinplatz, den niemand leugnet. Es scheint aber, als seien einige Konsequenzen, die aus dem Prozeßcharakter resultieren, in der Theorie und Praxis der Analyse nicht gezogen worden, weil man sich Musik als Verlauf vorstellte, der auf ein Ergebnis, die vollendete Anschauung des Werkes, zielt. Was im Notentext räumlich vorgezeichnet ist, erwächst aus der zeitlichen Erstreckung der musikalischen Aufführung gleichsam zu einer „zweiten Räumlichkeit": Die musikalische Phantasie erfaßt das tönende Ganze, nachdem es sukzessiv auseinandergelegt worden ist, in einer Art imaginärer Simultaneität, in der die Musik als Form zu sich selbst kommt.

So wenig aber die imaginäre Simultaneität und deren ästhetische Bedeutung in der musikalischen „Werkkultur" der Neuzeit geleugnet werden sollen, so fragwürdig erscheint andererseits die Unterscheidung zwischen Prozeß und Ergebnis. Man verkennt die Struktur der musikalischen Wahrnehmung, wenn man sie ausschließlich als Weg zu einem Ziel auffaßt. Der Vorgang selbst ist vielmehr — paradox ausgedrückt — das Resultat. Als sich verändernder Gegenstand ist Musik streng genommen überhaupt kein Gegenstand. Und sie fordert einen Hörer, der sie als Sinnzusammenhang aktiv nachvollzieht, statt sie nur als akustischen Film an sich vorüberziehen zu lassen, geradezu heraus, sich seine Tätigkeit und die Bedingungen, unter denen sie stattfindet, bewußt zu machen, sich also reflexiv vom „Objekt" zu dem Vorgang der Konstituierung von Musik zurückzuwenden.

Der Versuch, einige Konsequenzen anzudeuten, die für die analytische Methode aus der Preisgabe des „teleologischen Vorurteils" erwachsen, beschränkt sich auf eine phänomenologische Skizze, ohne daß entschieden werden müßte, ob die Beschreibung für sich bestehen kann oder nur als heuristischer Entwurf, der experimentalpsychologisch zu erproben wäre, von Belang ist. Der Einwand, die geschilderten Reaktionen seien die eines einzigen Hörers, läßt sich vielleicht durch den Hinweis beschwichtigen, daß nicht die Einzelheiten der Analyse, die individuell gefärbt sein mögen, sondern die Grundstrukturen, die innerhalb bestimmter historischer, ethnisch-regionaler und sozialer Traditionsgrenzen feststehen dürften, entscheidend sind.

Die Exposition der Grundtonart C-Dur zu Beginn von Beethovens opus 53, der *Waldstein-Sonate*, gleicht weniger einer Behauptung als einer Hypothese. Die unwillkürliche Annahme, daß in Takt 1 der C-Dur-Akkord die Tonika darstelle, wird in den Takten 2—4 von einer Kadenz durchkreuzt, in der C-Dur Subdominantfunktion in G-Dur erfüllt. Die G-

Dur-Kadenz, scheinbar fest umrissen, gerät jedoch dadurch ins Zwielicht, daß ihr in den Takten 5—8 abrupt und unvermittelt eine F-Dur/moll-Kadenz entgegengesetzt wird. Ein Hörer, der von der Erfahrung ausgeht, daß er am Anfang eines Sonatensatzes tonale Geschlossenheit und nicht „wandernde Tonalität" erwarten darf, kann allerdings aus dem Nebeneinander von G-Dur und F-Dur ein C-Dur als Bezugszentrum erschließen. Daß das antizipierbare C-Dur in den Takten 9—13 zu c-moll getrübt erscheint, ist in dem chromatischen Quartgang c—h—b—a—as—g vorgezeichnet, einem Quartgang, dessen tragende Bedeutung für den inneren Zusammenhalt der Takte 1—13 um so nachdrücklicher hervorgehoben werden muß, als er im Adagio der Sonate, nach F-Dur versetzt, wiederkehrt (T. 1—6). Der Schlußton g des Quartgangs ist prononciert genug, um sich noch in Takt 12 als latenter Grundton zu behaupten und den gebrochenen c-moll-Akkord als Quartsextakkord erscheinen zu lassen, der sich in Takt 13 in den Dominantklang auflöst. Erst in Takt 14 ist C-Dur erreicht, ein C-Dur aber, das analog zu Takt 1 vorläufig bleibt und zur Subdominante von G-Dur umgedeutet wird, ohne daß andererseits die Differenz, daß die Tonika in Takt 14 Ziel und Resultat einer Kadenz ist, während sie in Takt 1 bloße Setzung und Hypothese war, durch die Umdeutung ausgelöscht würde. Die Tonika in Takt 14 ist dieselbe wie in Takt 1 und doch eine andere.

Die Beschreibung genügt, so skizzenhaft sie ist, um begreiflich zu machen, daß es nicht ausreicht, auf die Frage nach der harmonisch-tonalen Bedeutung des Anfangs der *Waldstein-Sonate* lediglich mit der einfachen Formel (S D) D (S D) S D T zu antworten. Nicht, daß die Chiffrierung falsch wäre; aber sie spiegelt strenggenommen nur einen einzigen Augenblick der musikalischen Erfahrung, nämlich die Situation in Takt 14, die einen zusammenfassenden Rückblick auf die Konstituierung der Grundtonart erlaubt. Die Stationen, die von der musikalischen Wahrnehmung durchlaufen wurden, sind jedoch auf dem Standpunkt, der in Takt 14 erreicht ist, keineswegs ausgelöscht; nichts berechtigt zu dem Vorurteil, daß die verschiedenen Aspekte, unter denen das anfängliche C-Dur in den Perspektiven von Takt 1, Takt 3 und Takt 14 erscheint, zugunsten einer einzigen — „endgültigen" und „eigentlichen" — Bedeutung nivelliert werden dürfen. Mit anderen Worten: Der Satzanfang dokumentiert seinen harmonisch-tonalen Sinn nicht in der skizzierten Kadenzformel, sondern in dem gesamten Verlauf von Annahmen, Verwerfungen, Umdeutungen und Durchkreuzungen, den das musikalische Bewußtsein durchmessen hat. Die Bedeutung ist keine feste Gegebenheit, zu welcher der Hörer über Hindernisse hinweg

vordringt; sie liegt vielmehr in der musikalischen Wahrnehmung als einer
— durch das tönende Objekt herausgeforderten — Tätigkeit beschlossen: in
der Dialektik von Behauptungen und Zurücknahmen, Entgegensetzungen
und Vermittlungen. Entscheidend ist an der harmonischen Struktur des
Hauptthemas der *Waldstein-Sonate* weniger das Ziel, die Etablierung der
Grundtonart durch eine geschlossene Kadenz, als die Aktion, zu der sich
der Hörer gedrängt fühlt, wenn er in dem Satzanfang den tonalen Zusammenhang zu entdecken versucht, den er auf Grund der Gattungstradition
voraussetzt. Das in Takt 14 erreichte — und sogleich wieder relativierte —
Resultat, das die Formel (S D) D (S D) S D T ausdrückt, ist ein Teilmoment
des Vorgangs — der ständigen Transformation —, nicht der Vorgang ein Vehikel des Resultats.

Daß ein musikalisches Gebilde kein Behälter ist, dem eine fertige Bedeu-
tung entnommen werden kann, daß es vielmehr eine Herausforderung zu
einer Tätigkeit darstellt, deren gesamter — manchmal verschlungener —
Verlauf die Bedeutung des Werkes ausmacht, leuchtet bei der *Waldstein-
Sonate*, deren harmonisch-tonale Struktur darauf zielt, den Hörer in einen
dialektischen Prozeß hineinzuziehen, vermutlich eher ein als bei einfachen
Formen, deren Sinn von Anfang an festzustehen scheint. Von Moritz
Hauptmann ist jedoch bereits 1853 in *Die Natur der Harmonik und der
Metrik*[15] gezeigt worden, daß sogar die Kadenz I—IV—I—V—I einen Transformationsvorgang einschließt (der allerdings bei der eingeschliffenen Formel latent bleibt): I ist zunächst — für sich genommen — Tonika, dann relative Dominante zu IV und Subdominante zu V, um schließlich — durch
einen Umschlag des „Dominant-Seins" in ein „Dominant-Haben" — als
Tonika (mit subordinierter IV und V) restituiert zu werden. Daß der
harmonisch-tonale Sinn eines Satzes oder einer Periode in keinem Augenblick zweifelhaft erscheint, mag vorkommen, bleibt aber ein Grenzfall, der
nicht dazu berechtigt, von einem Paradigma zu sprechen, also von dem
Modell fertig gegebener Bedeutungen auszugehen, zu denen sich der Hörer
lediglich einen Zugang zu bahnen braucht. Vielmehr ist der Weg selbst das
Ziel: der Weg als Gesamtheit der Stationen, die das musikalische Bewußtsein durchläuft und auf denen sich das jeweils Frühere in immer wieder anderem Lichte zeigt.

Andererseits soll nicht geleugnet werden, daß der Transformations- und
Prozeßcharakter musikalischer Strukturen — also auch die Notwendigkeit,
statt des Objekts, das Bedeutung „hat", das Subjekt, das Bedeutung „konstituiert", zu akzentuieren — in verschiedenen Graden von Deutlichkeit her-

vortritt. Und zweifellos gehört es zur Besonderheit der Werke aus Beethovens „mittlerer Periode", daß sich musikalische Form emphatisch als Entstehungsvorgang und nicht als „ruhendes" — zeitlich zwar entfaltetes, aber nicht hervorgebrachtes — Sein präsentiert.

Daß Beethovens Formkonzeption seit opus 31 die Entdeckung von Transformationsprozessen im musikalischen Bewußtsein — in der das akustische Substrat kategorial formenden Wahrnehmung — erleichtert, besagt jedoch nicht, daß die Einsicht in die Struktur des Hörens in ihrem Geltungsbereich auf Beethovens Werke beschränkt bleiben müsse. Hat man sich die Akzentverlagerung vom „Ergon" auf die „Energeia", wie Wilhelm von Humboldt sagen würde, erst einmal als musikalische Vorstellungsweise zu eigen gemacht, so erkennt man, daß eine von Anfang an feststehende Bedeutung ein bloßer Grenzfall der Transformation ist, nicht etwa umgekehrt die Transformation ein Umweg des subjektiven Bewußtseins zu einer objektiv feststehenden Bedeutung.

Die thematische Struktur des ersten Satzes aus Beethovens *d-moll-Sonate* opus 31,2 ist seit Jahrzehnten Gegenstand einer Kontroverse, die unabschließbar erscheint, solange man die Widersprüche, die zwischen Motivik, Syntax und Harmonik bestehen, durch eine gewaltsame Unterscheidung zwischen „essentiellen" und „akzidentellen" Merkmalen, also durch einseitige Akzentuierung des einen oder des anderen Moments zu unterdrücken versucht, statt sie als Vehikel einer Dialektik zu begreifen, durch die sich in der musikalischen Vorstellung die Form des Satzes als Transformationsvorgang konstituiert.

Der Anfang der Sonate ist motivisch locker gefügt und sowohl harmonisch als auch syntaktisch „offen", so daß er zunächst als Introduktion, nicht als Exposition eines Themas erscheint. Der Formteil, der in Takt 21 einsetzt, zeichnet sich einerseits durch festeren melodischen Umriß und regelmäßigere Syntax aus und erhält andererseits dadurch einen Akzent, daß Takt 21 als Ziel und Resultat einer zur verzögerten Tonika tendierenden harmonischen Entwicklung wirkt. (In den Takten 3—4 ist die Tonika vorläufig und ungefestigt.) Allerdings beginnt in Takt 31 ein Modulationsprozeß, der zur Dominanttonart führt, so daß nach tonalen Kriterien die Takte 21—40 eine Überleitung darstellen.

Die motivische Abhängigkeit der Takte 21—22 von 1—2 ist doppeldeutig: Es bleibt offen, ob Takt 1 eine Antizipation des Themas in Takt 21 oder umgekehrt Takt 21 eine sekundäre Variante von Takt 1 ist, ob also Takt 1 als Introduktion oder Takt 21 als — tonal den Übergang zur Dominante vermittelnder — Entwicklungsteil aufgefaßt werden muß. Und eine einseitige Entscheidung wäre der Formidee des Werkes inadäquat. Die Erfahrung, daß Takt 1 zunächst als präludierende Einleitung ohne thematische Bedeutung, später — im Rückblick von Takt 21 — als Antizipation des Themas und schließlich sogar — nachdem sich gezeigt hat, daß die Takte 21—40 ein modulierender Entwicklungsteil sind — als Exposition des Themas erscheint, sollte nicht als irritierende Ungewißheit empfunden werden, der man durch mangelhaft begründete Hypothesen über das „eigentlich Gemeinte" zu entkommen trachtet, sondern als Zugang zur Einsicht in eine paradoxe Struktur, die gerade in ihrer Widersprüchlichkeit den Kunstcharakter der Form ausmacht. Die Takte 1—2 „sind" nicht entweder Präludium oder Antizipation oder Exposition des Themas, sondern erfüllen die Funktion, eine Tätigkeit herauszufordern und einen dialektischen Prozeß auszulösen, in dem die früheren Bedeutungen gleichberechtigt neben den späteren bestehen bleiben. Ein Hörer, der sich adäquat verhält, dringt nicht etwa allmählich und über Hindernisse hinweg zu der Erkenntnis vor, daß die unscheinbare Dreiklangsbrechung, die er zunächst als Introduktion verkannte, in Wahrheit bereits das Thema war, sondern durchläuft einen Transformationsprozeß, in dem die Bestimmungen „Präludium", „Antizipation" und „Exposition" sich gleichsam übereinanderschichten, ohne daß die eine durch die andere verdrängt würde.

Man könnte einwenden, daß der Prozeßcharakter der Form — der sich in opus 31,2 daran zeigt, daß die Dreiklangsbrechung in Takt 1 „noch nicht" und in Takt 21 „nicht mehr" Exposition des Themas ist — eine Besonderheit einiger Werke von Beethoven darstelle, aus der sich keine allgemeine Behauptung über die Struktur von Musik, wie sie sich in der Wahrnehmung konstituiert, ableiten lasse. Das Argument greift jedoch zu kurz. Auch in Werken, in denen sich die Funktionen der Teile unmißverständlich manifestieren, erschöpft sich die formale Bedeutung nicht in dem abgeschlossenen Sinn, wie er dem Hörer am Ende des Wahrnehmungsprozesses in einer imaginären Gleichzeitigkeit der sukzessiven Vorgänge gegenwärtig ist. Nicht allein die letzte Gestalt, zu der sich die Ereignisse zusammenfügen, sondern auch die Gesamtheit der vorläufigen Strukturen — der vermuteten, widerrufenen, sich ergänzenden oder durchkreuzenden Ordnungen — macht den Formsinn eines Werkes aus.

Die Tatsache, daß musikalische Form in dem Prozeß besteht, in dem sie sich konstituiert, und nicht nur in dem Resultat, das sich am Ende zeigt, wird zwar in Werken wie der *d-moll-Sonate*, in denen von einem Vorrang später erkannter gegenüber früher angenommenen formalen Funktionen schwerlich die Rede sein kann, besonders offenkundig. Aber auch dort, wo die verschiedenen Perspektiven, unter denen ein Formteil erscheint, nicht gleichberechtigt sind, sondern eine Hierarchie bilden, darf keine von ihnen gänzlich unterdrückt werden, wenn nicht der Kunstcharakter, der sich im Wechsel der Gesichtspunkte dokumentiert, einer Logik, die sich an Schemata klammert, geopfert werden soll. So wenig sich dichterische Rede in der Information erschöpft, die bei genügend prosaischer Gesinnung aus ihr abstrahiert werden kann, so wenig geht musikalische Form in der Eindeutigkeit auf, die sie schließlich erreicht oder zu erreichen scheint. Die „eigentliche" Bedeutung, die sich am Ende zeigt, ist vielmehr — paradox ausgedrückt — lediglich Bestandteil eines über sie hinausgreifenden Gesamtsinns, der die „uneigentlichen", vom Bewußtsein zurückgelassenen, aber nicht vergessenen Bedeutungen mit einschließt. Der Weg, nicht dessen Ende, ist das Ziel.

Die skizzierte Analysemethode vertauscht die gewohnte Frage, worin der harmonische oder syntaktische Sinn einer musikalischen Phrase bestehe, mit der ungewohnten, wie er sich im Bewußtsein eines Hörers konstituiere. Untersucht wird nicht, was Musik „ist", sondern was sie „bewirkt". Doch handelt es sich, so überraschend das Verfahren sein mag, genau genommen um nichts anderes, als daß aus einer unleugbaren Tatsache — der Tatsache, daß in das Verständnis eines Ganzen die sukzessive Auffassung der Teile eingeht — einige naheliegende Konsequenzen gezogen werden. Natürlich muß man den Hörvorgang in der rekonstruierenden Vorstellung verlangsamen und in Stücke zerlegen, um Ereignisse, die sonst unbemerkt bleiben, der Analyse zugänglich zu machen. Und sofern es nur in der Imagination, aber kaum in einem handgreiflichen psychologischen Experiment möglich ist, das Zeitmaß zu dehnen und dennoch die Tempoqualität, die zum musikalischen Charakter eines Werkes gehört, im Gedächtnis festzuhalten, dürfte es mühsam, wenn nicht sogar ausgeschlossen sein, aus dem phänomenologischen Entwurf eine praktikable Versuchsanordnung abzuleiten. Die technischen Schwierigkeiten, die einer experimentellen Erprobung entgegenstehen, sollten jedoch nicht den Argwohn herausfordern, daß die Phänomene, die sich bei einer Introspektion in gedehntem Zeitmaß zeigen, bloße Fiktionen seien.

Der Mittelteil des Largo e mesto aus Beethovens *D-Dur-Sonate* opus 10,3 — ein Satz, der den „Seelenzustand eines Melancholischen" schildert — beginnt mit einem Cantabile in F-Dur, das als flüchtiger Augenblick von Versöhnung und Erhebung aus bedrückter Stimmung erscheint.

Man kann die 5 Takte (30—34) zur groben Orientierung in 2 1/2 + 2 1/2 gliedern. Die metrische Beziehung zwischen den Teilen ist jedoch widerspruchsvoll: Der Vordersatz erstreckt sich von einer zweiten zu einer ersten, der Nachsatz dagegen von einer ersten zu einer ersten Takthälfte, wenn man annimmt, daß die Analogie der Motivendungen in den Takten 32 und 34 stärker ist als die — in einem metrischen „Trägheitsgesetz" begründete — Tendenz, um der „Quadratur" willen die zweite Hälfte von Takt 34 als Appendix zum Nachsatz zu zählen, statt sie als Einschub zwischen den Perioden aufzufassen.

Der wirkliche Hörvorgang, wie er sich der rekonstruierenden Introspektion erschließt, ist allerdings verwickelter, als die vorgreifende Festsetzung bestimmter metrischer Funktionen erkennen läßt. Die erste Hälfte von Takt 30 erscheint anfangs als Bestandteil des Metrums (und durch das Fehlen eines Harmoniewechsels bleibt in Takt 31 ein metrischer Schwebezustand erhalten). Erst später, am Ende des Vordersatzes in Takt 32, zeigt sich, daß der Beginn von Takt 30 aus der „Quadratur" herausfällt, also metrisch „exterritorial" ist. Umgekehrt wird die zweite Hälfte von Takt 32, analog zur ersten von Takt 30, zunächst als Einschub aufgefaßt. Die Motivendung in Takt 34 aber erweist sich als Entsprechung zu Takt 32, so daß der motivische Inhalt im Nachsatz gleichsam zusammengedrängt erscheint; und wenn trotzdem die „Quadratur" gewahrt bleiben soll, muß die zweite

Hälfte von Takt 32 nachträglich als Analogon zur zweiten, nicht zur ersten Hälfte von Takt 30, also als Bestandteil des Metrums statt als exterritorialer Einschub, aufgefaßt werden. (Die Analyse beruht auf einer Prämisse, die nicht ohne Weitschweifigkeit explizit begründet werden könnte: auf der Voraussetzung, daß die Analogie der Motivendungen stärker ist als die Tendenz zur „Quadratur", daß sich aber die Tendenz zur „Quadratur" in den metrisch indifferenten melodielosen Halbtakten durchsetzt.) Durch die sekundäre Bedeutung der Takte 30 und 32 wird die primäre nicht verdrängt, sondern überlagert. Metrische Eindeutigkeit lag offenkundig nicht in Beethovens Absicht. Vielmehr dient die Methode, Unsicherheit hervorzurufen, als Mittel, um der Kantilene einen schwebenden Charakter zu verleihen.

Wer von der Frage ausgeht, was eine Formulierung im Hörer „bewirkt", also die Intention des Komponisten nicht „hinter" dem Text als verborgene Gegebenheit sucht, sondern aus Reaktionen erschließt, heftet sich, um in der Terminologie der Transformationsgrammatik zu reden, an die „Oberflächenstruktur" musikalischer Sätze. Er zielt nicht — oder jedenfalls nicht ausschließlich — auf die Rekonstruktion einer „Tiefenstruktur" als der „eigentlichen" Bedeutung, die sich in den sukzessiv im musikalischen Bewußtsein konstituierten „Oberflächenstrukturen" nur „uneigentlich", in getrübter und verzerrter Gestalt manifestiert, sondern läßt sich gerade umgekehrt von der Erwartung leiten, daß der Hörvorgang, der sich an den „Oberflächenstrukturen" entlangtastet, einen Reichtum an Sinn erschließt, der durch den Rekurs auf eine einzige — wie ein Kern in einer Schale verborgene — Bedeutung geschmälert würde. Der Sinn besteht in den Umwegen, die zu seiner Entdeckung führen.

Anmerkungen

1 R. Réti: *The Thematic Process in Music*, London [3]1961.
2 J. Handschin: *Der Toncharakter*, Zürich 1948, S. 388ff.
3 A. Schmitz: *Beethovens „Zwei Prinzipe"*, Berlin/Bonn 1923.
4 F. Ritzel: *Die Entwicklung der „Sonatenform" im musiktheoretischen Schrifttum des 18. und 19. Jahrhunderts*, Wiesbaden 1968.
5 L. Ratner: *Harmonic Aspects of Classic Form*, in: Journal of the American Musicological Society 2 (1949), S. 159—168.
6 J. P. Larsen: *Sonatenform-Probleme*, in: *Festschrift Friedrich Blume*, Kassel 1963, S. 221—230.
7 A. B. Marx: *Die Lehre von der musikalischen Komposition*, Band III, Leipzig [3]1857, S. 281f.
8 A. Halm: *Von zwei Kulturen der Musik*, Stuttgart [3]1947.

9 H. Riemann: *Große Kompositionslehre*, Band I, Leipzig 1902, S. 426f.

10 H. Engel: *Die Entwicklung des deutschen Klavierkonzertes von Mozart bis Liszt*, Leipzig 1927, S. 124.

11 W. Iser: *Der implizite Leser*, München 1972.

12 P. Gülke: *Introduktion als Widerspruch im System*, in: Deutsches Jahrbuch der Musikwissenschaft für 1969, Leipzig 1970, S. 5—40.

13 J. Kerman: *Notes on Beethoven's Codas*, in: *Beethoven Studies 3*, hrsg. von A. Tyson, Cambridge 1982, S. 141—159.

14 Dieses Kapitel wurde zuerst unter dem Titel *Musikalische Form als Transformation. Bemerkungen zur Beethoven-Interpretation* im *Beethoven-Jahrbuch* veröffentlicht. Nachdruck mit freundlicher Genehmigung.

15 M. Hauptmann: *Die Natur der Harmonik und der Metrik*, Leipzig [2]1873.

VI. Thema und Charakter

Der doppelte Themabegriff des 18. Jahrhunderts

Die musikalische Formenlehre, deren Anfänge ins 18. Jahrhundert zurückreichen, war in der Terminologie, die sie benutzte, einerseits von der Affektenlehre und andererseits von der Rhetorik abhängig. Der Gebrauch eines scheinbar eindeutigen Wortes wie „Thema", das zu den zentralen Begriffen der nach Selbständigkeit strebenden Instrumentalmusik gehört, bleibt unverständlich, solange man nicht berücksichtigt, daß es sich, mit wechselnder Akzentuierung, sowohl um eine ästhetische als auch um eine kompositionstechnische Kategorie handelt. Terminologische Eindeutigkeit erzwingen zu wollen, wäre inadäquat; denn gerade in der Zwiespältigkeit des Begriffs steckt eine Problematik, deren Rekonstruktion einen Zugang zum musikalischen Formdenken der Epoche erschließt.

Heinrich Christoph Koch definierte 1802 im *Musikalischen Lexikon* den Terminus zunächst ästhetisch: „Hauptsatz oder Thema, ist derjenige melodische Satz eines Tonstückes, der den Hauptcharakter desselben bezeichnet, oder die in demselben auszudrückende Empfindung in einem faßlichen Bilde oder Abdrucke darstellt." Die inhaltliche Bestimmung des Themabegriffs, die auf die Affektenlehre zurückgreift, ergänzt Koch jedoch durch eine formale, die sich an die Rhetorik anlehnt: „So wie bei einer Rede der Hauptgedanke, oder das Thema den wesentlichen Inhalt derselben angibt, und den Stoff zu der Entwickelung von Haupt- und Nebenideen enthalten muß, eben so verhält sichs in der Musik, in Absicht der durch den Hauptsatz möglichen Modifikation einer Empfindung, und so wie ein Redner von seinem Hauptsatz in Nebensätze, Gegensätze, Zergliederungen u. s. w. übergeht, wie er sich rhetorischer Figuren bedient, die alle die Bekräftigung seines Hauptsatzes bezwecken, eben so wird der Tonsetzer in der Behandlung eines Hauptsatzes verfahren."[1] Unter einem „Thema" versteht also Koch nicht allein eine Prägung, die den Ausgangspunkt einer Entwicklung bildet, sondern auch den durch sie in Töne gefaßten Affekt oder Charakter. Die musikalische Formulierung und das, was sie ausdrückt, werden in denselben Begriff gepreßt, der ebenso den „Stoff" der musikalischen Darstellung einschließt wie dessen tönende „Form".

Das ästhetische Postulat der Einheit des Affekts oder Charakters und das kompositionstechnische Prinzip der Monothematik erscheinen bei Koch, wie in der Formenlehre des 18. Jahrhunderts insgesamt, als zwei Seiten derselben Sache. Die Einheit des Themas, verstanden als Einheit der Empfindung, wurde allerdings in einer Epoche, deren dominierende ästhetische Maxime der Gemeinplatz von der Einheit in der Mannigfaltigkeit oder der Mannigfaltigkeit in der Einheit war, keineswegs rigoros interpretiert. Daß ein bestimmter Affekt oder Charakter, der beim Namen genannt werden kann, geschildert werden sollte, schloß Nebengedanken, die ihn modifizierten, und sogar Gegensätze, von denen er sich effektvoll abhob, nicht aus: Ein überwundener Kontrast — die „Confutatio" der Rhetorik — beeinträchtigte nicht die einheitliche Wirkung, sondern steigerte sie. Ob man der Analyse einer musikalischen Form das Prinzip der Monothematik oder das der Themendialektik zugrunde legt, hängt demnach nicht allein von kompositionstechnischen Sachverhalten, die sich vom Notentext ablesen lassen, sondern auch von ästhetischen Gesichtspunkten ab, die aus literarischen Zeugnissen der Epoche rekonstruiert werden müssen: In manchen Werken kann ein Seitenthema nach kompositionstechnischen Kriterien entweder als Kontrast, der eine dualistische Formkonzeption verrät, oder aber als bloßer Nebengedanke interpretiert werden, der als Folie des Hauptgedankens dient, und die Instanz für eine ästhetische Entscheidung muß außerhalb des Notentextes gesucht werden.

In der zweiten *Kurfürsten-Sonate* (f-moll, WoO 47) sind die drei Sätze durch motivische Assoziationen verbunden, deren Sinn es ist, eine Einheit des Charakters zu suggerieren, die das ganze Werk umfaßt. Der Anfang des Andante stammt aus dem Seitenthema des Allegro assai (T. 20—21), und der Grundgedanke des Presto, der in Moll als Haupt- und in Dur als Seitenthema erscheint, erinnert an eine Phrase aus dem Hauptthema des ersten Satzes (T. 13). Die Tendenz zur Monothematik, die insgesamt herrscht, legt es nahe, auch die beiden Themen des Allegro assai, obwohl sie an der Oberfläche kontrastieren, als Varianten aufeinander zu beziehen.

Die rhythmische Analogie ist unverkennbar; diastematisch aber besteht nicht der geringste Zusammenhang. Berücksichtigt man jedoch, daß die einseitige Hervorhebung des Diastematischen, die Hans Mersmanns Terminus „Substanzverwandtschaft" ausdrückt, ein Vorurteil des 20. Jahrhunderts ist und daß Theoretiker des 18. Jahrhunderts wie Koch gerade umgekehrt rhythmische Übereinstimmungen als ausschlaggebend empfanden, so dürfte es angemessen sein, von einer Ähnlichkeit der Themen zu sprechen, die durch die Unterschiede lediglich schattiert wird.

Sofern sich der Ausdruck „Thema" primär auf den Affekt oder Charakter und nicht auf die tönende Formulierung bezieht, kann es prinzipiell offen gelassen werden, in welchen Parametern des Tonsatzes sich die postulierte Einheit des „Themas" musikalisch manifestiert. Nicht nur fest umrissene melodische Gestalten, an die man bei dem Terminus zunächst denkt, sondern auch wiederkehrende rhythmische und harmonische Merkmale, die nicht in ein bestimmtes melodisches Gebilde integriert sind, können „thematisch" sein und den inneren Zusammenhalt eines Satzes begründen. Unter dem Stichwort „Leidenschaft, Affect" beschreibt Koch melodische, harmonische, rhythmische und metrische Mittel, „wodurch das Material der Tonkunst, oder die in einen gewissen Zusammenhang gebrachten Töne, zum Ausdrucke so verschiedener Leidenschaften fähig werden".[2] Die einzelnen Affekte oder Charaktere — die Begriffe wurden um die Jahrhundertmitte synonym verwendet, gegen Ende des Jahrhunderts aber von Christian Gottfried Körner in einen Gegensatz zueinander gebracht — fordern nicht nur verschiedene Darstellungsmittel, sondern darüber hinaus Darstellungsmittel verschiedener Art, die auch in ihren formalen Funktionen voneinander abweichen. Daß sich manche Empfindungen am angemessensten durch Melodien oder Motivkomplexe ausdrücken lassen, schließt nicht aus, daß andere sich eher in einer Konfiguration von Tonsatzmomenten wie Chromatik, Dissonanzen und Synkopen manifestieren; der innere Zusammenhang, der zwischen den Teilen eines Satzes besteht, kann demnach in „entwickelnder Variation" von Melodieteilen oder Motiven, aber auch in der Wiederkehr und Abwandlung von harmonischen und rhythmischen Merkmalen bestehen, die unter der Voraussetzung, daß ein Affekt oder Charakter das „eigentliche" Thema bildet, in gleichem Maße, wenn auch in anderer Weise „thematisch" sind wie ein melodisches Gebilde.

Die erste *Kurfürsten-Sonate* (Es-Dur, WoO 47) ist noch konsequenter monothematisch als die zweite. Das Seitenthema des Allegro cantabile (T. 11) greift ein Partikel des Hauptthemas wörtlich auf (T. 3). Wesentlicher als die Technik des Zitats, die vereinzelt bleibt, ist jedoch die der rhythmischen Analogie. Sie durchdringt den ganzen ersten Satz und stiftet darüber hinaus Zusammenhänge mit dem Andante, dessen Teile sämtlich durch ein rhythmisches Muster, das aus dem ersten Satz stammt, miteinander verknüpft sind. So wenig also von einer Wiederkehr konkreter, melodisch-rhythmisch geprägter Themen die Rede sein kann, so entschieden bestimmt ein abstrakter, von der Melodik losgelöster Rhythmus — den man ohne Zögern „thematisch" nennen darf, weil er den Charakter der Sätze, deren „ästhetisches Thema" ausdrückt — sowohl das Allegro cantabile als auch das Andante. Daß das rhythmische Muster zu den konstitutiven Merkmalen der Themen gehört, könnte ein Grund sein, seine sämtlichen Erscheinungsformen als Resultate von thematisch-motivischer Arbeit zu erklären. Es liegt jedoch näher, von einem abstrakten Rhythmus auszugehen, der unter anderem auch in die Themen bestimmend eingreift.

Im gleichen Maße, wie man am Begriff des „Themas" weniger die melodische Gestalt als den in eine musikalische Formulierung gefaßten Charakter hervorhob, wuchs die Möglichkeit, die postulierte Einheit des Themas noch dort zu entdecken, wo die melodischen Teile eines Satzes zwar an der Oberfläche heterogen erscheinen, aber von innen heraus durch wiederkehrende Strukturmerkmale zusammengehalten werden, in denen sich ein bestimmter, benennbarer Charakter ausdrückt. Und angesichts ungezählter Werke des späten 18. Jahrhunderts, die mit dem Prinzip der melodisch ausgeprägten Monothematik ebensowenig adäquat zu erfassen sind wie mit dem Gedanken der Themendialektik, bildet das Verfahren, von einer Einheit des Charakters auszugehen, die in wiederkehrenden Strukturmerkmalen statt in einer melodisch fest umrissenen Themengestalt zutage tritt, einen analytischen Ansatz, der Berücksichtigung verdient.

Formale und ästhetische Thematik

Die Bestimmung des Ausdruckscharakters einzelner Themen und Motive ist im allgemeinen — wenn man Varianten der Formulierung zugesteht — nicht allzu prekär, jedenfalls nicht in höherem Maße als die Beschreibung syntaktischer und formaler Strukturen. (Einen Grad von Intersubjektivität zu erwarten, den auch Formanalysen nicht erreichen, wäre ungerechtfertigt.) Die Schwierigkeiten häufen sich erst, wenn man versucht, aus der Maxime vom Vorrang der Gesamtstruktur gegenüber den Teilmomenten Konsequenzen zu ziehen, also nicht allein die einzelnen Themen und Motive, sondern auch deren Konfigurationen und Entwicklungen bei der Deutung von Ausdruckscharakteren zu berücksichtigen. (Daß ein Thema „inhaltlich" bestimmt, die Entwicklung dagegen „bloß formal" sei, ist eine Implikation ungezählter Analysen, deren stillschweigende Geltung nicht darüber hinwegtäuschen sollte, daß sie absurd ist.) Da der Terminus „Thema" im späten 18. und noch im 19. Jahrhundert ein Doppelbegriff war, der sowohl den „Inhalt" — den Affekt oder Charakter — eines Satzes als auch die tönende Formulierung des „Inhalts" in einem melodischen Anfangsgedanken bezeichnete, liegt es nahe, zwischen den Entwicklungen von Inhalt und Form eine einfache Entsprechung anzunehmen, also in der motivischen Arbeit mit dem „formalen Thema" das Korrelat einer wachsenden Differenzierung des „ästhetischen Themas" zu sehen.

Das ästhetische Thema des Largo e mesto aus der *D-Dur-Klaviersonate* opus 10,3 ist — unabhängig von der Fragwürdigkeit des Schindlerschen Zeugnisses über einen Ausspruch Beethovens — der „Seelenzustand eines Melancholischen". Die musikalischen Merkmale — die Molltonart, das langsame Zeitmaß, die Chromatik in Motiven und in satztechnischen Gerüsten, die harten Dissonanzen und die Seufzermotivik — sprechen eine so deutliche Sprache, daß unter den Voraussetzungen der Zeit um 1800 der expressive Gehalt des Satzes unmißverständlich war. Der Zusammenhang zwischen ästhetischer und formaler Struktur, auf den es ankommt, wird jedoch erst sichtbar, wenn man erkennt, daß die eine wie die andere irregulär ist und daß die Unregelmäßigkeiten zu den Prämissen der spezifischen, für den Satz charakteristischen Vermittlung zwischen ästhetischen und formalen Momenten gehören.

Exposition (T. 1—29) und Reprise (T. 44—64) prägen den Umriß der Sonatenform aus (Hauptthema T. 1—9, Überleitung T. 10—17, Seitenthema in der Molldominante T. 17—26, Schlußgruppe mit Rückgriffen auf die Überleitung T. 26—29). Das Seitenthema ist, nach dem Prinzip der „kontrastierenden Ableitung" (die manchmal zur „differierenden Ableitung" gemildert ist), eine Variante und Fortspinnung von Takt 3 des Hauptthemas:

Der Ausdruckscharakter des Seitenthemas ist auch ohne die formale Ableitung unmißverständlich; doch wird er durch den Zusammenhang mit dem Hauptthema differenziert, ohne daß es sinnvoll wäre, für die Wirkung der rhythmischen und harmonischen Abweichungen nach beschreibenden Worten zu suchen.

Der Mittelteil hat partiell Durchführungscharakter (T. 35—43: Sequenzierung eines zweitaktigen Modells mit progressiver Abspaltung von Teilmotiven), ist aber mit der thematischen Substanz der Exposition nur vage assoziativ verbunden: Das Durchführungsmodell erinnert entfernt (als verminderter Septakkord im Fortissimo mit einem Seufzermotiv als Auflösung der Septime) an die Fortsetzung des Seitenthemas (T. 23—24).

Die Kantilene zu Beginn des Mittelteils schlägt einen elegischen Ton an; anders formuliert: Der elegische Ton verlangt ein Cantabile, um dessentwillen die Durchführungstechnik einstweilen ferngehalten werden muß. Andererseits steigert sich in der Partie in Durchführungstechnik die Melancholie zur Verzweiflung oder Zerknirschung. Der Gedanke, den „Seelenzustand eines Melancholischen" in extremen Modifikationen zu zeigen — ihn einerseits zur Wehmut zu dämpfen und andererseits zur Verzweiflung zu forcieren —, prägt also dem Mittelteil bestimmte formale Merkmale auf: die „quadratische" Syntax des Cantabile und die entsprechend der rhetorischen Tradition als Steigerung gemeinte Sequenzstruktur des Durchführungsmodells.

Reprise und Coda enthalten einige von der Exposition abweichende Merkmale, die sich — wenn man sie in ihrer Gesamtheit betrachtet — als Modifikation der Melancholie zum „saturnischen Temperament", wie es seit dem 15. Jahrhundert beschrieben wurde, interpretieren lassen. Die Imitation zwischen Oberstimme und Baß, die in Verbindung mit Chromatik und harten Dissonanzen die Art von musikalischem Tiefsinn darstellt, wie sie Bach zugeschrieben wurde (T. 46—47), die Entwicklung des Hauptmotivs aus Takt 1 über einem chromatisch rückläufigen, also gewissermaßen meditativ in sich kreisenden Baß (T. 49—52: g—ges—f—fis—g), der chromatische Oktavgang des Basses (T. 68—72), der kein Ende zu finden scheint, das Motiv es—d—cis (T. 81), das nachträglich das Durchführungsmodell des Mittelteils in die Expositionsthematik integriert — sämtliche Abweichungen von der Exposition drücken eine grüblerische Intellektualität aus, wie sie das Wesen der „melancolia illa heroica" (Marsilio Ficino) im Unterschied zum gewöhnlichen Trübsinn ausmacht.

Wesentlich ist, daß es sich um ungewöhnliche Eingriffe in die Satzstruktur handelt, nicht um Merkmale, die zu den Requisiten der Variantenbildung in einer Reprise gehören; und die strukturellen Irregularitäten bilden das technische Korrelat einer ästhetischen Transformation, die sich als Umdeutung der gefühlvollen Melancholie, an die man um 1800 zunächst dachte, zum „saturnischen Temperament" bestimmen läßt. Wenn es zutrifft, daß die Melancholie, die das ästhetische Thema des Satzes bildet, in dessen zweiter Hälfte Züge des „saturnischen Temperaments" annimmt, die zu Beginn noch latent blieben, so handelt es sich um einen „inhaltlichen" Vorgang, der mit dem Formprozeß — als „Umschlagen der Form in Inhalt und des Inhalts in Form" (Hegel) — aufs engste verbunden ist, und zwar gerade mit solchen Strukturmomenten, die im überlieferten Schema der Sonatenform nicht vorgezeichnet waren. Die „inhaltliche" Entwicklung, die der Satz darstellt, ist ebenso spezifisch wie die formale, mit der sie durch Wechselwirkung verbunden ist.

Daß man die Grundstimmung eines Satzes wie des Largo e mesto durch einen sprachlichen Ausdruck bezeichnen kann, sollte — abgesehen davon, daß es sich keineswegs immer so verhält und daß die begriffliche Fixierbarkeit bei Beethoven eher eine Ausnahme als die Regel bildet — nicht dazu verleiten, die Kennzeichnung oder Umschreibung des Gehalts für die „eigentliche", auf einen Begriff gebrachte Bedeutung der Musik zu halten, also den sprachlichen Annäherungsversuch des Hermeneutikers mit der „Wesensform" zu verwechseln, die der tönenden „Erscheinungsform" zugrunde liegt. Daß man so leicht bereit ist, im sprachlichen Ausdruck, der nichts als eine Metapher ist, das „Wesen" einer musikalischen Form ausgedrückt zu finden, muß offenbar dem ästhetischen — wenn das Wort erlaubt ist — „Vulgär-Platonismus" zur Last gelegt werden, der dazu tendiert, bloße Paraphrasen, die um eine Sache „herumgelegt" werden, als Ideen zu interpretieren, die „hinter" den konkreten Phänomenen stehen und sich durch sie hindurch manifestieren.

Wird im Largo e mesto die Melancholie einerseits in extremen Modifikationen gezeigt — Wehmut und Verzweiflung bilden den konstitutiven Kontrast des Mittelteils —, und wird sie andererseits aus ihrer der gewöhnlichen Erfahrung näherliegenden Erscheinungsform der Depression in die esoterische des „saturnischen Temperaments" transformiert, so entzieht sich die daraus resultierende Konfiguration einer einfachen „Aussage" über den ästhetischen Sinn des Satzes. Versucht man, die sprachliche Bestimmung weiterzutreiben und zu differenzieren, so ist es irgendwann unvermeidlich, statt der ästhetischen die kompositionstechnische Beschreibungssprache zu betonen. Sagt man etwa, in der Reprise (T. 46) erhalte die Melancholie gegenüber der Exposition (T. 3) einen Zug von grüblerischer Intellektualität, so ist impliziert, daß sich mit einem technischen Merkmalkomplex — dem dissonierend-chromatischen imitatorischen Kontrapunkt — die Assoziation des Tiefsinnigen und darüber hinaus die Erinnerung an Bach verbinden. Daß das technische Moment und dessen Vorgeschichte vom reflektierenden Verstand erfaßt werden, wird zur Bedingung der Verständlichkeit des Ausdruckscharakters.

Die Konfiguration von depressiver Melancholie und „saturnischem Temperament", die dem Satz zugrunde liegt, wäre allerdings mißverstanden, wenn man sie als „Entwicklung" vom einen Charakter zum anderen auffassen würde. Es handelt sich eher darum, daß — wie in einem Drama, das kein Thesen- oder Tendenzstück ist — verschiedene Charaktere, Ideen und „Positionen" in Relation zueinander gebracht werden, ohne daß eine von ihnen beanspruchen dürfte, die „Quintessenz" zu sein.

Die Dialektik eines Dramas bleibt im Grunde, obwohl sie ein zielgerichteter Prozeß ist, unaufgelöst. Mit anderen Worten: Die Struktur eines Dramas ist zugleich und ineins teleologisch und paradox: Die Handlung strebt dem Ende entgegen, hinterläßt aber die Intuition eines Schwebezustands von Ideen, Charakteren und „Positionen", die sich gegenseitig relativieren. Der Schwebezustand realisiert sich durch den dramatischen Prozeß hindurch; und umgekehrt zeigt sich der Sinn der Handlung nicht an deren Ende, sondern in der widerspruchsvollen Gesamtheit der Stadien, die sie durchläuft.

In der Doppelheit von Teleologie und Paradoxie ist analog das „dramatische" Wesen von Beethovens Instrumentalwerken begründet. Es ist darum unmöglich, die Konfiguration der Charaktere, die gegeneinander gesetzt werden, vollständig in einen zusammenfassenden sprachlichen Ausdruck zu pressen (und sei er noch so genau schattiert). Selbstverständlich kann es von Nutzen sein, Formulierungen wachsenden Differenzierungsgrades zu erproben — solange man sich der Tatsache bewußt bleibt, daß es sich um bloße Gerüste handelt, mit denen man den „Inhalt" des Werkes umstellt, und daß man sie nicht mit dem verwechseln darf, was das Werk von sich aus „sagt". Betrachtet man im Largo e mesto das Verhältnis zwischen „inhaltlichen" und formalen Momenten unter dem Gesichtspunkt der Kohärenz des Werkes, so scheint im Mittelteil das „inhaltliche" Moment — die Differenzierung der Grundstimmung in konträre und durch den Kontrast miteinander verbundene Ausdruckscharaktere — zu dominieren, im

Schlußteil dagegen das formale Moment, von dem das „inhaltliche" abhängt: der kompositionstechnische Tiefsinn als Substanz einer Darstellung des „saturnischen Temperaments". Nicht die wechselnde Akzentuierung des einen oder anderen Moments ist jedoch entscheidend, sondern die durchgängige Wechselwirkung. Isoliert für sich wäre die formale Kohärenz ebenso lückenhaft wie die „inhaltliche".

Ästhetische Logik

Der Ausdruck „ästhetische Logik" scheint in sich widersprüchlich zu sein, denn das Ziel der Disziplin, die Alexander Baumgarten 1750 unter dem Namen „Ästhetik" begründete, bestand gerade darin, der Logik der Begriffsverknüpfung die sinnliche Anschauung als gleichberechtigte Erkenntnisweise gegenüberzustellen. Der Eindruck aber, daß zwischen den ästhetischen Charakteren, die in einem Sonatensatz aufeinander folgen, ein innerer Zusammenhang besteht, der zwingend wirkt, legt es nahe, von verborgener Logik zu reden, denn die Alternative, zur Erklärung der deutlich empfundenen inneren Zusammengehörigkeit äußerlich divergierender Themen ein Programm zu entwerfen oder eine Geschichte zu erzählen, ist wenig überzeugend, obwohl sie von Beethovens Zeitgenossen nicht selten ergriffen wurde.

Daß Christian Gottfried Körner unter „Ethos" oder „Charakter" die Eigenschaft verstand, die den inneren Zusammenhalt eines ganzen Satzes verbürgt, führt insofern in eine terminologische Verlegenheit, als man auch die Eigentümlichkeit einzelner Themen kaum anders als mit dem Ausdruck „Charakter" bezeichnen kann. Der Charakter des Satzes und der des Themas fallen beim sogenannten Charakterstück, zu dessen Wesen die Monothematik gehört, zusammen. Einem Sonatensatz aber liegt in der Regel eine Mehrzahl thematischer Charaktere — das also, was Hölderlin „Wechsel der Töne" nannte — zugrunde, und in der Mannigfaltigkeit die von Körner postulierte Einheit des Gesamtcharakters zu entdecken, ist nicht selten schwierig oder sogar unmöglich.

Eine Lösung zeichnet sich ab, wenn man die Vorstellung, daß thematische Charaktere und deren Gruppierungen strikt individuell und unwiederholbar seien, als Übertreibung erkennt. So wenig sich Beethovens Themen auf Typen reduzieren lassen — die Reduktion würde den geschichtlichen Prozeß, der von der Typenvariation des Barock zum individuellen

Thema der Klassik führte, in der Theorie rückgängig machen —, so unverkennbar ist es andererseits, daß die ästhetische Substanz der Themen in der Differenzierung von Charakteren besteht, deren Anzahl begrenzt ist. Von Modellen zu sprechen, die der Prägung und der Aufeinanderfolge der ästhetischen Charaktere in Beethovens Sonatensätzen zugrunde liegen, bedeutet also keine Gewaltsamkeit gegenüber der Individualität der Werke, die deren Kunstcharakter ausmacht.

In der *D-Dur-Sonate* opus 10,3 präsentiert sich das Hauptthema des ersten Satzes mit dem energischen Zugriff, der — nicht zu Unrecht — als charakteristisch für Beethovensche Sonatenanfänge gilt. Die „Überleitung" (T. 23) — die keine ist, weil sie zwar moduliert, aber ein Gegenthema in h-moll ausprägt — ist eine Kantilene, das Seitenthema (T. 54) hat, überraschend genug, Scherzando-Charakter, und die Schlußgruppe schlägt einem hymnischen Ton an (T. 106). Von einem Themendualismus, wie ihn die Sonatentheorie postuliert, kann also nicht die Rede sein. Jedes der vier Themen bildet zu jedem anderen einen Kontrast, ohne daß sich ein essentieller von einem akzidentellen unterscheiden ließe.

Andererseits ist die Aufeinanderfolge der ästhetischen Charaktere keineswegs willkürlich, und von einer „Sonata quasi una Fantasia" zu sprechen, wäre eine Übertreibung. Die Gruppierung der Themencharaktere — der „Wechsel der Töne" — muß vielmehr von den Hörern des 18. Jahrhunderts als unmittelbar einleuchtend empfunden worden sein, denn dasselbe Modell, das Schema Marcato—Cantabile—Scherzando, liegt auch der Disposition der Sätze innerhalb des Sonatenzyklus zugrunde. (Aus der Analogie der Themen- und der Satzcharaktere zog Franz Liszt ein halbes Jahrhundert später die Konsequenz der „double function form", der Mehrsätzigkeit in der Einsätzigkeit.)

Den „Wechsel der Töne" ästhetisch zu begründen, ohne ins Spekulative zu geraten, ist schwierig, und es scheint, daß die Zeitgenossen, obwohl die ästhetische Reflexion zu den intellektuellen Leidenschaften der Epoche gehörte, dem Problem ausgewichen sind. Immerhin läßt die prekäre, von den Norddeutschen zunächst als störend empfundene Einfügung des Menuetts in den Sonatenzyklus — einen Zyklus, dessen ursprüngliches Schema Allegro—Adagio—Allegro unmittelbar einleuchtet und einer Interpolation eigentlich widerstrebt — erkennen, daß die Ergänzung des Kontrasts zwischen Allegro und Adagio durch ein Scherzando als durchaus stimmig empfunden wurde. (Zu erwähnen wäre auch, daß das Schluß-Allegro des dreisätzigen Zyklus nicht selten einen Scherzando-Ton anschlug.)

Ästhetische Charaktere bilden ein Korrelat zu formalen Funktionen. Das Cantabile erscheint gewöhnlich als Seitenthema, das Scherzando als Schlußgruppe, die zu thematischer Verselbständigung tendiert. In der D-Dur-Sonate aber sind die Zusammenhänge zwischen ästhetischen Charakteren und formalen Funktionen gewissermaßen um eine Phase gegeneinander verschoben: Nicht Seitenthema und Schlußgruppe, sondern „Überleitung" und Seitenthema präsentieren sich als Cantabile und Scherzando. Die ästhetische Evidenz, die dem „Wechsel der Töne" anhaftet, wird dadurch nicht berührt. Die formale Irregularität ist vielmehr tonal begründet: Die „Überleitung" prägt, obwohl sie im weiteren Verlauf moduliert, zunächst eine eigene Tonart, die Tonikaparallele, aus. Und daß den ästhetischen Charakteren, die der Exposition zugrunde liegen, wechselnde Tonarten entsprechen, deren Konfiguration kaum weniger einleuchtend ist als die Dichotomie von Tonika und Dominante, läßt das Prinzip des Themendualismus fast in Vergessenheit geraten, obwohl es natürlich die — im Hintergrund des Formbewußtseins wirksame — Norm darstellt, auf die sich die Disposition der D-Dur-Sonate als Ausnahme bezieht.

Mit der Unregelmäßigkeit des Grundrisses und der „Phasenverschiebung" zwischen ästhetischen Charakteren und formalen Funktionen hängt eine Irregularität in der syntaktischen Struktur der Themen eng zusammen. Das Hauptthema ist eine in sich geschlossene Periode mit wiederholtem Nachsatz, das Seitenthema dagegen (T. 54) ein „Satz", dessen Ende insofern offen bleibt, als die Wiederholung nach fünf Takten abbricht. Geht man davon aus, daß in der Regel gerade umgekehrt das Hauptthema die offene Form des „Satzes" und das Seitenthema die geschlossene der Periode ausprägt, weil das Hauptthema, aber nicht das Seitenthema dazu tendiert, eine motivische Entwicklung aus sich herauszutreiben, so ist es nicht abwegig, die Erklärung der ungewöhnlichen Syntax in der formalen Irregularität, daß sich die „Überleitung" als Kantilene präsentiert, zu suchen. Die periodische Form des Hauptthemas entspricht einer „Überleitung", deren Kantabilität besagt, daß auf die motivische Entwicklung, die als Fortsetzung eines syntaktisch offenen Hauptthemas naheläge, verzichtet wurde. Die Evolutionspartie wird aber gewissermaßen nachgeholt, und zwar als Fortsetzung des Seitenthemas (T. 67). In der Tatsache, daß dem Seitenthema eine motivische Entwicklung folgt, liegt die Rechtfertigung der syntaktischen Struktur des „Satzes", die bei einem Seitenthema ungewöhnlich ist. Das Motiv der Evolution stammt allerdings aus dem Haupt- und nicht aus dem Seitenthema. Eine Erklärung aber ist nicht schwierig: Einerseits kann man argumentieren, daß nicht die motivische Abhängigkeit der Entwicklungspartie vom „Satz", sondern — ähnlich wie beim spätbarocken Fortspinnungstypus — die abstrakte syntaktische Struktur als solche und unabhängig vom Material, die bloße Aufeinanderfolge von „Satz" und Entwicklungspartie, ausschlaggebend sei. Andererseits ist es möglich, den Anfang des Seitenthemas dadurch, daß man den Auftakt als Paraphrase des Tones a' interpretiert, als Variante auf ein Motiv des Hauptthemas zu beziehen.

Die Erklärung ist trotz des schwachen Rückhalts an den Noten nicht widersinnig, denn die „kontrastierende Ableitung", die dadurch als Beziehung zwischen den Themen zutage tritt, gehört zu den grundlegenden Prinzipien Beethovenscher Themendialektik. Außerdem kann die Tatsache, daß dem Seitenthema eine Verarbeitung von Partikeln des Hauptthemas folgt, als Bestätigung des inneren Zusammenhangs zwischen Haupt- und Seitenthema aufgefaßt werden.

Ästhetische Charaktere, formale Funktionen, syntaktische Strukturen und motivische Zusammenhänge erweisen sich demnach als Teilmomente eines verwickelten Netzwerks von Beziehungen, in dem man — um eine zentrale, von weither tradierte, allerdings schwer greifbare ästhetische Kategorie des 18. Jahrhunderts zu gebrauchen — die „innere Form" des Satzes sehen kann. Irregularitäten sind bei Beethoven nicht bloße Abweichungen von der Norm, sondern Ausgangspunkte für die Herausbildung eines in sich zusammenhängenden Ganzen, das an Geschlossenheit und innerer Logik die schematische Form eher übertrifft, als daß es hinter ihr zurückbleibt.

Rhythmus und „Klangfuß"

Die Termini „Affekt" und „Charakter" wurden um die Mitte des 18. Jahrhunderts, bei Mattheson, Marpurg und Quantz, synonym gebraucht, obwohl der Begriff des „Charakters", der außer dem Gefühlsausdruck auch programmatische Momente und sogar die Tonmalerei einschloß, eigentlich die umfassendere Kategorie war.

Im Gegenzug zur terminologischen Tradition, die daneben bestehen blieb, brachte Christian Gottfried Körner — dessen Musikästhetik die einzige ist, die man als philosophischen Widerpart der Wiener Klassik auffassen kann — Affekt und Charakter in Gegensatz zueinander. In der Abhandlung *Über Charakterdarstellung in der Musik*, die er 1795 in Schillers Zeitschrift *Die Horen* publizierte, erscheint der Charakter als das Feste, Dauernde und von innen heraus Begründete, der Affekt dagegen als das Schwankende und durch äußere Umstände Motivierte: „Wir unterscheiden in dem, was wir Seele nennen, etwas Beharrliches und etwas Vorübergehendes, das Gemüth und die Gemüthsbewegungen, den Charakter — Ethos — und leidenschaftlichen Zustand — Pathos —. Ist es gleichgültig, welchen von beiden der Musiker darzustellen sucht?"[3]

So schwierig es sein mag, in Beethovens Werken Pathos und Ethos triftig zu unterscheiden, so unmißverständlich ist das Problem, das Körner lösen wollte: ein Problem, das 1794 von Schiller in den *Briefen über die ästhetische Erziehung des Menschen* aufgeworfen worden war. Schiller sah in der affizierenden, auf Sinne und Gefühl wirkenden Macht der Musik, die er offenbar nicht weniger heftig als seine empfindsamen Zeitgenossen an sich erfuhr, eine Gefährdung der inneren Freiheit des Menschen, die seine Würde ausmacht. Daß Musik, wie Enthusiasten ihr nachrühmten, zu „fesseln" vermag, war für Schiller ein Grund zu moralischem Argwohn. Sinnliche und affektive Wirkungen müssen, um ästhetisch und nicht bloß pathologisch zu sein, mit sittlichen einhergehen. Und Körner glaubte, mit der Erkenntnis, daß dem Pathos in der Musik ein Ethos gegenüberstehe, das sich nachweisen und nicht nur postulieren lasse, Schillers Zweifel am ästhetischen Wesen musikalischer Wirkungen beheben zu können.

Bei dem Versuch, die musikalische Charakterdarstellung genauer zu bestimmen, verstrickte sich Körner allerdings in einen Widerspruch, der insofern, als er kein zufälliger Irrtum des Interpreten ist, sondern eine Problematik hervortreten läßt, die in der Sache selbst liegt, eine Erörterung verdient.

Einerseits beschreibt Körner das Ethos als Prinzip der Einheit in einer Mannigfaltigkeit „leidenschaftlicher Zustände", verquickt also die tragende Antithese seiner Theorie mit der ästhetischen Grundformel der Epoche, einer Formel, deren Verschleiß zum Gemeinplatz den Blick für ihre ursprüngliche Bedeutung nicht verstellen sollte. „Wenn es der Musik nicht an deutlichen Zeichen fehlt, um einen bestimmten Zustand zu versinnlichen, so ist ihr dadurch auch die Möglichkeit der Charakterdarstellung gegeben. Was wir Charakter nennen, können wir überhaupt weder in der wirklichen Welt, noch in irgendeinem Kunstwerke unmittelbar wahrnehmen, sondern nur aus demjenigen folgern, was in den Merkmalen einzelner Zustände enthalten ist."[4] Der Charakter, wie ihn Körner versteht oder konstruiert, ist nicht an greifbaren musikalischen Eigenschaften eines Satzes erkennbar, sondern soll aus den wechselnden Affekten — deren Ausdrucksmittel durch Tradition verfestigt und darum, anders als die des Charakters, unmittelbar erfaßbar sind — als gleichsam im Hintergrund wirksames, die „leidenschaftlichen Zustände" aufeinander beziehendes Einheitsmoment erschlossen werden.

Die Affekte, die im ersten Satz der *Pathétique* opus 13 miteinander abwechseln, sind unmißverständlich, und man braucht, um sie sich gleichsam vor Augen zu stellen, nicht der Versuchung nachzugeben, sie in Worte zu fassen, sich also der „Häresie der Paraphrase" schuldig zu machen. Und ebenso steht der Gesamtcharakter, den der Titel des Werkes andeutet, eigentlich auch ohne Kommentar fest, wie denn überhaupt die Überschriften, die Beethoven manchen Werken oder Sätzen gab — *Sinfonia eroica, Pastorale, Quartetto serioso, La malinconia* —, seltsam konventionell sind, so daß es naheliegt, den Schluß zu ziehen, die ästhetische Bedeutung der Werke ohne Titel sei nicht etwa, wie Schindler meinte, verschwiegen worden, sondern habe sich vielmehr als zu kompliziert erwiesen, um durch Worte ausgedrückt werden zu können. Ein deutlicher Gesamtcharakter, wie ihn Körner postulierte, wäre demnach eher eine Ausnahme als die Regel.

Ist nach Körner der Charakter eine nicht unmittelbar gegebene, sondern aus der Konfiguration der Affekte zu erschließende innere Einheit, so versuchte Körner andererseits — und darin besteht der Riß, der seine Theorie durchzieht — das Ethos eines Satzes in dessen musikalischem Material dingfest zu machen, also die indirekte Darstellung, die er zunächst für die einzig mögliche hielt, mit einer unmittelbaren zu vertauschen oder durch sie zu ergänzen. „In der Bewegung des Klanges bemerken wir theils die Unterschiede der Dauer, theils die Unterschiede der Beschaffenheit." (Mit „Beschaffenheit" meint Körner die Tonhöhe und die Klangfarbe.) „Jene" — die Unterschiede der Dauer — „sind für die Charakterdarstellung die wichtigsten. Das Regelmäßige in der Abwechselung von Tonlängen — Rhythmus — bezeichnet die Selbständigkeit der Bewegung. Was wir in dieser Regel wahrnehmen, ist das Beharrliche in dem lebendigen Wesen, das bei allen äußern Veränderungen seine Unabhängigkeit behauptet."[5] Welches musikalische Phänomen Körner mit dem Regelmäßigen meint, das er „Rhythmus" nennt und als Charakter interpretiert, steht nicht unmißverständlich fest. Zunächst scheint es, als denke er an den Takt, der zwei Jahrzehnte später von Hegel in seiner *Ästhetik* als das Identische im Wechsel der Tonlängen und darum als Analogon des Selbstbewußtseins begriffen wurde. Die Fortsetzung zeigt jedoch, daß Körner unter „Rhythmus" nicht den leeren, sondern den erfüllten Takt, das Metrum im antiken Sinne des Wortes versteht. Musikalischer Charakter drückt sich primär in einer Konfiguration von Längen und Kürzen aus, die in einem Satz dominiert.

Eine Theorie der musikalischen Metren, der „Klangfüße", war 1739 von Johann Mattheson im *Vollkommenen Capellmeister* entworfen worden. „Was die Füße in der Dicht-Kunst bedeuten, solches stellen die Rhythmi in der Ton-Kunst vor, deswegen wir sie auch Klang-Füße nennen wollen, weil der Gesang gleichsam auf ihnen einhergehet."[6] Mattheson schreibt den Klangfüßen — die er in der Regel niedertaktig, manchmal aber auch auftaktig beginnen läßt — bestimmte Ausdruckscharaktere zu: Der Spondäus sei „ehrbar und ernsthafft", der Jambus „mäßig lustig, nicht flüchtig oder rennend", der Dactylus „sowol zu ernsthafften als schertzenden Melodien" geeignet.[7] Die musikalische Metrik ist also, wie bei Körner, zugleich eine Theorie der Charakterdarstellung, mit dem Unterschied allerdings, daß Mattheson, wie erwähnt, Affekt und Charakter nicht voneinander trennt. Er entgeht dadurch einer Schwierigkeit, in die sich Körner verstrickte: der Schwierigkeit, daß in der Musik ein bestimmtes Metrum wie der Jambus oder der Trochäus zwar über eine längere Strecke hinweg dominieren, aber unmöglich einem ganzen Satz zugrunde liegen kann. Die Monotonie wäre, obwohl sie charaktervoll sein mag, ästhetisch unerträglich.

Es ist allerdings nicht sicher, ob Körner mit dem „Regelmäßigen in der Abwechselung von Tonlängen" überhaupt das einfache Metrum im Sinne einer beharrlichen Wiederkehr ein und desselben Wechsels von Längen und Kürzen meinte. Um seine Theorie vor dem Einwand zu bewahren, daß sie die musikalische Wirklichkeit nicht treffe, sondern eine blinde Übertragung aus der Poetik sei, könnte man unterstellen, daß Körner, wenn er vom „Regelmäßigen in der Abwechselung von Tonlängen" sprach, an eine Differenz zwischen den konkreten Tondauern und dem gleichsam dahinter stehenden abstrakten Klangfuß dachte. Der Klangfuß wäre demnach eine im „Hintergrund" wirksame Struktur, die mit den rhythmischen Vorgängen im „Vordergrund" zwar zusammenfallen kann, aber nicht immer übereinzustimmen braucht. Ein Satz kann daktylisch sein, ohne in jedem Augenblick die Aufeinanderfolge von einer Länge und zwei Kürzen auszuprägen.

Als abstrakte Kategorie ist „Klangfuß" ein Analogon zum melodischen Umriß, der gleichfalls in verschiedenen Konkretisierungen erscheinen kann, ohne dadurch, daß er Varianten zuläßt, seine Identität zu verlieren. Und man übertreibt nicht, wenn man behauptet, daß er in Beethovens Werken ein wesentliches, in seiner Bedeutung noch kaum erkanntes Mittel darstellt, um formalen Zusammenhang zu begründen. Im ersten Satz der *Zweiten Symphonie* sind das Hauptthema (T. 34), das Seitenthema (T. 73) und die Schlußgruppe (T. 114) durch ein gemeinsames rhythmisches Grundmuster (♩. ♩ | ♩ ♩ ♩ ♩) aufeinander bezogen, ein Muster, dessen Wiederkehr unverkennbar ist, sobald man sich den Begriff des „Klangfußes" als Kategorie des musikalischen Hörens zu eigen gemacht hat:

Sogar ein scheinbar unthematischer Teil der Durchführung (T. 198) erweist sich als in Wahrheit thematisch, wenn man den Klangfuß, dessen Grundform durch die wechselnden Modifikationen oder Konkretisierungen hindurchscheint, als thematisches Moment gelten läßt. (Von Konkretisierungen eines abstrakten Musters zu sprechen, ist insofern angemessen, als am Anfang nicht die Grundform steht, sondern der Klangfuß bereits im Hauptthema in einer Variante oder Modifikation erscheint.)

Dem ersten Satz der *Pathétique* liegt eine rhythmische Struktur zugrunde, die man entweder als Komplex aus zwei Varianten ein und desselben Klangfußes oder als zwei verschiedene, aber miteinander verwandte Klangfüße interpretieren kann: ♪ ♩ ♩ |(♩) und ♪ ♩ ♩ ♩ |(♩). Das Hauptthema (T. 11) enthält beide Fassungen nebeneinander, die Überleitung (T. 35) und das Seitenthema (T. 51) beschränken sich auf die zweite, in Viertelnoten aufgelöste Version, und der Fortsetzung des Seitenthemas (T. 89) liegt eine Augmentation der ersten Variante zugrunde. (Das Problem, daß das kantable Seitenthema, weil es moduliert, auch als zweite Überleitung interpretierbar ist, so daß der tonal geschlossenen Fortsetzung die Funktion des „eigentlichen" Seitenthemas zufällt, ist im Zusammenhang einer Untersuchung der

rhythmischen Struktur ohne Bedeutung, muß aber erwähnt werden, weil
es die Benennung der Formteile in Verwirrung bringt.)

Die Behauptung, daß ein und derselbe Klangfuß — in zwei Fassungen —
den ganzen Satz durchdringe, wäre zweifellos eine Übertreibung unter Systemzwang. Zur Bestätigung der Hypothese, daß ein durchgehender
Rhythmus zu den Mitteln gehört, die die Einheit des Satzes verbürgen —
ein Rhythmus, der gewissermaßen eine mittlere Instanz zwischen dem leeren Takt und den konkreten Tondauerstrukturen darstellt —, genügt es jedoch, daß in den Hauptmotiven der verschiedenen Formteile ein gemeinsames Muster enthalten ist.

Der Einwand gegen Körners Theorie, daß zwischen der Erklärung des
Charakters als im Hintergrund wirksamem Einheitsmoment wechselnder
„leidenschaftlicher Zustände" und dem Versuch, den Charakter dennoch
im musikalischen Material festzumachen, ein Widerspruch bestehe, muß
nach der Analyse der *Pathétique* halb zurückgenommen werden. So wenig
die Differenz zwischen ästhetischer Mittelbarkeit und materieller Unmittelbarkeit in der Theorie aufgehoben werden kann, so unverkennbar ist es
andererseits, daß die gegensätzlichen Möglichkeiten der Charakterdarstellung in der kompositorischen Praxis nebeneinander bestehen können. Die
Einheit des Charakters ist im ersten Satz der *Pathétique* als gemeinsamer
Zug der verschiedenen „leidenschaftlichen Zustände" erschließbar und manifestiert sich zugleich in einem wiederkehrenden Klangfuß, durch den die
Formteile musikalisch greifbar miteinander verbunden werden.

Die Einheit des Charakters, wie sie Körner postulierte, kann nicht nur
in einem wiederkehrenden Klangfuß begründet sein, sondern auch aus der
Dialektik hervorgehen, die zwischen divergierenden Klangfüßen besteht.
Im ersten Satz der *Eroica* ist der Rhythmus des Hauptthemas, dessen Simplizität von den verwickelten Konsequenzen, die aus ihm gezogen werden,
seltsam absticht, ein Trochäus. Ein Seitenthema zu benennen, das einen
Kontrast zum Hauptthema bildet, scheint schwierig zu sein, denn Kantabi-

lität ist nirgends ausgeprägt, und von den beiden Motivgruppen in der Dominanttonart B-Dur ist weder die erste (T. 46), die nicht moduliert, als Teil der Überleitung interpretierbar noch die zweite (T. 83), der mehrere Abschnitte folgen, als Schlußgruppe, so daß nichts anderes übrig bleibt, als von zwei Seitenthemen zu sprechen, die gleichberechtigt nebeneinander stehen. Die Themen, zwischen denen nicht der geringste diastematische Zusammenhang besteht, sind jedoch — und darin liegt eine zumindest partielle Erklärung der Verdoppelung — durch einen gemeinsamen Klangfuß aufeinander bezogen, und zwar einen Klangfuß, der nicht trivial ist: Zwei Viertel bilden einen langen Auftakt zu einem niedertaktigen Viertel als Endung:

(Die Punktierung im ersten Seitenthema ist eine Modifikation, die an der Identität und Wiedererkennbarkeit des Klangfußes nichts ändert.)

Macht man sich eine verquere Terminologie des 18. und 19. Jahrhunderts, die aus der Verquickung der antiken Quantitätsmetrik mit der modernen Taktrhythmik entstand, einen Augenblick lang zu eigen, so kann man sagen, daß dem niedertaktigen Trochäus des Hauptthemas ein auftaktiger Trochäus der beiden Seitenthemen gegenübersteht. Aus dem Konflikt zwischen Nieder- und Auftaktigkeit aber resultiert ein Rhythmus, der zu den charakteristischen, durch Forcierung hervorstechenden Merkmalen der *Eroica* gehört: die synkopierte Hemiole, deren Irregularität durch Sforzati akzentuiert wird:

Der sperrige Rhythmus wird in der Überleitung exponiert, kehrt vor der Schlußgruppe wieder und erreicht in der Durchführung einen Höhepunkt, an dem er sich geradezu zum Paroxysmus steigert.

Die synkopierte Hemiole ist als Rhythmus interpretierbar, in dem die auftaktige Halbe der Seitenthemen und die niedertaktige des Hauptthemas gewissermaßen aneinanderstoßen. Daß die Erklärung ein methodologisches Risiko einschließt, weil es eine Theorie der entwickelnden Variation von Rhythmen einstweilen nicht gibt — und nicht einmal die Notwendigkeit, sie zu entwerfen, erkannt wurde —, ist nicht zu leugnen. Die Hypothese, daß in der synkopierten Hemiole der niedertaktige Trochäus des Hauptthemas und der auftaktige der Seitenthemen kontaminiert seien, ist jedoch bei einer Beschreibung der formalen Struktur der Exposition kaum entbehrlich, weil sie den rhythmischen Kontrast zwischen dem Hauptthema und den Seitenthemen als einen nicht nur bestehenden, sondern sich auswirkenden Gegensatz kenntlich macht. Und ein Interpretationsansatz, der ein Moment von Ungewißheit enthält, wird durch die Konsequenzen, die sich aus ihm ziehen lassen, wenigstens teilweise gerechtfertigt.

Die Einheit in der Mannigfaltigkeit der Affekte, die Körner im Charakter suchte — einem Charakter, der sich primär im Rhythmus manifestiert —, ist von Ästhetikern, die in der Tradition des 18. Jahrhunderts befangen waren und sich Instrumentalmusik nicht als in sich selbst begründete Form, sondern nur entweder als Darstellung eines „Inhalts" oder als leeres, wenn auch angenehmes Geräusch vorstellen konnten, in einem „verschwiegenen Programm" gesucht worden. Die hermeneutischen Irrwege, in die sich die Beethoven-Exegese von Adolf Bernhard Marx bis zu Arnold Schering verlor, werden verständlich, wenn man erkennt, daß es sich um die falsche Lösung eines zweifellos bestehenden Problems handelt. Daß es nicht genügt, den „Wechsel der Töne" in einer Sonatenexposition als unbegründbar irrational zu erklären und die Einheit des Ganzen einzig im Funktionszusammenhang der Formteile und in den offenen oder latenten motivischen Beziehungen zwischen den Themen zu sehen, ist gerade bei Beethoven, in dessen Werken die „tönend bewegte Form" immer über sich hinausweist, unmittelbar evident. Eine erfundene oder aus der Literatur entlehnte Geschichte zu erzählen, um dem Wechsel der Affekte einen Sinnzusammenhang zu supponieren, der sich beim Namen nennen läßt, erscheint jedoch als fragwürdiges, philologisch nicht legitimierbares Verfahren. Und es liegt näher, die Lösung des Problems in der Richtug zu suchen, die in einem früheren Kapitel angedeutet wurde: Der Aufeinanderfolge von Ausdruckscharakteren liegen Modelle wie Marcato—Cantabile—Scherzando zugrunde, denen, wie sich an der Analogie zwischen Themen- und Satzcharakteren zeigt, im 18. Jahrhundert und darüber hinaus eine eigentümliche Evidenz oder „ästhetische Logik" zukam.

Die Theorie der „esoterischen Programme", die von Arnold Schering mit unbeirrbarer Konsequenz ins Extrem getrieben wurde, krankt außerdem an dem Mangel, daß der ästhetische Sinn der Interpretation im Ungewissen bleibt. Schering war überzeugt, daß Beethoven die Texte der *Ilias (Eroica)*, des *Werther (c-moll-Violinsonate opus 30,3)* oder des *Wilhelm Mei-*

ster (Streichquartett F-Dur opus 59,1) als Inspirationsquellen benutzt und gewissermaßen „am Text entlang" komponiert habe. Die Interpretation der Interpretation aber gerät widersprüchlich: Einerseits meint Schering, erst durch die Kenntnis der „esoterischen Programme" falle „alles Unklare, Zweideutige, Verworrene von diesen Kompositionen ab".[8] Er versteht also die Dechiffrierung der Musik als Voraussetzung, die ein Hörer braucht, um die Werke lückenlos zu verstehen und nicht angesichts formaler Irregularitäten, die erst im Programm eine Erklärung finden, ratlos zu bleiben. Andererseits aber soll nach Scherings Auffassung dadurch, daß ein Programm musikalische Gestalt annimmt, seine Funktion erfüllt sein, so daß es verschwiegen werden kann und nur noch philologisch, aber nicht ästhetisch von Interesse ist.[9] Der Widerspruch ist offenkundig, aber historisch — die Interpretation der Interpretation ist inzwischen ihrerseits Gegenstand einer historischen Auslegung — nicht unverständlich. Denn man konnte sich im 19. und im frühen 20. Jahrhundert nicht entscheiden, ob der Kompositionsprozeß und dessen Hilfsmittel eine Privatsache des Komponisten seien, die das Publikum nichts angeht, oder ob man, um ein Werk von Grund auf zu verstehen, dessen Genesis rekonstruieren müsse. Der Gedanke, daß Programme nur dann zum Werk als „ästhetischem Gegenstand" gehören, wenn sie vom Komponisten publiziert werden, und daß umgekehrt auch nachträglich hinzugefügte, für den Entstehungsprozeß irrelevante Programme ästhetisch durchaus legitim sind — der Gedanke also, daß nicht die Kompositionsmethode, sondern die erklärte ästhetische Absicht des Komponisten ausschlaggebend ist, setzte sich nur zögernd durch.

„Moralische Charaktere"

„Es wäre sehr interessant, die Veranlassungen zu kennen, aus welchen Haydn seine Kompositionen dichtete, sowie die Empfindungen und Ideen, welche dabei seinem Gemüte vorschwebten und die er durch die Tonsprache auszudrücken strebte. Um es bestimmt zu erfahren, hätte man ihm aber eines seiner Werke nach dem andern vorlegen müssen, und das fiel dem betagten Manne lästig. Er erzählte jedoch, daß er in seinen Sinfonien öfters moralische Charaktere geschildert habe."[10]

Der Ausdruck „moralische Charaktere", den Georg August Griesinger in seinen *Biographischen Notizen über J. Haydn* zitiert[11], scheint eindeutig zu sein. Man denkt an Molière und La Bruyère oder auch an Gellerts *Mora-*

lische Bildnisse, und es fällt nicht schwer, sich als Sujet eines Symphoniesatzes einen Typus wie den des „Avare" oder des „Misanthrope" vorzustellen.

„Moralische Charaktere" zu schildern, war allerdings, wie aus dem Zitat hervorgeht, für Haydn kein generelles Prinzip, sondern eine Möglichkeit neben anderen; und wie sich die Charakterdarstellung zu dem Ausdruck von Empfindungen verhält, der nach der Überzeugung des 18. Jahrhunderts den eigentlichen Sinn der Tonsprache ausmachte — im Unterschied zur Wortsprache, die dem Ausdruck von Begriffen diente —, ist nicht klar. Daß Griesinger, ähnlich wie Christian Gottfried Körner, unter einem Charakter die Einheit in einer Mannigfaltigkeit von Empfindungen verstand, läßt sich jedenfalls, obwohl ihm philosophische Aspirationen fernlagen, nicht ausschließen.

In der Einheit des Charakters die „Ganzheit" zu suchen, die nach Karl Philipp Moritz zum Wesen eines Kunstwerks gehört, war in der Musikästhetik des 18. Jahrhunderts, die primär eine Opernästhetik war, keineswegs selbstverständlich. Die Personendarstellung der Opera seria zielte nicht auf Charaktere, die in sich geschlossen sind, sondern auf Affekte, zwischen denen die Figuren hin und her gerissen werden; von einem Charakter als fester Prägung kann etwa bei Händels *Giulio Cesare*, der in abrupt wechselnden Situationen zwischen extrem verschiedenen „leidenschaftlichen Zuständen" schwankt, schlechterdings nicht die Rede sein. Der idealistischen Anthropologie und Ästhetik des Jahrhundertendes war die „Charakterlosigkeit" der Opera-seria-Helden — und das heißt nicht, daß sie einen schlechten Charakter, sondern daß sie überhaupt keinen haben — zutiefst suspekt. Doch läßt sich, wenn man unbefangen urteilt, kaum leugnen, daß die Identität der Person und die Geschlossenheit des Charakters, die Kategorien also, von denen die klassische Anthropologie ausging und die sie der barocken Psychologie entgegenhielt, weniger in empirischen Sachverhalten als vielmehr in hochherzigen Postulaten begründet waren. Die Einheit und Beharrlichkeit des Ethos, von der man um 1800 überzeugt war — und das musikästhetische Dokument dieser Überzeugung war Körners Abhandlung *Über Charakterdarstellung* —, wurde bereits im 19. Jahrhundert, von Heine, Marx und Nietzsche, wieder in Zweifel gezogen und als bloße „Charaktermaske" denunziert.

Der gleichbleibende Charakter, der sich weigert, sich den Umständen anzupassen, galt bei Molière noch als Verhärtung und Deformation; erst für Rousseau wurde der Misanthrope Alceste, der sich dem Weltlauf nicht fügt, zum Vorbild. Die Forderung nach beharrlichen, sich durchhaltenden

Charakteren war also in der anthropologisch fundierten Poetik des späten 18. Jahrhunderts nichts weniger als eine Selbstverständlichkeit.

Außerdem muß, sobald man von der Poetik des Schauspiels zur Ästhetik der Oper übergeht, berücksichtigt werden, daß zwischen der barocken Anthropologie, die den wechselnden Affekt und nicht den gleichbleibenden Charakter hervorkehrt, und den Bedingungen musikalischer Personendarstellung eine besondere Affinität besteht. Pointiert ausgedrückt: Aus musikalischen Gründen ist die Anthropologie der Oper immer die des Barock geblieben. So naheliegend und musikalisch wirkungsvoll es nämlich ist, Opernhelden zwischen verschiedenen oder entgegengesetzten Affekten schwanken zu lassen, so schwierig erscheint es, fest umrissenen Charakteren — über bloße Episoden hinaus — musikalisches Interesse abzugewinnen. Die unmittelbare Darstellung eines geschlossenen Charakters verfällt rasch in Monotonie, und die von Körner postulierte indirekte — durch den Wechsel „leidenschaftlicher Zustände" hindurch — ist musikalisch kaum so deutlich zu machen, wie es das Theater verlangt. Es ist demnach nicht erstaunlich, daß Opernhelden, unabhängig von der gerade herrschenden Anthropologie, zur „Charakterlosigkeit" tendieren. Webers *Freischütz* und Meyerbeers *Robert le diable* sind nicht Ausnahmen, sondern repräsentieren die Regel, und eine Kritik, die ihnen die „Charakterlosigkeit" aus idealistischer Gesinnung zum Vorwurf macht, ist insofern verfehlt und opernfremd, als sie sich über die musikalischen Bedingungen der Opernpsychologie, die stärker sind als die philosophischen Prinzipien eines Zeitalters, hinwegsetzt.

Die Einheit des Charakters, die in der Oper vernachlässigt werden konnte, weil die Einheit der Handlung ausschlaggebend war, wurde in der Symphonie insofern zu einem dringlichen, eine Lösung fordernden Problem, als es eine Handlung, aus der sich die divergierenden Gefühlszustände erklären ließen, nicht gab. (Das Verfahren, ein „verschwiegenes Programm" zu erfinden, um den Affektwechsel als Sinnzusammenhang verständlich zu machen, war, wie sich zeigte, ein hermeneutischer Irrweg.) Körners Versuch, die Möglichkeit der Charakterdarstellung in der Instrumentalmusik zu demonstrieren — eine Alternative zum Erzählen einer Geschichte —, erfüllte also — abgesehen von der Motivierung durch das von Schiller aufgeworfene Problem, wie die „innere Freiheit" trotz der „Fesselung" durch die Affektsprache der Musik gewahrt bleiben könne — eine „Forderung des Tages". Die ästhetische Begründung der selbständigen, von der Oper und der Opernästhetik sich loslösenden Instrumentalmusik konvergierte mit einer zentralen Forderung der klassischen Anthropologie. Der Charakter, von dem Goethe und Kant sprachen, war allerdings — im Gegensatz zu den Charakteren Molières — keine von Natur gegebene Prägung, sondern eine „sich bildende" Struktur, die aus der inneren Freiheit des Menschen erwuchs. Kant unterschied zwischen dem „empirischen", in der Natur begründeten, und dem „intelligiblen", aus Freiheit hervorgehenden Charakter. Ist der „empirische" einem Gesetz unterworfen, das er nicht zu beeinflussen vermag, so erweist sich der „intelligible" als Prägung, die der Mensch, wie es in der *Kritik der reinen Vernunft* heißt, „sich selbst schafft, indem er vermögend ist, sich nach seinen von ihm selbst genommen Zwecken zu perfektionieren".

Ob Kants Unterscheidung musikästhetische Konsequenzen zuläßt, ist ungewiß. Ein Charakter im älteren Sinne, eine feste, von Natur gegebene Struktur, läßt sich, wie ungezählte monothematische „Charakterstücke" und Sonatensätze des 18. Jahrhunderts zeigen, musikalisch plausibel darstellen, ohne daß den Werken eine Intention unterstellt würde, die nicht ins Phänomen gelangt. Und die Charakterdarstellung durch einen wiederkehrenden „Klangfuß", für die Körner plädierte, ist gewissermaßen eine ins abstrakt Rhythmische zurückverlegte Monothematik. Ob aber ein „sich bildender" Charakter musikalisch sinnfällig gemacht werden kann, dürfte zweifelhaft sein. Obwohl sich Beethoven die tragende Idee der klassischen Anthropologie, wie sie von Kant formuliert worden war, als existenzbestimmende Überzeugung zu eigen machte, wäre es überstürzt, aus der ethischen Maxime unmittelbar eine ästhetische zu erschließen. So evident es ist, daß die „Bildung zur Humanität", von der Herder sprach, Beethoven als Gesamtwirkung seiner Werke vor Augen stand, so haltlos spekulativ wäre es, den Charakter, der im Gestaltenreichtum von Sonatensätzen die Einheit in der Mannigfaltigkeit der „leidenschaftlichen Zustände" repräsentiert, gleichfalls als „sich bildenden" Charakter zu deuten. Die Durchsetzung eines festen Ethos gegenüber den Schwankungen des Pathos ist, wie es scheint, nicht als Prozeß erfaßbar, den die Musik abbildet, sondern nur als Struktur, die ihr wirkungsästhetisch zu eigen ist.

Anmerkungen

1 H. Chr. Koch: *Musikalisches Lexikon*, Frankfurt 1802, Nachdruck Hildesheim 1964, S. 745f.
2 Ebd.: S. 896ff.
3 Chr. G. Körner: *Über Charakterdarstellung in der Musik, 1795*, in: W. Seifert: *Christian Gottfried Körner. Ein Musikästhetiker der deutschen Klassik*, Regensburg 1960, S. 147.
4 Ebd.: S. 155.
5 Ebd.: S. 157.
6 J. Mattheson: *Der vollkommene Capellmeister*, Hamburg 1739, Faksimile-Nachdruck Kassel 1954, S. 160.
7 Ebd.: S. 164ff.
8 A. Schering: *Beethoven und die Dichtung*, Berlin 1936, S. 115.
9 Ebd.: S. 51.
10 A. Schering: *Bemerkungen zu J. Haydns Programmsinfonien*, in: ders., *Vom musikalischen Kunstwerk*, Leipzig ²1951, S. 257.
11 G. A. Griesinger: *Biographische Notizen über J. Haydn*, Leipzig 1810, Nachdruck Wien 1954.

VII. Die „zugrunde liegende Idee"

„Ich trage meine Gedanken lange, oft sehr lange mit mir herum, ehe ich sie niederschreibe. Dabei bleibt mir mein Gedächtnis so treu, daß ich sicher bin, ein Thema, was ich einmal erfaßt habe, selbst nach Jahren nicht zu vergessen. Ich verändere manches, verwerfe und versuche aufs neue so lange, bis ich damit zufrieden bin; dann beginnt in meinem Kopfe die Verarbeitung in die Breite, in die Enge, Höhe und Tiefe, und da ich mir bewußt bin, was ich will, so verläßt mich die zugrunde liegende Idee niemals. Sie steigt, sie wächst empor, ich höre und sehe das Bild in seiner ganzen Ausdehnung wie in einem Gusse vor meinem Geist stehen, und es bleibt mir nur die Arbeit des Niederschreibens, die rasch vonstatten geht, je nachdem ich die Zeit erübrige, weil ich zuweilen mehreres zugleich in Arbeit nehme, aber sicher bin, keines mit dem andern zu verwirren."[1]

Die Authentizität des Beethovenschen Ausspruchs aus dem Jahre 1823, den Louis Schlösser überliefert, steht nicht zweifelsfrei fest. Erstens widerspricht die Behauptung, daß Beethoven musikalische Gedanken vor der Niederschrift lange im Gedächtnis herumgetragen habe, seiner Gewohnheit, in Skizzenbüchern auch rudimentäre Einfälle, deren Vorläufigkeit ihm von Anfang an bewußt gewesen sein muß, sofort zu notieren. Zweitens geriet, wie die „Verlaufsskizzen" zeigen, die „Arbeit des Niederschreibens" nicht selten ins Stocken und wurde, wenn sich eine Schwierigkeit nicht unmittelbar lösen ließ, von einer Rückkehr zu Detailskizzen unterbrochen.

Das wesentliche philologische Problem besteht allerdings nicht in der schiefen Relation des Ausspruchs zu dem, was die Skizzenbücher dokumentieren, sondern in der vertrackten Beziehung der Termini „Thema" und „zugrunde liegende Idee". Die Ausdrücke gleichzusetzen, ist kaum möglich, denn die Trivialität, daß ein Komponist während der Ausarbeitung eines Satzes dessen Thema niemals aus dem Gedächtnis verliert, kann man weder Beethoven noch Schlösser unterstellen. Man muß also zwischen „Thema" — oder „Gedanke" — und „zugrunde liegender Idee" unterscheiden, obwohl in der Fortsetzung des Zitats der Ausdruck „Idee" synonym mit „Thema" oder „Gedanke" gebraucht wird. Und mit „Thema" ist offenbar das gemeint, was bei Heinrich Christoph Koch „Hauptgedanke" heißt,

183

mit der „zugrunde liegenden Idee" dagegen eine Gesamtvorstellung eines Satzes, die allerdings noch nicht „das Bild in seiner ganzen Ausdehnung" ist. Die Schwierigkeit besteht also darin, eine Formidee so zu rekonstruieren, daß sie weder mit dem thematischen Material noch mit der realisierten Form, die den Ausgangspunkt zur Rekonstruktion bildet, zusammenfällt.

Die Unterscheidung zwischen „Thema" und „zugrunde liegender Idee" erinnert an einige Artikel in Jean-Jacques Rousseaus *Dictionnaire de musique* von 1768, und der Zusammenhang ist sachlich aufschlußreich, ohne daß er philologische Konsequenzen zuläßt, denn sowohl Beethoven als auch Schlösser können das Lexikon gekannt haben, so daß die Stilisierung des zitierten Ausspruchs in Anlehnung an Rousseau über die Authentizität der Überlieferung nichts besagt.

Rousseau definierte den Terminus „Sujet" zunächst so, als verstehe er darunter nichts anderes als ein Thema im kompositionstechnischen — nicht im ästhetischen — Sinne: eine prägnante melodische Gestalt, die in der Regel am Anfang eines Satzes steht und auf die sich die übrigen Teile als Varianten, „Zergliederungen", Gegensätze oder Episoden beziehen: „C'est la partie principale du Dessein, l'idée qui sert de fondement à toutes les autres . . . Toutes les autres parties ne demandent que de l'art & du travail; celle-ci seule dépend du génie, & c'est en elle que consiste l'invention."[2] Vom Thema unterscheidet Rousseau unter dem Stichwort „Motif" die zugrunde liegende Idee eines Satzes, die mit dem Thema nicht zusammenfällt, sondern ein sowohl die Prägung des Themas als auch den Aufbau der Form regulierendes Prinzip darstellt: „Il signifie l'idée primitive & principale sur laquelle le Compositeur détermine son sujet & arrange son dessein. C'est le motif qui, pour ainsi dire, lui met la plume à la main pour jetter sur le papier telle chose & non pas telle autre. Dans ce sens le motif principal doit être toujours présent à l'esprit du Compositeur, & il doit faire en sorte qu'il le soit aussi toujours á esprit des Auditeurs."[3] Das „Motif", das — wie Beethovens „zugrunde liegende Idee" — dem Geist des Komponisten stets gegenwärtig sein soll, ist zweifellos eine Formidee, zugleich aber, wie es scheint, die Vorstellung eines Affektgehalts, den ein Satz ausdrückt. Und auch der Terminus „Sujet" bezeichnet in dem Artikel *Dessein* weniger eine bestimmte melodische Gestalt als vielmehr die innere Einheit, in der die Formmerkmale — von der Melodik und der Harmonik bis zum tonalen Grundriß und zum ästhetischen Charakter — konvergieren: eine Einheit, die nur dann im „Thema" begründet sein kann, wenn man darunter nicht allein einen melodischen „Hauptgedanken" und dessen entwickelnde Variation, sondern zugleich eine Grundempfindung versteht, auf die sich sämtliche Strukturmomente eines Satzes beziehen: „Ce n'est pas assez de faire de beaux Chants & une bonne Harmonie; il faut lier tout cela par un sujet principal, auquel se rapportent toutes les parties de l'ouvrage, & par lequel il soit un. Cette unité doit régner dans le Chant, dans le Mouvement, dans le Caractère, dans l'Harmonie, dans la Modulation. Il faut que tout cela se rapporte à une idée commune qui le réunisse."[4]

Bei Rousseau zeichnet sich ein Problem ab, das auch die Auseinandersetzungen über den Begriff der „poetischen Idee" — einen Begriff, dessen Bedeutung von Anton Schindler übertrieben wurde, der aber jedenfalls von Beethoven verwendet worden ist — bestimmte: die Schwierigkeit, das Ausmaß angemessen zu beschreiben, in dem die innere Einheit eines Satzes einerseits in der Formidee und andererseits im Ausdrucksgehalt begründet ist. Daß sich die Relation nicht prinzipiell, sondern nur kasuell bestimmen läßt, ist ein Gemeinplatz; der Versuch, eine „zugrunde liegende Idee" zu rekonstruieren, die zwischen den formalen und den expressiven Momenten eines Satzes ebenso vermittelt wie zwischen der Thematik und der abgeschlossenen Form, läßt jedoch, wenn er bei einzelnen Werken gelingt, durchaus Schlüsse auf allgemeine Kategorien zu, von denen Beethovens musikalisches Denken getragen wurde.

Man kann — in einer ersten, abstrakten Annäherung — die „zugrunde liegende Idee" als die Art und Weise bestimmen, in der zwischen der Entwicklung der thematischen Substanz, dem Entwurf des tonalen Grundrisses, der Disposition der formalen Funktionen und der Aufeinanderfolge ästhetischer Charaktere ein spezifischer Zusammenhang hergestellt wird: eine Art und Weise der Verknüpfung, die sich auf ein Problem zurückführen läßt, als dessen Lösung der abgeschlossene Satz erscheint. Die Analyse erreicht ihr Ziel, wenn sie die Frage zu rekonstruieren vermag, auf die das Werk eine Antwort darstellt.

Die Voraussetzungen, die dem ersten Satz der *D-Dur-Sonate* opus 10,3 zugrunde liegen, wurden in einem früheren Kapitel bereits erörtert und brauchen lediglich rekapituliert zu werden. Die Exposition ist fünfteilig: Sie besteht aus dem Hauptthema, einer „Überleitung" (T. 23), die zwar moduliert, aber als Kantilene einen thematischen Gegensatz ausprägt, einem Seitenthema (T. 54), das einen Scherzando-Ton anschlägt, einer Fortsetzung des Seitenthemas (T. 67), in der Motive des Hauptthemas verarbeitet werden, und einer Schlußgruppe (T. 106) hymnischen Charakters, deren Melodie in der Fortsetzung des Seitenthemas (T. 87) partiell vorgezeichnet wurde.

In der Aufeinanderfolge der Charaktere — vom energischen Zugriff des Hauptthemas über das Cantabile der „Überleitung" und das Scherzando des Seitenthemas bis zum hymnischen Ton der Schlußgruppe — manifestiert sich, wie in anderem Zusammenhang gezeigt wurde, eine „ästhetische Logik", die mit der schwer erklärbaren, aber evidenten Stimmigkeit, wie sie in der Gruppierung der Sätze des Sonatenzyklus zutage tritt, vergleichbar ist.

Haupt- und Seitenthema sind durch kontrastierende Ableitung aufeinander bezogen: Dem Seitenthema liegt latent — paraphrasiert in der Oberstimme (T. 54) und ohne Umschreibung im Baß (T. 55) — die Umkehrung des zweiten Motivs aus dem Hauptthema zugrunde: eine Umkehrung, die in der Fortsetzung des Seitenthemas (T. 94) — kontrapunktiert durch eine Augmentation des umgekehrten Anfangsmotivs aus dem Hauptthema — wiederkehrt, so daß man kaum zweifeln kann, daß der Motivzusammenhang intendiert ist.

Die Fünfteiligkeit der Exposition, die „ästhetische Logik" in der Aufeinanderfolge der Themencharaktere und das Prinzip der kontrastierenden Ableitung sind, obwohl sie nicht dem Lehrbuchschema der Sonatenform angehören, generelle, aus der Tradition stammende Voraussetzungen: Prämissen also, die spezifiziert werden müssen, wenn man einen Zugang zur Individualität des Werkes sucht. Und eine Eigentümlichkeit von geringerem Abstraktionsgrad ist das Phänomen, das in einem früheren Kapitel als „Phasenverschiebung" zwischen den formalen Funktionen und den ästhetischen Charakteren der Themen beschrieben wurde: Die „Überleitung" präsentiert sich als Kantilene, das Seitenthema als Scherzando, während in der Überlieferung, die Beethoven voraussetzte, indem er sie modifizierte, eher das Seitenthema eine kantable und die Schlußgruppe eine scherzhafte Partie war. (Daß die Zeitgenossen den Haydnschen Satztypus kannten, auf den sich Beethovens Spiel mit der Tradition bezieht, dürfte selbstverständlich sein.)

Der erste Satz der *D-Dur-Sonate* beruht, wie bereits die umrißhafte Beschreibung zeigt, auf einer Konfiguration von Prämissen, die sich als „zugrunde liegende Idee" bestimmen läßt, wenn es gelingt, sie genetisch zu begreifen und auf ein Problem zurückzuführen, von dem die Konzeption des Satzes ausgegangen sein kann. (Daß die Rekonstruktion hypothetisch ist, braucht kaum gesagt zu werden.) Es wäre verfehlt, eines der Teilmomente der Konfiguration — das Hauptthema, die zwischen Haupt- und Seitenthema vermittelnde Motivbeziehung, die „ästhetische Logik" in der Aufeinanderfolge der Themen oder die „Phasenverschiebung" zwischen formalen Funktionen und ästhetischen Charakteren — als „zugrunde liegende Idee" aufzufassen. Die „Idee" besteht nicht in einem greifbaren Sachverhalt, von dem alles Übrige abzuleiten wäre, sondern in einem Gefüge von Relationen, in dem die „Fundierungsverhältnisse" — die Hierarchie des Früher und Später — ungewiß sind. Man braucht keineswegs zu unterstellen, daß sämtliche Prämissen und Implikationen, die bei einer Rekonstruktion der „werdenden Form" aus der „gegebenen" zutage treten, im Kompositionsprozeß ständig präsent gewesen seien. Hermeneutisch aber ist — unabhängig von psychologischen Erwägungen — die gesamte Konfiguration der formbestimmenden Momente als Ausgangspunkt der Werkkonzeption anzusehen.

Das Problem, durch das in der *D-Dur-Sonate* die Konfiguration der generellen Voraussetzungen gewissermaßen „in Bewegung gebracht" wurde, das also den Prozeß auslöste, der zur Individualisierung der Form führte, bestand in einem Paradox: in der Absicht, einerseits eine Gruppierung von Themencharakteren zu realisieren, die so kontrastreich wie irgend möglich ist, und andererseits dennoch ein dichtes Netz von Motivbeziehungen zu knüpfen, das sich nahezu über den ganzen Satz erstreckt. Entgegengesetzte Extreme der Divergenz und der Vereinheitlichung sollten zusammengezwungen werden, und man übertreibt nicht, wenn man behauptet, daß die Exposition der *D-Dur-Sonate* ein auskomponierter Widerspruch sei. In nichts anderem aber besteht die „zugrunde liegende Idee".

Haupt- und Seitenthema durch kontrastierende Ableitung miteinander zu verbinden, also den Kontrast der ästhetischen Charaktere durch motivische Logik zu vermitteln, ist, wie von Arnold Schmitz gezeigt wurde, ein bei Beethoven geradezu stereotypes Verfahren. Der Gedanke jedoch, die Fortsetzung des Seitenthemas, die sich über nicht weniger als 39 Takte erstreckt, mit der Verarbeitung von Motiven aus dem Hauptthema zu bestreiten, also in die Exposition ein längeres Stück Durchführung einzufügen, ist durchaus ungewöhnlich. Und daß auch dem hymnischen Thema der Schlußgruppe ein längerer Appendix mit dem Anfangsmotiv des Hauptthemas folgt (T. 114—124), ist zwar als konventionelle Rückleitung erklärbar, erhält aber im Kontext einer geradezu systematischen Knüpfung von Motivbeziehungen einen zusätzlichen Sinn.

Man kann die Formidee, die dem Satz zugrunde liegt, als Verallgemeinerung und zugleich als Zuspitzung des Prinzips der kontrastierenden Ableitung verstehen: So individuell sie in der Konzeption der *D-Dur-Sonate* erscheint, so unverkennbar ist sie andererseits in einer Methode begründet, die für Beethovens kompositorisches Denken generell charakteristisch ist. Beide Momente der kontrastierenden Ableitung: die Gegensätzlichkeit und die Deduktion, werden ins Extrem getrieben. Die Gruppierung von nicht weniger als vier scharf voneinander abgehobenen ästhetischen Charakteren geht weit über das hinaus, was das Lehrbuchschema vom Themendualismus zuläßt, ohne daß, wie in manchen Sonatensätzen von Mozart, von einer lockeren Reihung der musikalischen Gedanken die Rede sein könnte. Irregulär ist aber auch die ausgedehnte Durchführung von Motiven des Hauptthemas in der Exposition, eine Durchführung, die sämtliche Motive aufgreift: zunächst das erste in gerader und Gegenbewegung (T. 67), dann das dritte in Prolongation zu einem Gang von drei Oktaven (T. 86) und schließlich das zweite in Umkehrung, kontrapunktiert von einer Augmentation des umgekehrten ersten (T. 94).

Die Tonarten, die in der Exposition des ersten Satzes der *Waldstein-Sonate* opus 53 einander gegenüberstehen, das C-Dur des Hauptthemas und das E-Dur des Seitenthemas, sind nach Hugo Riemann, der in der letzten Entwicklungsphase seiner Harmonielehre mit dem Gedanken an ein System von fünf tonalen Funktionen experimentierte, unmittelbar aufeinander bezogen. Die Obermediante soll als eine mit der Dominante gleichberechtigte Gegentonart gelten; und Riemann ist zu seiner Theorie, deren spekulative Voraussetzung in Moritz Hauptmanns Maxime bestand, daß außer der Quinte auch die große Terz ein „direkt verständliches Intervall" sei, zweifellos gerade durch die *Waldstein-Sonate* angeregt worden.

Ästhetisch bildet die Tonart E-Dur, von der — in Relation zu C-Dur — ein Glanz ausgeht, wie er G-Dur fehlen würde, ein Korrelat zu dem hymnischen Ton des Seitenthemas, das einen extremen Kontrast zum Hauptthema ausprägt.

Die „zugrunde liegende Idee" des Satzes aber besteht nicht allein im Charaktergegensatz der Themen, sondern auch in dem Verfahren, das Beethoven anwandte, um zwischen den Extremen zu vermitteln. Das Hauptthema, dessen Harmonik Gegenstand ungezählter Kommentare war, beruht auf einem absteigenden chromatischen Quartgang (c—h—b—a—as—g), der mindestens in gleichem Maße „thematisch" ist wie die Oberstimme, ohne daß darum von „Barock bei Beethoven" (Erich Schenk) die Rede sein müßte: Die harmonische Progression wird zwar vom Baßgang getragen, ist aber dennoch funktional und nicht allein durch den Baß sinnvoll. Dem absteigenden chromatischen Quartgang des Basses steht in der Überleitung ein aufsteigender chromatischer Quartgang der Oberstimme gegenüber (fis—g—gis—a—ais—h), der trotz des f zwischen g und gis unverkennbar als lineare Struktur der harmonischen Progression hervortritt. Ist aber der Baßgang im Hauptsatz „thematisch", so ist es auch die Umkehrung in der Überleitung. Und der gemeinsame Ursprung der entgegengesetzten Gänge liegt im Übergang von Takt 2 zu Takt 3, wo dem Sekundschritt c—h des Basses der Sekundschritt fis—g der Oberstimme simultan gegenübersteht. Ein Teilmoment des Anfangsgedankens wird also „auskomponiert" zur Gegenläufigkeit der „thematischen" Quartgänge. Das Ziel des zweiten Quartgangs ist ein H-Dur-Akkord, der als Dominante zur Gegentonart E-Dur führt. Die „schon miteinander in Beziehung gebrachten Hauptgedanken" — und zu den „Hauptgedanken" müssen auch die chromatischen Gänge gezählt werden — aber bilden das, was Heinrich Christoph Koch „Anlage" und Beethoven „zugrunde liegende Idee" nannte.

Zu den Teilmomenten, die im Begriff der „zugrunde liegenden Idee" enthalten sind, gehört eine Vorstellung vom Zusammenhang zwischen der Thematik und der Form im Ganzen. Daß der Konnex in den Grundzügen immer schon feststeht, scheint eine Trivialität zu sein. Bei der Entstehung des Finale der *Zweiten Symphonie* war er jedoch, wie die von Gustav Nottebohm veröffentlichten Skizzen zeigen[5], Veränderungen und Schwankungen unterworfen, die gerade darum, weil sie Experimente mit einem ungewöhnlichen Formprinzip sind, für den Versuch einer Rekonstruktion der „zugrunde liegenden Idee" aufschlußreich erscheinen.

Im Kesslerschen Skizzenbuch[6], auf das sich Nottebohm stützte und das inzwischen in einer Faksimile-Edition vorliegt, sind drei „Verlaufsskizzen" („continuity drafts") zum Finale der *D-Dur-Symphonie* überliefert. Die ersten beiden enthalten das Ritornell, die erste Episode und die Rückleitung zum Ritornell einer Rondoform, wobei das Hauptthema der endgültigen Fassung bereits feststeht, das Seitenthema dagegen einstweilen wechselt. Für die Interpretation der endgültigen Fassung ist jedoch ausschließlich der dritte Entwurf, der den ganzen Satz umfaßt, von Bedeutung. Der formale Grundriß ist ungewöhnlich:

A	B	A⁺	C	A	B	A⁺	C	Coda
1	24	71	87	105	128	173	191	225

A ist das Ritornell, B eine erste und C eine zweite Episode. In der Fassung A⁺ ist das Ritornell auf den Vordersatz beschränkt und geht in motivisch-thematische Arbeit über. Die Coda, die nicht weniger als 63 Takte umfaßt, ist ungewöhnlich lang, und streng genommen ist es bloße terminologische Verlegenheit, überhaupt von einer Coda zu sprechen. Der Formgrundriß erinnert durch den Wechsel zwischen einem Ritornell und zwei voneinander abweichenden, thematisch selbständigen Episoden an ein Rondo. Daß die zweite Episode nach dem vierten Ritornell wiederkehrt, ist jedoch mit keiner der Formen des Rondos oder des Sonatenrondos, wie sie Adolf Bernhard Marx klassifizierte, zu erklären. Und die eigentliche Formidee ist offenbar ein Prinzip, das man, um einen Terminus aus der Literatur des Mittelalters zu entlehnen, als „doppelten Cursus" bezeichnen könnte: Eine längere Reihe divergierender Formteile (A B A⁺ C) wird in ihrer ganzen Ausdehnung wiederholt. Der „doppelte Cursus" ist jedoch von Beethoven, wie es scheint, nicht als in sich geschlossen empfunden worden, und die Coda — deren Länge durch ihre Funktion erklärbar ist — bildet gewissermaßen ein Gegengewicht. (Alfred Lorenz würde von einer „Barform" im Großen, zusammengesetzt aus zwei gleichen — oder fast gleichen — Stollen und einem abweichenden Abgesang, sprechen.)

Die endgültige Fassung des Satzes ist, wenn man ein Lehrbuchschema zugrunde legt, ein Sonatenrondo:

A	B	C	A⁺	Durchführung	A	B	C	A⁺	Coda
1	26	52	108	120	185	210	236	294	338

Das Hauptthema entspricht dem Ritornell der Skizze, die Überleitung der ersten Episode (B) und das Seitenthema der zweiten Episode (C). Daß die Überleitung thematisch selbständig ist — Nottebohm sprach, obwohl sie moduliert, von einem „ersten Seitenthema" —, ist ein Relikt ihrer Herkunft aus einer Rondoepisode. Die Zitierungen des Hauptthemas (A⁺) zu Beginn der Durchführung und vor der Coda sind so kurz, daß im Gesamteindruck des Satzes, obwohl es sich um die hybride Form des Sonatenrondos handelt, die Sonatenform gegenüber der Rondoform dominiert.

Die Coda ist eine zweite Durchführung, und zwar nicht allein wegen der Zitate des Anfangsmotivs, sondern auch insofern, als das kontrapunktische Modell, das — vollständig oder auf den Baß beschränkt — größeren Teilen zugrunde liegt, aus den Takten 3—6 des Hauptthemas stammt:

Läßt man aber die Durchführung und die Coda, die sich in ihrer Ausdehnung kaum unterscheiden, als analoge Teile gelten, so zeichnet sich ein Formgrundriß ab, der, wenn auch in anderen Dimensionen, an den „doppelten Cursus" der dritten Skizze erinnert: Die gesamte Entwicklung vom Hauptthema über die thematisch selbständige Überleitung und das Seitenthema bis zur reduzierten Fassung des Hauptthemas und der Durchführung kehrt im zweiten Teil des Satzes wieder. Ein und dieselbe Formidee, die des „doppelten Cursus", wurde also mit dem gleichen thematischen Material in verschiedenen Größenordnungen und in Anlehnung an wechselnde formale Grundrisse realisiert. Der Entwurf ist primär ein Rondo, die endgültige Fassung dagegen vor allem eine Sonatenform. Die erste Episode wird, obwohl sie thematisch selbständig ist, zur Überleitung umgedeutet, und die Coda, die in der Skizze ein Gegengewicht zum „doppelten Cursus" bildete, erscheint in der endgültigen Fassung als zweite Durchführung, die einen „doppelten Cursus" abschließt. Die „zugrunde liegende Idee" besteht also im thematischen Material, der Form des Sonatenrondos und dem Prinzips des „doppelten Cursus", wobei aber die Funktionen der Themen, die Akzentuierung entweder der Rondo- oder der Sonatenform und die Größenordnung des „doppelten Cursus" im Verlauf des Kompositionsprozesses tief eingreifenden Veränderungen unterworfen wurden.

Anmerkungen

1 F. Kerst: *Die Erinnerungen an Beethoven*, Stuttgart ²1925, Band II, S. 15.
2 J. J. Rousseau: *Dictionnaire de musique*, Paris 1768, Nachdruck Hildesheim 1969, S. 455.
3 Ebd.: S. 302.
4 Ebd.: S. 142.
5 G. Nottebohm: *Zwei Skizzenbücher von Beethoven aus den Jahren 1801–1803*, Neuausgabe Leipzig 1924, S. 13 ff.
6 L. van Beethoven: *Keßlersches Skizzenbuch*, Faksimile-Ausgabe, hrsg. von S. Brandenburg, München 1976, fol. 19r.

VIII. Form als Gedanke

„Obligates Accompagnement" und „durchbrochene Arbeit"

Am 15. Dezember 1800 bot Beethoven dem Verleger Friedrich Hofmeister „ein Septett per il violino, viola, violoncello, contra-Bass, clarinett, corn, fagotto" an — „tutti obligati", und bemerkte dazu: „Ich kann gar nichts unobligates schreiben, weil ich schon mit einem obligaten Accompagnement auf die Welt gekommen bin."[1]

Zunächst scheint es, als meine Beethoven nichts anderes als die Trivialität, daß man keine Stimme weglassen kann, ohne die Integrität des Tonsatzes zu zerstören: eine Trivialität, die ihm vielleicht erwähnenswert erschien, weil das *Septett* opus 20 aus der Divertimento-Tradition stammt, sie aber überschreitet. Das merkwürdige, wenn auch durch Ironie gedämpfte Pathos der Formulierung macht jedoch stutzig: Daß Beethoven zu verstehen geben wollte, auch im *Septett* habe, kaum anders als in einem Streichquartett, jedes Instrument von Zeit zu Zeit etwas Selbständiges zu sagen, ist nicht ausgeschlossen. Jedenfalls handelt es sich um die Formulierung eines satztechnischen Anspruchs, der für Beethoven generell selbstverständlich war, aber ausnahmsweise in Worte gefaßt wurde, weil er im besonderen Fall, dem eines Divertimento, nicht unmittelbar mit allgemeiner Anerkennung rechnen konnte.

Von Guido Adler wurde 1911 in der programmatischen Abhandlung *Der Stil in der Musik* der Ausdruck „obligates Accompagnement" zu einem stehenden Terminus verfestigt, weil er geeignet erschien, die ungezählten Zwischenstufen zwischen polyphonem und homophonem Satz, die für den Stil der Wiener Klassik charakteristisch sind, in einem einzigen Wort, das außerdem historisch authentisch war, zusammenzufassen. „Die anderen Stimmen stehen dann meistenteils im Verhältnis der Unterordnung, höchstens der intentionierten Beiordnung zu der Hauptstimme oder, wie in einzelnen Fällen zu konstatieren, zu zwei, in seltensten Fällen zu drei Hauptstimmen. Wir stehen da völlig am Boden des stilistischen Grundprinzipes des Accompagnato, soweit es die anderen Stimmen betrifft. In diesem Akkompagnement machen sich gleichwohl Stimmen geltend, die mehr oder weniger konzertant auftreten wollen. Sie sind manchmal kontrapunktierend geführt, begnügen sich dann wieder mit äußeren kontrapunktischen Manieren, mit komplementären, ergänzenden Rhythmisierungen in Führung und Haltung oder sinken zu harmonischen Füllstimmen herab. Den ganzen Komplex dieser fast unendlich variablen Stimmbehandlung möchte ich unter der Bezeichnung ‚obligates Accompagnement' zusammenfassen.“[2]

Adler unterscheidet zwischen Hauptstimmen einerseits und Accompagnato andererseits, zu dem er — unter der Bezeichnung „intentionierte Beiordnung" — auch das zählt, was Arnold Schönberg „Nebenstimmen" nannte. Das Kriterium einer Hauptstimme ist, wie Adlers Analyse von Fragmenten aus dem Andante con moto ma non troppo des B-Dur-Quartetts opus 130 zeigt, die Teilhabe an der thematisch-motivischen Struktur. Der thematische und der polyphone Aspekt stimmen jedoch nicht so bruchlos zusammen, wie es Adler suggeriert. Daß die eine Stimme, weil sie an der thematisch-motivischen Arbeit partizipiert, als Hauptstimme, eine andere dagegen, obwohl sie „kontrapunktierend geführt" ist, als bloße Nebenstimme gelten soll, leuchtet nicht ein. Eine Figur, die strukturell thematisch ist, kann dennoch ästhetisch — in der Wirkung, die von dem Satz ausgeht — als bloße Begleitung erscheinen.

Nicht weniger problematisch als die Abgrenzung des thematischen Moments vom polyphonen ist eine Verständigung darüber, wie der Begriff der „Polyphonie" gefaßt werden soll, um analytisch brauchbar zu sein. Die Vorstellung, daß „echte" Polyphonie, die Adler vom bloß „polyphonierenden" Satz unterscheidet, Gleichberechtigung der Stimmen voraussetze, ist insofern doppeldeutig, als entweder ein ständiges Gleichgewicht in der Simultaneität oder aber eine ungefähr gleichmäßige Teilhabe an der melodischen oder thematischen Substanz gemeint sein kann. Das eine ist sogar in Bachs Fugen nur in Ausnahmewerken wie der cis-moll-Fuge aus dem ersten Teil des Wohltemperierten Klaviers der Fall; das andere kann auch für manche Quartettsätze von Beethoven in Anspruch genommen werden.

Natürlich reicht das Kriterium der Teilhabe sämtlicher Stimmen an der thematischen Substanz nicht aus, um den Begriff der „Polyphonie" zu rechtfertigen. Andererseits wäre es eine Übertreibung, außerdem durchgängige Gleichberechtigung im Sinne der Balance der Stimmen in der Simultaneität zu postulieren. Nichts berechtigt dazu, einem Tonsatz, der aus funktional differenzierten Stimmen mit verschiedener Bedeutung und abgestuftem Gewicht besteht — in Bach-Arien aus einer expressiv-deklamatorischen

Gesangsstimme, einem motivisch-figurativen Instrumentalpart, dem Generalbaß und einem Klanghintergrund von Akkorden —, das Epitheton „polyphon" zu verweigern.

Der Ausdruck „obligates Accompagnement" ist allerdings schwerlich geeignet, die Konfiguration zwischen thematisch-motivischer Arbeit und funktional differenziertem Kontrapunkt, die für Beethovens Quartettsatz charakteristisch ist, zu bezeichnen, und man ist gezwungen, den „au
· thentischen" Terminus fallen zu lassen, ohne daß ein Ersatz verfügbar wäre.

Der erste Satz des *f-moll-Quartetts* opus 95 beginnt im Unisono. Das wesentliche Moment in Takt 3 ist dann ein komplementärer Rhythmus, der, unabhängig von den übrigen Momenten des Tonsatzes, in der Durchführung (T. 66—69) „thematisch" ist. Die Funktion der Hauptstimme geht in den Takten 6—7 vom thematischen Baß zur melodischen Oberstimme über, ohne daß ein Punkt des Umschlags zu bestimmen wäre. In den Takten 10 und 12 ist der gebrochene Akkord im Violoncello gewissermaßen eine „Amplifikation" des gehaltenen Tons der ersten Geige; von Melodie und Begleitung zu sprechen, wäre unangemessen, denn die beiden Stimmen bilden zusammen die Melodie. In den Takten 13—17 dient das Anfangsmotiv des Hauptthemas als Begleitfigur, ohne deswegen aufzuhören, thematisch zu sein; und andererseits erfüllt es die Funktion, die Wiederkehr des Hauptthemas in Takt 18, die in der Oberstimme für sich genommen als Bruch wirken würde, zu vermitteln. Im Seitenthema (T. 24) ist das zwischen den Unterstimmen alternierende Motiv zunächst Haupt- und dann Nebenstimme; doch zwingt der Funktionswechsel zu keiner dynamischen Zurücknahme. Andererseits ist es nicht abwegig, aus der Begleitfigur der zweiten Geige in Takt 26 das Motiv f—des und aus der Bratsche in Takt 27 die „Beantwortung" ges—es herauszuhören, so daß man von einem kantablen Kontrapunkt sprechen kann, der drei — in ihrem Gewicht abgestufte — Stimmen umfaßt.

Von Polyphonie zu reden, wäre auch dann, wenn man eine funktionale Differenzierung der Stimmen zu den Merkmalen des Kontrapunkts zählt, eine Übertreibung. Andererseits aber reicht der Begriff des „obligaten Accompagnements" nicht aus, um einem Tonsatz, in dem Begleitfiguren nicht selten motivische Bedeutung erhalten oder eine latente Kantabilität suggerieren, gerecht zu werden. Die Mischung von hierarchisch gegliedertem Kontrapunkt, thematisch-motivischer Arbeit und Resten des Satztypus „Melodie und Begleitung" — der in den Quartetten „nobilitiert", aber nicht

194

restlos aufgehoben wurde — entzieht sich einstweilen einer terminologischen Fixierung.

Mit dem „obligaten Accompagnement" steht in der Beschreibung, die Guido Adler vom Stil der Wiener Klassik gab, die „durchbrochene Arbeit" in engem Zusammenhang. Sie hat ihren Namen, wie Riemann 1913 in der *Großen Kompositionslehre* schrieb, „von der Verwandtschaft mit der gotischen Architektur, da sie wie diese die starre Massivität in ein feines Rankenwerk auflöst".[3]

Die durchbrochene Arbeit ist von Adler wie von Riemann als „Verteilung der melodischen Hauptlinie auf verschiedene Stimmen" definiert worden. Geht man jedoch von den Beispielen aus, die immer wieder zitiert werden — es handelt sich um das Seitenthema der *Ersten Symphonie* und das der *Eroica*, das Hauptthema der *Fünften Symphonie* und das Variationenthema des *cis-moll-Quartetts* —, so erweist sich die Begriffsbestimmung als zu eng oder sogar als schief.

Erstens ist es irreführend, eine geschlossene Melodie vorauszusetzen, die nachträglich in Partikel zerlegt und über die Stimmen oder Instrumente verteilt wird. Das Variationenthema des *cis-moll-Quartetts* von einem einzigen Instrument spielen zu lassen, wäre absurd. Denn so unverkennbar das Thema einen kontinuierlichen Zusammenhang darstellt, so offenkundig ist es andererseits, daß die innere Einheit nicht primär gegeben ist, sondern sekundär aus der Dialektik der Motive resultiert. Die Partikel müssen, paradox formuliert, von verschiedenen Stimmen oder Instrumenten vorgetragen werden, damit ihre Zusammengehörigkeit fühlbar wird.

Zweitens besteht die „Auflösung der Massivität", von der Riemann sprach — und die Metapher ist adäquater als die Beschreibung —, nicht allein in einer „Verteilung der melodischen Hauptlinie auf verschiedene Stimmen", sondern auch und vor allem in der Teilhabe sämtlicher Stimmlagen des Satzes an der thematisch-motivischen Substanz. Daß die Melodie von der Oberstimme in den Baß oder in eine der Mittelstimmen wandern kann, besagt, daß die vertikale „Durchbrechung" der Trennwände zwischen den Satzschichten die Kehrseite der horizontalen „Durchbrechung" der Hauptstimme darstellt.

Trennung und Verbindung erweisen sich demnach bei der durchbrochenen Arbeit als zwei Seiten desselben Vorgangs. Gerade dadurch, daß die Motive in verschiedenen Stimmen erscheinen, wird der Konnex sinnfällig, der zwischen ihnen besteht. Der Klangfarbenwechsel, der die Zäsuren verdeutlicht, macht andererseits die Komplementarität der Teile fühlbar. Und die Verteilung über verschiedene Stimmlagen bedeutet eine Differenzierung und zugleich eine Integration der Satzstruktur.

Richard Wagner bezeichnete 1860 in der Abhandlung *Zukunftsmusik* den ersten Satz der *Eroica* als „eine einzige, genau zusammenhängende Melodie"[4], also als Vorform oder frühe Ausprägung dessen, was er „unendliche Melodie" nannte und zu den Merkmalen des Musikdramas zählte, die aus der Erbschaft des symphonischen Stils stammten. Wagner empfand also zwischen den melodischen Partikeln der verschiedenen Stimmen eine ununterbrochene Kontinuität, und in dem inneren Konnex, der über Motivgrenzen, Zäsuren und den Wechsel der Stimmlagen hinweggeht, sah er das Merkmal des „Melodischen" im eigentlichen Sinne des Wortes. Nicht Abgegrenztheit, sondern eine Offenheit, die sich ins Unabsehbare erstreckt, machte für Wagner das Wesen einer Melodie aus, die den Namen verdient. Läßt man aber seine großzügige Interpretation gelten, so erweist sich die Dialektik von „durchbrochener Arbeit" und „unendlicher Melodie" als Merkmal des gesamten ersten Satzes, nicht nur einzelner, über verschiedene Stimmen verteilter Themen der *Eroica*. Was Leopold Mozart „il filo" nannte, durchzieht das Stimmengewebe in jedem Augenblick.

„Motiv der Variation"

Der Variationenzyklus war bei Rezensenten, denen es mit dem Kunstcharakter der Musik ernst war, um 1800 in Verruf, weil die Technik, über einem festgehaltenen harmonisch-metrischen Schema — das um der Erkennbarkeit willen nicht kompliziert sein durfte — ein mehr oder weniger virtuoses Figurenwerk auszubreiten, zur Trivialität tendierte (wobei unter Trivialität nicht Einfachheit, sondern der ästhetische Widerspruch zwischen Substanz und Anspruch — zwischen der Simplizität des harmonisch-metrischen Schemas und der großen Geste der Ornamentik — zu verstehen ist). Sollte also der Variationenzyklus „nobilitiert" werden, so war es notwendig, einerseits die Harmonik zu differenzieren, ohne ihre Faßlichkeit zu beeinträchtigen, und andererseits der Ornamentik ein motivisches Gepräge zu geben.

Die Gewohnheit, zwischen Figural- und Charaktervariationen zu unterscheiden, ist verquer, denn der technische und der ästhetische Terminus bilden logisch keine Dichotomie. Technisch steht vielmehr der Figuralvariation das Verfahren gegenüber, den einzelnen Sätzen eines Zyklus prägnante

Motive zugrunde zu legen. (Arnold Schönberg sprach in einem Rundfunk-
vortrag über seine *Orchestervariationen* opus 31 von „Motiven der Variation".) Daß „motivische Variationen", wie man sie nennen könnte, in der
Regel zugleich Charaktervariationen sind — wie denn auch das Charakterstück auf der Verarbeitung eines einzigen Motivs beruht —, ändert nichts
an der Notwendigkeit einer terminologischen Unterscheidung.

In den *c-moll-Variationen für Klavier* (WoO 80), die 1807 im Druck erschienen, löst Beethoven das Problem einer Differenzierung des harmonischen Schemas, die dessen Erkennbarkeit nicht gefährdet, durch einen
Rückgriff auf den Typus der Ostinato-Variation mit dem absteigenden
chromatischen Quartgang als Baß. (Der Baßgang wird in den *c-moll-
Variationen* durch die Kadenz IV—V—I ergänzt.) Die Harmonik, die aus
dem Baßgang resultiert, ist einerseits stufenreich, andererseits aber ohne
Mühe faßlich, weil der chromatische Quartgang ein Topos ist, der unmit-
telbares Verständnis verbürgt.

Die Oberstimmenmelodik ist gewissermaßen gespalten. Ihr liegt ein Gerüst zugrunde, das in einem Gegenbewegungskontrapunkt zum Baßgang
besteht, und das Gerüst ist keine bloße Abstraktion, sondern bildet in einer
Reihe von Variationen — paraphrasiert durch motivische Arbeit — die einzige aus dem Thema übernommene melodische Substanz.

Andererseits ist die konkrete Melodik des Themas, die gleichsam den Vordergrund bildet, durch den das Gerüst hindurchscheint, keineswegs bedeutungslos. Vielmehr können Partikel des Themas zu „Motiven der Variation" werden.

Technisch sind also die *c-moll-Variationen* dadurch charakterisiert, daß
das Thema nicht weniger als vier Momente umfaßt, die sämtlich — sei es
miteinander verbunden oder unabhängig voneinander — zur Substanz von
Variationen werden können: der chromatische Baßgang, das harmonisch-
metrische Schema, das Melodiegerüst und die konkrete Melodik. Und so
eng die Momente aufeinander bezogen sind — sie bilden zusammen das
„Thema" der Variationen —, so notwendig erscheint eine begriffliche Unterscheidung, denn in den einzelnen Variationen steht, pointiert gesagt, ge-

wissermaßen die Wahl offen zwischen den verschiedenen Merkmalen des Themas, an die man anknüpfen kann, indem man sie isoliert.

Das Harmonieschema ist nicht unbegrenzt variabel, erlaubt aber mindestens im dritten und im fünften Takt einen Austausch der Akkorde. Die Annahme, daß Beethoven die Akkorde, die er miteinander vertauschte, für harmonisch funktionsgleich hielt, liegt bei der Doppeldominante und dem übermäßigen Quintsextakkord (T. 5) nahe, erscheint allerdings beim Dominantseptakkord und dem neapolitanischen Sextakkord (T. 3) fiktiv.

In der Regel bildet das abstrakte Melodiegerüst die melodische Substanz der Variationen, und es wird dadurch, daß es aus dem Hintergrund in den Vordergrund rückt und in der Melodie nicht nur enthalten ist, sondern selbst die Melodie darstellt, gewissermaßen konkretisiert. Die Motivik des Themas behält jedoch, wie erwähnt, gegenüber dem Melodiegerüst eine selbständige Bedeutung. In Variation V bildet Takt 7 des Themas — der als Umkehrung des Anfangsmotivs verstanden werden kann — in einer Umdeutung zur Seufzerfigur das Motiv der Variation, und die Spitzentöne entsprechen dem Melodiegerüst des Themas. Der Variation XVIII liegt als Motiv der Zweiunddreißigstel-Lauf aus dem Thema — ausgebreitet über zwei Oktaven — zugrunde. Und in Variation XVII wird das dreitönige Motiv der Takte 1—2 (c—es—d) und 3—4 (e—g—f) in dichten Imitationen kontinuierlich verarbeitet.

Die Gegenbewegung zwischen Baßgang und Melodiegerüst kann durch eine Parallelführung ersetzt werden, wobei sich entweder der Baßgang der Oberstimme anpaßt (Variation XII) oder umgekehrt die Oberstimme dem Baßgang (Variation III). Und in Variation XXV entsteht die Motivik der Oberstimme aus dem Gedanken, daß sie zugleich das Melodiegerüst und eine Parallele zum Baßgang in sich enthält.

Ist die Chromatik in den *c-moll-Variationen* insgesamt thematisch, so wird ein Extrem der Chromatisierung dadurch erreicht, daß Beethoven die einzelnen Töne des chromatischen Gangs der Oberstimme wiederum mit Halbtonvorhalten ausstattet (Variation IX, T. 3—5):

Daß dem Variationenzyklus statt eines einfachen Gerüsts ein vierfaches zugrunde liegt, ist, wie die Analyse zeigt, keineswegs eine „Überdetermination", durch die der Spielraum der Motiventwicklung eingeengt würde. Vielmehr hält sich Beethoven gerade umgekehrt die Möglichkeit offen, zwischen dem Baßgang, dem Harmonieschema, dem Melodiegerüst und der konkreten Melodik als primärer Grundlage einer Variation zu wechseln. Keines der Teilmomente ist durchgängig präsent, denn als Bezug zum Thema — und „Thema" ist der Inbegriff aller vier Prämissen — genügt es, wenn eine Auswahl unter den Themenmerkmalen als Substanz einer Variation erkennbar ist.

Daß sämtliche Bestandteile des Themas verändert oder suspendiert werden können, ohne daß der thematische Konnex gefährdet wäre, ist die Voraussetzung dafür, daß Phrasen, die als Motiv einer Variation fungieren, in fast unbegrenzter Anzahl und Variabilität — ohne den Zwang zur Rücksicht auf ein feststehendes harmonisches oder melodisches Schema — geprägt werden können. Die tragende Idee der *c-moll-Variationen* — eine Idee, die man wahrhaft dialektisch nennen darf — besteht also darin, die Bestimmungsmerkmale zu häufen und dadurch die Möglichkeit einer Wahl zwischen ihnen, also eine Bewegungsfreiheit für die Formulierung von Motiven der Variation zu gewinnen, wie sie undenkbar ist, solange ein einziges Gerüst das Rückgrat eines Zyklus bildet.

Eine vergessene Formidee[5]

Beethovens *C-Dur-Klaviersonate* opus 2,3 war selten — im Unterschied zu opus 2,1, dem exemplum classicum fast jeder Theorie der Sonatensatzform — Gegenstand einer Analyse, zumal das Werk eher den Typus der virtuosen, nach außen gewandten als den der esoterischen, um Diffizilitäten der „musikalischen Logik" kreisenden Sonate auszuprägen scheint. Die Reprise des Hauptthemas im ersten Satz wirft jedoch Probleme auf, die mit der einfachen, in jeder Formenlehre bereitliegenden Erklärung, daß Veränderungen bei der Wiederkehr eines Themas als Konsequenzen aus dessen „Geschichte" in der Durchführung zu verstehen seien, nicht lösbar sind.

Die ersten acht Takte des Themas sind in der Exposition und der Reprise nahezu identisch. Die Fortsetzungen (T. 9—20 und T. 147—154) aber differieren tiefgreifend, ohne daß der Unterschied durch eine Veränderung des Modulationsgangs verständlich zu machen wäre. (Die Takte 21—26 und 155—160 stimmen — ohne Transposition — wörtlich überein.)

Die Herkunft der Teilmomente in den Takten 147—154 läßt sich unschwer bestimmen: Der Baß greift zunächst (T. 147—148, transponiert T. 149—150) die Oberstimme der Takte 145—146 auf. Der Kontrapunkt dazu

(Oberstimme T. 147—148 und 149—150) stammt aus Takt 20 der Exposition, und zwar sind ein diastematisches und ein rhythmisches Moment des „Herkunftsortes", die Chromatik der Unterstimme und die Synkopierung der Oberstimme, in Takt 147 gewissermaßen zu einer einzigen Stimme zusammengezogen. Die Oberstimme der Takte 147—148 (und 149—150) wird dann (T. 151—152, mit Abspaltungen in T. 153—154) in den Baß versetzt. Der Kontrapunkt dazu (Oberstimme T. 151— 154) besteht aus einer Kette von Sextsprüngen, deren Intervall — wegen der zeitlichen Nähe noch als Assoziation erkennbar — aus Takt 148 stammt, während die Gerüsttöne, von denen die Sextsprünge ausgehen, ein chromatisches Tetrachord bilden (d—cis—c—h—b—a), das mit dem Gerüst des Seitenthemas der Exposition (T. 27—32) übereinstimmt. Außerdem erinnert die Folge von Sextsprüngen aufwärts an die Sextsprünge abwärts in der „Spielepisode" des Seitensatzes der Exposition (T. 69—71).

Die Analyse enthält, so unverfänglich „empirisch" sie erscheinen mag, einige Prämissen, die nichts weniger als selbstverständlich sind. Erstens widerspricht die Behauptung, daß in Takt 147 die Chromatik der einen und die Synkopierung der anderen Stimme aus Takt 20 „zusammengezogen" wurden, dem gewöhnlichen Begriff von motivischer Entwicklung, der zwar die Zerlegung einer ursprünglichen diastematisch-rhythmischen Einheit in Teilmomente, aber nicht umgekehrt die Entstehung einer sekundären Einheit aus zunächst getrennten Merkmalen impliziert. Zweitens begründet, wie es scheint, die Gerüstfunktion des chromatischen Quartgangs eine allzu vage Assoziation zwischen einem kantablen Seitenthema und einer im Ton eher martialischen Fortsetzung des Hauptthemas. Und drittens stimmt die Hypothese, daß in der Reprise des Hauptthemas verstreute Teilmomente der Exposition gebündelt und miteinander vermittelt werden, ohne daß die Verknüpfung durch Vorgänge in der Durchführung motiviert würde, mit dem Begriff der „Entwicklungsform", den sämtliche Formenlehren bei Beethoven voraussetzen, als wäre er selbstverständlich, schlecht zusammen. Der geschilderte Konnex ist, sofern er überhaupt besteht, weder als „entwickelnde Variation" (Arnold Schönberg) noch als „kontrastierende Ableitung" (Arnold Schmitz), weder als Entfaltung einer „motivischen Zelle" (Rudolf Réti) noch als Station in einer von der Exposition über die Durchführung zur Reprise reichenden „Geschichte eines Themas" (August Halm) ohne Gewaltsamkeit interpretierbar.

Es handelt sich vielmehr darum, daß heterogene und verstreut exponierte Motive und Teilmomente nachträglich aufeinander bezogen und miteinander vermittelt werden, und zwar besteht die Substanz der Vermittlung — das also, was über bloße Kombinatorik hinausreicht — in der Chromatik, die das aus Takt 20 abgeleitete Motiv und das aus den Takten 27—32 stammende Gerüst als gemeinsames Merkmal miteinander teilen.

Entscheidend ist allerdings weniger das Substrat — die Chromatik — als vielmehr die Formidee, die dem geschilderten Verfahren zugrunde liegt: die Idee, ursprünglich Heterogenes sekundär miteinander zu verknüpfen und sich durchdringen zu lassen, und zwar nicht in einer Durchführung, sondern in einer Reprise (ohne Begründung durch den Verlauf der Durchführung).

An der tragenden Prämisse von Beethovens musikalischem Denken, daß Form — sofern sie, wie Eduard Hanslick es ausdrückte, „Geist" ist — als „Konsequenz" und als zielgerichteter — teleologischer — Vorgang erscheinen soll, ändert die beschriebene Motivtechnik, die aus der Reprise des Hauptthemas in opus 2,3 ein formtheoretisches Rätselbild werden läßt, wenig oder nichts. Der Begriff des „Prozesses" aber, den man mit der von Johann Nicolaus Forkel bis zu Arnold Schönberg und Boris Assafjew mit wachsendem Inhalt gefüllten Kategorie der „musikalischen Logik" assoziiert, muß, wie es scheint, in seinem Geltungsbereich eingeschränkt werden. Denn die nachträgliche, sekundäre Kombination und Vermittlung von Motiven und Teilmomenten läßt sich — gleichgültig, wie eng oder weit man den Terminus faßt — schwerlich als Prozeß interpretieren, weil der Begriff die Vorstellung einer ursprünglichen Substanz enthält oder suggeriert, die sich als „Subjekt" des Verlaufs — als „Zugrundeliegendes" — in sämtlichen Veränderungen und Modifikationen durchhält. Von einer ursprünglichen Substanz, aus der sich — als Konstituens musikalischer Form — „Konsequenzen entwickeln", kann jedoch in den beschriebenen Teilen von opus 2,3 gerade nicht die Rede sein. Und nachdem durch eine zweite, ergänzende Analyse eines Sonatensatzes gezeigt worden ist, daß es sich um ein — neben dem Ursprungs- und Entwicklungsdenken — für Beethoven durchaus charakteristisches Prinzip handelt, soll abschließend versucht werden, das Interpretationsmodell, das den Analysen zugrunde liegt, durch einen Rekurs auf die aus der Theorie der Historiographie stammende Unterscheidung zwischen Prozeß- und Ereignisgeschichte zu illustrieren und plausibel zu machen.

Beethovens *G-Dur-Klaviersonate* opus 14,2 war im Zusammenhang mit der — inzwischen philologisch ins Zwielicht geratenen — Formel von den „zwei Prinzipen", die dem ersten Satz zugrunde liegen, Gegenstand zahlreicher Interpretationen, die allerdings weniger dem Werk selbst als dem von Anton Schindler überlieferten Ausspruch galten, in dem man den authentischen Ausdruck einer Beethovenschen Formidee zu erfassen glaubte. Daß der Satz ein Strukturproblem enthält, dessen Lösung schwieriger erscheint als die Dechiffrierung der zitierten Formel, blieb demgegenüber im Verborgenen, zumal es sich um eine Stelle der Sonatenform handelt — die Schlußgruppe der Exposition des ersten Satzes —, die auch in anderen Werken selten die Aufmerksamkeit der Analytiker auf sich zieht.

Die ersten sieben Takte der Schlußgruppe (T. 47—53) enthalten, zunächst in der Ober- und dann in der Unterstimme, fünf Motive (a^1 b^1 b^2 c a^2), von denen das dritte, mit verändertem Anfangston, eine Sequenz des zweiten und das fünfte, trotz der Verschränkung mit dem vierten, eine als solche erkennbare Wiederkehr des ersten ist:

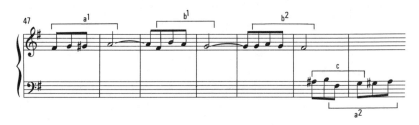

Das Verfahren, von dem Beethoven bei der Konstruktion der Schlußgruppe ausging: die Technik, Motive aus verstreuten Teilmomenten der Exposition abzuleiten und überraschend zu kombinieren und miteinander zu vermitteln, erinnert an opus 2,3. Und wie bei der früheren, drei Jahre zurückliegenden Sonate ist der Versuch einer Analyse, die sich nicht auf das Registrieren von „Fakten" beschränken möchte — die streng genommen ohne hermeneutisches Bezugssystem den Status „musikalischer Tatsachen" nicht einmal erreichen —, mit dem Problem konfrontiert, das Interpretationsmodell zu rechtfertigen, aufgrund dessen die Zusammenhänge, die der Analysierende zu erkennen glaubt, überhaupt erst zu einem Stück „musikalischer Wirklichkeit" werden.

Die bloße Beschreibung ist wiederum, wie bei opus 2,3, nicht schwierig. Die Chromatik des Motivs a stammt aus dem Baß der unmittelbar vorausgegangenen Takte 40—43 (fis—g—gis—a). Dagegen erscheint die rhythmische Figur, der 3/8-Auftakt, als Resultat einer längeren „Vorgeschichte", die bis zum Anfang des Satzes zurückreicht. Die Sonate beginnt mit einem Motiv, das sich wegen der Diskrepanz zwischen dem notierten Takt und

dem Akkordeinsatz in der Schwebe zwischen einem 3/16- und einem 5/16-
Auftakt hält:

In Takt 5 ist die Taktordnung — mit 3/16-Auftakt — unmißverständlich
ausgeprägt. In Takt 9 aber wird der 5/16-Auftakt — augmentiert zur 5/8-
Figur — wieder aufgegriffen und erscheint durch die Tonwiederholung als
verselbständigtes rhythmisches Motiv. (Daß die Augmentation als solche
gemeint ist, zeigt Takt 11, in dem durch Diminution der Tonwiederholung
zum 5/16-Auftakt die ursprüngliche rhythmische Größenordnung wiederhergestellt, der behauptete Konnex also gewissermaßen nachträglich bestätigt wird.)

Die andere Möglichkeit, Takt 1 zu verstehen, wird jedoch keineswegs
fallen gelassen: Sie manifestiert sich deutlich genug in einigen — gleichfalls
durch Tonwiederholung zum rhythmischen Motiv verselbständigten —
3/8-Auftakten (T. 25, 29 und 40). Und der 3/8-Auftakt ist dann das Moment, das in der Schlußgruppe der Exposition die verschiedenen Motive
miteinander vermittelt; er bildet — in genauer Analogie zur Chromatik in
der Reprise des Hauptthemas aus opus 2,3 — den „gemeinsamen Nenner"
der heterogenen Bestandteile: das Substrat des Ausgleichs zwischen Teilmomenten verstreuten Ursprungs.

Motiv b der Schlußgruppe stammt aus der Fortsetzung des Seitenthemas (T. 33—34), ist allerdings um ein Achtel im Takt verschoben, so daß
die Erkennbarkeit gefährdet erscheint, ohne ausgelöscht zu sein. Motiv c
schließlich kann als Augmentation der Töne 3—6 aus Takt 1, also als Seg-
ment des Hauptgedankens, aufgefaßt werden. (Der Konnex ist wegen der
charakteristischen, auffälligen Intervallfolge und wegen der Identität der
Tonhöhe trotz des weiten äußeren Abstands keineswegs im schlechten Sinne „abstrakt".)

Wie bei der Analyse von opus 2,3 kann allerdings niemand durch bloßes „Zeigen auf den Notentext" gezwungen werden, die beschriebenen Motivzusammenhänge als „musikalische Tatsachen" gelten zu lassen. Und wie-

derum besteht das Problem nicht darin, Beziehungen zu entdecken — worin manche Analytiker einen Selbstzweck zu sehen scheinen —, sondern zwischen „realen" und „fiktiven" Ableitungen begründet zu unterscheiden. Der einfachste Rechtfertigungsgrund der Analyse, die zunächst und in erster Instanz eine bloße Hypothese ist, liegt in der Häufung analoger Ereignisse: Nicht nur ein einziges, sondern drei verschiedene Teilmomente werden aus früheren Zusammenhängen herausgerissen und in der Schlußgruppe überraschend aufeinander bezogen, und zwar werden sämtliche Motive demselben Verfahren, der rhythmischen Veränderung, unterworfen: Motiv a durch Diminution, b durch Verschiebung im Takt und c durch Augmentation. Und das Resultat der Modifikationen ist eine rhythmische Angleichung: Der 3/8-Auftakt, dessen „Vorgeschichte" geschildert wurde, erweist sich als integrierendes Merkmal, als gemeinsamer Zug, der die Bestandteile der Schlußgruppe trotz heterogener Herkunft zusammenhält.

Die Methode aber, selbständige und verstreute Momente einer Exposition nachträglich zu integrieren — und zwar nicht in der Durchführung, sondern in der Schlußgruppe —, ist Ausdruck eines musikalischen Denkens, dessen „Grundmuster" — wie in opus 2,3 — im Begriff der „Entwicklungsform", den man bei Beethoven allzu generell unterstellt, nicht aufgeht.

Die Vorstellung, musikalische Form sei ein „Prozeß", ist in der Musiktheorie und in der von ihr beeinflußten musikalischen Wahrnehmung so fest eingewurzelt, daß es einer gewissen Anstrengung bedarf, sich bewußt zu machen, daß es sich nicht um einen Sachverhalt handelt, der „evident" ist — und das heißt: der sich von sich aus so zeigt, wie er ist —, sondern um die Interpretation eines Sachverhalts, und zwar um eine Interpretation, die nichts weniger als selbstverständlich ist. Zweifellos ist Musik — als Ereignis in der Zeit oder als eines, das Zeit „in sich enthält" — ein „Vorgang", aber nicht jeder Vorgang ist ein Prozeß.

Der Begriff des „Prozesses" ist in der Musiktheorie mit dem „Organismus-Modell", das zu den charakteristischen Denkmustern des 19. Jahrhunderts gehört, assoziiert: Gemeint ist, daß aus einer ursprünglichen, zu Anfang gegebenen Substanz — einem Thema, einer „motivischen Zelle" oder einer „Grundgestalt" — eine Form, deren Zeitverlauf als „Entwicklung" nachvollziehbar ist, gleichsam „herauswächst", determiniert durch das, was Aristoteles „Entelechie" („Werdeziel") nannte. Die Kategorie „Prozeß" impliziert also — unausgesprochen, aber um so wirksamer und zwingender für das musikalische Bewußtsein und dessen Reaktionsformen — einerseits die Vorstellung eines „Bezugssubjekts", das als Träger der musikalischen

Entwicklung erscheint, und andererseits die Idee einer „zielgerichteten Gesetzmäßigkeit" — man kann auch in Anlehnung an ein Kantsches Paradox von einer „Gesetzmäßigkeit ohne Gesetz" sprechen —, die dem Verlauf zugrunde liegt.

Der Versuch, ein davon abweichendes Interpretationsmodell verständlich und plausibel zu machen, ist als Ergänzung, nicht als Verdrängung gemeint: Was bestritten werden soll, ist nicht die Dominanz der Entwicklungsform bei Beethoven — sogar in den zitierten Sonatensätzen, und zwar in deren Durchführungen —, sondern lediglich die ausschließliche Geltung des von Adolf Bernhard Marx aus der Goetheschen Morphologie entlehnten Musters.

Daß die Beschreibung des abweichenden Modells metaphorisch ausfällt, ist ebenso unbestreitbar wie unvermeidlich (ohne daß zur Rechtfertigung auf das Argument zurückgegriffen werden müßte, daß die benennenden Wörter von heute die Metaphern von gestern und die Metaphern von heute die benennenden Wörter von morgen sind). Die sprachliche Orientierung an der Anschauungsform, die in der Historiographie „Ereignisgeschichte" heißt, besagt denn auch keineswegs, daß der Analysierende die Sprache zu rekonstruieren glaubt, in der Beethoven „über" Musik dachte, sondern lediglich, daß er sich dazu vortastet, für Beethovens Denken „in" Musik eine Ausdrucksweise zu finden, die mehr erschließt, als sie verstellt. (Daß eine Beschreibungssprache das eine nicht vermeiden kann, wenn sie das andere versucht, ist ein Dilemma, dem kein Analysierender — es sei denn, er suche Zuflucht bei Hans Kellers „wordless analysis" — auszuweichen vermag.)

Geschichtstheoretisch unterscheidet sich die „Ereignisgeschichte" von der „Prozeßgeschichte" vor allem dadurch, daß sie einerseits von einer Mehrzahl relativ unabhängig voneinander agierender Subjekte ausgeht und andererseits ein geschichtliches Ereignis nicht als Resultat einer zielgerichteten Entwicklung, sondern als Ergebnis eines Mit- und Gegeneinander-Handelns auffaßt, das in der Regel von keinem der Akteure vorausgesehen wurde.

Die Behauptung, daß eine Übertragung auf musikalische Sachverhalte möglich und sinnvoll sei — die Annahme einer Analogie also, die natürlich ebenso wenig wie andere Interpretationsmodelle der musikalischen Formenlehre „gepreßt" werden darf —, besagt demnach, daß man nicht gezwungen ist, einen musikalischen Satz, den man als in sich geschlossenen und zusammenhängenden Vorgang verständlich machen möchte, als „Entwicklung" zu interpretieren, sondern daß es auch möglich ist, den inneren

Konnex vom Ende her zu begreifen: einem Ende, in dem gewissermaßen die zurückliegenden Motive und Teilmomente aufeinandertreffen zu einer musikalischen Konfiguration, die insofern ein „Ereignis" darstellt, als in dem Licht, das sie zurückwirft, frühere Vorgänge als Bestandteile einer „Geschichte" sichtbar werden.

Anmerkungen

1 L. van Beethoven: *Sämtliche Briefe und Aufzeichnungen*, hrsg. von F. Prelinger, Wien/Leipzig 1907, Band I, S. 61.

2 G. Adler: *Der Stil in der Musik*, Leipzig ²1929, S. 267f.

3 H. Riemann: *Große Kompositionslehre*, Band III, Stuttgart 1913, S. 129.

4 R. Wagner: *Zukunftsmusik*, in: ders., *Gesammelte Schriften und Dichtungen*, hrsg. von W. Golther, Berlin o.J., Band VII, S. 127.

5 Dieses Kapitel wurde zuerst unter dem Titel *Eine wenig beachtete Formidee* veröffentlicht in *Analysen. Beiträge zu einer Problemgeschichte des Komponierens. Festschrift für Hans Heinrich Eggebrecht zum 65. Geburtstag*, hrsg. von W. Breig, R. Brinkmann und E. Budde, Stuttgart 1984, S. 248–256. Der gekürzte Nachdruck erfolgt mit freundlicher Genehmigung des Franz Steiner Verlags, Wiesbaden, Stuttgart.

IX. Der „neue Weg"

.

Die Einsicht, daß musikalische Form weniger ein Gebilde als ein Verlauf ist, dürfte einer der wenigen ästhetischen Topoi sein, die niemand leugnet. Die abstrakte Maxime muß jedoch, um analytisch und historisch brauchbar zu sein, differenziert werden. Die These, deren Begründung versucht werden soll: die Behauptung, Beethoven habe in Werken, die seit 1802 entstanden sind, den Prozeßcharakter der Form in einer Weise ausgeprägt, die es rechtfertigte, daß er selbst von einem „neuen Weg" oder einer „ganz neuen Manier" sprach, bleibt vage und ungreifbar, solange nicht die Vorstellungen, die im Begriff des „musikalischen Prozesses" miteinander verquickt sind, analysiert werden.

Daß Musik sich in der Zeit erstreckt, rechtfertigt zwar das Postulat, musikalische Form müsse als Verlaufsform begriffen werden, ist aber kein genügendes Motiv, um emphatisch von einem Prozeßcharakter der Musik zu sprechen. Wesentlicher als das immer gleiche Faktum der Zeitlichkeit sind die auseinanderstrebenden Konsequenzen, die aus dem fundamentalen Sachverhalt gezogen worden sind. Daß die Teile eines musikalischen Verlaufs nacheinander hervortreten, hindert keineswegs, daß sie einem Hörer als Nebeneinander erscheinen: Das Korrespondenzprinzip — der Zusammenschluß von Phrasen, Halbsätzen und Perioden durch das Verfahren, Übereinstimmungen und Entgegensetzungen so ineinandergreifen zu lassen, daß der Eindruck von Ergänzungen und Entsprechungen entsteht — begünstigt die Umwandlung eines zeitlichen Phänomens in ein quasiräumliches und fordert sie geradezu heraus. Von einem Prozeßcharakter — statt von bloßem Verlauf — kann demgegenüber erst sinnvoll die Rede sein, wenn die Zeitlichkeit der Musik, das Nacheinander, nicht einen Widerstand bildet, gegen den sich die Form durchsetzt, sondern gerade umgekehrt deren Substanz ausmacht, wenn also die Teile auseinander hervorzugehen scheinen, so daß statt eines „architektonischen" Formprinzips ein „logisches" vorherrscht.

Musikalische „Logik", die den Prozeßcharakter von Werken begründet, kann — in grober Annäherung — als thematisch-motivische Arbeit in Relation zu einer harmonisch-tonalen Entwicklung bestimmt werden. Mit anderen Worten: Der Prozeß, den eine „logische" Form darstellt, ist der Inbegriff der Konsequenzen, die aus einer thematischen Substanz gezogen werden, und zwar in Wechselwirkung mit einem harmonischen Verlauf, der die Ausarbeitung der Thematik — die Variantenbildung — trägt.

Unter einem Thema ist, nach Martin Wehnerts Definition, eine „Bezugsgestalt" zu verstehen.[1] Ein Thema erscheint also, metaphorisch gesprochen, nicht allein als Gedanke, aus dem Folgerungen hervorgehen, sondern auch als Text, der einem — zum Ausgangspunkt immer wieder zurückkehrenden — Kommentar zugrunde liegt. Die Bewegung, die ein Kommentar beschreibt, ist eher umkreisend als geradlinig. Ein fest umrissenes Thema, einerseits Voraussetzung einer musikalischen Form als Prozeß, erweist sich also andererseits als Hemmnis, wenn ein zielgerichteter und nicht ein gleichsam paraphrasierender Verlauf intendiert ist. Und man kann das kompositorische Problem, das Beethoven um 1802 zu lösen suchte — in Verflechtung mit anderen Problemen —, als die Schwierigkeit umschreiben, musikalische Formen zu entwerfen, die in einem emphatischen Sinne prozessual wirken, und zwar dadurch, daß sie zugleich thematisch und nicht-thematisch sind: thematisch in dem Maße, in dem eine thematische Substanz Voraussetzung eines Formprozesses ist; nicht-thematisch insofern, als die Verfestigung zu einer prägnant umrissenen Formulierung, die als Text zu einem Kommentar am Anfang des Werkes steht, vermieden wird. Pointiert ausgedrückt: Die „Thematik" ist kein „Thema" mehr.

Man kann demnach, wenn man musikalische Form als Prozeß bestimmt, drei Momente unterscheiden: einmal die Trivialität, daß Formen, die sich in der Zeit erstrecken, Verlaufsformen sind; zum andern den umfassenden geschichtlichen Sachverhalt, daß die Prozesse, als die sich die Instrumentalformen des 18. und 19. Jahrhunderts konstituierten, „thematische Prozesse" waren; schließlich das spezifische Faktum, daß in einigen Werken von Beethoven, die aus der Zeit nach 1802 stammen, Prozessualität durch eine paradoxe Thematik besonders ausgeprägt erscheint.

Carl Czerny erzählt, Beethoven habe „um das Jahr 1803" — wahrscheinlicher ist 1802 — zu Wenzel Krumpholz gesagt: „Ich bin nur wenig zufrieden mit meinen bisherigen Arbeiten. Von heute an will ich einen neuen Weg einschlagen" — ein Ausspruch, der voraussetzt, daß die Richtung des Weges schon feststand. Czerny kommentiert: „Kurz nach diesem Ereignisse erschienen seine drei Sonaten op. 29" — gemeint ist opus 31 —, „in welchen man die teilweise Erfüllung seines Entschlusses erkennen kann."[2] Die Sonaten opus 31 sind 1801/02 entstanden — so daß der Ausspruch eher 1802 als 1803 zu datieren ist — und 1803 gedruckt worden. Was Beethoven mit dem „neuen Weg" gemeint hat, steht nicht fest. Ludwig Misch bestimmte das Neue, das um 1802, zu Anfang der „mittleren Periode", erreicht wurde, musikalisch-formal: Er bezog den Ausspruch gegenüber Krumpholz auf die „Konstruktionsidee" des ersten Satzes der *d-moll-Sonate* opus 31,2.[3] Philip G. Downs dagegen interpretierte den „neuen Weg", den Beethoven einschlug, weniger formal als ethisch. Er schloß, zweifellos zu Recht, die *Eroica* opus 55, die im wesentlichen 1803 entstanden ist, in die Diskussion ein, verknüpfte den Begriff des „neuen Weges" mit den Bekenntnissen des ungefähr gleichzeitigen *Heiligenstädter Testaments* (datiert 6. und 10. Oktober 1802) und betonte, daß Krumpholz, an den sich der Ausspruch richtete, von Czerny nicht als musikalischer Experte, sondern als scharfsinniger Enthusiast geschildert worden sei, so daß eine exoterisch-ethische Deutung des Wortes vom „neuen Weg" näher liege als eine esoterisch-formale.[4]

Wenn Downs im menschlichen Ethos der *Eroica* das wesentliche Moment des „neuen Weges" zu erkennen glaubt, vergißt er allerdings erstens, daß von Czerny nicht opus 55, sondern opus 31 als Dokument des Neuen genannt wurde, ein Werk also, das nicht für ein Massenpublikum bestimmt war. Zweitens war Krumpholz immerhin Geiger im Hoftheater, also kein Dilettant, der eine „Konstruktionsidee" nicht verstanden hätte. Und drittens erweist sich Downs' Deutung als unwahrscheinlich, wenn man den „neuen Weg" zu der „wirklich ganz neuen Manier" in Analogie setzt, von der Beethoven im Hinblick auf die Variationenzyklen opus 34 und 35 sprach.

Im Oktober 1802, also vermutlich ungefähr gleichzeitig mit dem Ausspruch gegenüber Krumpholz, heißt es in einem Brief an Breitkopf und Härtel: „ — ich habe zwei Werke Variationen gemacht, wovon man das eine auf acht Variationen berechnen, und das andere auf 30. Beide sind auf einer wirklich ganz neuen Manier bearbeitet, jedes auf eine andere verschiedene Art . . . Ich höre es sonst nur von andern sagen, wenn ich neue Ideen habe, indem ich es selbst niemals weiß. Aber diesmal muß ich sie selbst versichern, daß die Manier in beiden Werken ganz neu von mir ist."[5] Die „wirklich ganz neue Manier", die Beethoven hervorhebt — und daß er sie gerade bei Variationenzyklen für erwähnenswert hielt, war im geringen Ansehen der Gattung begründet, in der man prinzipiell Neues kaum erwartete —, ist zweifellos stilistisch-formal, nicht ethisch zu verstehen:

Durch eine „Manier", eine Schreibweise oder Kompositionstechnik, realisiert sich ein Formgedanke.

Ob allerdings — wie behauptet — die „neue Manier" und der „neue Weg" gleichgesetzt oder mindestens eng aufeinander bezogen werden dürfen, ist nicht philologisch, sondern einzig durch eine Analyse und Interpretation der Werke — der *Sonate* opus 31,2, der *Variationen* opus 35 und der *Sinfonia eroica* opus 55 — entscheidbar (damit die Gattung des Streichquartetts nicht unberücksichtigt bleibt, wird außerdem der erste Satz aus opus 59,3, entstanden zwischen 1804 und 1806, in die Darstellung einbezogen — eine Darstellung, deren Ziel es ist, eine die Gattungsdifferenzen übergreifende Formidee sichtbar zu machen). Wenn sich zeigen läßt, daß der Symphonie, dem Streichquartett, der Sonate und dem Variationenzyklus ein Formgedanke zugrunde liegt, der einerseits über die Gattungsgrenzen hinweg den verschiedenen Werken gemeinsam ist und durch den sie sich andererseits, als Zeugnisse für eine neue Stilstufe, von früheren Werken unterscheiden, so dürfte es naheliegen, den „neuen Weg", der nach Czerny in opus 31 eingeschlagen wurde, mit der „wirklich ganz neuen Manier" in opus 35 in Analogie zu setzen, also außer der „neuen Manier", die eine andere Deutung ohnehin nicht zuläßt, auch den „neuen Weg" kompositionstechnisch-formal zu interpretieren.

Der erste Satz der *d-moll-Sonate* opus 31,2 — eine Herausforderung für Analytiker — ist so häufig kommentiert worden, daß eine erneute Erörterung kaum entschuldbar erscheint und sich nur dadurch rechtfertigen läßt, daß sie in einem übergreifenden Zusammenhang, im Hinblick auf andere Werke, eine Funktion erfüllt, in der sie nicht ersetzbar ist. Die Schwierigkeiten, in die man gerät, wenn man den Satz auf das Schema der Sonatenform bezieht, sind geradezu labyrinthisch, ohne daß es andererseits angemessen wäre, das Schema außer Acht zu lassen und den Satz ausschließlich als Form sui generis zu beschreiben. Das paradoxe Verhältnis zum überlieferten Modell gehört vielmehr zur Formidee des Werkes. Das Spezifische realisiert sich in einer gebrochenen Relation zu dem Allgemeinen, von dem die Erwartung des von Beethoven gemeinten Hörers — des „impliziten Hörers" — bestimmt ist.

Der Streit, ob entweder der Anfang des Satzes — die Dreiklangsbrechung im Largo und die „geschuppte" Skalenbewegung im Allegro — oder die Takte 21ff. das „eigentliche" Hauptthema darstellen, ist sinnwidrig, weil er eine Entscheidung fordert, wo die Pointe der Komposition in der Nicht-Entscheidbarkeit — in einer als ästhetische Qualität aufzufassenden Ambi-

guität — besteht. Der Anfang enthält — in einer rudimentären Vorform —
die thematische Substanz des Satzes, und zwar des Seitenthemas ebenso wie
des Hauptthemas, ohne daß er syntaktisch und „gestisch" ein Thema wäre.
Im Largo-Motiv ist das Hauptthema, das in den Takten 21ff. festere Umrisse annimmt, im Allegro-Motiv das Seitenthema, das in den Takten 42ff.
ausgeführt wird, präformiert. Der „Gestus" des Anfangs aber gleicht dem
einer Introduktion. Nicht weniger prekär wäre es jedoch, die Takte 21ff. als „eigentliche"
Exposition des Hauptthemas aufzufassen. Denn erstens handelt es sich sowohl syntaktisch als auch harmonisch-tonal um einen Evolutionsteil: um
eine modulierende Überleitung mit thematisch-motivischer Arbeit. Und
zweitens fehlt der Abschnitt in der Reprise. Charakteristisch ist andererseits der enge Zusammenhang des Evolutionsteils mit der Durchführung,
die zunächst — 10 Takte lang — eine Transposition des Evolutionsteils,
dann eine Analogiebildung darstellt und bereits im 19. Allegro-Takt die
Grundtonart erreicht (und nicht wieder verläßt), also mit gleicher Motivik
wie der Evolutionsteil die entgegengesetzte Modulation vollzieht.

Nahezu sämtliche Formteile sind in ein Zwielicht versetzt, in dem ein-
deutige Funktionsbestimmungen schwierig oder unmöglich erscheinen. Ist
der Anfang des Satzes Thema oder Introduktion? Stellen die Takte 21ff.,
obwohl sie zur Dominanttonart modulieren, eine Exposition des Hauptthemas in einer melodisch fest umrissenen, wenn auch syntaktisch offenen
Gestalt dar? Ist ein Kommentator, der die modulierenden Takte 21ff. als
Hauptthema bestimmt, zu dem Schluß gezwungen, daß der Anfang der
Durchführung zugleich als Reprise des Hauptthemas — als Ersatz der später fehlenden Reprise — aufzufassen sei? Die Konsequenz mag absurd an-
muten. Wenn jedoch ein modulierender Evolutionsteil zur Exposition des
Hauptthemas erklärt wird, kann mit gleichem Recht eine modulierende
Durchführung, die ein Spiegelbild des Evolutionsteils darstellt, als Ersatz
der Reprise des Hauptthemas gelten.

Dem Hörer, den er impliziert, mutet Beethoven nicht zu, die Paradoxien aufzulösen; er soll sie vielmehr als Formidee des Satzes begreifen. Wer
sich durch die Sonate verwirrt fühlt, darf nicht eine Eindeutigkeit zu erzwingen versuchen, die als erzwungene falsch wäre, sondern er muß die
Ambiguität als artifizielles Moment — als Eigenschaft der Sache selbst statt
als Mangel der Analyse — erkennen. Gerade die Widersprüchlichkeit der
Form macht deren Kunstcharakter aus.

Der Anfang des Satzes ist noch nicht Thema, der Evolutionsteil ist es nicht mehr. Nirgends also ist das Hauptthema „eigentlich" exponiert. Indem aber Beethoven die „Setzung" der Themen vermeidet und von einer Vorform sogleich zu einer entwickelnden Ausarbeitung übergeht, erscheint die Form in einem emphatischen Sinne als Prozeß. Die Thematik ist nirgends „gegeben" — im Sinne eines Textes, den eine Durchführung kommentiert; sie ist vielmehr immer — als Ahnung künftiger oder als Konsequenz früherer Thematik — in einem Entwicklungsprozeß begriffen. Sie existiert ausschließlich in Umformungen, in denen sie eine Funktion, eine abhängige Variable des Formverlaufs ist, nicht als substantielles Gebilde: als „Bezugsgestalt", auf die dann die thematisch-motivische Arbeit zurückverweist. Die Bewegung, die der Satz beschreibt, ist ausschließlich zielgerichtet, nicht umkreisend.

Das Neue in opus 31,2, auf das offenbar Beethovens Ausspruch gegenüber Krumpholz zielte, ist der radikale Prozeßcharakter der musikalischen Form, als dessen kompositionstechnisches Korrelat die Aufhebung des traditionellen Themenbegriffs erscheint. Was dem Satz zugrunde liegt, ist weniger ein Thema als vielmehr eine „thematische Konfiguration": eine Zusammenstellung von Elementen — Dreiklangsbrechung und „geschuppte" Skalenbewegung —, die zu Anfang noch „vor-thematisch" und in den Takten 21ff. und 42ff. bereits „nach-thematisch" wirken: als Folgerungen und nicht als Setzungen.

Eine ähnliche Formidee aber, wie sie in opus 31,2 durch tiefgreifende Veränderungen der Sonatensatzform realisiert wurde, ist — unter den Bedingungen einer anderen Gattung — für die *Eroica-Variationen* opus 35 charakteristisch. Dem Zyklus liegt nicht ein geschlossenes Thema, eine fest umrissene melodisch-harmonische „Bezugsgestalt", sondern eine Konfiguration aus prinzipiell voneinander unabhängigen Teilmomenten zugrunde: einem Themenbaß, einer thematischen Melodie und einem harmonisch-metrischen Gerüst.

Die „wirklich ganz neue Manier", die Beethoven in opus 35 demonstriert, erscheint als Ergebnis einer Schichtung und Umdeutung von Traditionen: Die Unabhängigkeit des Themenbasses stammt aus der Ostinatovariation, die Verselbständigung des harmonisch-metrischen Schemas aus der Gerüstvariation und die Paraphrasierung der thematischen Melodie aus der Figuralvariation. Doch entscheidet nicht die Herkunft, sondern die ungewöhnliche Funktion der Mittel über deren Sinn.

Die Exposition des Themenbasses für sich — ohne die thematische Melodie — nennt Beethoven „Introduzione col Basso del Tema"; er betont den

Einleitungs- und Vorbereitungs-, nicht den Expositionscharakter des Anfangs. In Sätzen a due, a tre und a quattro — also mit progressiver Vergrößerung der Stimmenanzahl — wird der Themenbaß durch wechselnde Kontrapunkte ergänzt; die kontrapunktischen Veränderungen haben jedoch — anders als in der Tradition der Ostinatovariation, an die sie erinnern — ihren formalen Sinn nicht in sich selbst, sondern in der Vorbereitung der thematischen Melodie, auf deren gleichsam triumphales Erscheinen sie zielen.

Und umgekehrt ist die Exposition der thematischen Melodie weniger eine Setzung und Behauptung als ein Resultat und eine Konsequenz oder Kulmination einer Entwicklung: In dem Satz a due ist der melodische Umriß der Takte 1—8 und 13—16 der thematischen Melodie, in dem Satz a quattro die Sechzehntelbewegung der Takte 9—12 vorgezeichnet.

Aus der thematischen Konfiguration werden in den einzelnen Variationen immer wieder andere Teilmomente ausgewählt oder herausgebrochen und verarbeitet oder zitiert. In Variation II liegt den Takten 1—4 nichts als das harmonisch-metrische Gerüst zugrunde; in den Takten 6—8 aber schließen sich die Spitzentöne der Diskantfiguration zu einem Zitat aus dem Themenbaß — einer Reminiszenz in unerwarteter Region — zusammen. Variation III beruht auf dem harmonisch-metrischen Gerüst, das aber nicht nur Fundament der Variationstechnik, sondern auch deren Gegenstand ist: Takt 5 des harmonischen Schemas fehlt in der Variation, Takt 6 erscheint an der Stelle von 5, und Takt 7 ist durch Augmentation zu 6 und 7 auseinandergezogen. Beethoven zerlegt also das harmonisch-metrische Gerüst in seine Teilmomente: Das harmonische Schema ist, ohne seine Identität einzubüßen, gegenüber dem metrischen verschoben. Und es wäre kaum eine Übertreibung, den Variationenzyklus insgesamt einen analytischen Prozeß zu nennen: eine Auflösung des thematischen Komplexes — aus Baß, Melodie und Gerüst — in Teilstrukturen und der Teilstrukturen in Elemente.

Der analytische Charakter der Variationstechnik zeigt sich besonders drastisch in Variation VI, in deren erstem Teil die thematische Melodie untransponiert, also in Es-Dur, und nahezu unverändert (in Takt 7 ist der Ton es"zu e" alteriert) die Oberstimme eines Tonsatzes bildet, der in c-moll beginnt und nach f-moll moduliert, also harmonisch-tonal verfremdet ist. (Dasselbe Prinzip liegt der Coda aus Variation XV zugrunde.) Man kann, wenn man terminologische Anachronismen nicht scheut, geradezu behaupten, daß Beethoven in Variation VI die komplexen Kategorien des klassisch-romantischen Musikdenkens — Kategorien wie „Rhythmus" und „Melodie" — mit Parameter-Begriffen wie „Tondauer" und „Tonhöhe" (im

Sinne einer von der harmonischen Tonqualität unabhängig gedachten Diastematik) vertausche, denn zweifellos soll dem „impliziten Hörer", den er voraussetzt, die diastematische Identität der thematischen Melodie ebenso bewußt werden wie die harmonisch-tonale Verfremdung. (In Variation X reproduzieren die Takte 9—12 den originalen Rhythmus des Themenbasses, ohne daß diastematisch der geringste Zusammenhang bestünde.)

Die Substituierung des traditionellen Themas durch eine thematische Konfiguration und die Zerlegung der Teilstrukturen in Einzelelemente sind Merkmale eines musikalischen Denkens, das auf radikale Prozessualität der Form zielt. Die thematische Substanz wird analysiert, nicht paraphrasiert. Sie bildet keinen Text, den die Variationen — in einer umkreisenden Bewegung — kommentieren, sondern einen Merkmalkomplex, aus dem immer wieder andere Teilmomente herausgebrochen werden, um in einem Formprozeß aufzugehen, der die thematische Substanz gleichsam aufzehrt.

Obwohl es scheint, als lasse sich ein Sonatensatz mit einem Variationenzyklus nicht unmittelbar vergleichen, drängen sich doch bei einer Interpretation von opus 31,2 und opus 35 Analogien zwischen den Werken auf, die es rechtfertigen, den „neuen Weg", den die *d-moll-Sonate* markiert, und die „wirklich ganz neue Manier" der *Eroica-Variationen* eng aufeinander zu beziehen. In beiden Werken sind die Anfänge zugleich thematisch und vorläufig: Introduktion und Exposition fließen ineinander. Und beiden Werken liegt statt eines Themas im herkömmlichen Sinne eine thematische Konfiguration zugrunde. (Die thematische Melodie der *Eroica-Variationen* wurde zwar von Beethoven „Thema" genannt, doch ist sie nicht in dem Ausmaß Träger der Entwicklung, wie man es von einem Variationenthema erwartet.) Der Begriff der „thematischen Konfiguration" erlaubt es, die zerlegbare Monothematik des Variationenzyklus und die im Satzanfang zusammengefaßte Doppelthematik des Sonatensatzes aufeinander zu beziehen, also die Formen über Gattungsgrenzen hinweg kommensurabel zu machen. Die ungewöhnliche thematische Struktur aber bildet das Korrelat zum Prozeßcharakter der Form.

Daß die musikalische Form in einem emphatischen Sinne als Prozeß, als drängende, unaufhaltsame Bewegung erscheint, ist schon immer als hervorstechende Eigenschaft des ersten Satzes der *Sinfonia eroica* empfunden worden. Und daß Beethoven in der *Dritten Symphonie*, die gegenüber den ersten beiden einen „qualitativen Sprung" bedeutet, einen „neuen Weg" einschlug, war bereits den Zeitgenossen bewußt. Ist demnach in entscheidenden Zügen die innere Nähe zu opus 31,2 und opus 35 unverkennbar, so bedarf andererseits die thematische Struktur der *Eroica* eines Kommentars, wenn die Verwandtschaft der Formidee mit dem in der Sonate und dem Variationenzyklus realisierten Prinzip deutlich werden soll.

Die Behauptung, die Takte 3—6 stellten das Hauptthema dar, ist eine Simplifikation, die nicht einmal in einem Konzertführer erlaubt sein dürfte. (Und die ausweichende Formulierung, es handle sich weniger um ein Thema als um ein Motto, hilft nicht aus der Verlegenheit, sondern drückt sie nur aus.) Die Frage, wo denn das Hauptthema exponiert werde, geht ins Leere. Die Takte 3—6, ein Motiv pastoralen Charakters, sind „noch nicht" die Exposition, und die Takte 15—22, eine Wiederkehr des Hauptmotivs mit Sequenzen auf der II. und IV. Stufe, sind es „nicht mehr": Die Motivik wird bereits entwickelt, statt als Thema in der syntaktischen Form einer Periode oder eines „Satzes" präsentiert zu werden. Von der „Vorform" geht Beethoven, kaum anders als in opus 31,2, unmittelbar zur „Ableitung" über, ohne daß das Thema „eigentlich" exponiert worden wäre.

Die Takte 3—6 sind, pointiert ausgedrückt, weder substantiell ein „Thema" noch funktional eine „Exposition". Nicht ein Thema liegt dem Satz zugrunde, sondern — in Beethovens „neuer Manier" — eine thematische Konfiguration. Sie besteht in der *Eroica* aus dem Kontrast zwischen der Dreiklangsbrechung des Hauptmotivs und dem chromatischen Sekundgang, in den das Hauptmotiv in den Takten 6—7 überraschend abbiegt: in einem Kontrast also, der einerseits ähnlich elementar und andererseits ähnlich abrupt ist wie der Gegensatz zwischen Dreiklang und Skalenbewegung in opus 31,2.

Die Chromatik erscheint in verschiedenen Gestalten, als Halbtonfolge abwärts oder aufwärts, und in wechselnden Funktionen. In den Takten 6—7, als absteigende Halbtonfolge, die vom Grundton des Hauptmotivs ausgeht, erfüllt sie den Zweck, die Tonalität zu gefährden, also die Vorläufigkeit des Anfangs kenntlich zu machen und den Expositionscharakter zu durchkreuzen:

Später, in den Takten 15—20

und 37—42,

215

führt sie als Halbtonfolge, die beim Grundton oder beim Quintton des Hauptmotivs ansetzt, zur Fortspinnung des Hauptmotivs durch Sequenzen. (Sie stellt gegenüber dem eher statischen Charakter des pastoralen Motivs das „Entwicklungsmoment", den treibenden, dynamischen Bestandteil der thematischen Konfiguration dar.) Als Augmentation der Halbtonfolge, des „Entwicklungsmoments", ist im ersten Teil der Durchführung die Rückung des Hauptmotivs von c-moll über cis-moll nach d-moll zu verstehen:

Die Chromatik, in der Exposition melodische Fortsetzung des Hauptmotivs, bestimmt in der Durchführung dessen harmonischen Stufengang.

Andererseits bleibt das chromatische Moment nicht auf die Thematik des Hauptsatzes beschränkt, sondern bildet zugleich das latente Gerüst (f—e—es—d) des ersten (T. 46ff.) und die Substanz des zweiten Nebengedankens (T. 83ff.). Die thematische Konfiguration durchdringt den ganzen Satz. „Thematisch" ist demnach das Hauptmotiv nicht für sich, sondern in dialektischer Relation zum chromatischen „Entwicklungsmoment". Und Gegenstand der Veränderung, der „entwickelnden Variation", ist außer der Gestalt der Motive auch deren Verhältnis zueinander. Der chromatische Sekundgang wendet sich aufwärts oder abwärts, er knüpft an den Grund- oder den Quintton des Hauptmotivs an und bildet entweder dessen melodische Fortsetzung oder einen Grundriß der Harmonik.

Die thematische Konfiguration des ersten Satzes der *Eroica* ist nirgends — im Sinne eines Textes zu einem Kommentar — „gegeben"; sie geht vielmehr restlos in dem Prozeß auf, dessen Substanz sie bildet. Sogar die scheinbar unverfängliche Formulierung, daß das Hauptthema in der Coda seine endgültige Gestalt erreiche, ist fragwürdig, sofern nicht nur gemeint ist, daß es sich um die letzte, sondern auch, daß es sich um die „eigentliche" Gestalt handle. Die triumphale Ausbreitung in Wiederholungen, die kein Ende zu finden scheinen, ist ein spezifischer Finalcharakter: Das Hauptmotiv ist an ein Ende gelangt, das eine Kulmination darstellt. Entscheidend aber ist, daß auch die letzte Station des Formprozesses eine Station wie die anderen ist, daß das Thema nirgends, weder am Anfang noch am Ende, in einer „eigentlichen" Gestalt erscheint, sondern daß es immer, in jedem Augenblick, eine Funktion — eine abhängige Variable — des Formprozesses bildet.

Das *C-Dur-Quartett* opus 59,3 ist von Ludwig Finscher als kompositorischer Reflex der sozialgeschichtlichen Lage des Streichquartetts nach 1800 gedeutet worden.[6] Einerseits ging die private Quartettkunst allmählich in eine öffentliche über, und als Konzertmusik tendierte das Streichquartett dazu, in die Nähe der Symphonie oder des Quatuor brillant zu geraten, sich also eine symphonische oder eine konzertante Attitüde zu eigen zu machen. Andererseits sollte der ästhetische Anspruch der Gattung, die Stilhöhe, die sie durch Haydn und Mozart erreicht hatte, nicht preisgegeben werden. Und es ist der Gegensatz zwischen dem Zug zur Exoterik und dem esoterischen Ehrgeiz, der in Beethovens opus 59,3 — und zwar als dialektisch vermittelter Gegensatz — produktiv geworden ist: Die symphonischen oder konzertanten Mittel, mit denen sich das Quartett nach außen, an die Öffentlichkeit wendet, werden andererseits als Teilmomente in eine artifizielle Konstruktion einbezogen, die nur für Kenner durchschaubar ist. Das Exoterische erscheint, ohne dadurch in seiner Wirkung geschmälert zu werden, als Vehikel der Esoterik.

Die Merkmale der Werke, die den „neuen Weg" kennzeichnen — die rudimentären Satzanfänge, der radikale Prozeßcharakter der musikalischen Form, die Aufhebung des traditionellen Themabegriffs und die funktionale Ambiguität der Formteile — kehren, wenn auch modifiziert durch die veränderte Gattungsproblematik, im ersten Satz aus opus 59,3 wieder. Die „wirklich ganz neue Manier", die Beethoven um 1802 ausbildete, ergreift auch das Streichquartett.

Die langsame Einleitung, deren Gerüst ein absteigender chromatischer

Baßgang bildet, ist tonal diffus und motivisch, außer einer Dreitonfigur mit Triller, nahezu gestaltlos. Aber auch zu Beginn des Allegro vivace (T. 30ff.) ist die Grundtonart noch vage, und man gerät, zumal der melodische Gestus rhapsodisch-konzertant wirkt, in Zweifel, ob es sich um die Exposition des Hauptthemas oder um eine zweite Introduktion handelt.

Einerseits sind die Takte 30ff. tonal ungefestigt und syntaktisch irregulär: Ein Halbsatz, der 5 (1+4) Takte umfaßt, ohne auf die „Quadratur" reduzierbar zu sein, wird um eine Stufe aufwärts in die Subdominantparallele versetzt, statt durch einen korrespondierenden Nachsatz zu einer geschlossenen Periode ergänzt zu werden. Andererseits ist es die motivische Substanz der Takte 30ff., von der die Durchführung zehrt und auf die bereits die späteren Teile der Exposition immer wieder zurückgreifen (T. 57, 65—75, 91). Definiert man also den Begriff des Themas als „Bezugsgestalt", so stellen die Takte 30 ff. einen Bezugspunkt dar, ohne Gestaltcharakter zu erreichen; sie sind zugleich thematisch und vor-thematisch.

Ähnlich zwiespältig ist die Wirkung, die von den Takten 43ff. ausgeht. Zwar ist die Grundtonart deutlich, wenn nicht überdeutlich ausgeprägt. Die Motivik aber ist bedeutungslos im zweifachen Sinne: melodisch trivial und formal folgenlos. Von einem Thema als Gegenstand einer Ausarbeitung kann demnach, obwohl es sich um die erste fest umrissene „Gestalt" der Exposition handelt, schwerlich die Rede sein. Und auch der orchestral-expansive Zug der Takte 43ff. spricht eher gegen als für eine Deutung als Hauptthema. Erstens legt es der aus der Symphonik stammende Concertino-Tutti-Kontrast, als dessen kammermusikalischer Reflex der satztechnisch-dynamische Gegensatz zwischen den Takten 30ff. und 43ff. erscheint, einem Kenner von Haydn-Symphonien nahe, den Anfang des Allegro vivace als Thema aufzufassen, denn bei Haydn erfüllt das Concertino, nicht das Tutti, Themenfunktion. Und zweitens mag die Trivialität der Motivik einen Hörer, der sich des ästhetischen Anspruchs der Gattung bewußt ist, dazu veranlassen, rückblickend den differenzierten Inhalt der Takte 30ff. — trotz des Mangels an tonaler und syntaktischer Festigkeit — als thematische Substanz zu erkennen, worin er von der Durchführung bestätigt wird. (Die melodische Trivialität ist durch die formale Funktion der Takte 43ff., durch die Funktion eines Gegengewichts zu den Takten 30ff., gerechtfertigt, darf also nicht als ästhetische Qualität für sich, sondern muß aus dem Kontext heraus beurteilt werden.)

Der Themabegriff ist in opus 59,3, nicht anders als in opus 31,2, gleichsam gespalten. Thematische „Substanz" wird in den Takten 30ff. exponiert;

thematische „Gestalt" aber erreichen erst die Takte 43ff. Die Takte 30ff. sind — als rudimentäre Vorform — „noch nicht" eigentliches Thema; die Takte 43ff. sind es — als geräuschvolles Tutti nach einem melodisch differenzierteren Concertino — „nicht mehr". Der erste Abschnitt ist zu vorläufig, der zweite zu inhaltslos, um als Thema im ungeschmälerten Sinne des Wortes gelten zu können.

Gerade die Charaktere der Vorläufigkeit und der Trivialität aber hängen mit dem exoterischen Zug des Werkes, den Finscher sozialgeschichtlich dechiffrierte, eng zusammen: mit der Wendung nach außen, an die Öffentlichkeit. Exoterisch ist sowohl der rhapsodisch-konzertante Gestus der Takte 30ff., der zu Beginn der Reprise noch deutlicher ausgeprägt erscheint, als auch die symphonische Expansion der Takte 43ff. Die Konfiguration aber, in der die Momente zueinander stehen, ist durchaus esoterisch: Die Aufhebung des traditionellen Themabegriffs durch Zerspaltung der „Bezugsgestalt" in die Eigenschaften des Bezugspunktes und des Gestaltcharakters und die Ambiguität der Formteile sind — als Merkmale des „neuen Weges" oder der „neuen Manier" — artifizielle Züge, die einzig von Eingeweihten verstanden werden.

Die „neue Manier", deren Grundzüge sich an opus 31,2 und 35, 55 und 59,3 demonstrieren lassen, erweist sich demnach als allgemeines, über Gattungsgrenzen hinweggreifendes Konzept, ohne daß der Analysierende gezwungen wäre, die Beschreibungskategorien so abstrakt zu fassen, daß sie leer werden. Begriffe wie „thematische Konfiguration" und „formale Ambiguität" sind vielmehr genügend konkret, um als Mittel zur Bestimmung einer kompositionsgeschichtlichen Lage — „nach 1802" — brauchbar zu sein.

Andererseits realisierte sich die „neue Manier" unter den drastisch voneinander abweichenden Bedingungen der einzelnen Gattungen in immer wieder anderen Erscheinungsformen: Gattungsdifferenzen waren im frühen 19. Jahrhundert noch essentiell. Oder umgekehrt ausgedrückt: Die „neue Manier" stellte ein Mittel dar, um durchaus verschiedene, von Gattung zu Gattung wechselnde und aus deren spezifischer Geschichte resultierende Probleme zu lösen.

In der *Sinfonia eroica* ist der orchestrale Apparat produktiv geworden. Das Orchester ist kein bloßes Mittel oder Vehikel, um thematische Substanz darzustellen und effektvoll zu präsentieren, sondern es treibt vielmehr aus unscheinbarem Material eine Struktur, die symphonisch heißen darf, überhaupt erst hervor. Die Demonstration des Orchestralen, der spezifisch symphonische Zug, erscheint in der *Eroica* als Korrelat zur Geringfügigkeit der thematischen Substanz. Daß Beethoven — im Sinne des „neuen Weges" — nicht ein Thema exponiert, sondern von einer Vorform, die noch nicht Thema ist, ohne eigentliche Exposition zu einer Entwicklung übergeht, die nicht mehr Thema heißen kann, erhält in der Gattung der Symphonie eine spezifische Bedeutung: Der Prozeßcharakter der musikalischen Form, auf den die „neue Manier" zielt, realisiert sich als Prozeß der Entfaltung des Orchestralen. Daß das Hauptmotiv zu Anfang lediglich in den Violoncelli erscheint, dann zwischen Holzbläsern und Streichern wechselt (T. 15ff.), um sich schließlich auf das ganze Orchester zu erstrecken (T. 37ff.), ist nicht allein als ausinstrumentierte Steigerung, sondern als Selbstdarstellung des Orchesters in einem Formverlauf zu verstehen, dessen Struktur zum Teil eine Funktion des Apparats ist. Der Apparat aber erscheint als Ausdruck und Vehikel des Anspruchs der Beethovenschen Symphonie, zu einem Publikum zu reden, das die Menschheit repräsentiert, und zwar im intensiven wie im extensiven Sinne des Wortes: Gemeint ist die Humanität im Einzelnen wie die Menschheit als Masse. Der formale Charakter der „neuen Manier" ist in der *Eroica* zugleich ein ästhetischer und der ästhetische ein sozialer. (Das besagt jedoch nicht, daß mit dem Begriff des „neuen Weges" primär — wie Philip Downs meinte — ein ethisches und nicht ein kompositionstechnisch-formales Konzept bezeichnet werden sollte.)

Die Wendung zum Massenpublikum, deren heroische Seite in der Symphonie hervortrat, enthüllte in der Gattung der Klaviervariation ihre jämmerliche. Die Variationenreihe war um 1800 eine inferiore Form; und daß Beethoven gerade an zwei Variationenzyklen die „wirklich ganz neue Manier" rühmte, in der sie komponiert seien, ist kein Zufall: Wer in Variationen — in einem Genre, das als Schleuderware auf den musikalischen Markt kam — Originelles und Ernsthaftes sagen wollte, mußte seine Absicht, weil das Publikum nicht auf sie gefaßt war, eigens betonen. Die „neue Manier" erscheint demnach in der Klaviervariation als Mittel, um eine abgesunkene Gattung zu nobilitieren. Die Technik der brillanten Paraphrase wurde in opus 35 durch die der thematischen Arbeit abgelöst: Die Aufspaltung des Themas in einen Themenbaß, eine thematische Melodie und ein harmonisch-metrisches Gerüst erlaubte es Beethoven, in den Variationen auf immer wieder andere Teilmomente der thematischen Konfiguration zurückzugreifen, statt an ein Schema gebunden zu sein. So wird etwa in Variation II eine Umschreibung des harmonischen Gerüsts von einem in Diskantfigurationen versteckten Zitat aus dem Themenbaß fortgesetzt. Die thematische Arbeit aber bildete die kompositionstechnische Signatur einer Stilhöhe, die durch die Sonate repräsentiert wurde und der Variation verschlossen gewesen war. Indem Beethoven die Reihungs- in eine Entwicklungsform umprägte, erhob er für die Gattung der Variation einen ästhetischen Anspruch, der als Widerstand gegen eine kommerziell begründete Depravierung zu verstehen ist.

Die „neue Manier", die in der Symphonie einen exoterischen und in der Klaviervariation, gerade umgekehrt, einen esoterischen Zug hatte, wurde im Streichquartett, in opus 59,3, in eine Gattungsproblematik hineingezogen, die aus dem Versuch resultierte, zwischen einer esoterischen Tradition als Kennerkunst, die für Privatzirkel bestimmt war, und einer neuen Funktion als öffentlich gespielter Konzertmusik zu vermitteln, und zwar nicht durch einen Kompromiß, sondern durch eine Dialektik, in der die Mittel, die eine Wendung nach außen bezeichnen, zugleich einer Konstruktionsidee unterworfen werden, deren Differenziertheit über das traditionelle Maß noch hinausgeht.

Kategorien wie Paradoxie und Ambiguität, Verfremdung und Ironie widersprechen den Vorstellungen, die man sich gewöhnlich von musikalischer Klassik oder Klassizität macht; sie scheinen einer manieristischen Kunsttheorie zu entstammen, deren Übertragung auf Werke aus Beethovens „mittlerer Periode" fragwürdig anmutet. Nichts aber wäre falscher als der Verdacht, die Interpretation der „neuen Manier" oder des „neuen Weges" setze sich über die fundamentale Einsicht hinweg, daß klassische Form auf einem Gleichgewicht und einer Wechselwirkung von Differenzierung und Integration beruht: der Verdacht, die Beschreibung ziele, in modernisierter Terminologie, auf eine Restituierung des verschlissenen Topos, Beethoven habe die musikalische Form zerbrochen. Formen, die auf Paradoxie und Ambiguität beruhen, wie der erste Satz aus opus 31,2, brauchen durchaus nicht offen oder gar brüchig zu sein, sondern präsentieren sich nicht selten in einer Geschlossenheit, die man als klassisch empfinden kann.

Es scheint, als seien Ästhetiker oder Analytiker, die Beethoven vor der törichten Behauptung, er habe die musikalischen Formen zerbrochen, zu schützen trachten, nicht selten in derselben Metaphorik befangen, die auch ihren Gegnern das Konzept verdirbt: in der Vorstellung nämlich, daß man sich in einer musikalischen Form, als wäre sie ein Gehäuse, entweder einrichte oder daß man sie zerbreche. Um aber über Formprobleme bei Beethoven angemessen reden zu können, muß man das Gehäuse-Bild als metaphorischen Mißgriff erkennen.

Überlieferte Schemata stellten für Beethoven gleichsam einen Gegenstand des Komponierens dar: Sie wurden weder übernommen noch verworfen, sondern als „Material" benutzt, das durch den Zusammenhang, in den es geriet, seine Funktion wechselte. Rudimente einer langsamen Einleitung, die in die thematische Konfiguration eines Sonatensatzes einbezogen werden, ändern ihren Sinn, ohne daß jedoch die Erinnerung an die ursprüngliche Funktion ausgelöscht wäre. Im Gegenteil: Daß ein Hörer, dem die Tradition bewußt ist, die Largo-Takte in opus 31,2 zunächst als Introduktion auffaßt, um sie erst später als Teilmoment der thematischen Konfiguration zu erkennen, entspricht dem Beethovenschen Formgedanken, daß die Largo-Takte zwar thematisch sind, aber in einer vorläufigen Formulierung. Introduktion und Exposition durchdringen sich. Und die Ambiguität setzt beim Hörer, den Beethoven „impliziert", sowohl Traditionsbewußtsein als auch die Fähigkeit voraus, über das Gewohnte hinauszugehen.

Man würde also der Bedeutung überlieferter Schemata nicht gerecht, wenn man sie ausschließlich als Vehikel der Heuristik betrachtete. Die Modelle sind vielmehr, als Teile von Gattungstraditionen, durchaus essentiell (ohne daß man dadurch zu einem prinzipiellen „Essentialismus" in der musikalischen Formanalyse gezwungen wäre). Daß Beethoven sie in Distanz rückt, daß er die geschichtliche Bewegung, die von ihnen wegführt, gleichsam auskomponiert und zu einem Konzept der Formgestaltung macht, besagt keineswegs, daß die überlieferten Modelle substanzlos würden. Formprinzipien wie Paradoxie und Ambiguität setzen, um nicht wirkungslos ins Leere zu gehen, vielmehr voraus, daß die Traditionsbestände, die in der artifiziellen „Strategie" eines Werkes eine Rolle spielen, für den Hörer noch lebendig sind.

Anmerkungen

1 M. Wehnert: *Thema und Motiv*, in: *Die Musik in Geschichte und Gegenwart*, Band 13 (1966), Sp. 282.

2 C. Czerny: *Erinnerungen aus meinem Leben*, hrsg. von W. Kolneder, Strasbourg 1968, S. 43.

3 L. Misch: *Das „Problem" der d-moll-Sonate von Beethoven*, in: ders.: *Beethoven-Studien*, Berlin 1950, S. 55.

4 Ph. Downs: *Beethoven's „New Way" and the Eroica*, in: *The Creative World of Beethoven*, hrsg. von P. H. Lang, New York 1971, S. 83ff.

5 L. van Beethoven: *Sämtliche Briefe und Aufzeichnungen*, hrsg. von F. Prelinger, Band IV, Wien/Leipzig 1909, S. 6.

6 L. Finscher: *Beethovens Streichquartett opus 59,3*, in: *Zur musikalischen Analyse*, hrsg. von G. Schumacher, Darmstadt 1974, S. 122ff.

X. „Fidelio"

Idylle und Utopie[1]

Die klassisch-romantische Ästhetik schreibt den Werken, die dem „imaginären Museum" großer, aus der Geschichte herausragender Kunst angehören, unwiederholbare Individualität zu. Daß sich ein musikalisches Werk aus einer Gattungstradition erklären läßt, von der es wesentlich geprägt wurde, gilt darum im allgemeinen, jedenfalls in der neueren Musikgeschichte, als Zeichen geringeren Ranges. Von Werken, die ihre Entstehungszeit überdauern und einen Platz im Repertoire behaupten, erwartet man, daß sie „sui generis" sind.

Man kann jedoch eine Gattung nicht nur als Formgesetz auffassen, dem sich das einzelne Gebilde unterwirft, sondern auch als „Material", das ein Komponist benutzt, um eine spezifische Werkidee, die ihm vor Augen steht, zu realisieren. (Die Art der Aneignung kann in einer Modifikation, aber auch darin bestehen, daß eine Oper wie *Così fan tutte* eine Gattung eher „reflektiert", als daß sie ihr „angehört".) Und an Beethovens *Fidelio* läßt sich zeigen, daß eine eigentümliche, ästhetisch zunächst fragwürdig erscheinende Mischung von Gattungen — die allerdings ihrerseits schon fast wieder zu einer Tradition geworden war — den besonderen Charakter der Oper mitbegründet.

Der Typus, den *Fidelio* nach der Übereinkunft der Historiker repräsentiert, ist die „Rettungsoper", von deren französischer Ausprägung durch Luigi Cherubini Beethoven zweifellos beeinflußt wurde. Die Rettungsoper, in der der Geist der Revolutionszeit musikalisch-dramatische Gestalt annahm, ist jedoch insofern ein paradoxes Genre, als sie einerseits in einem in der Operngeschichte seltenen Maße die bedrängende Realität des geschichtlichen Augenblicks spiegelt, andererseits aber durch das Motiv einer überraschenden, die Gesetze der Wahrscheinlichkeit durchbrechenden Rettung die Kategorie des „Wunderbaren" in Erinnerung bringt, die gerade darum zu den Grundbegriffen der Opernästhetik gehört, weil sie das gesungene Drama den Kriterien der alltäglichen Wirklichkeit entzieht: als Begründung und Rechtfertigung des Unwahrscheinlichen „aus dem Geiste der

Musik". Das Trompetensignal, das in *Fidelio* die rettende Ankunft des Ministers ankündigt, forderte die Parodierung durch den Opernverächter Brecht — durch das Motiv von „des Königs reitendem Boten" in der *Dreigroschenoper* — ebenso heraus, wie es andererseits nicht zufällig von Ernst Bloch, der im Gegensatz zu Brecht die Oper geschichtsphilosophisch ernst nahm, als eine der bewegendsten Darstellungen „utopischen Vor-Scheins" — der ästhetischen Antizipation sozialer Hoffnung — empfunden wurde.[2]

Ins Paradoxe verstrickt man sich auch, wenn man zu erklären versucht, in welchem Sinne *Fidelio* eine politische Oper ist. Nimmt man — was ästhetisch unerlaubt ist — den Librettotext für sich, getrennt von der Musik, beim Wort, so ist die Rache, die Pizarro an Florestan übt, nichts als eine Privatsache: Florestan ist der einzige Gefangene, dessen Name in der Liste der Eingekerkerten fehlt. Die triviale Folgerung aber, daß es demnach offen bleibe, ob die anderen Gefangenen schuldig oder unschuldig seien, scheitert an der Musik des Gefangenenchors und des zweiten Finale: Niemand kann sich dem Gefühl entziehen, daß denen, die so durch Töne reden, Unrecht geschehen ist. Sofern jedoch die Eingekerkerten sämtlich widerrechtlich Verfolgte sind — und die Musik läßt einen anderen Gedanken nicht zu —, zeichnen sich hinter Pizarro, der sein Amt zu bloßer Privatrache mißbraucht, wie dunkle Schatten die Umrisse eines Unrechtsstaates ab, der politische Gegner in Massen ins Gefängnis wirft. Und der Minister, der doch den Staat repräsentiert, wird stattdessen — im Sinne der Opernästhetik des „Wunderbaren" — zu einer Märchenfigur, die entgegen aller Wahrscheinlichkeit die Hoffnungen erfüllt, die in der Oper beschworen werden. Die Musik, die einerseits — weil ihre Sprache in der Oper unvergleichlich mächtiger ist als die des Textes — aus der Privat- eine Staatsaffäre hervorgehen und dadurch *Fidelio* überhaupt erst zu einer wahrhaft politischen Oper werden läßt, entrückt andererseits das politische Drama aus der Realität in die Sphäre des „Wunderbaren", die der angestammte Bereich der Oper ist.

Je bedrückender nun aber — bis zur unerwarteten Rettung — die Last des Politischen ist, die über der Handlung liegt, um so befremdender wirkt, jedenfalls für ein Publikum des 20. Jahrhunderts, der unbefangene Komödienton, den einige Gesangsnummern anschlagen. Daß das Duett Marzelline–Jaquino (Nr. 1) und Roccos Arie (Nr. 4) einerseits, Leonores „Abscheulicher, wo eilst du hin?" und Florestans „Gott! welch Dunkel hier!" aus derselben Oper stammen, ist denn auch als Stilbruch empfunden worden, der eine in sich geschlossene Inszenierung zu einem nahezu unlösbaren Problem werden läßt. Und die Divergenz, die man nicht durch Phrasen über-

224

tünchen, sondern aus ihren historischen Voraussetzungen verstehen sollte, bleibt unbegreiflich ohne Rekurs auf die Dramentheorie der Aufklärung und ihre psychologischen und sozialgeschichtlichen Motive. Die Handlung zwischen Jaquino, Marzelline, Leonore und Rocco ist nach den Begriffen des 18. Jahrhunderts, mit denen Beethoven aufwuchs, eine „Comédie larmoyante", das Drama, das sich zwischen Leonore, Florestan, Pizarro und Rocco ereignet, dagegen ein „bürgerliches Trauerspiel" (das ein „lieto fine" durchaus zuläßt). Beide Dramentypen wurden, statt schroff kontrastiert zu werden, zu den „genres intermédiaires" gezählt und von Dramentheoretikern der Aufklärung wie Denis Diderot und Louis-Sebastien Mercier als die dem Geist des Zeitalters einzig angemessenen Gattungen propagiert.[3] Die „Comédie larmoyante" unterscheidet sich dadurch von der Komödie im Sinne Molières, daß sie weniger auf das Gelächter über Verirrungen und Laster als auf Rührung und Anteilnahme zielt, und die „Tragédie bourgeoise" hebt sich von der traditionellen Tragödie durch die Lokalisierung des Tragischen in einem bürgerlichen statt einem höfisch-aristokratischen Milieu ab. Sozialpsychologisch ist also der Sinn der beiden Dramentypen, die sich an der Oberfläche so drastisch unterscheiden, ein und derselbe: Statt als Pantalone dem Gelächter der „anderen" — der Aristokratie oder auch des Pöbels — preisgegeben zu werden, erscheint der bürgerliche „Père de famille" bei Diderot als Gegenstand empfindsamer Sympathie; und andererseits erheben Bürger — bisher Objekte des Spotts in der Komödie — Anspruch auf ein tragisches Geschick, das bis zur Mitte des 18. Jahrhunderts aufgrund der „Ständeklausel" als ästhetisch-soziales Privileg der „Könige und großen Herren" (Hofmannsthal) galt.

Lessing konstruierte die „genres intermédiaires" streng symmetrisch, als sich ergänzende Ausprägungen derselben Tendenz. „Dort" — in der „Comédie larmoyante", die im Deutschen „weinerliches Lustspiel" hieß — „glaubte man, daß die Welt lange genug in dem Lustspiele gelacht und abgeschmackte Laster ausgezischt habe; man kam also auf den Einfall, die Welt endlich auch einmal darinne weinen und an stillen Tugenden ein edles Vergnügen finden zu lassen. Hier" — in der „Tragédie bourgeoise" — „hielt man es für unbillig, daß nur Regenten und hohe Standespersonen in uns Schrecken und Mitleiden erwecken sollten."[4] Die Aufhebung der „Ständeklausel" wurde von Lessing allerdings nicht, wie von den Interpreten des bürgerlichen Trauerspiels im 20. Jahrhundert, politisch oder ideologiekritisch, sondern wirkungsästhetisch, im Hinblick auf die Rührung als den Zweck des Dramas, begründet. „Die Namen von Fürsten und Helden können einem Stücke Pomp und Majestät geben; aber zur Rührung tragen sie nichts bei. Das Unglück derjenigen, deren Umstände den unsrigen am nächsten kommen, muß natürlicherweise am tiefsten in unsere Seele dringen; und wenn wir mit Königen Mitleiden haben, so haben wir es auch mit ihnen als Menschen, und nicht als mit Königen."[5]

Die dramaturgischen Traditionen des 18. Jahrhunderts bilden einen geschichtlichen Hintergrund, der einige Differenzen zwischen den drei Fassungen des *Fidelio* verständlicher werden läßt, als sie bei einem ausschließlich in unmittelbaren ästhetischen Eindrücken begründeten Erklärungsversuch erscheinen. Daß das Duett Leonore—Marzelline (Nr. 10 bzw. Nr. 9 der ersten und zweiten Fassung) 1814 gestrichen wurde, mag mit dem Argument begründbar sein, daß Beethoven und Friedrich Treitschke die Gefahr vermeiden wollten, ein triviales Librettoschema — Jaquino liebt Marzelline, Marzelline dagegen Leonore und Leonore wiederum Florestan — allzu deutlich durchscheinen zu lassen. Geht man aber, statt Retuschen der dramaturgischen Oberfläche anzunehmen, von den Grundbegriffen der klassischen Dramenstruktur aus — den Kategorien „Handlung" und „dramatische Dialektik" —, so ist zunächst und in erster Instanz der Eingriff von 1814 kaum motivierbar. Denn die „dramatische Dialektik", die in dem Duett ausgetragen wird: die Dialektik, daß Leonore bei Marzelline zu täuschender Verwirrung gerade jenes Gefühls gezwungen ist, das bei ihr selbst den Impetus sämtlicher Aktionen bildet, stellt das treibende Motiv der „Handlung" dar, die darin besteht, daß sich Leonore den Weg zu Florestans Rettung bahnt.

Die klassizistische Prämisse ist jedoch dem Werk inadäquat, und in dem Maße, wie sie es ist, erweist sich die Streichung des Duetts als dramaturgisch berechtigt, ohne daß man Beethoven und Treitschke bewußte dramentheoretische Reflexionen im Sinne des 18. Jahrhunderts unterstellen müßte. Die zentrale dramaturgische Kategorie der „genres intermédiaires" war nämlich weder die „Handlung" noch die „dramatische Dialektik", sondern das „Tableau". Und dessen wirkungsästhetische Legitimation bestand in der Rührung, die es erregte. „Immer wieder scheint in Diderots bürgerlichen Dramen die Zeit stehen bleiben zu wollen; gerührt, mit Tränen in den Augen betrachten die Personen einander und sich selber, lassen sich von ihrer Umwelt, zu der auch die Zuschauer gehören, betrachten."[6] Genauer kann man die Funktion und den Charakter des Quartetts Nr. 3 aus *Fidelio* („Mir ist so wunderbar") kaum beschreiben. Und es wäre keine Übertreibung, wenn man behaupten würde, daß wesentliche Merkmale des

Tableaus — der Stillstand der Zeit, der im „Pezzo concertato" konstitutiv ist, und eine allgemeine Rührung, die sogar unlösbare Affektkonflikte wie die Gefühlsverwirrung Marzellines gewissermaßen hinter einem Schleier von Tränen verschwimmen läßt — überhaupt erst in der Oper zu ihrer eigentlichen ästhetischen Realität gekommen seien. (Von Marzellines Unglück, einer Katastrophe der Empfindung, ist im zweiten Finale, in dem Marzelline „in den Jubel einstimmt", außer in einer Erwähnung durch Rocco nicht mehr die Rede: Das Tableau, in das sie sich einfügt, ist ästhetisch wesentlicher als die — wenigstens flüchtige — Betroffenheit, die ihr tragikomisches Geschick eigentlich erregen müßte.)

Die Ästhetik des 18. Jahrhunderts, deren wesentliche Voraussetzungen in *Fidelio* noch gültig sind, war primär eine Wirkungs- und erst sekundär eine Werkästhetik: Die Dramaturgie des Sonnleithnerschen Librettos, die nach den Kriterien einer stringenten Handlungsführung elendes Stückwerk ist, läßt sich — und erst dadurch wird man dem Text gerecht — als Konsequenz eines psychologischen Kalküls interpretieren, der dann wiederum die Grundlage der Komponierbarkeit bildete. Daß Florestan zu den Protagonisten der Oper gehört — und gehören muß, weil die Dramaturgie an die Konfiguration der Stimmencharaktere gebunden bleibt —, ist nicht in der Verkettung der Ereignisse begründet, in der er nichts als das tatenlos leidende Objekt der Auseinandersetzungen zwischen Leonore, Pizarro und Rocco ist, sondern in einer Dramenstruktur, als deren charakteristischer Szenentypus das Tableau erscheint, dessen Sinn es ist, Tränen der Rührung hervorzurufen.

Das Tableau — das nicht zufällig gerade im frühen 19. Jahrhundert als „Tableau vivant" zum Gesellschaftsspiel wurde — ist ebenso ein festgehaltener, durch Musik gedehnter Augenblick wie die Abgangsarie der Metastasianischen Opera seria des 18. Jahrhunderts. Und eine Musikgeschichtsschreibung, die von der Vorstellung ausgeht, daß in der vom 18. zum 19. Jahrhundert führenden Entwicklung die „Statik" aneinandergereihter musikalischer Affektbilder allmählich von der „Dynamik" einer außer den Rezitativen auch die Arien und Ensembles ergreifenden dramatischen Handlung abgelöst oder zurückgedrängt worden sei, ist insofern schief und einseitig, als durch das Tableau das Moment des Kontemplativen, das der Tendenz zur „Dramatisierung" entgegenwirkte, ständig wiederhergestellt wurde. Der Bemühung, die Oper in ein Drama zu transformieren, dessen Substanz in einer von tragischer oder komischer Dialektik in Gang gehaltenen, vorwärtsdrängenden Handlung besteht, sind, wie es scheint, Grenzen gezogen, die im Wesen der Musik liegen. Der heftigen Aktion, die im frühen 19. Jahrhundert auch von manchen musikalisch noch geschlossenen „Nummern" Besitz ergriff, entsprach als Ausgleich die Herausbildung des „Pezzo concertato", bei Beethoven ebenso wie bei seinem musikalischen Antipoden Rossini.

Die Bedingungen, unter denen im Theater das Publikum nicht nur flüchtig gerührt, sondern zu Tränen bewegt werden kann, sind von Lessing in einem Brief an Friedrich Nicolai in Formulierungen skizziert worden, die auch für die Opernästhetik gelten: „Rührung ist, wenn ich weder die Vollkommenheiten, noch das Unglück des Gegenstandes deutlich denke, sondern von beiden nur einen dunkeln Begriff habe; so rührt mich Z. E. der Anblick jedes Bettlers. Tränen erweckt er nur dann in mir, wenn er mich mit seinen guten Eigenschaften sowohl, als mit seinen Unfällen bekannter macht, und zwar mit beiden zugleich, welches das wahre Kunststück ist, Tränen zu erregen. Denn macht er mich erst mit seinen guten Eigenschaften und hernach mit seinen Unfällen, oder erst mit diesen und hernach mit jenen bekannt, so wird zwar die Rührung stärker, aber zu Tränen kömmt sie nicht."[7] Die Passage ist aufschlußreich für das Metier der Librettistik, wie es in der Tradition der „genres intermédiaires", der „Comédie larmoyante" und der „Tragédie bourgeoise", verstanden wurde. So ungeschickt nämlich Joseph Sonnleithner bei der Konstruktion einer in sich zusammenhängenden Handlung und einer sie motivierenden Dialektik war, so unverkennbar ist seine Bemühung, in dem Dialog vor dem Terzett Nr. 5 (Marzelline—Leonore—Rocco: „Gut, Söhnchen, gut") Lessings psychologisch-dramaturgisches Postulat zu erfüllen: Sonnleithner schildert das Elend, in das Florestan gestürzt wurde, zugleich mit der hochherzigen Gesinnung dessen, der „Wahrheit kühn zu sagen wagte". Und die veraltete, verblaßte Sprache des Dialogs sollte nicht darüber hinwegtäuschen, daß die von Lessing beschriebene Technik der Motivverschränkung — als Mittel, Tränen des Mitleids zu erregen, die zugleich Tränen der Bewunderung waren — offenbar auch von einem poeta minor der Opernlibrettistik bewußt gehandhabt wurde. Die Empfindsamkeit der „Comédie larmoyante" und das Pathos der „Tragédie bourgeoise" zielten — und darum war eine Verschränkung der Gattungen ohne Stilbruch möglich — in einer Dramaturgie, die primär Psychologie war, letztlich auf ein und dasselbe: auf ein Gefühl, in dem Mitleid und Sympathie oder sogar Bewunderung sich mischten.

Dem dramaturgischen Unterschied zwischen „Comédie larmoyante" und „Tragédie bourgeoise" entspricht im Groben die sozialpsychologische Differenz zwischen dem Bourgeois Rocco, der sich den bestehenden Verhältnissen anpaßt, obwohl deren Korrumpiertheit ihm quälend bewußt ist, und dem Citoyen Florestan, der „Wahrheit kühn zu sagen wagt" und die Konsequenzen erduldet, die daraus in einem Unrechtsstaat erwachsen. Nichts wäre jedoch, wenn man historisch zu verstehen versucht, inadäquater und falscher, als den sozialpsychologischen Gegensatz zu pointieren und mit den Mitteln moderner Ideologiekritik den Bourgeois und die Idylle, in die er sich im Schatten von Katastrophen zurückzieht, der indirekten, passiven Inhumanität zu bezichtigen. Beethoven und sein Librettist waren weit davon entfernt, Roccos Lob der finanziellen Sicherung häuslichen Glücks (Nr. 4) der Lächerlichkeit preiszugeben oder das Prinzip, daß Berufspflichten auch im Dienste offenkundigen Unrechts erfüllt werden müssen, solange die Grenze zum eigenen Verbrechen nicht überschritten wird (Nr. 8), als pervertiertes, durch abstrakte Verselbständigung in Unmenschlichkeit umschlagendes Ethos zu denunzieren. Rocco darf, ohne sich schämen zu müssen, einen Platz im zweiten Finale einnehmen, der ihm nicht nur als Baß, sondern auch als Sozialcharakter zusteht.

Die Verschränkung von „Comédie larmoyante" und „Tragédie bourgeoise", die als innere Zusammengehörigkeit der „genres intermédiaires" den Stilbruch — oder den scheinbaren Stilbruch — in *Fidelio* überbrückt, wird erst wahrhaft verständlich, wenn man erkennt und gelten läßt, daß die Idylle, in der Rocco, Marzelline und Jaquino sich einzurichten versuchen, und die Utopie, für die Leonore und Florestan kämpfen, in letzter Instanz zwei Seiten derselben Sache sind. Der Untertitel der Oper in der ersten und zweiten Fassung, *Die eheliche Liebe*, muß denn auch, so obsolet er inzwischen wirken mag, ernster genommen werden, als es gewöhnlich geschieht. Die von Jean Nicolas Bouilly, dem Autor der französischen Vorlage zu Sonnleithners Textbuch, gerühmte „amour conjugal", deren Eindruck auf die Zeitgenossen so stark war, daß eine hingerissene Hörerin sich spontan zur Heirat mit Bouilly entschloß, bildet die Substanz sowohl der politischen Utopie, die im Schlußbild des *Fidelio* ihren Glanz entfaltet, als auch der Idylle, in der Marzelline, obwohl ihr erster Traum jäh zerstört wurde, zweifellos das häusliche Glück finden wird, das sie sucht. Das bürgerliche Drama war immer, in *Emilia Galotti* wie in *Kabale und Liebe*, gespalten zwischen dem Impetus zur Revolte und der Neigung zur Zurückgezogenheit. Und wie die Revolte aus der Störung des Familienglücks — eines wirklichen oder eines erträumten — hervorging, so war umgekehrt dessen Wiederherstellung das Ziel, dem die Revolte letzten Endes zustrebte. Das private Glück bildete — als Reservat — einen Gegensatz zu bürgerlicher Politik, die auf die Barrikaden ging, zugleich aber — als Inbegriff realisierter Humanität — den eigentlichen Zweck der Politik. Und man versteht die innere Einheit, die in *Fidelio* die dramaturgischen Gattungen und deren sozialpsychologische Implikationen zusammenhält und miteinander vermittelt, erst dann, wenn man sich bewußt macht, daß nach den Begriffen des frühen 19. Jahrhunderts die Idylle nicht so trivial und substanzlos und andererseits die Utopie nicht so ausschließlich politisch war, wie sie dem gegenwärtigen Denken erscheint.

Tonsymbol und Erinnerungsmotiv

Der Drang, „Vorgeschichten" zu entdecken oder zu konstruieren, führt in der Musikgeschichtsschreibung nicht selten dazu, daß Phänomene gewaltsam in einen Zusammenhang gerückt werden, in den sie von sich aus nicht gehören, und daß umgekehrt die Fragen, auf die sie in ihrem ursprünglichen geschichtlichen Kontext eine Antwort erteilten, gar nicht erst gestellt werden.

In *Fidelio* nach wiederkehrenden Tonsymbolen zu suchen, ist angesichts der Tatsache, daß in der französischen Revolutionsoper, von der Beethoven ausging, die Technik des Erinnerungsmotivs reich entwickelt worden war, durchaus sinnvoll. Stilisiert man aber Beethoven zum „Vorläufer" Wagners, so verzerrt man die Problemstellung, die der Motivtechnik in *Fidelio* zugrunde liegt.

Der chromatische Terz- oder Quartgang, der seit dem Barock als Ausdruck von Tod, Leiden und Klage ein fester, in ungezählten Werken wiederkehrender Topos war, ist von Ernst Bücken[8] und noch entschiedener von Erich Schenk[9] als Substanz einer „Leitmotivtechnik" gedeutet worden, mit der Beethoven das Wagnersche Verfahren, jedenfalls in vagen Umrissen, antizipiert habe. Die Prämisse, daß Verknüpfungen und Assoziationen über Satzgrenzen hinweg das primäre Ziel waren, das Beethoven mit seiner Motivtechnik verfolgte, ist jedoch nicht so selbstverständlich, wie sie Bücken und Schenk offenbar erschien. Um die Problemgeschichte der Erinnerungs- und Leitmotivik adäquat zu rekonstruieren, muß man sich vielmehr bewußt machen, daß Motivbeziehungen über längere Strecken und die formale Integration von Motiven innerhalb einzelner, in sich geschlossener Nummern sich weitgehend gegenseitig ausschließen. Im Musikdrama wurde die Leitmotivtechnik in dem Augenblick formal konstitutiv, in dem Wagner die Nummerngliederung preisgab; und am *Fliegenden Holländer*, vor allem an Eriks Traumerzählung, ließe sich zeigen, daß die Erinnerungsmotive — die noch keine Leitmotive sind — im gleichen Maße, wie sie weitreichende Zusammenhänge stiften, aus der Formstruktur der einzelnen Nummern als bloße Interpolationen herausfallen.

Zu fragen wäre also, wenn man Beethoven keine ihm fremde Problemstellung aufdrängen will, ob er wiederkehrende Tonsymbole primär im Kontext einzelner Sätze oder im Zusammenhang des ganzen Werkes verwendete.

Die Integration innerhalb einer Nummer war insofern mit Schwierigkeiten belastet, als die chromatische Tonfigur, an der Schenk exemplifizierte, kein fest umrissenes, konkretes Motiv, sondern eine abstrakte Struktur ist, deren Rhythmisierung, Bewegungsrichtung und Ausdehnung wechseln kann und deren inhaltliche Bedeutung — trotz der Lokalisierung in einer „Sphäre", wie Kurt Huber sagen würde[10] — ebenso wenig feststeht wie die motivische Konkretisierung.

In jedem einzelnen Augenblick ist die Bedeutung der Tonfigur — wegen der Relation zum Text und zur szenischen Situation — konkret und spezifisch. Im Gesamtzusammenhang aber verschwimmen die Umrisse; und eine Tonfigur, die ebenso die häusliche Misere des Geldmangels (S. 65 in der Partitur der alten Gesamtausgabe: „traurig schleppt sich fort das Leben") wie die Morddrohung Pizarros (S. 206—207) und die Leiden Florestans (S. 171) auszudrücken vermag, taugt offenbar nicht dazu, als Erinnerungsmotiv über Satzgrenzen hinweg eine ganze Oper durch ein Netz von motivisch-symbolischen Beziehungen von innen heraus zusammenzuhalten.

Jeden Konnex, der sich nicht als Wiederkehr rhythmisch gleicher Motivprägungen konstituiert, der vielmehr in Assoziationen durch abstrakte — rhythmisch variable — Chromatik besteht, als nicht strikt nachweisbar zu leugnen, wäre allerdings überstürzt. Ob verschiedene rhythmisch-motivische Konkretisierungen der chromatischen Tonfigur innerhalb einer Nummer oder über deren Grenzen hinaus aufeinander bezogen werden dürfen, hängt zu einem nicht geringen Teil von den formalen Funktionen der Motive ab: Substantieller — motivischer und davon abhängig symbolischer — und formaler Zusammenhang sind zwei Seiten derselben Sache. Daß in der Introduktion zur Florestan-Arie Nr. 11 die Seufzerfiguren des—c und f—e (T. 11—12) eine Fortsetzung des halb chromatischen Tetrachords f—e—es—des—c (T. 1—8) und der gleichfalls chromatischen Gegenstimme (T. 6—10: ges—f und f—e) bilden, stiftet trotz extrem verschiedener Rhythmisierungen einen erkennbaren Zusammenhang. Wenn erst einmal die Halbtonstrukturen — unabhängig vom Rhythmus — dem Hörer als Motivik — und nicht als bloßes Intervallmaterial — bewußt geworden sind, treten sie ihm allenthalben entgegen; sogar die geradezu barocke chromatische Tonfigur, die am Ende des Rezitativs das Wort „Leiden" malt, erweist sich als formal integriert (statt als expressives Moment aus dem Kontext hervorzustechen).

Im Quartett Nr. 14, der Peripetie des Dramas, scheinen die chromatischen Motive — formal wie inhaltlich unabhängig voneinander — nichts als momentane, textbezogene Tonsymbole zu sein. Dem Racheausbruch Pizarros liegt eine Akkordprogression aus miteinander verschränkten Sequenzen zugrunde, deren Fundament die chromatischen Terzgänge g—gis—a—b und b—h—c—cis bilden (S. 206—207):

Ein aufsteigender chromatischer Quartgang drückt wenig später Leonores Todesentschlossenheit aus (S. 209):

durch · boh · ren mußt   du   erst   die · se   Brust

Und Pizarros Morddrohung ist wiederum eine Sequenz mit chromatischem Gerüst (S. 216):

ge·teilt hast   du mit ihm das   Le-ben,so tei · · · le nun,_____ so tei · le   nun den Tod mit   ihm,den Tod mit ihm.

Ein Zusammenhang scheint zwischen den drei Stellen nicht zu bestehen. Die Tatsache aber, daß sie sämtlich Fortsetzungen des orchestralen Hauptgedankens bilden, der — als Ausdruck von Pizarros Entschlossenheit zur Tat — bis zum Trompetensignal die formale Klammer des Quartetts bildet, rechtfertigt die Behauptung, daß es sich bei der Chromatik — und zwar der Chromatik als einer abstrakten, in verschiedenen Motiven sich konkretisierenden Struktur — um eine Art Seiten- oder Gegenthema handelt. (Die Erhebung abstrakter Momente zu thematischer — oder „subthematischer" — Bedeutung gehört zu den charakteristischen Merkmalen des „neuen Weges", den Beethoven um 1802 einschlug.)

Zu Beginn des Terzetts Nr. 5 ist die Chromatik Teilmoment einer äußerst differenzierten Motivstruktur:

Das Hauptmotiv („Gut, Söhnchen, gut") wird ergänzt durch einen chromatischen Terzgang und einen diatonischen Quartgang. Die Nebenmotive erscheinen zunächst in Achteln und dann — der Terzgang in der Umkehrung — in gegenläufiger Gleichzeitigkeit in halben Noten (T. 8—9):

Später wird dann die Chromatik des Nebenmotivs auf das Hauptmotiv übertragen (T. 29—32):

Ist die Übertragung formal durch die Augmentation (T. 8—9) vorbereitet, so besagt sie inhaltlich, daß der von Leonore geforderte Mut das Ertragen von Schmerzen des Mitleids einschließt. Die Symbolik von Takt 29—32 (Kontamination der Motive) ist identisch mit der von Takt 8—9 (Simultaneität der Motive).

Formal integriert sind die chromatischen Motive auch in dem Dialog zwischen Leonore und Rocco, der den Mittelteil des Finale Nr. 10 bildet;

zugleich aber zeichnet sich eine Motivverknüpfung über Satzgrenzen hinweg ab. Der chromatische Terzgang bezieht sich sowohl auf Florestans Leiden als auch auf die Morddrohung, unter der er steht (S. 142–144):

Der Konnex zwischen der aufsteigenden Vokalphrase und dem fallenden Baßgang ist wegen der äußeren Nähe und der inhaltlichen Assoziation unverkennbar. Daß aber der Text „Zum Morden dingt sich Rocco nicht" einen deutlichen Rückbezug auf das Duett Nr. 8 zwischen Rocco und Pizarro enthält (S. 108),

legt es nahe, über die Satzgrenzen hinweg die Chromatik der Nummern 8 und 10 aufeinander zu beziehen. Die inhaltliche Analogie — Roccos Weigerung zu morden und die spätere Anspielung darauf — und die motivische Ähnlichkeit, die allerdings wegen der inhaltlichen Analogie überhaupt erst eine sinnfällige Ähnlichkeit ist, sind ungewöhnlich deutlich ausgeprägt.

Ein Sonderfall ist im Terzett Nr. 5 Roccos Ausruf „Der Gouverneur!". Das Innehalten auf der Fermate macht deutlich, daß es sich um einen plötzlich aufblitzenden Gedanken handelt, dessen musikalische Formulierung denn auch aus dem formalen Zusammenhang des Satzes herausfällt (S. 77):

Der Gouver·· neur_____

Wenn man in der hervorstechend exponierten Chromatik nicht einfach einen Ausdruck des Schreckens sehen will, der von Pizarro ausgeht — die Motivverbindung, die Pizarros Erscheinung schildert, ist zugleich ein Herrschafts- und ein Terrorsymbol —, so ist die Vermutung, daß Roccos Gedanke eine Ahnung der Mordabsicht Pizarros ist, zwar hypothetisch, aber nicht abwegig. Rocco antizipiert, was er erst später (in Nr. 10) erfährt und dann benutzt, um eine Absicht durchzusetzen — die Teilnahme Leonores an den Arbeiten im tiefsten Kerker —, die er in Nr. 5 äußert („Der Gouverneur soll heut' erlauben, daß du mit mir die Arbeit teilst."). Gleichgültig aber, ob man die Chromatik ausschließlich als Teil eines Personalsymbols für Pizarro oder zugleich als Ahnung Roccos von dessen Mordplänen interpretiert: Es handelt sich jedenfalls um ein Motiv, das einerseits über die Satzgrenze hinausweist und andererseits — man ist versucht zu sagen: gerade darum — innerhalb der Nummer aus dem Kontext herausfällt.

Generell tendiert Beethoven zur formalen Integration innerhalb der einzelnen, in sich geschlossenen Nummern. Im Terzett Nr. 13 ist die chromatische Tonfigur, die in verschiedenen rhythmischen Prägungen erscheint, trotz der Divergenzen innerhalb der Grenzen des Satzes als Substanz eines motivischen Zusammenhangs interpretierbar; doch erlaubt der Ausdruckscharakter — Mitleid — keine Verknüpfung mit der Chromatik in Sätzen, in denen sie eine Morddrohung illustriert. Der Rückbezug von Nr. 10 auf Nr. 8 und die Antizipation von Nr. 8 in Nr. 5 sind Ausnahmen (in Nr. 5 als isoliertes Moment, in Nr. 10 dagegen mit formaler Integration innerhalb der Nummer).

Die Kehrseite der Konzentration auf Zusammenhänge innerhalb von Sätzen bildet also die Gegensätzlichkeit der Bedeutungen in voneinander getrennten Nummern. Und die formale Beziehbarkeit innerhalb einer einzelnen Nummer — als analoger Formteil oder abgeleitete Fortsetzung — ist wiederum die Bedingung dafür, daß divergierende rhythmisch-motivische Konkretisierungen der abstrakten chromatischen Struktur überhaupt als Ausprägungen ein und derselben Substanz — im motivischen wie im inhaltlichen Sinne — interpretierbar sind.

Anmerkungen

1 Dieses Kapitel wurde zuerst unter dem Titel *Idylle und Utopie. Zu Beethovens „Fidelio"* veröffentlicht in: Neue Zeitschrift für Musik 1985, Heft 11, S. 4—8.

2 E. Bloch: *Das Prinzip Hoffnung*, Frankfurt am Main 1959, S. 1295—1297.

3 P. Szondi: *Die Theorie des bürgerlichen Trauerspiels im achtzehnten Jahrhundert*, Frankfurt am Main 1973, S. 181.

4 G. E. Lessing: *Abhandlungen von dem weinerlichen oder rührenden Lustspiele*, 1754, zit. nach Szondi, a.a.O., S. 152.

5 Lessing: *Hamburgische Dramaturgie*, 1767—1769, 14. Stück.

6 Szondi: a.a.O., S. 116.

7 Lessing: Brief an Nicolai vom 29. November 1756, zit. nach Szondi, a.a.O., S. 161.

8 E. Bücken: *Der heroische Stil in der Oper*, Leipzig 1924.

9 E. Schenk: *Über Tonsymbole in Beethovens „Fidelio"*, in: *Beethoven-Studien*, hrsg. von E. Schenk, Wien 1970, S. 223—252.

10 K. Huber: *Musikästhetik*, Ettal 1954, S. 192—197.

XI. Kirchenmusik und Kunstreligion

Daß Beethoven E. T. A. Hoffmanns Aufsatz *Alte und neue Kirchenmusik* kannte — er las die *Allgemeine musikalische Zeitung* —, ist nicht beweisbar, aber angesichts der Verehrung, die er Hoffmann in einem Brief entgegenbrachte[1], nicht unwahrscheinlich. Jedenfalls kommt man dem Verständnis der *Missa solemnis* näher, wenn man annimmt, daß Beethoven die Problematik der Kirchenmusik ähnlich wie Hoffmann empfand — wenn nicht bewußt in seinen Reflexionen, so doch unbewußt in seinen kompositorischen Entscheidungen —, so daß sich der Rekurs auf dessen Aufsatz ideengeschichtlich rechtfertigen läßt: durch die Resultate, zu denen er bei einer Interpretation der *Missa solemnis* führt.

Einerseits empfand Hoffmann — und Beethoven war der gleichen Überzeugung — die Palestrina-Tradition als den einzig „wahren" Kirchenstil, glaubte jedoch, daß sie nicht restituierbar sei: „Rein unmöglich ist es wohl, daß jetzt ein Komponist so schreiben könne, wie Palestrina, Leo, und auch wie später Händel u. A. — Jene Zeit, vorzüglich wie das Christentum noch in der vollen Glorie strahlte, scheint auf immer von der Erde verschwunden, und mit ihr jene heilige Weihe der Künstler."[2] Andererseits interpretierte er — abweichend von Beethovens Selbstverständnis — in der Rezension von dessen *Fünfter Symphonie* (1810) die absolute Instrumentalmusik im erhabenen Stil als „opus metaphysicum" (um mit Nietzsche zu sprechen). Schreibt man aber erhabener Instrumentalmusik eine metaphysische Substanz zu, so liegt es nahe, den instrumentalen Stil in den kirchlichen zu integrieren: „Nun ist es aber gewiß, daß dem heutigen Komponisten kaum eine Musik anders im Innern aufgehen wird, als in dem Schmuck, den ihr die Fülle des jetzigen Reichtums gibt. Der Glanz der mannigfachen Instrumente, von denen manche so herrlich im hohen Gewölbe tönen, schimmert überall hervor: und warum sollte man die Augen davor verschließen, da es der forttreibende Weltgeist selber ist, der diesen Glanz in die geheimnisvolle Kunst des neuesten, auf innere Vergeistigung hinarbeitenden Zeitalters geworfen hat?"[3] Zwischen dem „wahren" Kirchenstil früherer Jahrhunderte und der modernen Instrumentalmusik muß, trotz schroffer Divergenzen an der stilistischen Außenseite, ein verborgener innerer Zusammenhang bestehen, der eine Verbindung möglich und sinnvoll erscheinen läßt.

Eine Musik, die aus sich heraus ein „opus metaphysicum" ist oder als solches gedeutet werden kann, stellt, wenn sie als Kirchenmusik dient, keinen bloßen Schmuck der Liturgie, sondern selbst ein Stück Kultus dar: „Abgesehen davon aber, daß die für den Kultus bestimmte Musik ohne denselben bedeutungslos bleibt — denn diese Musik ist ja der Kultus selbst, und daher eine Missa im Konzert, eine Predigt im Theater . . ."[4] Und unter den Voraussetzungen der Schleiermacherschen Gefühlsreligion ist Hoffmanns Deutung keineswegs theologisch abwegig.

Hoffmann gerät allerdings in die Nähe der verfänglichen Frage, warum eigentlich eine Musik, die von sich aus „Religion" — oder ein Weg zu ihr — ist, noch eine Liturgie braucht, in deren Dienst sie zur „heiligen Tonkunst" wird. Daß er dem Problem ausweicht, läßt seine Argumentation brüchig werden: Einerseits behauptet er — und wiederholt es mehrfach —, die Musik sei „selbst Kultus" (so daß, wie es Mendelssohn bei der Wiederentdeckung der Bachschen *Matthäus-Passion* empfand, der Konzertsaal gewissermaßen zur Kirche wird). Andererseits suggeriert er, daß die Musik gerade darum, weil sie selbst Kultus sei, den Kultus brauche, und daß sie einzig in der Kirche, nicht im Konzertsaal, die Bestimmung finde, durch die sie „religiös" werde.

Die Probleme, die Hoffmann sah oder wenigstens ahnte, vor denen er aber zurückscheute — die Schwierigkeit einer Vermittlung zwischen alter Kirchenmusik und moderner Instrumentalmusik sowie die innere Widersprüchlichkeit einer Musik, die sich in den Dienst der Liturgie stellt, als „opus metaphysicum" aber „selbst Kultus" ist, so daß sie den Konzertsaal zur Kirche werden läßt —, waren, wie es scheint, auch Beethovens Probleme. Die *Missa solemnis* war für die Inthronisation des Erzherzogs Rudolph zum Erzbischof von Olmütz bestimmt. Als sie nicht rechtzeitig fertig wurde, zögerte Beethoven jedoch nicht, sie dem Fürsten Galitzin zu einer Konzertaufführung in St. Petersburg zu überlassen und andererseits drei Sätze — Kyrie, Credo und Agnus Dei — für eine Akademie im Kärntnertortheater zu benutzen, zusammen mit der *Neunten Symphonie.*

Die Vermittlung zwischen altem Kirchenstil und moderner Instrumentalmusik erreichte Beethoven nicht — wie später Liszt in der *Graner Festmesse* — durch Übertragung symphonischer Techniken und Strukturen auf die Messe, sondern dadurch, daß er im Archaischen, das die Kirchlichkeit verbürgen sollte, zugleich ein Ferment von Modernität entdeckte, durch die das Werk vor der ästhetischen Maxime bestehen konnte, daß Musik neu sein müsse, um authentisch zu sein. Modernität jenseits des symphonischen Stils verbürgt die innere Zugehörigkeit zum Spätstil. Von thematisch-motivischer Arbeit oder entwickelnder Variation kann fast nirgends die Rede sein, so daß sich das Problem, formalen Konnex herzustellen, der die Teile miteinander verklammert, in einer Weise zuspitzte, die dazu zwang, es mit ungewöhnlichen Mitteln zu lösen, die über die Techniken der „mittleren Periode" hinausgingen.

Es genügt nicht, von einem archaisierenden Motettensatz zu sprechen, den sich Beethoven aneignete, um Gattungsnormen gerecht zu werden, die er ernster nahm als die Mehrzahl der Zeitgenossen. Daß er Motive oder Melodieteile, deren tonsymbolische Bedeutung unverkennbar ist („in unum Deum", „omnipotentem", „descendit"), imitierend durch die Stimmen führt oder in Sequenzen ausbreitet, ist zweifellos eine in der Gattung begründete Annäherung an den Stile antico. Die bloße Reihung motivisch divergierender Abschnitte aber, die im 16. Jahrhundert durch die Kontinuität des Textes gerechtfertigt erscheinen mochte, war im „Zeitalter der thematischen Prozesse", von dessen Denkweise auch nicht-thematische Formen nicht unberührt blieben, ohne Einbuße an formaler Stimmigkeit, für die niemand empfindlicher war als Beethoven, kaum möglich. Auf übergreifende, die Abschnitte von innen heraus verknüpfende Zusammenhänge zu verzichten, war undenkbar. Der Konnex bildete sich jedoch nicht in der Motivik — oder an der Außenseite der Motivik — heraus, die als textgebundene und tonsymbolische Thematik ständig wechselte, sondern in einer halb latenten, submotivischen Schicht des Tonsatzes. Und in der Tendenz zur Submotivik ist die spezifische Modernität begründet, durch die die *Missa solemnis* zum Spätwerk im emphatischen Sinne gehört.

Daß von thematisch-motivischer Arbeit oder entwickelnder Variation kaum die Rede sein kann, besagt also nicht, daß die Formteile wie musikalische Bilder, zwischen denen einzig der Text vermittelt, nebeneinanderstehen.

Der Formgedanke, das Wort „Credo" — und entsprechend das musikalische Credo-Motiv — vor „in unum dominum" (T. 37) und vor „in spiritum sanctum" (T. 268) wiederkehren zu lassen, ist eine aus der österreichischen Tradition der Credo-Messe stammende Verklammerungstechnik. (Die Interpretation, daß Beethoven durch die Inständigkeit des Immer-wieder-Sagens seine Glaubenszweifel zu übertäuben versuche, geht ins Leere, obwohl es prinzipiell nicht ausgeschlossen ist, ein Stück Konvention subjektiv umzudeuten.) Und über das Credo-Motiv hinaus besteht zwischen den ersten beiden Teilen des Satzes (T. 1—123) ein Konnex durch die analogen, tonsymbolisch begründeten Tonwiederholungen bei „in unum deum" und „in unum dominum".

Daß eine Motivwiederkehr in einer Gattungstradition oder in symbolischen Intentionen begründet ist, schließt eine formale Interpretation — als Gegeninstanz zum Zerfall des Motettensatzes in Abschnitte — nicht aus, sondern bildet deren Kehrseite. Das Credo-Motiv ist jedoch kein Thema, aus dem eine Entwicklung hervorgeht, sondern erscheint als Motto, das wiederholt, aber nicht expliziert wird. Und auch die übrigen Motive sind insofern, als ihre symbolische Prägung als Hauptmerkmal hervortritt, zu thematisch-motivischer Arbeit, die vom Text abstrahiert, kaum geeignet. (Daß von dem Fugato-Thema „consubstantialem" die Schlußtakte abgespalten und T. 82—86 in Engführung sequenziert werden, ist weniger eine Sonaten- als eine Fugentechnik.)

Die submotivischen Beziehungen sind, obwohl sie halb latent bleiben, von fundamentaler Bedeutung, weil sie jenseits des Gegensatzes zwischen dem symphonischen Stil, den Beethoven in der *Missa solemnis* suspendierte, und dem Motettensatz, den er sich aneignete, ohne ihn als genügend tragfähig zu empfinden, einen musikalisch-formalen Zusammenhang herstellen.

Die Takte 1—2, die dem Credo-Motiv vorausgehen, scheinen lediglich, wie die Akkordschläge zu Beginn der *Eroica*, die Tonart zu fixieren, die das Credo-Motiv selbst — schwankend zwischen B-Dur und F-Dur — nur undeutlich ausprägt. In den Takten 14—15 aber erscheint der Satzanfang modifiziert zur dreitönigen Figur (g—f—d), die in Takt 24 wiederkehrt und von der sich zeigen läßt, daß sie die Substanz eines weitgespannten Zusammenhangs bildet: Das herabstürzende Motiv „descendit" (T. 114—117) wird bei seiner Wiederholung im Orchester (T. 120—123) in einer Weise zusammengezogen, daß sich in der Modifikation zu dem dreitönigen Motiv g—f—d die Umrisse des Satzanfangs abzeichnen, zugleich aber die ursprüngliche Fassung des Wortes „descendit" (T. 98—99) restituiert wird (es—des—b).

Als submotivische Struktur läßt sich auch das Sequenzmodell G—c/As—Des (des) verstehen, durch das die Worte „patrem omnipotentem" (T. 17—19) und „omnia facta sunt" (T. 83—86) aufeinander bezogen werden. Und nimmt man noch hinzu, daß die Dreiklangsbrechung bei „Deum de Deo" (T. 61—70) als Instrumentalfigur bei „Qui propter nos homines" (T. 90—111) wiederkehrt, so dürfte es keine Übertreibung sein, von einem dichten Netz submotivischer Zusammenhänge zu sprechen.

Von der symphonischen Form unterscheidet sich die durch submotivische Zusammenhänge konstituierte Satzstruktur dadurch, daß sie nicht „dynamisch" ist: Die Teile gehen, obwohl sie miteinander verknüpft sind, nicht auseinander hervor, sondern stehen, wie die Abschnitte im Motettensatz, nebeneinander. Von einem Prozeß der Form kann nicht die Rede sein, denn ein Prozeß konstituiert sich dadurch, daß aus thematisch-motivischen „Setzungen" Konsequenzen gezogen werden. Weder ist jedoch die Tonfigur, die zwischen den Takten 1—2, 14—15, 24, 98—99 und 120—121 einen Konnex stiftet, eine „Setzung", die „entwickelt" wird, noch läßt sich der musikalische Zusammenhang, der die zitierten Takte miteinander verbindet, als „Konsequenz" verstehen. Daß eine scheinbar nur einleitende Tonfolge (T. 1—2) motivische oder submotivische Bedeutung erhält (T. 14—15 und T. 24), daß ein Rückgriff auf die dreitönige Figur (T. 98—99) um einer drastischen Symbolisierung des Wortes „descendit" willen zunächst preisgegeben wird, um schließlich aus einer Variante des „descendit"-Motivs noch einmal hervorzugehen: einer Variante, mit der das Satzende an den Satzanfang erinnert — die Vielzahl von Beziehungen also, die wie in einem Gewebe zwischen den Teilen hin und her laufen, ist zweifellos zusammenhangbildend, aber ein Formprozeß ist sie nicht. Erstens handelt es sich um gemeinsame Diastematik in wechselnden rhythmischen Ausprägungen und nicht, wie in Beethovens thematisch-motivischen Prozessen, um festgehaltene Rhythmen mit variabler Diastematik. Und zweitens ist die Zeitstruktur nicht zielgerichtet, „teleologisch": Beethoven geht nicht von Setzungen aus, aus denen Konsequenzen erwachsen, sondern verwendet Rückverweise, die überhaupt erst die Formbedeutung dessen, woran sie erinnern, erkennbar werden lassen.

Im „Et incarnatus" scheint es, als habe sich Beethoven die konventionelle, in der Stilspaltung in „prima" und „seconda prattica" begründete Assoziation des Liturgischen mit dem Archaischen zu eigen gemacht — entsprechend dem Vorsatz, den er zu Beginn der Arbeit an der *Missa solemnis* notierte: „Kirchenchoräle der Mönche" im Hinblick auf eine „vollkommene Prosodie" durchzugehen, „um wahre Kirchenmusik zu schreiben".[5]

Die dorische Melodie des „Et incarnatus" — die ein Stilzitat ist, aber nicht aus dem Choralrepertoire stammt — ist allerdings ein zwiespältiges Gebilde: Mindestens so wesentlich wie die geschichtlichen Implikationen, die sie enthält, ist der Kontext, in dem sie steht: ein Kontext, der zunächst irritierend wirkt. Das gleichsam flatternde Flötensolo, das von Ignaz von Seyfried 1828 als Sinnbild der Taube des Heiligen Geistes gedeutet wurde[6]

— und die Deutung ist keineswegs absurd —, ist nicht „alter Stil" — etwa eine barocke Hypotyposis-Figur —, sondern erinnert durch metrische Ungebundenheit oder deren Schein eher antizipierend an das Motiv des Waldvogels in Wagners *Siegfried* oder an die Berliozsche „Scène au champs" in der *Symphonie fantastique*.

Im Kontext des Credo ist der dorische Modus eine der — geschichtlich teils rückwärts, teils vorwärts weisenden — Abweichungen von klassischen Stilnormen, die Beethoven im „Et incarnatus" und im „Crucifixus" geradezu häuft. Die Kirchentonart ist, mit anderen Worten, nicht in sich begründeter „alter Stil", dessen Nicht-Restituierbarkeit E. T. A. Hoffmann behauptet hatte, sondern „bestimmte Negation" der Dur-Moll-Tonalität. Versuche, die Kirchentonarten zu restaurieren, waren im 19. Jahrhundert generell mit der Schwierigkeit belastet, daß es sich auch bei getreuer Nachahmung oder Kopie als unmöglich erwies, den ursprünglichen Sinn festzuhalten. Sogar bei einem so verständnisvollen Apologeten wie Carl von Winterfeld[7] verraten Termini wie „dorische Sexte" und „lydische Quarte", daß die von Dur oder Moll abweichenden Tonstufen als „charakteristische" Momente der Kirchentonarten empfunden wurden — im Gegensatz zur Auffassung des 16. Jahrhunderts, für dessen Tonartgefühl die Septime oder die Quarte des dorischen Modus ebenso konstitutiv war wie die Sexte. Dorisch wurde im 19. Jahrhundert unwillkürlich als pittoreske Variante von Moll wahrgenommen und war somit — aufgrund der ästhetischen Maxime, daß die Entwicklung der Musik in der Durchbrechung von Konventionen bestehe — ein Ferment von Modernität. Und von Beethoven wurde die Hörweise des Zeitalters nicht nur geteilt, sondern gewissermaßen „auskomponiert".

Die Kadenz in Takt 131 ist keine dorische Klausel, sondern ein Trugschluß V—VI in F-Dur. Und das charakteristische harmonische Merkmal des Motivs „ex Maria virgine" — das man als Zusammenziehung von „Et incarnatus est" und „de spiritu sancto" auffassen kann — war für Beethoven offenkundig die Akkordfolge G-Dur/F-Dur, die im 19. Jahrhundert insofern in besonderem Maße „modal" wirkte, als sie die Regel durchkreuzte, daß die Subdominante der Dominante vorausgehen und nicht folgen soll: Die Sexte wurde dadurch als hervorstechendes Moment des Dorischen kenntlich gemacht, daß Beethoven sie als G-Dur-Terz in eine nach tonalen Normen sperrige Relation zu F-Dur brachte. Die — dem 16. Jahrhundert fremde — Auffassung der Sexte als „charakteristische" Stufe des Dorischen ist demnach mit tonalen Mitteln pointiert.

Die Abweichungen von klassischen Stilnormen werden, wie erwähnt, geradezu gehäuft. Das Flötensolo (T. 134—144) fällt durch intrikate Synkopierungen aus dem Taktmaß heraus; die Chorrezitation (T. 141—142) ist gleichfalls tendenziell a-metrisch; und dasselbe gilt von der „rhythmischen Prosa" des den Takt außer Geltung setzenden „Et resurrexit" (T. 188—193), die als Rezeption eines Stilmoments aus der Vokalpolyphonie im Grunde erstaunlicher ist als der Rückgriff auf Kirchentonarten, deren Tradierung durch Kontrapunkttraktate niemals abgebrochen war: Die Taktrhythmik haftet zäher im musikalischen Gefühl als die Tonalität, ist also nur gewaltsam suspendierbar. (Daß die „rhythmische Prosa" ein Stilzitat ist, dürfte angesichts des Zusammentreffens mit „modaler Harmonik" unbestreitbar sein.)

Die „rhythmische Prosa" ist nicht nur mit „modaler Harmonik" — einem Merkmal „alten Stils" —, sondern auch mit anderen Arten von Durchkreuzungen des Taktmaßes, also einem Moment von Modernität, assoziiert. Das über drei Takte (T. 143—145) und wechselnde Stimmen verstreute Einsetzen des D-Dur-Akkords zu Beginn des „Et homo factus est" bewirkt, wenn auch mit gänzlich anderen Mitteln, gleichfalls eine Aufhebung oder Irritation des Metrums. Außerdem beginnt „Et homo factus est" — das Andante nach dem Adagio — mit einer Phrase, die unverkennbar ein Nachsatz, eine abschließende Formel ist: Formale Position und syntaktischer Charakter klaffen auseinander. Und der Charakter eines Resultats, der dadurch dem Anfang des Andante anhaftet, kann als Textausdruck, als Darstellung des „Hervorgehens", verstanden werden: Die syntaktische Irregularität ist semantisch bedeutsam.

Im „Crucifixus" bilden die übereinandergeschichteten Rhythmen ein äußerst kompliziertes Muster, durch das sich der Orchestersatz von der rhythmischen Regelmäßigkeit des Vokalsatzes abhebt. Umgekehrt wird die modifizierte Wiederkehr des Orchestersatzes der Takte 167—172 in den Takten 173—178 dadurch verdeckt, daß die Vokalmotive im Takt verschoben sind: Statt vom 3. Viertel eines Taktes zum 2. des nächsten reichen sie vom 2. zum nächsten 1. Viertel.

Das scheinbar unvermittelte Nebeneinander von Archaischem und Modernem läßt sich als dennoch vermittelt durch die Hypothese erklären, daß Beethoven, obwohl er in den alten Tonarten — und zweifellos auch in der „rhythmischen Prosa" — eine Bürgschaft „wahrer Kirchenmusik" sah, andererseits das Archaische als Ferment von Modernität, als „bestimmte Negation" der klassischen Stilnorm, begriff. Ist aber das Alte im Neuen „aufgehoben", bewahrt und zugleich verändert, so erhält E. T. A. Hoffmanns geschichtsphilosophische Spekulation: die Idee einer Transformation des „Geistes" der alten Kirchenmusik in die moderne, einen ästhetisch-kompositionstechnisch greifbaren Sinn.

Anmerkungen

1 L. van Beethoven: *Sämtliche Briefe und Aufzeichnungen*, hrsg. von F. Prelinger, Wien/Leipzig 1907, Band II, S. 305.

2 E. T. A. Hoffmann: *Alte und neue Kirchenmusik*, in ders., *Schriften zur Musik. Nachlese*, hrsg. von F. Schnapp, München 1963, S. 229.

3 Ebd.: S. 232.

4 Ebd.: S. 234.

5 A. Schmitz: *Das romantische Beethovenbild*, Berlin und Bonn 1927, S. 96.

6 W. Kirkendale: *Beethovens Missa solemnis und die rhetorische Tradition*, in: *Beethoven-Symposion*, hrsg. von E. Schenk, Wien 1970, S. 133.

7 C. von Winterfeld: *Johannes Gabrieli und sein Zeitalter*, Berlin 1834, Nachdruck Hildesheim 1965, Band I, S. 73–108.

XII. „Subthematik"[1]

Am Spätstil Beethovens sind in einer Literatur, die sich der Problematik des befremdlich aus der Restaurationszeit herausragenden Oeuvres im Ernst aussetzte, statt bei der schalen Kontroverse, ob Beethoven ein Klassiker oder ein Romantiker gewesen sei, Zuflucht zu suchen, seit jeher die Widersprüche akzentuiert worden, von denen die Werke gleichsam durchfurcht erscheinen. Moritz Bauer[2] entdeckte in den späten Streichquartetten und Klaviersonaten einerseits einen „metaphysischen Zug", von dem die Musik ergriffen werde, und einen Hang zur Abstraktion, der sich im Rekurs auf Kanon- und Fugentechniken zeige, andererseits ein „Streben nach vokalem Ausdruck", das sich im instrumentalen Rezitativ ebenso manifestiere wie in der Tendenz, in Sonatensätzen außer dem zweiten Thema auch dem ersten eine liedhaft-kantable Prägung zu geben. Und die Dialektik, von der zu reden auch nüchtern-empirisch gesonnene Musikhistoriker sich gedrängt fühlten, läßt sich bis in Details des Tonsatzes verfolgen: eines Tonsatzes, in dem ein Zug zum Improvisatorischen mit einer Häufung von Engführungen, Diminutionen und Augmentationen zusammentrifft oder abrupte Ausbrüche in extreme Expressivität zu dem von Theodor W. Adorno[3] beobachteten Verfahren, daß Konventionen „stehen gelassen sind", statt von „Subjektivität durchdrungen und bewältigt zu werden", in einer paradoxen Relation stehen.

Ist demnach der Beethovensche Spätstil immer schon als beunruhigendes Phänomen wahrgenommen worden, das aus dem musikgeschichtlichen Kontext herauszufallen schien und gerade darum biographische — zuletzt psychoanalytische — Deutungen provozierte, so ist andererseits der „Übergang zum Spätwerk", dessen Charakterisierung als „Übergang" durchaus unzulänglich ist, offenbar niemals als Stilphase eigenen ästhetischen Rechts erkannt worden: als eine von der Periode des mittleren, „heroischen" wie von der des späten, „esoterischen" Stils abgehobene Entwicklung, deren selbständige Existenz und Bedeutung allerdings erst zutage tritt, wenn man kompositionsgeschichtlich argumentiert, statt den Versuchungen der biographischen Methode nachzugeben.

Das der Geringschätzung verfallene, aber keineswegs aus dem allgemeinen Bewußtsein verdrängte Schema von den drei Perioden, in die sich Beethovens Werk teilen läßt — ein Schema, das immerhin partiell gerechtfertigt erscheint durch Beethovens Wort von dem „neuen Weg", den er um 1802 einschlug, und durch die tiefgreifende Zäsur, die sich in den Jahren um 1816 fühlbar macht —, erweist sich bei dem Versuch, Voraussetzungen des Spätwerks in der Sache selbst — und nicht in den äußeren Bedingungen und Umständen ihrer Entstehung — zu eruieren, als Hindernis, und zwar insofern, als es den Blick für die Eigenart und geschichtliche Bedeutung der Werkgruppe zwischen opus 74 und opus 97 verstellt oder zumindest trübt: einer Werkgruppe, die für Schubert, als er zu komponieren begann, gewissermaßen Beethovens „letztes Wort" darstellte, den Stand des musikalischen Denkens also, an den ein ehrgeiziger junger Komponist, der sich an der großen Musik der unmittelbaren Gegenwart orientieren wollte, anknüpfen mußte. Daß Beethoven im *Harfenquartett* opus 74, im *Erzherzogtrio* opus 97 und in den *Klaviersonaten* opus 78 und opus 90 einen „neuen Ton" anschlug, einen Ton, der dann dadurch, daß Schubert ihn aufgriff, zum „romantischen Ton" wurde, ohne daß Beethoven selbst als „Romantiker" klassifizierbar wäre, wurde von Biographen, die sich an das gewohnte Periodenschema klammerten und opus 78 im Vergleich zur *Appassionata* als „Nebenwerk" ansahen, kaum bemerkt, von Komponisten wie Schubert und später Mendelssohn dagegen als Moment begriffen, an das sie anknüpfen konnten: als selbständige Stilphase, die nicht, wie die mittlere Periode vor opus 74 und 78, als Abschluß und Vollendung erschien, die eine Fortsetzung kaum zuließen, sondern eher als Wegbahnung. Die strenge Konsequenzlogik der thematisch-motivischen Arbeit wurde von Beethoven gleichsam gelockert, um einer lyrischen Emphase Platz zu machen, die im Widerspruch zum Geist der Sonatenform — wie ihn August Halm von den Werken der mittleren Periode abstrahierte — ganze Sätze durchdrang, statt auf deren Seitenthema beschränkt zu bleiben. Kantabilität, in der klassischen Sonatenform eine bloße Enklave, wurde zum dominierenden Strukturprinzip, wodurch allerdings die Idee des thematischen Prozesses in eine Krise geriet, als deren Lösung dann — wenn man Kompositionsgeschichte als Problemgeschichte auffaßt — das Spätwerk interpretiert werden kann.

Die Geschichte der Instrumentalmusik ist zu einem nicht geringen Teil eine Geschichte der Thematik und der Funktionen, die sie erfüllt: der kompositorischen Substanz also, die von innen heraus einem Satz die formale Geschlossenheit vermittelt, die bei instrumentaler — anders als bei vokaler — Musik nicht von außen, durch einen Text, vorgezeichnet ist. Der Begriff des „Themas" aber, die tragende Kategorie des spezifisch instrumentalen Stils, der sich im 17. und 18. Jahrhundert herausbildete, ist in einigen Werken der Beethovenschen Spätzeit in ein eigentümliches Zwielicht gerückt. Sowohl im ersten Satz des *B-Dur-Quartetts* opus 130 als auch in dem des *a-moll-Quartetts* opus 132 besteht das Hauptthema, wenn man es noch so nennen will, aus der Konfiguration eines Adagio- und eines Allegro-Gedankens; und der Adagio-Teil ist längst, obwohl er geschichtlich von der langsamen Introduktion abstammt, in die Thematik integriert, in der er dem Allegro-Teil das Gleichgewicht hält. Jenseits des sinnfälligen Kontrasts zwischen Adagio und Allegro — eines Kontrasts, von dem der Eindruck des Rhapsodischen ausgeht — zeichnet sich jedoch latent im *a-moll-Quartett* als eigentlicher, die Teile miteinander verknüpfender Grundgedanke des Satzes eine Viertongruppe ab (gis—a—f—e), die zu Anfang des Adagio unmittelbar — „thematisch" — hervortritt und im Allegro zwar halb verdeckt bleibt, aber unauffällig — „subthematisch" — das Motivgewebe durchdringt. Daß sich der Einfluß der Viertongruppe über den ganzen Satz erstreckt, wird allerdings erst deutlich, wenn man den Grundgedanken, statt an der ersten — „konkreten" — Formulierung zu haften, als — „abstrakte" — Konfiguration von zwei (steigenden oder fallenden) Halbtonschritten mit variablem Zwischenintervall definiert. Und die umfassendere — scheinbar vage und ungreifbare, aber dennoch ein Stück musikalische Realität treffende — Formulierung führt zur Erkenntnis der Tatsache, daß der Grundgedanke des *a-moll-Quartetts* nicht auf das einzelne Werk beschränkt bleibt, sondern in anderen späten Streichquartetten, im *cis-moll-Quartett* opus 131, im *B-Dur-Quartett* opus 130 und in der *Großen Fuge* opus 133, in modifizierten Fassungen wiederkehrt.

Daß der Grundgedanke des *a-moll-Quartetts* im Allegro in die Latenz zurücktritt, kann als Zeichen einer tiefgreifenden Veränderung des Themabegriffs aufgefaßt werden, die mit dem Zug zur Abstraktion, der von jeher an Beethovens Spätstil beobachtet wurde, eng zusammenhängt. Der eigentliche Formprozeß — der Vorgang, der in Instrumentalwerken deren Zusammenhalt und Kontinuität verbürgt — zieht sich gleichsam von der Oberfläche der Musik — die durch Kontraste wie den zwischen Adagio und Allegro zerklüftet erscheint — ins Innere zurück: in einen „subthematischen" Bereich, in dem kreuz und quer Fäden geknüpft werden, statt daß — wie in den Werken der mittleren Periode — die musikalische Logik sich als zwingender, zielgerichteter Gang der tönenden Ereignisse manifestiert. Die

Teleologie der Form wird nicht mehr ostentativ — mit dem drängenden Gestus des „heroischen Stils" — nach außen gekehrt.

Das „Subthematische" kann einerseits als Sonderform des „Thematischen" aufgefaßt werden — sofern man unter einem Thema die Substanz oder den Gegenstand der „Abhandlung" versteht, als die sich die Instrumentalmusik großen Stils bei Haydn und Beethoven präsentiert —, unterscheidet sich jedoch andererseits vom „Thematischen" im umgangssprachlichen Sinne des Terminus durch Merkmale, die man — wie bereits angedeutet — mit Schlagworten wie Abstraktheit und Latenz sowie der Metapher von der Form als Netzwerk umschreiben kann. Daß ein musikalischer Gedanke und der Zusammenhang, den er stiftet, „abstrakt" bleiben, besagt, daß einzelne, isolierte Momente des Tonsatzes, losgelöst von den übrigen, den Ausgangspunkt des kompositorischen Denkens bilden: Der Grundgedanke des *a-moll-Quartetts* ist streng genommen weniger ein „Thema" oder ein „Motiv" — das heißt: ein „konkretes", aus einem Gefüge von Intervallen, einer Konfiguration von Tondauern und einer Akzentordnung „zusammengewachsenes" melodisch-rhythmisches Gebilde — als vielmehr eine „diastematische Struktur", die unabhängig vom Rhythmus und vom Metrum — mit variablen Tondauern und Akzenten — den Tonsatz durchdringt und dessen Teile von innen heraus miteinander verklammert. Sogar der Ausdruck „diastematische Struktur" ist, so blaß er anmutet, noch nicht abstrakt genug, um den Sachverhalt zu treffen, daß nicht ein bestimmtes Intervallgefüge, das man durch Tonbuchstaben beim Namen nennen kann, sondern lediglich eine unbestimmte Formel — „Zusammenstellung von zwei steigenden oder fallenden Halbtönen mit veränderlichem Zwischenintervall" — das Substrat des „Subthematischen" bildet: der Schicht, in die sich die Funktion des „Thematischen", musikalischen Konnex herzustellen, gewissermaßen zurückgezogen hat.

Die Latenz des „Subthematischen" erscheint als ästhetische Kehrseite des Sachverhalts, der sich kompositionstechnisch als Abstraktheit der Zusammenhänge und Verklammerungen manifestiert: Die Substanz, die dem Netzwerk der Beziehungen zugrunde liegt, tritt im gleichen Maße, wie sie ärmer an Bestimmungsmerkmalen wird, aus der direkten Wahrnehmbarkeit in die Schattenhaftigkeit des „dunkel Gefühlten" — wie man im 18. Jahrhundert sagte — zurück. Daß sich das Netz von Relationen, das in Beethovens Spätstil die „Tiefenstruktur" musikalischer Werke bildet, der schlichten, unreflektierten Wahrnehmung entzieht, besagt jedoch keineswegs, daß es sich um eine bloße Fiktion handelt, wie die Verächter der musikalischen Analyse glauben. Die latente Struktur ist durchaus ein Stück musikalische Realität, obwohl eine Verifikation, wenn überhaupt, nur mittelbar möglich ist: Nicht die bewußte und detaillierte Wahrnehmung der behaupteten Zusammenhänge — eine Wahrnehmung, die ohne Orientierung am Notentext kaum jemals gelingt —, sondern die Tatsache, daß der zwingende Eindruck von formaler Geschlossenheit, der von einem Werk wie dem ersten Satz des *a-moll-Quartetts* trotz rhapsodischer Zerrissenheit der Oberfläche ausgeht, ohne die Annahme eines Netzwerks latenter Beziehungen schlechterdings unerklärlich bliebe, ist das ausschlaggebende Kriterium, auf das sich eine Analyse der „Tiefenstruktur" stützen kann: ein ästhetisches Kriterium, das keiner empirisch wahrnehmungspsychologischen Rechtfertigung bedarf, um in einem musikgeschichtlichen Argumentationsgang triftig und zureichend zu sein.

Ist demnach die Latenz musikalischer „Tiefenstrukturen" keineswegs ein Indiz ästhetischer Irrealität, so gehört es andererseits zu den fundamentalen Paradoxien des Spätstils, daß die Abstraktheit des „Subthematischen" die Kehrseite einer Tendenz darstellt, zu der sie in erster Instanz in einem ausschließenden, unvermittelbaren Gegensatz zu stehen scheint: einer Tendenz zu kantabler Allegro-Thematik. Mit anderen Worten: Das Cantabile, das gewissermaßen vom zweiten Thema, der lyrischen Enklave, auf das erste übergreift, und der Rückzug des die Formteile verklammernden, Zusammenhang verbürgenden Prozesses ins Innere der Musik — in den Bereich des „Subthematischen" — erweisen sich als komplementäre Phänomene oder Vorgänge. Und in der Konfiguration, die das Cantabile mit dem „Subthematischen" bildet, ist die Problematik enthalten, die in der Periode des „Übergangs" — in der Werkgruppe zwischen opus 74 und opus 97 — zur Lösung drängt: einer Lösung, die dann zu den tragenden Voraussetzungen des Spätwerks gehört.

Ein flüchtiger Überblick über die Tempi, die den Anfangssätzen Beethovenscher Klaviersonaten zugrunde liegen, genügt bereits, um deutlich zu machen, daß sich die Werke der Übergangs- und der Spätzeit von denen der mittleren Periode (im engeren, durch die Abspaltung der „Übergangsphase" reduzierten Sinne) durch eine Tendenz zur Verlangsamung und zur Sangbarkeit auffällig unterscheiden (obwohl gerade einige zentrale Werke, wie opus 81a, opus 106 und opus 111, als Ausnahmen erscheinen, von denen die Regel durchbrochen wird). Auf der einen Seite — in den Sonaten, die Beethovens „neuen Weg" seit opus 31 markieren — überwiegen Tempi wie Allegro vivace (opus 31,1), Allegro (opus 31,2 und opus 31,3), Allegro con brio (opus 53) und Allegro assai (opus 57), auf der anderen dagegen Zeitmaße und Satzcharaktere wie Allegro ma non troppo (opus 78), „Mit Lebhaftigkeit und durchaus mit Empfindung und Ausdruck" (opus 90), „Etwas lebhaft und mit der innigsten Empfindung" (opus 101), Vivace ma non troppo (opus 109) und Moderato cantabile molto espressivo (opus 110).

Die *Fis-Dur-Sonate* opus 78 aus dem Jahre 1809 beginnt mit vier Takten Adagio cantabile, die abrupt abbrechen, deren Sangbarkeit jedoch auf das Allegro ma non troppo überzugreifen scheint: Die unaufgelöste Septime h' in Takt 6, die über dem letzten Viertel (gis') nachhallt, bildet zusammen mit Takt 7 eine Viertongruppe (h'—ais'—dis"—cis"), deren diastematische Substanz aus Takt 4, dem Schluß des Adagio cantabile, stammt. Wesentlicher für den inneren Konnex des Satzes — für das „subthematische" Webmuster, das ihm zugrunde liegt — ist allerdings die unmittelbar anschließende Viertongruppe (T. 8: fis'—eis'—dis"—cis"), ein Quartgang, dessen Umriß in der Überleitung (T. 19: gis'—fis'—eis'—dis') ebenso durchscheint wie im Seitenthema (T. 29: ais'—gis'—fis'—eis'). Daß er in der Überleitung durch ein aufsteigendes Tetrachord kontrapunktisch überlagert und im Seitenthema — als „Quartzug" im Sinne Heinrich Schenkers — in „Prolongationen" versteckt wird, besagt keineswegs, daß die Analyse ins musikalisch Irreale abirrt, sondern ist charakteristisch für den Hang zur Abstraktion, der in opus 78 als einem paradigmatischen Werk der „Übergangsphase" als Kehrseite der Kantabilität erscheint: einer Kantabilität, deren Verhältnis zum zielgerichteten Prozeß thematischer Arbeit prekär ist. Das Tetrachord, zunächst ein „Motiv", ist später, im Seitenthema, eine bloße „Struktur", die aus der Latenz nicht hervortritt, ohne daß darum ihre Funktion, inneren Zusammenhalt zu verbürgen, aufgehoben wäre.

Die Bedeutung des „Subthematischen" — als kompositionstechnischer „Gegeninstanz" zur Kantabilität des Themas — zeichnet sich am unverkennbarsten in der Durchführung ab, die von Schubert zweifellos aus abschweifenden Modulationen der Kantilene zusammengesetzt worden wäre, für Beethovens teleologisches Formdenken jedoch kaum Anhaltspunkte bot. Nach rasch abbrechenden Ansätzen zu Mollvarianten des Themas (T. 39—40 und T. 43—44) ist es in dem Abspaltungsvorgang, der den zentralen Teil der Durchführung bildet, einzig der punktierte Rhythmus des Themenanfangs, der vom Hauptgedanken übrig bleibt. Dagegen stammt die diastematische Struktur (T. 47—50: Gerüsttöne eis—fis—fis—gis und, als Sequenz, dis—e—e—fis) nicht aus dem kantablen Vordersatz des Themas, sondern aus dessen unscheinbarem Nachsatz und der Fortspinnung oder dem

Appendix zum Nachsatz (T. 9—10 sowie T. 13 und T. 15: ais'—h'—h'—cis"): einem Nachsatz, der allerdings gerade darum, weil die Verknüpfung mit dem Vordersatz schwach ist (Takt 12 stellt eine Umkehrung von Takt 8 dar), die Erwartung hervorruft, daß aus ihm später noch Konsequenzen gezogen werden, indirekte Logik also den Mangel an unmittelbarem Konnex ausgleicht.

Der thematische Prozeß zieht sich also, nach wenigen Takten manifester motivischer Arbeit, in der Durchführung ins „Subthematische" zurück, wo er die Struktur eines Netzwerks annimmt, in dem die Verbindungsfäden kreuz und quer laufen. Und es ist unverkennbar, daß die Suspendierung des im engeren Sinne des Wortes „Prozeßhaften" — des drängend Dynamischen, wie es für die Werke der mittleren Periode charakteristisch war — mit der Kantabilität des Themas zusammenhängt: eines musikalischen Gedankens, den man in Schubertscher Manier endlos ausbreiten, aber schwerlich in Beethovenscher einem Ziel und Resultat entgegentreiben könnte.

Der geschilderte Konnex, der zwischen Takt 9—10 einerseits und Takt 13 und 15 sowie Takt 47—50 andererseits besteht, ist zweifellos „abstrakt", denn weder das Metrum noch die Harmonik bleiben unangetastet: Eine auftaktige Fassung wird von einer niedertaktigen abgelöst, und die Tonbedeutungen der Exposition (T^3—D^7—D^7—T^5) werden in der Durchführung mit anderen (D^5—T^3—T^3—D^7) vertauscht. Dennoch wird eine Analyse, deren Ziel es ist, Musik als lückenlosen Zusammenhang erfahrbar zu machen, an der Idee der ästhetischen Realität und Wirksamkeit des „Subthematischen" festhalten müssen, weil deren Preisgabe die Beethovensche Formkonzeption — die nach der *Appassionata* einen zweiten „neuen Weg" markiert — dem Vorurteil, es handle sich bei opus 78 um ein Nebenwerk rhapsodischen Charakters, ausliefern würde.

Als tragende Kategorie Beethovenschen Formdenkens ist von Arnold Schmitz das Prinzip der „kontrastierenden Ableitung" erkannt worden: das Verfahren, auseinanderstrebende Themen durch manifeste oder latente Motivbeziehungen miteinander zu verklammern, so daß die Dialektik, die den Formprozeß in Gang hält, auf dem Fundament einer in der „Tiefenstruktur" des Satzes begründeten inneren Einheit beruht. Allerdings zeigt sich, sobald man die Bedeutung des Prinzips aus dessen geschichtlichen Voraussetzungen zu erschließen versucht, daß es keineswegs feststeht, ob der Kontrast oder die Ableitung das primäre Moment darstellt, ob also eine „dualistische" oder eine „monothematische" Konzeption der Sonatenform als Ausgangspunkt angenommen werden muß. Die Methode kann doppelt interpretiert werden: entweder als Mittel, um einen Kontrast durch Vermittlung vor dem Zerfall in ein beziehungsloses Nebeneinander der Teile zu bewahren, oder aber als Versuch, die Dialektik der Sonatenform gegenüber einer Ästhetik zu rechtfertigen, die von der Monothematik als Norm ausging, und zwar um der Einheit des Affekts oder Charakters willen.

Wenn also Beethoven in der *Es-Dur-Sonate* opus 81a — deren erster Satz, „Les Adieux", dem Werk das Stichwort gab — das mit „Lebewohl" textierte Hauptmotiv (g—f—es) sowohl dem einleitenden Adagio (T. 1—2) als auch dem Hauptthema (T. 18—19) sowie dem Seitenthema (T. 50—52) des Allegro zugrunde legte, so kann die innere Geschlossenheit, die daraus resultiert, als kompositionstechnische Konsequenz aus der von der Ästhetik des 18. Jahrhunderts postulierten Einheit des Affekts oder Charakters verstanden werden. Daß der textierbare Grundgedanke offen und gewissermaßen programmatisch hervortritt, ist allerdings in der Gesamtkonzeption des Satzes nichts als das eine Extrem in einer mannigfachen Abstufung von Erscheinungsformen, an deren anderem Ende sich die Motivik ins nahezu Ungreifbare verliert. Die krasse harmonische Umdeutung im Adagio (T. 7—8) und die den Ursprung des Gedankens verdeckende Erweiterung des Terzzugs g—f—es zum Quintzug as—g—f—es—d im Allegro (T. 17—19) sind Techniken, mit denen das Motiv in die Latenz gedrängt wird, ohne daß es dadurch aufgehoben oder ästhetisch unwirksam gemacht würde.

Das Kontrastmoment, das im Sinne des Prinzips der „kontrastierenden Ableitung" zur Dialektik der Sonatenform gehört, liegt demnach in opus 81a nicht in den Themen selbst, die vielmehr — im Sinne der bei Beethoven bis zur ersten *Kurfürsten-Sonate* (Es-Dur) zurückreichenden Tradition der Monothematik — als Varianten eines einzigen Grundgedankens erscheinen, sondern zeigt sich erst, wenn man eine „subthematische" Struktur, die wie ein Schatten die Themen begleitet, in die Analyse einbezieht. Für den Prozeß, in dem sich die musikalische Form als in sich zusammenhängender Diskurs konstituiert, ist sogar das „Subthematische" von kaum geringerer Bedeutung als der thematische Terzgang, und zwar in der Gestalt des chromatischen Quartgangs, des „Lamento-Basses". In der Konfiguration von diatonischem Terz- und chromatischem Quartzug, von manifester, „thematischer" und latenter, „subthematischer" Motivik zeichnet sich in opus 81a, in anderer Ausprägung als in opus 78, aber mit analoger Bedeutung, die für die „Übergangsperiode" zwischen opus 74 und opus 97 charakteristische Relation zwischen Kantabilität und Abstraktheit ab, die als ein zur Lösung drängendes Formproblem zu den Prämissen der Entstehung des Beethovenschen Spätstils gehört.

Der chromatische Quartgang wird im Adagio (T. 2—3) als Kontrapunkt zur Fortsetzung des „Lebewohl"-Motivs exponiert und bildet dann einen Kontrapunkt zum Hauptthema des Allegro (T. 17—19). Als treibendes — und nicht nur differenzierendes — Moment des Formverlaufs erweist sich der Quartgang jedoch vor allem in der Überleitung, die durchführungsähnlich angelegt ist, sowie in der Durchführung selbst: Thematik und Subthematik werden miteinander vermittelt. Daß in der Überleitung der Grundgedanke von Dur (g—f—es) in Moll (T. 35—36: ges—f—es) übergeht und schließlich zur Halbtonfolge zusammengedrängt erscheint (T. 37—38: ges—f—e), und daß in der Durchführung dem Modulationsgang eine Akkordprogression zugrunde liegt, die nicht harmonisch-funktional, sondern einzig als „Auskomponierung" eines chromatischen Terzzugs zu verstehen ist (T. 77—90: des—c / c—ces / ces—b), macht deutlich oder sogar überdeutlich, daß die Chromatik, obwohl sie nirgends als Thema im Sinne einer thematischen Gestalt erscheint, dennoch als „subthematische" Struktur den Formprozeß in nicht geringerem Maße beeinflußt als die Themen, von denen nach außen hin die musikalische Entwicklung getragen wird.

Daß in opus 81a, ähnlich wie in opus 78, die Dialektik von Thematik und Subthematik mit der von Kantabilität und Abstraktion zusammenhängt, läßt sich unschwer zeigen. Das „Lebewohl"-Motiv, das Emblem des Satzes, ist sowohl in seinem melodischen Gestus als auch wegen der Textierung, die man unwillkürlich mitdenkt — und von der einzig ein Purist der absoluten Musik leugnen könnte, daß sie zum ästhetischen Sachverhalt gehört — unverkennbar kantabel. Und die Sangbarkeit greift trotz der Tendenz, den Grundgedanken halb zu verdecken, vom Adagio auf das Allegro über, sofern sich bei dessen Vortrag ein verständnisvoller Interpret, der Musik als tönenden Zusammenhang begreift, darum bemüht, die motivischen Beziehungen zwischen den Teilen, also auch den kantablen Zug der übereinstimmenden Motive, genügend hervortreten zu lassen.

Andererseits legt die Kantabilität in opus 81a, im Unterschied zu opus 78, dem dominierenden Prinzip der mittleren Periode: dem Prinzip, die Themen in der Durchführung wie in der Coda zum Gegenstand einer geradezu insistierenden thematisch-motivischen Arbeit zu machen, nicht das geringste Hindernis in den Weg. Als „thematische Abhandlung" ist opus 81a retrospektiv. Und es scheint, als sei einerseits durch die Kürze des Grundgedankens dessen restlose Integration ins Prozeßhafte möglich gemacht worden, während andererseits die Erinnerung ans Cantabile in der mitgedachten Textierung aufbewahrt blieb.

Die „abstrakte" Gegeninstanz zum Cantabile: die Chromatik — „abstrakt" insofern, als Rhythmus, Metrum und harmonische Bedeutung sich als variable, austauschbare, von der diastematischen Struktur losgelöste Momente erweisen — greift in ständig wechselnder Relation zum Hauptgedanken — als Kontrapunkt zur Fortsetzung des Themas (T. 3) oder zum Thema selbst (T. 17), als Prinzip melodischer Umfärbung und Transformation des Themas (T. 37) oder als Gerüst eines die Themenentwicklung tragenden Modulationsganges (T. 77) — in dessen Entfaltungsprozeß ein. Und man kann ohne Übertreibung behaupten, daß nahezu sämtliche Stationen in der Geschichte des kantablen Themas durch einen Funktionswandel der Chromatik markiert werden, einer Chromatik, die als „subthematische" Struktur das Thema begleitet. (Die Analogie zum ersten Satz der *Eroica* ist unverkennbar, von dessen Formkonzeption sich allerdings die der *Les-Adieux-Sonate* durch das kantable Moment unterscheidet, das für die Werke der „Übergangsperiode" charakteristisch ist.)

Die Überschrift zum ersten Satz der *A-Dur-Sonate* opus 101, „Etwas lebhaft und mit der innigsten Empfindung", gleicht einer Übersetzung aus dem Italienischen, deren Zweck es ist, die in der Originalsprache zur bloßen Tempoangabe abgeschliffene Charakterbezeichnung, die in der Terminologie ursprünglich enthalten war, zu restaurieren. An der Kantabilität der Melodie — einer Melodie, für die der Ausdruck „Thema" seltsam inadäquat erscheint — bestünde allerdings auch ohne die Überschrift nicht der geringste Zweifel. Die Kantilene erstreckt sich in ungebrochener Kontinuität — die über den Trugschluß in Takt 16, der auch als reguläre Kadenz kaum ein „Ruhepunkt" wäre, wie eine „unendliche Melodie" im Wagnerschen Sinne hinwegträgt — bis Takt 25. Und daß man eigentlich, sofern man den Titel „Sonate" als Bezeichnung eines Formgrundrisses beim Wort nimmt, die 25 Takte in einen Hauptsatz, eine Überleitung und einen Seitensatz gliedern müßte, kommt einem Hörer — wenn er sich nicht zuvor in die nahezu ausweglose Problematik einer Formanalyse des Satzes verstricken ließ — schwerlich zum Bewußtsein. Der Nachsatz des „Hauptthemas" (T. 5) ist mit der „Überleitung", die zur Dominanttonart moduliert, untrennbar verschmolzen, und das „Seitenthema" (T. 17) bildet, wie erwähnt, ein Teilstück einer Kantilene, die das Gefühl eines Neuansatzes nicht entstehen läßt. Einzig die Schlußgruppe (T. 25) hebt sich relativ selbständig vom Vorausgegangenen ab.

Ist aber in opus 101 der Begriff des „Themas" gleichsam in dem der „Melodie" aufgehoben — als wäre das Allegretto ma non troppo (wie die italienische Version der Überschrift lautet) nicht der erste, sondern der zweite, langsame Satz einer Sonate —, so fällt andererseits gerade darum, weil die Kantabilität der Hauptstimme den Prozeßcharakter der Sonatenform gefährdet, der ästhetisch-kompositionstechnischen „Gegeninstanz" zum Cantabile, dem „Subthematischen", eine Funktion oder Bedeutung zu, die über das in den Werken der „Übergangsperiode", in opus 78 und opus 81a, Erreichte noch hinausführt. Die „subthematische Struktur" — in Nebenstimmen versteckt und insofern „abstrakt", als der Rhythmus und die harmonischen Tonbedeutungen variabel und austauschbar sind — besteht in opus 101, wie in opus 81a (und in opus 90), aus einem chromatischen Gang, und zwar einem Terzzug. Er erscheint zunächst als Mittelstimmen-Kontrapunkt in Takt 1, also halb latent, wenn auch an formal exponierter Stelle. In Takt 9—10 — und ähnlich, wenngleich unauffälliger, in Takt 14 — vermittelt er, in der Form einer Umkehrung der fallenden zur aufsteigenden Chromatik, den Übergang zur Dominanttonart. Und im „Seitenthema" (T. 17) bildet er sogar, als gleichmäßiger Gang in punktierten Vierteln, in Relation zu einer Achtelfigur die eigentliche Substanz des musikalischen Gedankens. (Daß Takt 17 als „Seitenthema" gemeint ist, zeigt sich in Takt 88, der Coda des Satzes, in der die melodische Idee durch insistierende Zitate ein Gewicht erhält, das dazu zwingt, sie als Thema aufzufassen.)

Ist demnach in opus 101 das „Subthematische" ein Moment, das die — in der Kantilene enthaltenen — „Themen" oder Melodiestücke miteinander verknüpft, so besteht die zentrale Funktion, die es erfüllt, in der Schlichtung des Widerspruchs, in den das Cantabile zum Prinzip der Sonatendurchführung gerät. Die Herauslösung von Takt 1—2 und später lediglich von Takt 2 aus dem melodischen Kontext und die Verarbeitung der Motive in Sequenzen und Transformationen (T. 35—48) ist zwar als Abspaltungs- und Liquidationsvorgang ein durchaus „normaler" und geradezu paradigmatischer Durchführungsprozeß; doch fehlt den Motiven, deren Gestus lyrisch-kontemplativ ist, der dynamische Zug, der in Beethovens mittlerer Periode die thematisch-motivische Arbeit als drängend zielgerichteten Verlauf — mit der Wiederherstellung des Themas als Telos und Resultat — erscheinen ließ. Daß in opus 101 die Durchführung überhaupt „von der Stelle kommt", statt als „schöner Augenblick" innezuhalten, ist dem Einfluß des „Subthematischen" zu verdanken, das als chromatischer Terzzug — extrem augmentiert und dennoch wahrnehmbar — den Modulationsgang insgeheim lenkt (T. 35—45: e—eis—fis—g). (Der Schritt von e nach eis steht in Korrelation zum Umschlag des melodischen Motivs cis'—h—gis in den Akkord cis'—h—gis: einer geradezu die Neue Musik des 20. Jahrhunderts antizipierenden Vertauschung der Dimensionen; und die Progression von fis-moll zum Dominantseptakkord über a wäre ohne den Halbtonschritt fis—g, der in der „subthematischen Struktur" begründet ist, schwerlich plausibel.)

Die Verarbeitung von Takt 2, einem Motiv mit fallender Sekunde, führt nicht direkt, sondern durch Vermittlung des „Subthematischen" zur Reprise, deren erster Takt aus aufsteigenden Sekunden besteht. Daß der Umschlag der Bewegungsrichtung in Takt 48—49 mit einem Rückgriff auf den chromatischen Terzzug als Baß zusammentrifft, ist keineswegs ein nichtssagender Zufall, sondern erweist sich als Teil eines weittragenden kompositionstechnischen Kalküls: In Takt 53—54 ist der aufsteigende Halbton des „Hauptthemas" durch Sequenzierung zum chromatischen Terzzug ergänzt (gis—a—ais—h); in Takt 55—56 erscheint das Hauptthema in Moll, also in quasi-chromatischer Trübung; und in Takt 58, dem Beginn der Reprise, bildet dann der chromatische Terzzug abwärts wiederum den Kontrapunkt zum aufsteigenden diatonischen Sekundgang des Themas. Die Teilmomente des Satzanfangs sind also in Takt 48—49 „abstrakt" gegenwärtig: als steigender und fallender Halbton „schlechthin" (in anderem Rhythmus und mit anderer harmonischer Bedeutung als im Thema); sie werden dann in Takt 53—54 miteinander vermittelt und gleichsam „übereinanderprojiziert", um schließlich in Takt 58 ihre ursprüngliche Gestalt und Funktion — als aufsteigende diatonische Melodie mit fallendem chromatischem Kontrapunkt — zurückzuerhalten. Und es ist die Dialektik des Thematischen und des „Subthematischen", die es in einem Satz, dessen Kantabilität eine zielgerichtete Durchführung mit der Wiederkehr des Hauptthemas als Ergebnis nicht zuläßt, überhaupt möglich macht, die Reprise zwingend herbeizuführen. (Sie lediglich „hinzustellen", wie es bei Schubert manchmal geschieht, war unvereinbar mit Beethovenschem Formdenken, einem Formdenken, das die Kantabilität nicht einfach „gewähren" ließ, sondern ihre paradoxe Relation zum thematischen Prozeß als Herausforderung begriff, der es sich stellen mußte.)

Wird in opus 101 der Grundriß der Sonatenform durch die Kontinuität der Kantilene halb verdeckt, so ist es in opus 109 gerade umgekehrt die Zerklüftung der musikalischen Oberfläche durch extreme Tempo- und Charaktergegensätze, die es schwierig macht, den Satz überhaupt noch als Variante des Formmodells wahrzunehmen. Acht Takte Vivace ma non troppo, die kaum ausreichen, um aus einer flüchtigen Impression das Bild eines Themas hervorgehen zu lassen, werden von sieben Takten Adagio espressivo abgelöst, und in der scheinbar rhapsodischen Aneinanderreihung den Umriß einer Sonatenexposition zu entdecken, ist um so mühsamer, als die syntaktische Struktur sowohl des Haupt- als auch des Seitenthemas irregulär ist: Das Vivace umfaßt eigentlich neun Takte (der letzte ist durch „Takterstickung", wie Heinrich Christoph Koch sagen würde, mit dem ersten des Adagio verschränkt) und gliedert sich in 2+2+2+3 Takte, wobei die dritte Phrase nicht der Anfang eines Nachsatzes, sondern eine variierte Quinttransposition der zweiten ist, so daß die Modulation zur Dominanttonart ins Thema selbst fällt. Im Adagio, dem Seitenthema, ist der vierte Takt des Vordersatzes mit dem ersten des Nachsatzes identisch (T. 12: Daß überhaupt von einem Vorder- und einem Nachsatz die Rede sein kann, ist in der Analogie von T. 9 und T. 12 sowie von T. 11 und T. 14 begründet).

Der Zusatz „ma non troppo" zur Tempobezeichnung „Vivace" ist nahezu überflüssig, weil der lombardische Rhythmus, der eine Art Grundmuster bildet, ein überstürztes Zeitmaß ohnehin verhindert. Aus dem pointierten Rhythmus aber, der sämtliche Vivace-Teile beherrscht, hebt Beethoven durch Notenhälse in umgekehrter Richtung ein aus steigenden Terzen und fallenden Quinten zusammengesetztes Motiv in gleichmäßigen Viertelnoten heraus (gis—h—e—gis—cis—e—fis—gis), ein Motiv, das insofern kantabel wirkt, als es durch den Kontrast zum lombardischen Rhythmus den Charakter einer getragenen Melodie annimmt. (Zum Begriff des „Cantabile" gehörte im 18. und im frühen 19. Jahrhundert, besonders in dem Satztypus des „singenden Allegro", außer gedehnten Noten auch der Simultankontrast zu rascheren Figuren.)

Daß das Terz-Quint-Motiv die Melodie des Vivace bildet, und zwar eine Melodie mit kantablem Einschlag, besagt allerdings keineswegs, daß sich in opus 109 die Kategorie des „Thematischen" in dem Motiv der Oberstimme erschöpft. Von nicht geringerer Bedeutung als die Melodie — und der lombardische Rhythmus, der sie paraphrasiert — ist vielmehr der Sekundgang des Basses, ein Sekundgang, der, nicht unähnlich einem Passacaglia-Fundament, die Oktave von e' bis e durchmißt. (Daß der Ton h in Takt 3 ein Substitut für fis ist, zeigt Takt 51 der Reprise.) Die Behauptung, daß der Baßgang das „eigentliche" Thema des Satzes darstelle, wäre zwar eine Übertreibung, zielt jedoch in die Richtung, die eine Formanalyse einschlagen muß, wenn sie hinter dem scheinbar rhapsodischen Gestus des Satzes die Umrisse einer prozeßhaften, von der Idee thematisch-motivischer Logik bestimmten Form zu entdecken versucht.

In der Durchführung — oder dem Mittelteil, der an der Stelle einer Durchführung steht — tritt der Sekundgang des Basses, gegliedert in Tetrachorde, als Oberstimme hervor, und zwar in umgekehrter — steigender statt fallender — Bewegungsrichtung (T. 18—21 und T. 26—36). Und der Zusammenhang sollte, so vage er — wegen des abstrakten, generellen Charakters von Sekundgängen in gleichmäßigen Vierteln — zunächst erscheint, nicht als bloßer Zufall abgetan werden. Denn einerseits werden in der Coda, die eine Art zweite Durchführung darstellt, der absteigende (T. 66—69) und der aufsteigende Sekundgang (T. 70—77) unmittelbar miteinander konfrontiert, so daß die Coda als Konsequenz und Resultat aus Exposition und Durchführung eine Funktion im thematischen Prozeß erhält. Und andererseits liegt in der Assoziation mit dem Sekundgang des Basses die einzige Möglichkeit, die Durchführung, sofern sie eine ist, als solche verständlich zu machen. Das kantable Terz-Quint-Motiv tritt nirgends, außer in zwei Takten zu Beginn (T. 16—17), kenntlich hervor. Dem Analysierenden bleibt also keine andere Wahl, als entweder von einer nicht-thematischen Phantasie über den lombardischen Rhythmus oder aber von einer thematischen Abhandlung über den Sekundgang des Basses zu sprechen.

Ein Skeptiker, der in Analysemethoden, deren regulatives Prinzip die Idee der Musik als tönender Zusammenhang ist, ein Moment von Systemzwang argwöhnt, könnte angesichts des ersten Satzes von opus 109 noch zweifeln, ob der Oktavgang des Basses wirklich das „eigentliche" Thema und ob er überhaupt ein Thema darstellt. Im zweiten Satz der Sonate, einem Prestissimo, aber ist es offenkundig, daß die musikalische Struktur vom Baß her konzipiert wurde. Die Oberstimme, eine Motivik aus gebrochenen Akkorden und Vorhalten, erhebt sich über einem — durch Nebennoten geringfügig paraphrasierten — Oktavgang abwärts, der durch Wucht und Emphase einem barocken Passacagliabaß gleicht (T. 1—8). Und in der Durchführung, die das Oberstimmenmotiv lediglich streift (T. 66—67), bildet der Baßgang — der sich gewissermaßen vom Fundament des Tonsatzes an dessen Oberfläche hebt — die einzige Substanz einer aus Imitationen, Engführungen und Umkehrungen kontrapunktisch dicht gefügten „thematischen Abhandlung" (T. 66—104). Zu leugnen, daß der Baß thematisch ist, wäre also absurd. Und vom Prestissimo fällt Licht zurück auf das Vivace, wenn man voraussetzt, daß die thematisch-motivische Verknüpfung der

Sätze eines Zyklus zu den Bestimmungsmerkmalen von Beethovens Spätstil gehört, daß also ein Sachverhalt, der sich im Vivace erst vage abzeichnet, dadurch, daß er im Prestissimo unverkennbar hervortritt, auch im Vivace an Plausibilität gewinnt.

Die Kantabilität, die in einigen Werken des Übergangs- und des Spätstils die Thematik prägt oder zumindest färbt, eine Thematik, die dadurch in ein prekäres Verhältnis zur Form als Prozeß gerät, tritt in opus 110, der vorletzten Sonate, mit einer Deutlichkeit zutage, die im Rückblick die früheren Realisierungen des Prinzips als Stationen eines Entwicklungsgangs erscheinen läßt, in dessen Verlauf ein Problem eine immer schärfere, pointiertere Fassung erhält. Beethoven ergänzt in opus 110 die Tempo- und Charakterbezeichnung „Moderato cantabile", als wäre sie nicht „sprechend" genug, durch den Zusatz „molto espressivo" und fügt außerdem — in äußerster Besorgnis um einen angemessenen Vortrag, ohne den sich die Sonate in scheinhafter Simplizität präsentieren würde — hinzu: „con amabilità".

Ist demnach die Kantabilität einerseits in einem Grade akzentuiert und nach außen gewendet, daß der Begriff des „Themas" gewissermaßen in dem der „Melodie" aufgeht, so werden andererseits die Takte 1—12, der Hauptsatz der Exposition, in Takt 4 durch eine Zäsur mit Fermate schroff zerteilt, so daß gerade umgekehrt ein wesentliches Merkmal kantabler Melodik, die Kontinuität des Verlaufs, gefährdet erscheint. Und der Riß im Gewebe dient offenbar einer Restitution des „thematischen" Charakters: Dadurch, daß die Taktgruppen 1—4 und 5—12 auseinanderklaffen, wirkt dann in der Durchführung (T. 40) die Kombination der Melodik des ersten Halbsatzes mit der Begleitfigur des zweiten als Vermittlung von Getrenntem: als Ausgleich, wie er nur dort möglich ist, wo zuvor ein Bruch entstanden war. Und daß ein musikalischer Gedanke einen dialektischen Widerhaken in sich enthält, statt als strömender Verlauf zu erscheinen, dem sich ein Hörer reflexionslos überlassen kann, ist eines der ausschlaggebenden Merkmale, durch die sich ein Thema von einer Melodie — oder um es übertreibend auszudrücken: musikalische Dramatik von musikalischer Lyrik — unterscheidet.

Nicht, daß es an Zusammenhängen und Verbindungsfäden zwischen den Takten 1—4 einerseits und 5—12 andererseits mangelte: Takt 10 ist eine Wiederkehr von Takt 3 (die metrisch-syntaktische Differenz — Takt 3 ist funktional ein „dritter", Takt 10 dagegen ein „zweiter" Takt — modifiziert die Identität, hebt sie jedoch nicht auf); Harmonik und Baßgang (As—B—des—c) sind in den Takten 1—3 und 5—8 analog, und das rhythmische Muster des Anfangs ($\downarrow$. |) liegt, ein wenig abgewandelt, auch der Fortsetzung zugrunde. Man könnte, wenngleich nicht ohne ein Moment von Gewaltsamkeit, sogar behaupten, die Takte 5—8 seien ebenso ein Nachsatz zu 1—4, wie sie ein Vordersatz zu 9—12 sind, dienten also durch syntaktischen Funktionswechsel der inneren Verklammerung der auseinanderstrebenden Teile des Hauptsatzes. (Die Voraussetzung des Periodenbegriffs, daß sich die Halbsätze durch eine gemeinsame Substanz bei umgekehrter Kadenzierung — I—V im Vordersatz und V—I im Nachsatz — aufeinander beziehen, ist erfüllt.) Gleichgültig aber, mit welcher syntaktischen Kategorie man operiert: Der Konnex zwischen den Takten 1—4 und 5—12 ist als solcher kaum zu leugnen. Er bleibt zwar zunächst vage, ist jedoch nicht irreal. Und sofern man gelten läßt, daß er besteht, zeichnen sich weitreichende Konsequenzen ab, die das Moderato cantabile, einen scheinbar rhapsodischen, in emphatisch kantable Partien einerseits und bloßes Figurenwerk andererseits zerfallenden Satz, überhaupt erst als Ausprägung von musikalischer Logik, wie sie zur ästhetisch-kompositionstechnischen Gattungsnorm der Sonate gehört, verständlich machen.

Daß der Beginn der Überleitung (T. 12—15) auf demselben harmonischen Fundament (As-Dur: I—V$_3^4$—I^6—V^7) beruht wie der Satzanfang (T. 1—4), und daß außerdem die harmonische Repetition in den Takten 1—2, 5—6 und 12—13 als Widerpart einer kontinuierlichen rhythmischen Steigerung erscheint — Unterteilungswert der Zählzeit ist zunächst das Achtel, dann das Sechzehntel und schließlich das Zweiunddreißigstel —, mag einstweilen angesichts der Abstraktheit der Zusammenhänge — das harmonische Schema bleibt wegen seiner Trivialität unauffällig — als bloße Nebensache wirken, die den Formeindruck nur geringfügig bestimmt und jedenfalls nicht genügt, um den Begriff des „thematisch-motivischen Prozesses" zu rechtfertigen. Gerade als abstrakter und „subthematischer" — in Latenz gehaltener — Vorgang aber bildet der skizzierte Konnex, wie in anderen Sonaten der Übergangs- und Spätzeit, ein zur kantablen Prägung der musikalischen Gedanken komplementäres Phänomen: In Sätzen, deren Kantabilität einen prozeßhaft zielgerichteten Diskurs verwehrt oder zumindest hemmt, ist es das Netzwerk „submotivischer" Beziehungen, das den Anspruch der Sonate, ein Stück tönende Logik und nicht eine rhapsodische Phantasie zu sein, aufrechterhält.

Daß die harmonische Übereinstimmung des Hauptsatzes mit der Überleitung kein gleichgültiger Zufall ist, zeigt sich in der Reprise (T. 56—59), in der das Thema des Satzanfangs und die Zweiunddreißigstel-Figuration der Fortspinnung übereinandergeschichtet und aus der Sukzession in die Simultaneität versetzt sind. Und im Rückblick von der Reprise — also in ästhetisch ausschlaggebender Perspektive, denn musikalische Form als Gestalt konstituiert sich wesentlich im Rückblick — erscheint auch die Exposition in verändertem Licht: Was nahezu beziehungslos nebeneinander zu stehen schien und einzig durch dünne „subthematische" Fäden miteinander verknüpft war, erweist sich unversehens als komplementär: Hauptsatz und Überleitung sind gewissermaßen zwei Seiten derselben Sache. Die Konstruktion abstrakter Zusammenhänge — der Rekurs auf Kategorien hohen Allgemeinheitsgrades wie „harmonisches Fundament" und „rhythmisches Grundmuster" —, scheinbar eine Marotte von Analytikern, die unter Systemzwang stehen, manifestiert sich in der Reprise als Grundzug Beethovenschen Formdenkens, das von der Tatsache ausgeht, daß man mit Abstraktionen ebenso komponieren kann wie mit Themen und Motiven.

Daß ein thematischer — oder „subthematischer" — Konnex, wie in opus 109, über Satzgrenzen hinausgreift, gehört zu den Merkmalen einer musikalischen Logik, die weniger einem zielgerichteten Prozeß als einem Netzwerk gleicht, dessen Fäden nach allen Seiten ausgesponnen werden können. Zusammenhänge in der Form des Geflechts aber bilden, wie erwähnt, die Kehrseite einer Kantabilität, die eher zu lyrisch-kontemplativem Verweilen einlädt, als daß sie — dramatisch — die Gegenwart von der Zukunft her bestimmt.

In opus 110 ist die Verknüpfung verschiedener Sätze des Zyklus — des Moderato cantabile und der Schlußfuge — zwar weniger ostentativ als in opus 109, aber dennoch fühlbar und ästhetisch wirksam. Der diastematische Umriß des Fugenthemas oder des Themenanfangs (as—des—b—es) ist im Hauptthema des ersten Satzes vorgezeichnet, wenngleich das Fehlen des ersten Tons (c) im Finale den Konnex gewissermaßen in die Latenz zurückdrängt. (Die Fortsetzung des Fugenthemas in den Takten 1–4 des Moderato cantabile zu entdecken, ist zwar gleichfalls möglich, aber nicht zwingend.)

Mit der substantiellen Assoziation zwischen erstem Satz und Schlußfuge hängt eine funktionale, die sich als innerer Konnex zwischen zwei Ausprägungen des Reprisenprinzips manifestiert, eng zusammen. Die Gestalt, die das Fugenthema am Ende, jenseits der eigentlichen Fuge, annimmt (T. 185), ist die eines triumphalen Cantabile, und zwar — im Unterschied zum Hauptthema des ersten Satzes — eines gewissermaßen „erreichten", aus einer Entwicklung hervorgehenden, nicht einfach „gesetzten" Cantabile.

Und der Gegensatz zwischen getragener Melodie und bewegter Gegenstimme, der das Cantabile im Finale als „singendes Allegro" kennzeichnet, erinnert unwillkürlich an die Takte 56—59 des ersten Satzes: an die Reprise, in der das Hauptthema und die figurative, in Zweiunddreißigstel aufgelöste Überleitung in überraschender Simultaneität präsentiert wurden. Die Gegenstimme zum Cantabile der Schlußfuge aber ist ihrerseits thematisch. Denn die Schichtung von zwei Quarten (c—f—es—as) stammt aus dem Thema, das im Schlußteil der Fuge in Etappen diminuiert wurde (T. 137 erscheint es in punktierten Vierteln, T. 152 in Achteln und T. 168 in Sechzehnteln), bis es schließlich zu einer Unscheinbarkeit geschrumpft war, die eine Zurücknahme des Thematischen ins „Subthematische" bedeutete. Der gemeinsame Ursprung aber, aus dem sowohl das Cantabile als auch dessen „subthematischer" Kontrapunkt erwuchsen, war das Fugenthema selbst, ein Thema, das immer schon eine vage Reminiszenz an das Hauptthema des Moderato cantabile in sich trug, um dann in seiner letzten Version, in der es das Bild der Reprise des ersten Satzes heraufbeschwört, nicht allein die Fuge, sondern den ganzen Zyklus in sich zusammenzufassen, einen Zyklus, der sich, jenseits des täuschenden Scheins rhapsodischer Reihung, als in sich geschlossen und dicht gefügt erweist.

Anmerkungen

1 Dieses Kapitel wurde zuerst in etwas anderer Form unter dem Titel *Cantabile und thematischer Prozeß. Der Übergang zum Spätwerk in Beethovens Klaviersonaten* veröffentlicht in: Archiv für Musikwissenschaft 37 (1980), S. 81—98.

2 M. Bauer, *Formprobleme des späten Beethoven*, in: Zeitschrift für Musikwissenschaft 9 (1926/27), S. 341.

3 Th. W. Adorno, *Spätstil Beethovens*, in: ders., *Moments musicaux*, Frankfurt am Main 1964, S. 13.

XIII. Spätwerk

Zum Begriff des „Spätwerks"

Der Begriff des musikalischen „Spätwerks" im emphatischen Sinne — abstrahiert von Kompositionen Bachs, Beethovens und Liszts — ist eine Kategorie, die sich nur verständlich machen läßt, wenn man der Konfiguration von Archaisierendem und Modernem, die ihr Wesen ausmacht, auf den Grund zu gehen versucht.

Aus den Epochen, denen sie chronologisch angehören, fallen Spätwerke geistes- und kompositionsgeschichtlich heraus, ohne daß sie sich „ideell" in andere Zeiten versetzen ließen. Bachs *Kunst der Fuge* und das *Musikalische Opfer* wirken im Zeitalter der Empfindsamkeit ebenso fremd und sperrig wie Beethovens späte Streichquartette in der Romantik oder Liszts letzte Klavierstücke in der „Neuromantik".

Die Modernität der Spätwerke, das Korrelat ihrer chronologischen „Ortlosigkeit", ist antizipatorisch. Eine unmittelbare Tradition aber, als deren früheste Zeugnisse sie fortschrittlich im gewöhnlichen Sinne des Wortes wären, begründen sie nicht. Die eigentliche Wirkungsgeschichte — die Beethoven-Rezeption in Mendelssohns frühen *Streichquartetten* opus 12 und 13 bildet eine Ausnahme — setzt vielmehr erst nach einem Sprung ein, der die Epoche der Aneignung von der Entstehungszeit trennt. Und die Wirkung besteht weniger darin, daß sie zu Späterem den Grund legen, als daß sie durch das Spätere, an dessen Entstehung sie kaum teilhaben, nachträglich bestätigt werden. Die Nachgeschichte ist diskontinuierlich.

Die Art von „Zeitlosigkeit", die man an Spätwerken empfindet, unterscheidet sich tiefgreifend von derjenigen, die klassischen Werken zugeschrieben wird. Das klassische Werk scheint in seiner ästhetischen Geltung — in dem Nachleben, das sein eigentliches Leben ist — der Epoche, aus der es stammt, enthoben zu sein: Die geschichtlichen Bedingungen, unter denen es entstanden ist, fallen gleichsam von ihm ab. Für ein Spätwerk ist es dagegen charakteristisch, daß es bereits bei seiner Entstehung der Zeit, der es äußerlich angehört, innerlich entfremdet ist. Nicht erst in seinem ästhetischen Überdauern, sondern schon in seinem geschichtlichen Ursprung ist es durch eine Kluft von der Zeit getrennt, deren Datum es trägt. Aus der Paradoxie aber, daß die „Zeitlosigkeit" des Spätwerks sich bereits in der geschichtlichen Genesis und nicht erst — wie die des klassischen Werkes — in der ästhetischen Geltung manifestiert, erwächst ein eigentümliches, schwer zu fassendes Verhältnis zur Vergangenheit wie zur Zukunft. Der „archaisierende" Zug — der Terminus ist streng genommen untriftig, aber kaum ersetzbar — bedeutet nicht, daß Vergangenheit durch kontrapunktische Techniken oder Kirchentonarten „heraufgeholt" würde, sondern daß sie in bestimmter Weise immer noch „gegenwärtig" ist, genauer: daß der Unterschied zwischen Vergangenheit, Gegenwart und Zukunft verblaßt und an Bedeutung verliert. Nichts wäre falscher, als in Beethovens späten Quartetten Archaisierendes — die „lydische Tonart" — und Modernes — die ins 20. Jahrhundert vorausweisende Abstraktheit der durch die Quartette wandernden viertönigen Struktur — einander entgegenzusetzen. Die ästhetische „Präsenz" erweist sich vielmehr als unabhängig von chronologischen Unterschieden zwischen Früherem und Späterem. Und die Modernität des Spätwerks besteht nicht darin, daß ein Stück Zukunft „herbeigeführt" würde: Bei Bach wie bei Beethoven und bei Liszt ist sie überhaupt erst entdeckt worden, nachdem die Zukunft, die sie antizipierte, längst Gegenwart geworden war.

Die Subjekt-Objekt-Dialektik, die im klassischen Werk geschlichtet zu sein schien, bricht im Spätwerk in Divergenzen auseinander. Daß manche Beethoven-Exegeten von extremer Subjektivität, andere dagegen von einer Zurücknahme in Objektivität sprechen, ist kein zufälliger Dissens, sondern Zeichen einer in der Sache selbst begründeten Ambivalenz. In gewissem Sinne könnte man von Suspendierung der Dialektik reden: Das Subjektive ist nicht mehr ins Objektive „aufgehoben" und umgekehrt das Objektive durch das Subjektive „gerechtfertigt" — das eine „schlägt" nicht mehr ins andere „um" —, sondern Subjektives und Objektives stehen sich unvermittelt gegenüber.

Die Fugenexposition im ersten Satz des *cis-moll-Quartetts* opus 131 grenzt technisch — obwohl der Comes irregulär in der Subdominante erscheint oder, anders gewendet, Dux und Comes miteinander vertauscht sind — ans Mechanische: In „quadratischen" Abständen von vier Takten wechseln Dux und Comes miteinander ab. Dem schematisch-objektiven Moment steht jedoch in der cis-moll-Fuge, die „molto espressivo" vorgetragen werden soll, ein affekthaft-subjektives gegenüber: Die Kontrapunkte der Exposition sind keine selbständigen, in sich sinnvollen Gegenstimmen, sondern Stückelungen von Motiven, die zu nichts anderem dienen, als die Expressivität des chromatischen Themas zu akzentuieren. Die Augenblickswirkung der Chromatik (Violine I T. 6—7, Violine II T. 10—11) ist ausschlaggebend, nicht die Kontinuität der Stimmführung. Fugenmechanik und motivische Expressivität sind also nicht in einem „style d'une teneur" aufgehoben, sondern stehen sich als getrennte Merkmale gegenüber.

„Con alcune licenze"

Der Schlußsatz der *Hammerklavier-Sonate* opus 106 ist einerseits, wie Beethoven es ausdrückte, eine Fuge „con alcune licenze", andererseits aber ein „Ricercar", in dem die Techniken des artifiziellen Kontrapunkts, Umkehrung und Krebsgang, Augmentation und Engführung, gehäuft erscheinen. Eine Interpretation der Fuge kann von dem Versuch ausgehen, das Verhältnis zwischen „lizenziösem" und „gesuchtem" Kontrapunkt als Ausdruck der geschichtlichen Situation der Fuge im „Zeitalter der Sonate" zu begreifen.

Die seltsamste Manipulation, der Beethoven das Thema unterwirft, besteht allerdings, jenseits der traditionellen „Künste", in einer emphatischen Verlagerung im Takt (unauffällige Verschiebungen, die weniger gegen das Metrum verstoßen als ein Indiz für dessen schwache Ausprägung sind, begegnen auch bei Bach): In der zweiten Durchführung (wenn man die Exposition als „erste Durchführung" zählt) setzt das ursprünglich niedertaktige Thema als Dux auf der dritten (T. 52) und als Comes auf der zweiten Zählzeit des 3/4-Taktes ein (T. 65). Die Umakzentuierung enthält ein Moment von Gewaltsamkeit, erfüllt aber eine — über die Fuge hinausgreifende — formale Funktion: Sie läßt den Zusammenhang zwischen dem Fugenthema und dem Hauptthema des ersten Satzes — einen Zusammenhang, der zunächst wegen der metrischen Differenz latent blieb — sinnfällig werden:

Obwohl sich die Übereinstimmung der Themen auf drei Töne beschränkt, ist sie wegen des pathetischen Sprungs, der auffällig hervorsticht, ästhetisch real. Und daß der dreitönige Themenkopf, bevor in der zweiten Durchführung der vollständige Dux einsetzt, viermal für sich — in wechselnden Tonarten — vorausgenommen wird, dient (T. 48—51) der Einprägung der metrischen Verlagerung und zugleich der Isolierung und Hervorhebung der Töne, die das Fugenthema mit dem Hauptthema des ersten Satzes gemeinsam hat.

Ist demnach die zweite Durchführung durch metrische Varianten charakterisiert, in denen weitreichende Beziehungen zutage treten, so liegt der dritten (T. 94) eine Augmentation des Themas zugrunde, die, ebenso wie die Umakzentuierung, keine bloße Demonstration artifiziellen Kontrapunkts darstellt, sondern einem Kontext von Motivbeziehungen angehört. Bereits in der Exposition steht ein Teil des Kontrapunkts in einem Augmentationsverhältnis zu einem Motiv des Themas (T. 31—32):

Und es ist zweifellos kein Zufall, daß es am Ende der zweiten Durchführung (T. 71—79) gerade die Andeutung einer Augmentation ist, die in Sequenzen ausgebreitet wird: Die „Zergliederung" in der zweiten Durchführung ist als Antizipation der dritten zu verstehen. Außerdem wird der Zusammenhang durch das auffällige Hervortreten paralleler Sexten in beiden Abschnitten verdeutlicht.

Motivbeziehungen, deren Substanz ein abstraktes Moment wie „Sekundgänge in parallelen Sexten" bildet, sind eher eine Sonaten- als eine Fugentechnik. Und die Grenze zwischen Fuge und Sonate erweist sich besonders in der vierten Durchführung, der das Thema im Krebsgang zugrunde liegt (h-moll T. 153—158 und D-Dur T. 162—167), als fließend. Daß eine Umkehrung des Themenkopfes (der im Krebsgang den Themenschluß bildet) als Kontrapunkt fungiert (T. 154 und T. 163), mag als Fugentechnik interpretierbar sein. Durch die Vorschrift „cantabile", die den ursprünglichen Charakter des Themenkopfes ins Gegenteil verkehrt, erscheint jedoch die Umkehrung als Ausprägung des Prinzips der „kontrastierenden Ableitung", das dem „Geist der Sonate" entstammt. Und auch das Verfahren, dem krebsgängigen Themenkopf (als Themenschluß) die Originalgestalt gehäuft entgegenzusetzen (T. 159—161), ist als „Dramatisierung" ein sonatenhafter Zug.

Außer der Annäherung von Sonatenform und Fuge ist für Beethovens Spätwerk die Affinität beider „Prinzipien" — und es handelt sich um Prinzipien, nicht um bloße Formgrundrisse — zum Variationenzyklus charakteristisch.

Man kann, ohne in spekulative Willkür zu verfallen, die Umformungen des Themas, die für die einzelnen Fugendurchführungen charakteristisch sind, mit dem vergleichen, was Arnold Schönberg „Motive der Variationen" nannte. In den *Diabelli-Variationen* werden aus dem Thema Teilmomente herausgelöst und einzelnen Variationen als deren „Motive" zugrunde gelegt, wobei in der Regel der Rhythmus das ausschlaggebende Merkmal ist: So beherrscht in Variation XXVIII die Halbtonfigur der 2/8-Auftakte zu Takt 1 und Takt 5 des Themas den gesamten Verlauf.

Ist in der Fuge aus opus 106 die Gliederung in Abschnitte von einer drastischen Sinnfälligkeit, die von Dogmatikern des Bachschen Typus als „fugenfremd" empfunden wurde, so ist andererseits der Augenblick, in dem die Themendurchführung in motivische Arbeit übergeht, wegen der Sequenzstruktur, die im Thema ebenso wie in den „Zergliederungen" dominiert, manchmal kaum zu erfassen. Die Abgrenzung ist insofern sekundär, als nicht die Differenz zwischen Themendurchführung und „Zwischenspiel", sondern die Gemeinsamkeit der motivischen Substanz im Sinne eines „Motivs der Variation" ausschlaggebend erscheint. In der Durchführung des Themas in Augmentation sind — über die eher zufällige Grenze zwischen Thema und „Zergliederung" hinweg — die Sekundgänge in parallelen Sexten das hervorstechende Merkmal. Gerade ein Prinzip aus der Tradition des artifiziellen Kontrapunkts, die Augmentation des Themas, führt also in den Konsequenzen, die Beethoven daraus zieht, aus dem Stil der Fuge hinaus und vermittelt einen Übergang zum Variationenzyklus.

Geht man andererseits vom Primat des Rhythmus aus, der für „Motive der Variationen" charakteristisch ist, so zeichnet sich eine Möglichkeit ab, die interpolierten nicht-thematischen Teile (T. 85—93 und T. 130—152), deren Zusammenfassung mit den „Zergliederungen" unter dem Terminus „Zwischenspiel" gewaltsam wäre, als formal integriert zu begreifen: Sie beruhen wie die zweite Durchführung auf dem Gegensatz zwischen Achtel- und Sechzehntel-Bewegung.

Abstraktion

Daß ein Zug zum Abstrakten zu den Merkmalen musikalischer Spätwerke gehört — bei Beethoven ebenso wie bei Bach oder Liszt —, ist ein Topos, den die wissenschaftliche Literatur mit der populären teilt. Der Begriff des musikalisch „Abstrakten" scheint, da er unerörtert bleibt, selbstverständlich zu sein, erweist sich jedoch, wenn man ihn zu präzisieren versucht, als seltsam diffus und ungreifbar; und in der Umgangssprache, der Instanz für ungeklärte Termini, bedeutet er kaum mehr als eine Tendenz zum strengen Kontrapunkt, verbunden mit einem Verzicht auf klangliche Fülle. (In die Vorstellung von Kontrapunkt spielt eine vage Assoziation von Mathematischem hinein, die um so zäher im Bewußtsein haftet, als sie nahezu substanzlos ist.)

Der Abstraktionsbegriff der Logik ist in erster Annäherung für die Zwecke der musikalischen Analyse kaum brauchbar. Unter einem abstrakten Moment versteht man eine Bestimmtheit, die zwar für sich gedacht werden kann, in der Wirklichkeit aber niemals getrennt von einem Substrat existiert. Abstrakt ist also eine harmonische Funktion ohne Realisierung in einem bestimmten Akkord oder — wie in der Dodekaphonie — eine Konfiguration von Tonqualitäten ohne Lokalisierung in einer Oktave. Musiktheoretische Termini unter logischen Gesichtspunkten zu betrachten, ist jedoch, wie es scheint, ein bloßes Spiel, das ohne Konsequenzen bleibt. Einsichten in musikalische Strukturen lassen sich aus der Feststellung, daß Diastematik ohne Rhythmus ebenso abstrakt ist wie Rhythmus ohne Diastematik, einstweilen nicht ableiten. Das Dilemma, daß einem umgangssprachlichen Abstraktionsbegriff, der vage ist, ein philosophischer gegenübersteht, dessen Anwendung fruchtlos bleibt, ist jedoch nicht ausweglos. Eine Untersuchung der *Diabelli-Variationen* opus 120 zeigt, daß es Phänomene gibt, die dem Analytiker den logischen Abstraktionsbegriff geradezu aufdrängen, so daß sich der Gemeinplatz, Beethovens Spätwerk tendiere zum Abstrakten, auf andere Weise rechtfertigen läßt, als es gewöhnlich geschieht.

Die Takte 9—12 des Themas der Variationen — und einzig die „Geschichte" dieser wenigen Takte soll Gegenstand der Analyse sein — lassen sich, wenn man eine gewisse Pedanterie nicht scheut, in eine Reihe von Merkmalen zerlegen, die zum Teil konkrete Partikel und zum Teil abstrakte Momente sind.

Das Motiv e—f—a bleibt auch dann, wenn man es aus dem Kontext heraus-
löst, ein konkretes Gebilde; dagegen ist die Sequenz als solche, unabhängig
von den Tonfolgen und Akkorden, in denen sie sich realisiert, eine abstrakte Struktur und dennoch in der Variation XXI und XVII ein Stück musikalische Wirklichkeit, das den Zusammenhang zwischen Thema und Variation vermittelt.

Ein analytisch brauchbarer Abstraktionsbegriff läßt sich allerdings erst
formulieren, wenn man berücksichtigt, daß es erstens das Abstrakte nur in
Gradabstufungen gibt und daß zweitens der Begriff der „musikalischen Abstraktion" nicht unabhängig von geschichtlichen Bedingungen ist. Bezogen
auf die konkreten Intervalle e—f (Oberstimme) und b—a (Baß) des Themas
ist der Begriff des „Halbtons", der die diastematische Lokalisierung unbestimmt läßt, eine Abstraktion ersten Grades und die Kategorie „Sekundschritt", bei der man zwischen Halb- und Ganzton wählen kann, eine Abstraktion zweiten Grades; und beide Abstraktionsstufen spielen, so spekulativ die Unterscheidung scheinbar ist, in den *Diabelli-Variationen* eine Rolle.

Andererseits ist, wie gesagt, der musikalische Abstraktionsbegriff zum
Teil an historische Voraussetzungen gebunden. In tonaler Musik ist eine
diastematische Struktur ohne harmonische Bestimmtheit abstrakt. In der
Atonalität dagegen gilt sie als konkret. Und in Variation XX gibt es Stellen,
die als Grenzphänomene zwischen den entgegengesetzten Möglichkeiten
erscheinen.

Die Takte 9—12 des Themas in Merkmale zu zerlegen, die sich nach ihren Abstraktionsgraden unterscheiden lassen, ist insofern nicht überflüssig,
als die einzelnen Teilmomente und Partikel für sich, unabhängig von den
anderen, das Substrat bilden können, durch das eine Variation auf das Thema bezogen ist. Es gehört zu den Eigentümlichkeiten von Beethovens Spätstil, daß Zusammenhänge zwischen Teilmomenten, die untrennbar erscheinen, wenn der musikalische Sinn gewahrt werden soll, dennoch aufgelöst
werden. Nicht, daß die Zerlegung in Parameter prinzipiell ungewöhnlich
wäre; in Beethovens Spätwerk aber erreicht sie ein Extrem, das selbst in der
Neuen Musik des 20. Jahrhunderts kaum überschritten wurde.

In Variation VII werden die Motive e—f—a und fis—g—h erstens in den Baß versetzt, zweitens anders als im Thema harmonisiert und drittens durch Einfügung eines Zusatztones zu e—a—f—a und fis—h—g—h erweitert:

Die Umharmonisierung bedeutet, daß die Diastematik „in abstracto", unabhängig von den Tonbedeutungen, den Zusammenhang zwischen Thema und Variation herstellt. Andererseits ist die Interpolation eines Tones eine so tief eingreifende Veränderung, daß man sie nur darum als Variante zu begreifen vermag, weil man in den Takten 9—12 der Variation einen wie immer gearteten Konnex mit den Takten 9—12 des Themas erwartet.

In Variation V wird ebenso wie in VII durch Vorausnahme des Tones a die Tonfolge 1—2—3 des Themas (e—f—a) zu 1—3—2—3 „amplifiziert", und sie erscheint teils im Baß, teils in der Oberstimme:

Außerdem aber ist die große Terz mit der kleinen vertauscht, so daß man, um überhaupt noch einen Zusammenhang mit dem Thema feststellen zu können, eine Abstraktion zweiten Grades — außer der Umharmonisierung auch eine Verallgemeinerung des Intervalls „große Terz" zu der Intervallklasse „Terz" — annehmen muß.

In Variation I ist die Sequenzstruktur des Themas melodisch anders realisiert als harmonisch: Melodisch handelt es sich in beiden Außenstimmen um eine Sekund-, harmonisch dagegen um eine Quartsequenz. Das heißt: Der Sequenzbegriff ist in Teilmomente zerlegt, die dadurch als solche hervortreten, daß ihr ursprünglicher Konnex aufgelöst wird. Im Modell der Sequenz sind der Baß und die Mittelstimme der Akkordgriffe thematisch; sequenziert aber wird die Oberstimme, die nicht thematisch ist, und im Baß wird der Halbton mit einem Ganzton, also die konkrete Diastematik mit der abstrakten Kategorie „Sekundschritt" vertauscht.

In Variation XX, der rätselhaftesten des Zyklus, ist nur die Wiederholungs-, aber nicht die Sequenzstruktur der Takte 9—12 erhalten geblieben. Dennoch ist aufgrund der syntaktischen Position der Bezug zum Thema unleugbar:

Die Abstraktion ist in ein Extrem getrieben. Das Modell (T. 9—10) enthält zwar Halbtonschritte in Gegenbewegung, aber nicht die des Themas: Die diastematische Lokalisierung ist ebenso verändert wie die tonale Bedeutung. Und die Sequenzstruktur ist aufgelöst. Man kann jedoch die Takte 9—10 auf d-moll und die Takte 11—12 auf e-moll beziehen, so daß zwischen den Teiltonarten ein Ganztonabstand zutage tritt, der eine Parallele zur Sequenz des Themas, zu den Teiltonarten F-Dur und G-Dur, darstellt. Merkmale wie „Halbtonschritt in Gegenbewegung" und „Ganztonabstand der Teiltonarten" sind allerdings in einem Maße abstrakt, daß es zunächst schwer fällt, von einer musikalischen Relevanz der Kategorien überzeugt zu sein, die sich nicht nur konstruieren läßt, sondern auch ins Phänomen gelangt. Will man aber den Zusammenhang zwischen Variation und Thema nicht preisgeben — und er ist das Kriterium dafür, was musikalisch wirklich ist und was nicht —, so ist man gezwungen, auch hohe Abstraktionsgrade als ästhetische Realität, wie sie von Beethoven intendiert wurde, gelten zu lassen. Die Vertauschung des diatonischen Halbtons mit dem chromatischen reduziert den Konnex auf den Halbton „in abstracto" — eine gewissermaßen „atonale" Kategorie —, aber man kann der Konsequenz nicht ausweichen.

Im ersten Satz des *B-Dur-Quartetts* opus 130 ist das Seitenthema durch „kontrastierende Ableitung" auf das Hauptthema bezogen:

sotto voce

Die Sechzehntelfigur stammt aus dem Allegroteil des Hauptthemas (T. 15), und der Anfang der Kantilene entspricht den Tönen 4—7 der Adagio-Melodie, die zusammen mit der Allegro-Motivik das Hauptthema bildet:

In der Reprise ist das Seitenthema dadurch verändert, daß als Kontrapunkt ein chromatischer Quartgang erscheint, den man als Erweiterung des chromatischen Terzgangs zu Beginn des Hauptthemas auffassen kann:

Der durch den chromatischen Quartgang verdrängte Kontrapunkt der zweiten Geige, der in der Exposition die Oberstimmenmelodie zu einer doppelten Kantilene ergänzt, ist, nicht anders als der Quartgang, „thematisch", allerdings in einer Weise, die über die Grenzen des *B-Dur-Quartetts* hinausgreift: Er gehört in den Zusammenhang einer viertönigen Struktur, die ein gemeinsames Merkmal der opera 132, 130, 133 und 131 bildet; und es ist keine Übertreibung, mit einem Wort, das von Thomas Mann für Wagners Leitmotivtechnik geprägt wurde, von „Beziehungszauber" zu sprechen.

Die viertönige Struktur bildet in einer der Varianten, in denen sie erscheinen kann — eine Grundform existiert nicht —, den Anfang des Themas der *Großen Fuge* opus 133. Und aus der Fassung, die dem Fugenthema zugrunde liegt, ist der Kontrapunkt zum Seitenthema des *B-Dur-Quartetts* ableitbar, wenn man die Krebsumkehrung als Verfahren gelten läßt, von dem Beethoven Gebrauch machte:

Um die Annahme zu rechtfertigen, daß die Krebsumkehrung intendiert — und nicht vom Analytiker konstruiert — ist, kann man sich auf die Motivzusammenhänge im *cis-moll-Quartett* opus 131 berufen. Dem Finale des Quartetts liegt ein Thema zugrunde, das die viertönige Struktur in zwei Versionen enthält: In der zweiten sind, im Sinne einer motivischen Beantwortung, die Töne 3 und 4 umgestellt:

Die Annahme einer Umstellung von Tönen ist insofern gerechtfertigt, als sie es möglich macht, den Mittelteil des Hauptthemas (T. 22—23) als Umkehrung oder Krebs (die beiden Transformationen sind identisch) auf den Anfang (T. 4—5) zu beziehen und dadurch in den Gesamtzusammenhang, den die viertönige Struktur durch ihre Varianten konstituiert, einzufügen:

Die Reprise des Hauptthemas unterscheidet sich dadurch von der Exposition, daß den Takten 6—9 ein Kontrapunkt substituiert wird, den man als Krebs der ersten Fassung der viertönigen Struktur (T. 2—3) auffassen kann (T. 169—172):

Daß der Krebsgang innerhalb des Finale bedeutsam hervortritt, berechtigt dazu, eine Beziehung zu knüpfen, die — ähnlich wie im *B-Dur-Quartett* — über das Werk hinausgreift: Das Finalethema des *cis-moll-Quartetts* ist als Krebs des ersten Themas aus dem *a-moll-Quartett* opus 132 interpretierbar:

Anders ausgedrückt: Das a-moll-Thema ist mit dem Kontrapunkt in der Reprise des cis-moll-Finale identisch, und das bedeutet, daß der Zusammenhang zwischen den Quartetten durch den Kontrapunkt, der innerhalb des cis-moll-Finale eine sekundäre Variante darstellt, gewissermaßen ins Licht gerückt wird.

Vergleicht man das a-moll-Thema mit den beiden Fassungen, in denen die viertönige Struktur zu Beginn der *Großen Fuge* exponiert wird (T. 1—13 und T. 14—16), so kann man von drei Versionen sprechen, die sich durch Transpositionen der Töne 1—2 voneinander unterscheiden. (Im *a-moll-Quartett* bildet die erste statt der „thematischen" dritten den Anfang der Durchführung, so daß wiederum eine intern sekundäre Variante eine externe Beziehung stiftet.)

Die zweite Fassung ist zwar in der *Großen Fuge* von geringer Bedeutung, erscheint aber bereits in einer Skizze, die von Gustav Nottebohm veröffentlicht wurde; und außerdem kann man aus ihr durch Umstellung der Töne 3 und 4 die Fortsetzung des Fugenthemas ableiten:

Zu den Manipulationen, von denen Beethoven Gebrauch macht, gehören also außer der Umkehrung und dem Krebs auch die Teiltransposition und die Umstellung einzelner Töne. Und das Thema der Fuge aus dem *cis-moll-Quartett*, bei dem sich der Eindruck, daß es zu den Derivaten der viertönigen Struktur gehört, zwingend aufdrängt, läßt sich nur dadurch in den geschilderten Zusammenhang integrieren, daß man in der Gemeinsamkeit des Tonvorrats mit den Themen des cis-moll-Finales und des ersten Satzes aus dem *a-moll-Quartett* eine genügende Übereinstimmung sieht:

Ist man aber durch die ästhetische Evidenz des Zusammenhangs gezwungen, den gemeinsamen Tonvorrat als Kriterium gelten zu lassen, so besteht kein Grund, die Krebsumkehrung, als die sich der Kontrapunkt zum Seitenthema des *B-Dur-Quartetts* erklären ließ, aus dem Konnex auszuschließen. Und man könnte sogar fragen, ob nicht auch der chromatische Terzgang, mit dem das *B-Dur-Quartett* beginnt, insofern integrierbar ist, als er mit den Tönen 5—8 des Themas der *Großen Fuge* den Tonvorrat teilt. Zwar ist die Gefahr, daß man bei der Rekonstruktion von Motivbeziehungen ins „schlecht Unendliche" gerät, nicht gering. Daß aber im *B-Dur-Quartett* die Krebsumkehrung des Themenanfangs der *Großen Fuge* mit dem chromatischen Gang als Kontrapunkt zum Seitenthema vertauscht wird, stiftet einen formal-funktionalen Konnex zwischen den Motiven, der die Annahme einer substantiellen Beziehung — so indirekt und entfernt sie sein mag (und der Umweg ist außerordentlich lang) — zumindest nahelegt.

Ambiguität

Das Sonatenrondo, das 1845 im dritten Band der Kompositionslehre von Adolf Bernhard Marx zum erstenmal beschrieben wurde, ist nicht, wie manche Theoretiker behaupten, eine Zwischenform, sondern ein doppeldeutiges Schema, dessen Ambiguität zu seinem ästhetischen Sinn gehört. Die einzelnen Teile erfüllen gleichzeitig zwei verschiedene Funktionen, und zu sagen, die eine sei primär und die andere sekundär, ist zwar manchmal, aber nicht immer sinnvoll.

Von der Sonatenform unterscheidet sich das Sonatenrondo durch die Einfügung eines Ritornells zwischen Exposition und Durchführung und durch die Umdeutung der Coda zu einem Schlußritornell.

Hth.	Übl. Sth. Schlgr.	Hth.	Df.	Hth.	Übl. Sth. Schlgr.	Hth.
Rit.	Ep.	Rit.	Ep.	Rit.	Ep.	Rit.

Die Episoden des Rondos sind im Sinne der Sonatenform disponiert: Die erste und die dritte bestehen aus Überleitung, Seitenthema und Schlußgruppe, die zweite enthält die Durchführung.

In Beethovens späten Quartetten wird weniger das Schema des Sonatenrondos erfüllt als dessen Sinn reflektiert. Im Finale des *Es-Dur-Quartetts* opus 127 erwartet man wegen der geschlossenen Syntax des Hauptthemas, die sich gegen eine Entwicklung mit den Techniken der Sonatenform sperrt, die Form des Rondos oder des Sonatenrondos: Das Thema besteht, nach vier Takten Einleitung, aus zwei Perioden, von denen die erste 8+8 Takte und die zweite, die unmittelbar wiederholt wird, 4+4 Takte umfaßt, so daß insgesamt eine „Quadratur" von 32 Takten resultiert. Die Erwartung wird jedoch zunächst enttäuscht. Die Durchführung (T. 97) beginnt zwar mit einer Wiederkehr der Takte 1—4, aber dieser Satzanfang ist, obwohl er das Thema latent antizipiert, eine bloße Introduktion:

Das Ritornell erscheint, statt zwischen Exposition und Durchführung zu vermitteln, erst innerhalb der Durchführung (T. 145—176), und zwar nicht in der Grund-, sondern in der Subdominanttonart. Daß es sich um ein Ritornell und nicht um eines der in Durchführungen üblichen Themenzitate handelt, ist trotz der formalen und der tonalen Irregularität insofern unverkennbar, als die Wiederkehr die gesamten 32 Takte umfaßt. Und eine Erklärung ist nicht schwierig, wenn man davon ausgeht, daß es der Sinn des Sonatenrondos ist, Merkmale des Rondos und der Sonatenform gleichsam „übereinanderzublenden". Die „fausse reprise" — die scheinhafte Reprise in einer fremden Tonart inmitten der Durchführung — gehörte zu den Eigentümlichkeiten der Haydnschen Sonatenform, an die Beethoven anknüpfte; und wenn man außerdem voraussetzt, daß er die spätbarocke Konzertform, die nichts anderes als ein Rondo mit transponierten Ritornellen ist, in einigen Bachschen Exemplaren kannte, so kann man das Subdominant-Ritornell im *Es-Dur-Quartett* als Ausdruck des Gedankens auffassen, die „fausse reprise" der Sonatenform und das transponierte Ritornell des zur Konzertform modifizierten Rondos überraschend gleichzusetzen. (Auch das Schlußritornell in der Grundtonart erscheint in den Takten 277—285 inmitten einer Coda, die eine zweite Durchführung darstellt.)

Eine ähnliche Formidee liegt dem Finale des *cis-moll-Quartetts* opus 131 zugrunde. Das Hauptthema prägt die einfache Liedform a¹ b a² aus (T. 2—52), so daß es wie beim Finale des *Es-Dur-Quartetts* naheliegt, als Form des Satzes das Rondo oder das Sonatenrondo zu erwarten: Geschlossene Themenstrukturen bilden ein Korrelat zum Rondo, offene eine Entsprechung zur Sonatenform.

Zur Einfachheit des syntaktischen Umrisses stehen jedoch die differenzierten Motivbeziehungen, die zwischen den Thementeilen geknüpft werden, in einem paradoxen Verhältnis.

Sowohl der Anfang des Hauptthemas (T. 2—5) als auch das Motiv des Mittelteils (T. 22—23) sind Derivate der viertönigen Struktur, die zwischen dem *a-moll-*, dem *B-Dur-* und dem *cis-moll-Quartett* einen Zusammenhang stiftet, der manche Interpreten dazu herausforderte, von einem Zyklus zu sprechen. Das Verfahren aber, durch die viertönige Struktur den Anfang und den Mittelteil des Hauptthemas nach dem Prinzip der kontrastierenden Ableitung miteinander zu verbinden, deutet auf eine Entwicklung des Satzes im Sinne der Sonatenform voraus. Der syntaktische Umriß und die

Motivtechnik rufen also gegensätzliche Formerwartungen hervor. Oder anders formuliert: In dem Anfang des Satzes ist die in sich doppeldeutige Form des Sonatenrondos präformiert.

Das Seitenthema (T. 56) bildet, entsprechend dem Schema, die erste Episode, die Durchführung (T. 94) die zweite. Das Ritornell zwischen Exposition und Durchführung (T. 78) aber steht in der Subdominant- statt der Grundtonart, so daß es wie beim Finale des *Es-Dur-Quartetts* naheliegt, von einer Modifizierung des Rondos durch einen Rückgriff auf die Konzertform zu sprechen. Andererseits dient die Transposition dazu, das Ritornell enger mit der Durchführung zu verbinden, also die Nähe zur Sonatenform hervorzuheben.

Die Reprise (T. 160) bildet in Anlehnung an Haydnsche Sonatenformen teilweise eine Fortsetzung der Durchführung. Und daß die Durchführung in die Reprise hineinwirkt, erscheint als extreme Ausprägung des dynamischen Zuges der Sonatenform, der dem eher „architektonischen" Wesen des Rondos zuwiderläuft. Der Hauptteil der Durchführung (T. 94) ist ein Doppelfugato, dem als Themen zwei Phrasen aus dem Hauptthema, einerseits die Takte 14–17 und andererseits eine Augmentation von Takt 24, zugrunde liegen:

Das Fugato kehrt in modifizierter Fassung in der Reprise (T. 170) wieder, und zwar ist das Thema in ganzen Noten nunmehr eine Variante der viertönigen Struktur, die zwischen den Teilen des Hauptthemas das Verhältnis der kontrastierenden Ableitung herstellte.

Daß in der Reprise das Seitenthema — die dritte Episode — zunächst in D-Dur (T. 216) und dann in Cis-Dur (T. 242) erscheint, ist in einem Rondo, dessen Episoden an keine tonalen Regeln gebunden sind, durchaus regulär; dagegen ist in der Sonatenform, der „anderen Seite" des Sonatenrondos, die Transposition ein Verstoß gegen die Norm, und sie bedeutet, ebenso wie der Rückgriff auf das Fugato im Hauptthema, daß die Durchführung sich in der Reprise fortsetzt.

Daß die Reprise demnach in den dynamischen Prozeß der Sonatenform hineingezogen wird, kann, wenn man im Sinne der Sonatenform argumentiert, als Rechtfertigung dafür aufgefaßt werden, daß nach der Reprise, erzwungen durch das Schema des Rondos, das Hauptthema noch einmal wiederkehrt (T. 264). Die „zweite Reprise", im Rondo Teil des Formgerüsts, bedarf in der Sonatenform, der Kehrseite des Doppelschemas, einer Begründung.

Die Form des Satzes im ganzen erweist sich demnach als Prozeß, in dem die zu Anfang geweckte Erwartung, daß es sich sowohl um ein Rondo als auch um eine Sonatenform handeln werde, gerade dadurch eingelöst wird, daß das Sonatenrondo, an sich bereits eine zwiespältige Form, außerdem in irregulärer Ausprägung erscheint. Das Nebeneinander von „Liedform" und kontrastierender Ableitung im Hauptthema, die Transposition des Ritornells zwischen Exposition und Durchführung und die Modulation des Seitenthemas in der Reprise sind doppeldeutige Momente, in denen sich die Ambiguität des Sonatenrondos, das zugleich und ineins als Rondo und als Sonatenform aufgefaßt werden soll, in extremer Weise manifestiert. Ist der formale Doppelsinn im Schema des Sonatenrondos gewissermaßen nur eine Behauptung, so stellen die Besonderheiten des cis-moll-Finale deren Einlösung dar. Und es gehört zu den Eigentümlichkeiten des Spätwerks, daß sich Beethoven gerade durch eine Form, deren Sinn in ihrer Ambiguität liegt, zu Experimenten herausgefordert fühlte, die in extreme Konsequenzen führten.

Kantabilität und motivische Arbeit

Kantabilität und motivische Arbeit scheinen sich auszuschließen. Und sogar die Zeitstrukturen, zu denen die Satztypen tendieren, sind grundverschieden. Motivische Arbeit, die von einem Thema ausgeht und dessen Implikationen entwickelt, erscheint als paradigmatische Ausprägung der zielgerichteten Prozessualität, die seit jeher als charakteristisch für Beethovens Stil empfunden worden ist: einer Prozessualität, in der die Musik gewissermaßen sich selbst voraus ist. Eine der häufigsten syntaktischen Formen motivischer Arbeit ist die Sequenz, die aus sich heraus unbegrenzt ist; und die typische Harmonik Beethovenscher Durchführungen wurde von Schönberg als „wandernde Tonalität" bestimmt, die zwar auf ein Ziel gerichtet, aber nicht auf ein Zentrum bezogen ist.

Ist demnach die Zeitstruktur der thematisch-motivischen Arbeit teleologisch, so erweist sich die der kantablen Periode als „Rhythmus im Großen", der weniger einen Prozeß ausprägt, als daß er einen Gleichgewichtszustand herstellt. Die Metapher, daß Musik „tönende Architektur" sei, umschreibt die Idee eines Stillstands in der Zeit, der den musikalischen Vorgang einen Augenblick lang als „Gestalt" im Sinne der Schillerschen Ästhetik erscheinen läßt. Das Korrespondenzprinzip, das der klassischen Syntax zugrunde liegt, hält die Teile — die Zählzeiten, Takte, Halbsätze und Perioden — in Balance, indem immer der zweite ein Gegengewicht zum ersten bildet. Und daß sich das Prinzip in ständig wachsenden Dimensionen realisiert, besagt, daß der Zeitverlauf nicht die Vergangenheit hinter sich zurückläßt und an der Zukunft orientiert ist, sondern daß er gerade umgekehrt dazu dient, die ästhetische Gegenwart, die dem Hörer als „tönende Architektur" präsent ist, immer umfassender erscheinen zu lassen. Die musikalische Zeit des „Rhythmus im Großen" ist eine mit den Dimensionen des Korrespondenzprinzips wachsende Gegenwart, nicht ein Fortgang von einem Anfang, der zurücksinkt, zu einem Ende, dem man entgegenstrebt.

Die Cavatina aus dem *B-Dur-Streichquartett* opus 130, Adagio molto espressivo, ist einerseits eine paradigmatische Ausprägung des „redenden Prinzips" (Carl Philipp Emanuel Bach), das sich in der Kantabilität ebenso manifestiert wie in der rezitativischen Episode des Mittelteils, erscheint andererseits aber als dichtes Netz von Motivbeziehungen, deren Komplikationsgrad geradezu labyrinthisch anmutet. Und man kann den Satz als Lösung des Problems verstehen, zwischen den divergierenden Voraussetzungen zu vermitteln.

Das Hauptthema (T. 2—9) ist ein achttaktiger „Satz", an dessen einfacher „Quadratur" ein einleitender Takt und die Wiederholung des Schlußtaktes nichts ändern. Im Seitenthema (T. 23—39) verhalten sich die achttaktigen Teile, die in sich „satzartig" gebaut sind, wie ein Vorder- und ein Nachsatz zueinander, so daß sich das Korrespondenzprinzip in nicht weniger als vier Größenordnungen — 1+1, 2+2, 4+4 und 8+8 — realisiert. Sogar das Rezitativ (T. 42—48) ist als Periode interpretierbar, wenn man — die Harmonik berechtigt dazu — Takt 45 als Verschränkung eines vierten Taktes mit einem ersten gelten läßt.

Besteht demnach das Gerüst der Form — zu dem noch die Reprise des Hauptthemas (T. 50—57) zu zählen ist — aus syntaktisch regulären Gebilden, so breitet sich in den nicht „quadratischen" Teilen — den voneinander abweichenden Fortsetzungen des Hauptthemas in der Exposition (T. 11—22) und in der Reprise (T. 58—66) — die motivische Arbeit, das Gegenprinzip zur Kantabilität, in teilweise entlegenen Verzweigungen aus.

Das Motiv des einleitenden Taktes, das im Hauptthema Zäsuren überbrückt, verselbständigt sich in der Fortsetzung — und zwar in der Reprise ebenso wie in der Exposition — zum Substrat kontinuierlicher Sequenzierung. Wesentlicher als die manifeste motivische Arbeit, die sich in traditionellen Bahnen bewegt, ist jedoch das Verfahren, Assoziationen zu knüpfen, die halb latent bleiben.

Die Reprise ist insofern eine Zusammenfassung des ganzen Satzes, als an der Stelle der Wiederholung des Hauptthemas (T. 58—59) der Anfang des rezitativischen Mittelteils (T. 42) erscheint:

Die kantable Fassung der Rezitativphrase vermittelt jedoch nicht nur zwischen den divergierenden Stilen, die in dem Satz nebeneinander stehen, sondern ist auch insofern in die Reprise integriert, als sie an die Takte 53—54 erinnert, die in den Takten 58—59 gleichsam „beantwortet" werden. Die Takte 58—59 stiften also einen Zusammenhang zwischen ursprünglich heterogenen, nicht aufeinander bezogenen Phrasen:

Ein ähnliches Verfahren liegt der Fortsetzung des Hauptthemas in der Exposition zugrunde (T. 17—21):

Man kann die Taktgruppe — trotz der Umkehrung in Takt 18 und der rhythmischen Modifikationen in Takt 18 und 20 — als Sequenzierung eines niedertaktig jambischen Terzmotivs im absteigenden Quintenzirkel auffassen. (Die Interpretation wird unterstützt durch den gleichbleibenden Kontrapunkt, der aus Takt 1 stammt.) Die Takte 20—21 sind einerseits eine Variante von Takt 17—18, erinnern aber andererseits an die Takte 5—6: Mit der einen Voraussetzung teilen sie den Rhythmus, mit der anderen die Diastematik, mit beiden den melodischen Umriß:

Wiederum werden, nicht anders als in der Reprise, heterogene Phrasen, zwischen denen zunächst nicht die geringste Ähnlichkeit bestand, nachträglich aufeinander bezogen, und zwar dadurch, daß ein späteres Motiv Eigenschaften der früheren miteinander kombiniert. Durch motivische Arbeit werden also nicht aus einem Thema Konsequenzen gezogen, die in verschiedene Richtungen auseinanderstreben, sondern ursprünglich Divergierendes wird unvorhersehbar in Beziehung zueinander gesetzt. Die Vielfalt geht nicht aus einer primären Einheit — einem Thema als „Bezugsgestalt" — hervor, sondern wird sekundär zur Einheit zusammengezogen.

Daß erst die Kontraktion heterogener Momente die Zusammenhänge herstellt, die den inneren, „thematischen" Konnex des Satzes begründen, besagt im Hinblick auf die Zeitstruktur, daß sich die Einheit des Ganzen wesentlich durch Erinnerung konstituiert.

Selbstverständlich setzt auch die entwickelnde Variation eines Themas voraus, daß dessen ursprüngliche Gestalt dem Hörer präsent ist; die Aufmerksamkeit ist jedoch primär auf die immer wieder anderen Konsequenzen, die aus dem Thema gezogen werden, also auf die Zukunft gerichtet. Dagegen ist bei der Einsicht, daß ein Motiv zwischen ursprünglich heterogenen Phrasen einen nachträglichen Konnex stiftet, der Blick zurück, dem die Erkenntnis der Zusammenhänge im Vergangenen aufgeht, das entscheidende Moment. Vom Resultat her erweist sich ein Verlauf, dessen innere Einheit zunächst latent blieb, als in sich geschlossen.

Die Zeitstruktur einer motivischen Arbeit, bei der das Einheitsmoment als Kombination einen Endpunkt und nicht als Thema einen Ausgangspunkt bildet, erinnert nun aber an die des „Rhythmus im Großen". Daß die Form nicht durch Entwicklung aus einer ursprünglichen Setzung hervorgeht, sondern aus Teilen besteht, die im Rückblick vom Ende her als in sich geschlossenes Ganzes erscheinen, ist das gemeinsame Merkmal. Und man kann ohne Gewaltsamkeit sagen, daß die spezifische Art von motivischer Arbeit, die für die Cavatina charakteristisch ist, eine ähnliche Zeitstruktur erkennen läßt wie der „Rhythmus im Großen", der dem Gerüst des Satzes zugrunde liegt. Im ästhetisch Fundamentalen stimmen die Kantabilität und die motivische Arbeit, die sich zunächst auszuschließen schienen, widerspruchslos zusammen.

1 Ludwig van Beethoven (1712–1773). Ölbild von Leopold Radoux (Historisches Museum, Wien). Beethovens Großvater, der vierzig Jahre lang als Bassist und später zugleich als Kapellmeister am kurkölnischen Hofe in Bonn in Diensten stand, war insofern, als er nicht komponierte, unter den Kapellmeistern eine Ausnahme, so daß man auf Verdienste als Organisator schließen kann. Der Bonner Bäckermeister Gottfried Fischer schreibt in seinen Erinnerungen, die trotz ihrer späten Aufzeichnung eine zuverlässige Quelle über Beethovens Jugendzeit sind: „Statur des Hofkapellmeisters: ein großer schöner Mann, gelängtes Gesicht, breite Stirn, runde Nase, große dicke Augen, dicke rote Wangen, sehr ernsthaftes Gesicht."

285

C. G. NEEFE

2 Christian Gottlob Neefe (1748–1798). Stich von Gottlob August Liebe nach einer Zeichnung von Johann Georg Rosenberg (Foto: Gesellschaft der Musikfreunde, Wien). Neefe, der 1779 als Musikdirektor der Großmannschen Theatertruppe nach Bonn kam, war unter Beethovens Bonner Lehrern der einzige Musiker von Rang. Daß Wegeler in seinen Erinnerungen schrieb: „Neefe hatte wenig Einfluß auf den Unterricht unseres Ludwig; letzterer klagte sogar über Neefes zu harte Kritik seiner ersten Versuche in der Komposition", besagt wenig, denn Beethoven neigte dazu, von seinen Lehrern zu behaupten, er habe nichts von ihnen gelernt. Beethoven verdankte Neefe, der Komponist und zugleich Schriftsteller war, nicht nur die Kenntnis des *Wohltemperierten Klaviers*, sondern auch die Begeisterung für Klopstock. Vor allem aber vermittelte Neefe ihm die Ästhetik des Charakteristischen. In Neefes *Dilettanterien* von 1785 heißt es: „Sulzer, einer unsrer größten Philosphen, und vielleicht der größte Ästhetiker unsrer Zeit, beklagt sich über Nachlässigkeit in dem Bestreben, die Instrumentalmusik bedeutender zu machen, die ohne Zweifel längst sprechender geworden wäre, wenn man in jenen Versuchen fortgefahren hätte."

286

3 *Drei Sonaten fürs Klavier*, die sogenannten *Kurfürstensonaten*. Erstdruck 1783 (Foto: Gesellschaft der Musikfreunde, Wien). Die Widmung an den Kurfürsten Maximilian Friedrich
— in der Beethoven, wahrscheinlich durch seinen Vater getäuscht, sein Alter mit elf Jahren
angibt — beginnt mit den Worten: „Erhabenster! Seit meinem vierten Jahre begann die
Musik die erste meiner jugendlichen Beschäftigungen zu werden. So frühe mit der holden
Muse bekannt, die meine Seele zu reinen Harmonien stimmte, gewann ich sie, und wie
mir's oft wohl däuchte, sie mich wieder lieb. Ich habe nun schon mein eilftes Jahr erreicht;
und seitdem flüsterte mir oft meine Muse in den Stunden der Weihe zu: ‚Versuch's und
schreib einmal deiner Seele Harmonien nieder!'" Die Tendenz zur Monothematik, die sich
in den *Kurfürstensonaten* zeigt, ist insofern bedeutsam, als sie den Schluß zuläßt, daß das
Prinzip der „kontrastierenden Ableitung" nicht durch Vermittlung eines primären Gegensatzes, sondern durch Differenzierung einer ursprünglichen Einheitlichkeit entstanden ist.

287

LUDWIG VAN BEETHOVEN

in seinem 16ten Jahre.

Lith. von Gebr. Becker in Coblenz 1838

4 Ludwig van Beethoven um 1786. Silhouette von Joseph Neesen. Titelblatt aus F. G. Wege-
ler/F. Ries: *Biographische Notizen über Ludwig van Beethoven,* Koblenz 1838 (Foto: Bayerische Staatsbibliothek, München). Carl Ludwig Junker berichtet 1791 über Beethovens Kla-
vierspiel: „Ich habe Voglern auf dem Fortepiano (von seinem Orgelspiel urteile ich nicht,
weil ich ihn nie auf der Orgel hörte) gehört, oft gehört und stundenlang gehört, und immer seine außerordentliche Fertigkeit bewundert, aber Beethoven ist außer der Fertigkeit
sprechender, bedeutender, ausdrucksvoller, kurz, mehr für das Herz: also ein so guter
Adagio- als Allegrospieler." Die Darstellung stimmt mit Czernys Urteil überein: „Beethovens Manier: Charakteristische und leidenschaftliche Kraft, abwechselnd mit allen Reizen
des gebundenen Kantabile ist hier vorherrschend."

5 Ferdinand Ernst Gabriel Graf von Waldstein (1762–1823). Unsigniertes Ölbild (Museum Duchcov/CSSR). Graf Waldstein, der Widmungsträger der *Klaviersonate* opus 53, ebnete Beethoven, den er in Bonn kennengelernt hatte, in den Wiener Adelskreisen die Wege. Die Worte, die er am 29. Oktober 1792 in Beethovens Tagebuch schrieb, sind eine vorgreifende, seltsam prophetische Formulierung dessen, was man seit Reichardt und E. T. A. Hoffmann als „klassische Trias" bezeichnete: „Lieber Beethoven! Sie reisen itzt nach Wien zur Erfüllung ihrer so lange bestrittenen Wünsche. Mozarts Genius trauert noch und beweinet den Tod seines Zöglinges. Bei dem unerschöpflichen Haydn fand er Zuflucht, aber keine Beschäftigung; durch ihn wünscht er noch einmal mit jemanden vereinigt zu werden. Durch ununterbrochenen Fleiß erhalten Sie: Mozarts Geist aus Haydns Händen."

6 Johann Georg Albrechtsberger (1736—1809). Unsigniertes Ölbild (Gesellschaft der Musikfreunde, Wien). Albrechtsberger unterrichtete 1794—1795, als Haydn in London war, Beethoven im strengen Satz. Beethoven war, wie Ferdinand Ries erzählt, ein schwieriger Schüler: „Haydn hatte gewünscht, daß Beethoven auf den Titeln seiner ersten Werke setzen
möchte: ‚Schüler von Haydn'. Beethoven wollte dieses nicht, weil er zwar, wie er sagte, einigen Unterricht bei Haydn genommen, aber nie etwas von ihm gelernt habe . . . Auch bei
Albrechtsberger hatte Beethoven im Kontrapunkte und bei Salieri über dramatische Musik
Unterricht genommen. Ich habe sie alle gut gekannt; alle drei schätzten Beethoven sehr,
waren aber auch einer Meinung über sein Lernen. Jeder sagte: Beethoven sei immer so ei-
gensinnig und selbstwollend gewesen, daß er Manches durch eigene harte Erfahrung habe
lernen müssen, was er früher nie als Gegenstand eines Unterrichts habe annehmen wollen."

290

7 Ignaz Schuppanzigh (1776—1830). Lithographie von Bernhard Edler von Schrötter (Foto: Gesellschaft der Musikfreunde, Wien). Schuppanzigh, ein treuer und durch nichts beirrbarer Freund Beethovens, war Primarius des Streichquartetts, das Graf Rasumowsky von 1808—1816 unterhielt. Daß er 1804, offenbar als erster, öffentliche Quartettaufführungen wagte, blieb nicht ohne Einfluß auf die *Streichquartette* opus 59, in deren Konzeption Beethoven, pointiert ausgedrückt, den Übergang der Gattung von der Haus- zur Konzertmusik vollzog. Reichardt schrieb 1808 über Schuppanzighs Spiel: „Herr Schuppanzigh selbst hat eine eigene pikante Manier, die sehr wohl zu den humoristischen Quartetten von Haydn, Mozart und Beethoven paßt; oder wohl vielmehr aus dem angemessenen launigen Vortrag dieser Meisterwerke hervorgegangen ist."

291

8 Michaelerplatz mit dem alten Burgtheater. Kolorierter Kupferstich von Carl Postl, 1810 (Galerie Liechtenstein). Im Burgtheater fand am 2. April 1800 ein Benefizkonzert statt, durch das Beethoven, der zunächst einen eher esoterischen Ruhm in Adelskreisen erzielt hatte, der Durchbruch zu öffentlicher Geltung als führender Komponist neben Haydn gelang. Das Programm umfaßte das *Erste Klavierkonzert* opus 15 — chronologisch das zweite —, die *Erste Symphonie* opus 21 und das *Septett* opus 20, das lange Zeit Beethovens populärstes Werk war. Der Korrespondent der *Allgemeinen musikalischen Zeitung* schrieb: „Endlich bekam doch auch Herr Beethoven das Theater einmal, und dies war wahrscheinlich die interessanteste Akademie seit langer Zeit. Er spielte ein neues Konzert von seiner Komposition, das sehr viel Schönheiten hat — namentlich die zwei ersten Sätze. Dann wurde ein Septett von ihm gegeben, das mit sehr viel Geschmack und Empfindung geschrieben ist. Er phantasierte dann meisterhaft, und am Ende wurde eine Symphonie von seiner Komposition aufgeführt, worin sehr viel Kunst, Neuheit und Reichtum an Ideen war." Die Kritik ist, trotz des konventionellen Vokabulars, insofern bedeutsam, als Beethovens Werke in der *Allgemeinen musikalischen Zeitung* durchaus nicht immer gelobt wurden.

292

9 Palais Lobkowitz am Lobkowitzplatz. Kolorierter Stich von Vincenz Reim (Historisches Museum, Wien). Im Palais des Fürsten Franz Joseph Max von Lobkowitz (1772—1816), der ein eigenes Orchester unterhielt und selbst Geige spielte, wurde die *Eroica* zum ersten Mal aufgeführt. (Die erste öffentliche Aufführung im Theater an der Wien verzögerte sich bis zum 7. April 1805). Prinz Louis Ferdinand von Preußen, selbst Komponist und Pianist von Rang, war von dem Werk so begeistert, daß er um eine Wiederholung der Aufführung bat.

293

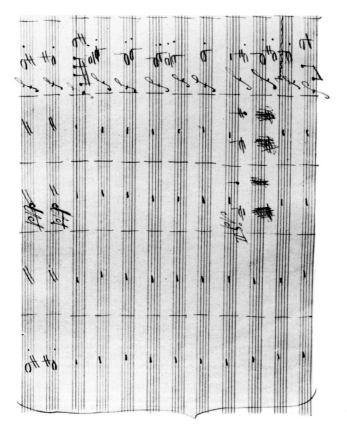

10 Seite aus der Partitur der *Eroica* mit dem dissonierenden Horneinsatz vier Takte vor der Reprise (Gesellschaft der Musikfreunde, Wien). Die Dissonanz, die Fétis korrigieren zu müssen glaubte, wurde sogar von Ries zunächst nicht verstanden: „Bei der ersten Probe dieser Symphonie, die entsetzlich war, wo der Hornist aber recht eintrat, stand ich neben Beethoven, und im Glauben, es sei unrichtig, sagte ich: ‚Der verdammte Hornist! kann der nicht zählen?‘ — Es klingt ja infam falsch!‘ Ich glaube, ich war sehr nahe daran, eine Ohrfeige zu erhalten. — Beethoven hat es mir lange nicht verziehen.“

11 Jacques-Louis David: Napoleon, sich die Krone auf das Haupt setzend (Skizze zum „Sa-
cre") (Service de documentation photographique de la Réunion des musées nationaux, Paris). Der Vorgang, daß Napoleon sich in Notre Dame die Kaiserkrone nicht vom Papst
aufsetzen ließ, sondern sie mit Usurpatorengeste selbst ergriff, so daß dem Papst nichts anderes übrig blieb, als verlegen daneben zu sitzen, ist von David auf einer Skizze zum Krö-
nungsbild mit einer Drastik dargestellt worden, die in der endgültigen Fassung nicht am
Platze erschien, weil es Napoleon um Legitimation und nicht um Herausforderung ging.

12 Ludwig van Beethoven. Ölbild von Joseph Willibrord Mähler (Historisches Museum, Wien). Das erste der vier Beethoven-Porträts, die Mähler malte, entstand 1804—1805 und blieb bis zu Beethovens Tod in dessen Besitz. Das Bild, das Beethoven mit allegorischer Leier und vor dem Hintergrund einer Landschaft mit griechischem Tempel zeigt, wirkt idealisiert, ohne daß — wie der Vergleich mit der 1803 entstandenen Elfenbeinminiatur von Horneman zeigt — die Porträtähnlichkeit aufgehoben wäre.

13 Das Theater an der Wien. Unsignierter und undatierter Stahlstich (Foto: Bayerische Staatsbibliothek, München). Im Theater an der Wien — in dem Beethoven 1803 eine Wohnung zur Verfügung gestellt wurde, damit er in Ruhe an seiner Oper arbeiten konnte — wurden 1805 die erste Fassung des *Fidelio* und 1806 die Umarbeitung zum erstenmal aufgeführt. Sonnleithners Text stieß bei dem Korrespondenten der *Zeitung für die elegante Welt* geradezu auf Entrüstung: „Es ist unbegreiflich, wie sich der Compositeur entschließen konnte, dieses gehaltlose Machwerk Sonnleithners mit der schönen Musik beleben zu wollen, und daher konnte . . . der Effect des Ganzen unmöglich von der Art sein, als sich der Tonkünstler wohl versprochen haben mochte, da die Sinnlosigkeit der rezitirenden Stellen den schönen Eindruck der abgesungenen ganz oder doch größtentheils verwischte."

297

14 Josephine Gräfin Deym, geb. Gräfin von Brunswick. Unsignierte Bleistiftminiatur (Joseph
Graf Deym, Wien). Daß Josephine von Brunswick die Adressatin des Briefes an die „unsterbliche Geliebte" war, den Beethoven 1812 in Teplitz schrieb — ohne daß man weiß,
ob er abgeschickt wurde —, ist Jahrzehnte lang abwechselnd behauptet und bestritten worden, gilt aber inzwischen als wahrscheinlich.

15 *Fidelio.* Szenenbild aus dem *Wiener Hoftheater Almanach* auf das Jahr 1815, herausgegeben von Franz Castelli (Foto: Stadtbibliothek, Wien). Das Bild zeigt im Quartett Nr. 14 den Augenblick, in dem sich Leonore mit den Worten „Töt' erst sein Weib!" vor Florestan stellt, den Pizarro zu ermorden versucht. Der Moment, der die Peripetie der Dramas bezeichnet, wird musikalisch zu 46 Takten ausgesponnen, bevor das rettende Trompetensignal die Situation verändert.

16 *An die ferne Geliebte*. Originalausgabe 1816 (Foto: Bayerische Staatsbibliothek. München). Daß Fanny Giannatasio in ihrem Tagebuch notierte, Beethoven habe mit ihrem Vater, dem Erzieher des Neffen Carl, über eine hoffnungslose Liebe gesprochen, von der er seit fünf Jahren besessen sei, war für manche Biographen Grund genug, den Liederzyklus *An die ferne Geliebte* mit dem Brief an die „unsterbliche Geliebte" zu verknüpfen. Die biographische Methode bewegt sich jedoch psychologisch auf unsicherem Boden, da niemand entscheiden kann, ob es sich bei der Komposition um einen Ausdruck des Gefühls oder um ein Resultat der Distanzierung von ihm handelt.

17 Ludwig van Beethoven. Zeichnung von Johann Peter Theodor Lyser (Sammlung André Meyer, Paris). Lyser (1803—1870), dessen Zeichnung später lithographiert wurde, hat Beethoven, wie es scheint, niemals gesehen. Die Bedeutung seiner Skizze liegt nicht in deren Porträtähnlichkeit, die gering ist, sondern darin, daß sie das „romantische Beethoven-Bild" — das Bild des Revolutionärs und des um Äußerlichkeiten unbekümmerten Genies — zeichnerisch festhält.

18 Programm des Konzerts am 7. Mai 1824 im Kärntnertortheater (Bildarchiv der Österreichischen Nationalbibliothek, Wien). Die drei Sätze aus der *Missa solemnis* — Kyrie, Credo und Agnus Dei —, die zusammen mit der *Neunten Symphonie* am 7. Mai 1824 zum erstenmal in Wien aufgeführt wurden, erscheinen unter dem Titel „Hymnen", weil die Zensur es nicht erlaubte, daß Messen unter ihrem eigentlichen Namen in Konzerten gesungen wurden. Bei der Ouvertüre, mit der das Konzert begann, handelte es sich um *Die Weihe des Hauses*, 1822 zur Eröffnung des Josephstädter Theaters geschrieben. Joseph Carl Rosenbaum notierte mit gewohnter Malice in seinem Tagebuch: „Viele Logen leer — vom Hofe Niemand. Bey dem großen Personale wenig Effekt — B. Anhänger lärmten, der größere Theil blieb ruhig, viele warteten nicht ab."

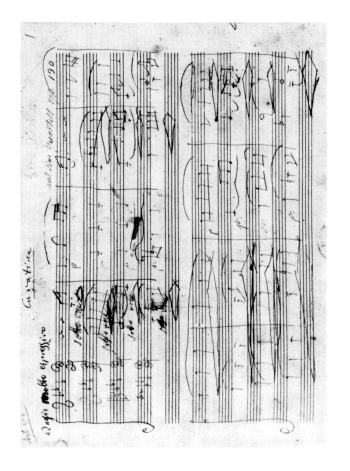

19 Cavatina, fünfter Satz aus dem *Streichquartett B-Dur* opus 130. Autograph (Staatsbibliothek Preußischer Kulturbesitz, Musikabteilung, Berlin). Das *B-Dur-Quartett* (1825–1826) ist, nach opus 127 und opus 132, das dritte der vom Fürsten Nikolaus von Galitzin bestellten Streichquartette. In der Cavatina, die Beethoven selbst für seine geglückteste Kantilene hielt, entsteht durch den Wechsel zwischen den Oberstimmen und die irreguläre Gliederung der Eindruck einer „unendlichen Melodie", wie denn auch Wagner die tragende Kategorie seiner eigenen Musik in Beethovens Werken vorgeprägt fand.

303

20 Beethovens Leichenzug. Aquarell von Franz Stöber (Beethoven-Haus, Bonn). Ungefähr zwanzigtausend Menschen gaben Beethovens Sarg das Geleit. Franz Grillparzers Grabrede, die am Eingang zum Friedhof gehalten werden mußte, begann mit einem Vergleich zwischen Beethoven und Goethe: „Indem wir hier am Grabe dieses Verblichenen stehen, sind wir gleichsam die Repräsentanten der ganzen Nation, des deutschen gesamten Volkes, trauernd über den Fall der einen hochgefeierten Hälfte dessen, was uns übrigblieb von dem dahingeschwundenen Glanz heimischer Kunst, vaterländischer Geistesblüte."

Bibliographie

Guido Adler, *Beethovens Charakter*, Regensburg 1927

Adlers Beschreibung, in der die Spannung zwischen extremen Gegensätzen als Grundzug von Beethovens Charakter erscheint, geht der Gefahr einer Mythisierung ebenso aus dem Wege, wie sie die Fallstricke der „Entlarvungspsychologie" vermeidet.

Emily Anderson, *The Letters of Beethoven*, Band I—III, London 1961

Die englische Übersetzung von Beethovens Briefen ist einstweilen — bis die Vorarbeiten des Beethoven-Hauses zu einem Resultat führen — die umfassendste und zuverlässigste Ausgabe, über die wir verfügen.

Gustav Becking, *Studien zu Beethovens Personalstil: Das Scherzothema*, Leipzig 1921

Die Wirkung des Beethovenschen Scherzo, die von der des Scherzando unterschieden werden muß, beruht nach Becking auf dem „Verlaufskontrast paralleler Teile" und dem „Mißverhältnis antwortender Teile".

Ludwig van Beethoven, hrsg. von Ludwig Finscher (Wege der Forschung Band 428), Darmstadt 1983

Zentrale Probleme der Beethoven-Forschung — wie das Verhältnis zwischen Analyse und Hermeneutik, die Erschließung der Skizzen und die Beziehung zur Romantik — werden in Beiträgen mit zum Teil gegensätzlichen Positionen erörtert.

Beethoven und die Gegenwart, hrsg. von Arnold Schmitz, Berlin und Bonn 1937

Der Band, der Ludwig Schiedermair als Festschrift gewidmet wurde, enthält sieben Abhandlungen: über das deutsche und das französische Beethoven-Bild, die Beethoven-Genealogie, das Wort-Ton-Problem, die Naturauffassung, den Einfluß der Barocktradition und die „Weltanschauung".

The Beethoven Companion, hrsg. von Denis Arnold und Nigel Fortune, London 1971

Der Sammelband, dessen Autoren zwischen wissenschaftlichem und populärem Stil zu vermitteln suchen, enthält vor allem Essays über die musikalischen Gattungen, in die sich Beethovens Werke gruppieren lassen.

Beethoven-Jahrbuch, hrsg. von Theodor von Frimmel, I—II, 1908—1909

Einige Beiträge, wie etwa der Aufsatz von Heinrich Rietsch über die von Diabelli angeregten Variationen verschiedener Komponisten über dasselbe Thema, sind wissenschaftlich noch immer von Bedeutung.

Beethoven-Jahrbuch, hrsg. von Joseph Schmidt-Görg, später von Hans Schmidt und Martin Staehelin, 1953ff.

Beim *Beethoven-Jahrbuch* die Regelmäßigkeit des Erscheinens zu erreichen, durch die sich das *Bach-* und das *Mozart-Jahrbuch* auszeichnen, ist bisher, trotz des ständigen Wachsens der Beethoven-Forschung, nicht geglückt.

Ludwig van Beethovens Konversationshefte, hrsg. von Karl-Heinz Köhler und Grita Herre, Leipzig 1972ff.

Die Edition — die dritte nach den abgebrochenen Ansätzen Walter Nohls und Georg Schünemanns — ist fast ein diplomatischer Abdruck. Risse im Papier werden ebenso wenig mit Stillschweigen übergangen wie sinnlose Striche am Rand.

Beethoven-Studien, hrsg. von Erich Schenk, Wien 1970

Die 14 Studien, die der Band umfaßt, gruppieren sich um drei Themen: Biographie, musikgeschichtliche Tradition und Werkanalyse.

Beethoven Studies I—III, hrsg. von Alan Tyson, London und New York 1973—1982

Skizzenforschung und Strukturanalyse bilden — aufeinander bezogen oder unabhängig voneinander — Schwerpunkte der gegenwärtigen Beethoven-Forschung, wie sie sich in den *Studies* spiegelt.

Beethoven-Symposion Wien 1970, hrsg. von Erich Schenk, Wien 1971

Die ungewöhnlich vielfältige Thematik der 14 Beiträge erstreckt sich vom Klassikbegriff bis zur Syntaxtheorie und von der Malerei bis zur Philosophie der Beethoven-Zeit.

Beiträge zur Beethoven-Bibliographie. Studien und Materialien zum Werkverzeichnis von Kinsky-Halm, hrsg. von Kurt Dorfmüller, München 1978

Der Band enthält, außer Beiträgen über Wasserzeichen und über Fundorte von Autographen und Erstdrucken, vor allem Addenda und Corrigenda zu Kinsky-Halms Werkverzeichnis.

Paul Bekker, *Beethoven*, Berlin und Leipzig 1911

Das Buch ist berühmt geworden durch die nuancenreiche Sprache, mit der Bekker versucht, die Ausdruckscharaktere musikalischer Themen und Motive in Worte zu fassen.

Bericht über den Internationalen Beethoven-Kongreß 10.–12. Dezember 1970 in Berlin, hrsg. von Heinz Alfred Brockhaus und Konrad Niemann, Berlin 1971.

Ein großer Teil der 73 Beiträge, die der Kongreßbericht umfaßt, behandelt Probleme der Wirkungs- und der Interpretationsgeschichte.

Bericht über den Internationalen Beethoven-Kongreß Berlin 1977, hrsg. von Harry Goldschmidt u. a., Leipzig 1978.

Als zentrale Themen des Kongresses lassen sich aus der Menge dessen, was behandelt wurde, die Skizzenforschung, Anton Schindlers Fälschungen in den Konversationsheften — zu denen gerade die häufig zitierten Stellen gehören — und das Verhältnis zwischen Kunstwerk und Biographie herausheben.

Bericht über den Internationalen Kongreß der Gesellschaft für Musikforschung, Bonn 1970, hrsg. von Carl Dahlhaus u. a., Kassel o. J.

In den Sektionen über Beethoven, die einen großen Teil des Kongresses ausmachten, wurden Probleme der Rhythmik und Metrik, Methoden der Skizzenforschung, Beethovens Verhältnis zu Haydn sowie seine Beziehungen zu Osteuropa behandelt.

Hans Boettcher, *Beethoven als Liederkomponist*, Augsburg 1928

Boettcher geht von einer Typologie der Liedformen aus und erörtert Strukturprobleme aufgrund von Vergleichen Beethovenscher Lieder mit anderen Vertonungen derselben Texte.

Martin Cooper, *Beethoven: The Last Decade, 1817–1827*, London 1970

Biographische und werkanalytische Teile ergänzen sich, ohne daß die Musik biographisch erklärt oder die Biographie durch Resultate der Werkinterpretation gefärbt würde.

Hans Heinrich Eggebrecht, *Zur Geschichte der Beethoven-Rezeption*, Wiesbaden 1972

Aus der Beharrlichkeit, mit der in der Beethoven-Literatur dieselben Topoi ständig wiederkehren, schließt Eggebrecht auf deren Wahrheitsgehalt.

Kurt von Fischer, *Die Beziehung von Form und Motiv in Beethovens Instrumentalwerken*, Strasbourg und Zürich 1948

Der Autor betont die Bedeutung der „Entwicklungsmotive" (Ernst Kurth), die, ohne thematisch zu sein, für die innere Dynamik der Form nicht selten ausschlaggebend sind.

Elliot Forbes, *Thayer's Life of Beethoven*, Princeton 1964

Das Buch ist durch seine Zuverlässigkeit im Faktischen ein Standardwerk. Thayers Text wird durch ergänzende und korrigierende Einschübe, die deutlich gekennzeichnet sind, unterbrochen. Der „Urtext", wie Forbes ihn nennt, ist allerdings zum Teil eine Rekonstruktion: Für die Darstellung der Jahre seit 1817 hinterließ Thayer, als er 1897 starb, nur Materialien, die inzwischen verlorengegangen sind und in der deutschen Fassung von Deiters und Riemann eine andere Form erhielten als in der englischen von Krehbiel.

Allen Forte, *The Compositional Matrix*, New York 1961

Fortes Abhandlung über die *E-Dur-Sonate* opus 109 ist der erste Versuch, eine von Schenker inspirierte Strukturanalyse mit einer Interpretation ausgewählter Skizzen zu verbinden.

Theodor von Frimmel, *Beethoven-Handbuch*, Band I—II, Leipzig 1926

Das Lexikon unterrichtet in alphabetischer Ordnung über Personen, Orte, Werke und Werkgruppen, Charakterzüge und biographische Sachverhalte.

Harry Goldschmidt (Hrsg.), *Zu Beethoven*, Berlin 1979

Die Hauptthemen des Berliner Beethoven-Kongresses 1977 werden in dem Sammelband detaillierter behandelt.

George Grove, *Beethoven and His Nine Symphonies*, London 1896

Groves Monographie mag wissenschaftlich veraltet sein, erscheint aber in ihrer Mischung von technischen Analysen, historisch-philologischen Kommentaren und anekdotischen Exkursen als unersetzliches Dokument eines musikästhetischen Humanismus, der verschiedene Gesichtspunkte nebeneinander gelten ließ, deren Verfestigung zu Methoden er jedoch als Übertreibung empfunden haben würde.

Peter Gülke, *Zum Verhältnis zwischen Intention und Realisierung bei Beethoven*, in: *Bericht über den Internationalen Beethoven-Kongreß 10.—12. Dezember 1970 in Berlin*, S. 517—532

Die Realisierung steht bei Beethoven „in produktiver Spannung zum Werk insofern, als die Art und Weise und das Ausmaß, in denen das Intendierte sich in Klang umsetzen läßt, selbst zum Bestandteil der Komposition werden".

Peter Gülke, *Zur Bestimmung des Sinfonischen bei Beethoven*, in: Deutsches Jahrbuch der Musikwissenschaft für 1970, S. 67—95

Das Orchester ist in Beethovens Symphonien, deren Bestimmung als „Orchestersonate" die formale Spezifik der Gattung verfehlt, kein bloßes Darstellungsmittel, sondern ein die Satzstruktur mitbestimmender „Partner in der Dialektik der musikalischen Formung".

August Halm, *Von zwei Kulturen der Musik*, München 1913

Halm stellt der Fuge, in der die Form als Funktion des Themas erscheint, die Sonate gegenüber, in der umgekehrt das Thema, das rudimentär sein kann, eine Funktion der Form ist.

August Halm, *Beethoven*, Berlin 1926

Das Buch kreist um den Begriff der Form, die von Halm „als Prinzip und zugleich als Resultat formalen Ordnens" verstanden wird. Zwei Kapitel sind einer detaillierten Analyse der *Diabelli-Variationen* gewidmet.

Willy Hess, *Beethovens Oper Fidelio und ihre drei Fassungen*, Zürich 1953

Hess vergleicht die verschiedenen Fassungen der einzelnen Nummern unter musikalisch-formalen Gesichtspunkten, deren theoretische Voraussetzungen von Alfred Lorenz stammen. In einem Anhang sind die Textbücher von 1805 und 1806 synoptisch abgedruckt.

Douglas Johnson/Alan Tyson/Robert Winter, *The Beethoven Sketchbooks*, Berkeley and Los Angeles 1985

Das Handbuch, das für die Erschließung der Skizzenbücher eine feste Grundlage bildet, enthält bei jedem Skizzenbuch eine Darstellung der Überlieferungsgeschichte, eine Datierung und deren Begründung, eine Beschreibung des Inhalts und eine Rekonstruktion der ursprünglichen Gestalt.

Joachim Kaiser, *Beethovens 32 Klaviersonaten und ihre Interpreten*, Frankfurt am Main 1975

Kaiser beschreibt mit einer Genauigkeit, die in der Musikkritik selten ist, Interpretationen der Klaviersonaten durch bedeutende Pianisten: Interpretationen, die er nicht an einer feststehenden Meinung über Beethovens Intentionen mißt, sondern aus denen er gerade umgekehrt Aufschlüsse über musikalische Sinnzusammenhänge, die sich erst allmählich und in unendlicher Annäherung erschließen, zu gewinnen sucht.

Joseph Kerman, *The Beethoven Quartets*, New York 1967

Kermans Buch, das zu den grundlegenden Darstellungen der Beethoven-Literatur gehört, wird von der Überzeugung getragen, daß die Werkinterpretation das Zentrum darstellt, in dem philologische Forschungen, stilgeschichtliche Untersuchungen, Strukturanalysen und ästhetische Reflexionen zusammentreffen.

Friedrich Kerst, *Die Erinnerungen an Beethoven*, Stuttgart 1913
Kerst stellt die überlieferten Dokumente zusammen, ohne zwischen Wesentlichem und Unwesentlichem, Wahrscheinlichem und Unwahrscheinlichem zu unterscheiden. Ansätze zu historischer Kritik bilden eine seltene Ausnahme

Georg Kinsky/Hans Halm, *Das Werk Beethovens. Thematisch-bibliographisches Verzeichnis seiner sämtlichen vollendeten Kompositionen*, München und Duisburg 1955
Das Verzeichnis, begonnen von Kinsky und zu Ende geführt von Halm, ist ein bibliographisches Standardwerk, das sich dadurch auszeichnet, daß es inhaltsreich ist, ohne unübersichtlich zu sein. Addenda und Corrigenda wurden von Kurt Dorfmüller zusammengestellt

Warren Kirkendale, *The „Great Fugue" Op. 133: Beethoven's „Art of Fugue"*, in: Acta musicologica 35 (1963), S. 14—24
Albrechtsbergers Behauptung, es sei selten möglich, in einer einzigen Fuge sämtliche „Zierlichkeiten und Künste" zugleich anzubringen, scheint für Beethoven, als er die *Große Fuge* entwarf, eine Herausforderung gewesen zu sein.

Warren Kirkendale, *Beethovens Missa solemnis und die rhetorische Tradition*, in: Beethoven-Symposion Wien 1970, S. 121—158
Kirkendale untersucht — im Sinne der Toposforschung, wie sie in der Literaturwissenschaft von Ernst Robert Curtius begründet oder wiederbegründet wurde — die Herkunft und Geschichte musikalischer Formeln, die Beethoven in der *Missa solemnis* aufgriff und modifizierte.

Georg Knepler, *Zu Beethovens Wahl von Werkgattungen*, in: Beiträge zur Musikwissenschaft 1970, S. 308—321
Die Vermittlung zwischen Gattungen verschiedener Stillagen, die Knepler bei Beethoven beobachtet, läßt sich sozialgeschichtlich interpretieren.

Rudolf Kolisch, *Tempo and Charakter in Beethoven's Music*, in: Musical Quarterly 29 (1943), S. 169—187 und 291—312
Kolisch, der dem „gesunden Musikverstand" mißtraut, zeigt eindringlich, daß es zu sinnvollen Resultaten führt, wenn man Beethovens Anweisungen wörtlicher nimmt, als es gewöhnlich geschieht.

Richard Kramer, *Notes to Beethoven's Education*, in: Journal of the American Musicological Society 28 (1975), S. 72—101
Kramer untersucht mit beharrlicher Akribie die kargen Relikte von Beethovens Bonner Tonsatzstudien und weist Einflüsse Johann Philipp Kirnbergers und Johann Matthesons nach.

Klaus Kropfinger, *Wagner und Beethoven*, Regensburg 1975
Wagners Beethoven-Rezeption ist nicht nur im Hinblick auf Wagner, sondern auch für die Entstehung mancher Züge des Beethoven-Bildes, die bis zur Gegenwart überliefert werden, von Bedeutung.

H. C. Robbins Landon, *Beethoven. Sein Leben und seine Welt in zeitgenössischen Bildern und Texten*, Zürich 1970
Der kommentierte Bildteil, der 256 Stücke umfaßt, ist ein Standardwerk der Beethoven-Ikonographie.

Paul Henry Lang (Hrsg.), *The Creative World of Beethoven*, New York 1971
Der Sammelband, der aus einem Heft von *Musical Quarterly* hervorgegangen ist, umfaßt

15 Abhandlungen, deren Thematik von der Skizzenforschung bis zur Ideengeschichte und von der Werkinterpretation bis zur Theorie der musikalischen Syntax reicht.

Wilhelm von Lenz, *Beethoven et ses trois styles*, St. Petersburg 1852—1853
Die Einteilung von Beethovens Werk in drei Stilperioden ist zwar schon 1828 von Johann Aloys Schlosser vorgeschlagen worden, setzte sich aber erst durch das Buch von Lenz im allgemeinen Bewußtsein durch.

Lewis Lockwood, *On Beethoven's Sketches and Autographs: Some Problems of Definition and Interpretation*, in: Acta Musicologica 42 (1970), S. 32—47; deutsch in: *Ludwig van Beethoven*, hrsg. von Ludwig Finscher, Darmstadt 1983, S. 113—138
Lockwood zeigt, daß die Niederschrift der Partitur keineswegs immer das letzte Stadium des Kompositionsprozesses war, sondern nicht selten von einer Rückkehr zur Arbeit an Skizzen unterbrochen wurde. Von immer gleichen Stufen der Entstehungsgeschichte kann, im Unterschied zu der gewissermaßen regulierten Verfahrensweise Richard Wagners, nicht die Rede sein.

Lewis Lockwood, *The Autograph of the First Movement of Beethoven's Sonata for Violoncello and Piano, Op. 69*, in: The Music Forum 2 (1970), S. 1—109
Die Untersuchung der Skizzen und die Strukturanalyse des abgeschlossenen Werkes greifen in Lockwoods Abhandlung in einer Weise ineinander, die paradigmatisch ist, weil sie einen Weg zeigt, auf dem die Isolierung der Skizzenforschung vermieden werden kann.

Alfred Mann, *Beethoven's Contrapuntal Studies with Haydn*, in: Musical Quarterly 56 (1970), S. 711—726
Mann rückt Nottebohms Urteil über Haydns Unterrichtsmethode insofern zurecht, als er zwar einige Spuren von Flüchtigkeit nicht leugnen kann, aber den Vorwurf eines Mangels an Konsequenz zu entkräften vermag.

Adolph Bernhard Marx, *Ludwig van Beethoven. Leben und Schaffen*, Band I—II, Berlin 1859
Die Interpretationen der Werke als „Seelengemälde" — die in Fällen, wo sich ein dokumentarischer Anhaltspunkt bietet, auf Beethovens Lebensgeschichte bezogen werden — bilden eine Ergänzung der Formanalysen, die einen nicht geringen Teil der Marxschen Kompositionslehre ausmachen.

Paul Mies, *Die Bedeutung der Skizzen Beethovens zur Erkenntnis seines Stiles*, Leipzig 1925
Zu den Veränderungen, die Mies beim Vergleich der von Nottebohm publizierten Skizzen mit den endgültigen Fassungen beobachtete, gehören die Tilgung von Vorhalten, die Überbrückung von Zäsuren und die Reduktion offener motivischer Zusammenhänge zwischen Haupt- und Seitenthema zu latenten Beziehungen.

Ludwig Misch, *Die Faktoren der Einheit in der Mehrsätzigkeit der Werke Beethovens*, München und Duisburg 1958
Stilmerkmale, in denen die innere Zusammengehörigkeit der Sätze eines Zyklus begründet sein kann, entdeckt Misch in sämtlichen „Parametern" des Tonsatzes: Melodische Wendungen und rhythmische Figuren stiften ebenso einen ästhetisch wirksamen Konnex wie auffällige Akkorde oder Eigentümlichkeiten der Instrumentation.

Ludwig Misch, *Beethoven-Studien*, Berlin 1950; ders., *Neue Beethoven-Studien und andere Themen*, München und Duisburg 1967
Mischs Interesse gilt primär, wenn auch nicht ausschließlich, Problemen der musikalischen Form.

Neues Beethoven-Jahrbuch, hrsg. von Adolf Sandberger, I—X, 1924—1942
Biographische Studien und Werkinterpretationen halten sich im Gleichgewicht. Neue Literatur wird regelmäßig verzeichnet.

William S. Newman, *Performance Practices in Beethoven's Piano Sonatas*, New York 1971

Das Buch ist eine historisch fundierte und dennoch äußerst konzise Einführung in Grundprobleme des Tempos, der Artikulation, der Dynamik und der Ornamentik.

Gustav Nottebohm, *Beethoveniana*, Leipzig und Winterthur 1872; *Zweite Beethoveniana*, Leipzig 1887

Nottebohm teilte die Resultate seines Studiums von Handschriften und Skizzen in der Regel in verstreuten Miszellen mit, die er später sammelte. Eine Ausnahme bildet die ausführliche Abhandlung, in der er nachweist, daß Seyfrieds Buch über Beethovens Studien „kein authentisches, auch kein untergeschobenes, sondern ein gefälschtes Werk" ist.

Rudolph Réti, *The Thematic Process in Music*, London 1961; ders., *Thematic Patterns in Sonatas of Beethoven*, London 1967

Réti versucht, die innere Einheit musikalischer Werke dadurch zu demonstrieren, daß er die wesentlichen Themen und Motive auf diastematische — vom Rhythmus abstrahierte — „Zellen", die zwei oder drei Töne umfassen, zurückführt.

Hugo Riemann, *L. van Beethovens sämtliche Klavier-Solosonaten*, Band I—III, Berlin 1918—1919

Ein wesentlicher Teil von Riemanns immensem wissenschaftlichen Werk — nicht nur die Analysen in der Bearbeitung von Thayers Biographie, sondern auch das *System der musikalischen Rhythmik und Metrik* und die *Große Kompositionslehre* — ist Beethoven gewidmet. In dem Buch über die Klaviersonaten stehen Probleme der Phrasierung, der Metrik und der Harmonik im Vordergrund; und die Analysen tendieren dazu, weniger eine Annäherung an die Individualität der Werke zu suchen als die Triftigkeit genereller Theoreme an Beispielen zu demonstrieren.

Walter Riezler, *Beethoven*, Berlin und Zürich 1936

Riezlers Buch ist nach einem halben Jahrhundert immer noch die gedankenreichste und zuverlässigste Beethoven-Monographie in deutscher Sprache. Der erste Teil skizziert die Lebensgeschichte, der zweite entwirft eine Ästhetik der absoluten Musik, und der dritte gibt einen Überblick über die Werke. Ein Anhang enthält eine detaillierte Analyse des ersten Satzes der *Eroica*.

Alexander L. Ringer, *Beethoven and the London Pianoforte School*, in: Musical Quarterly 56 (1970), S. 742—758

Die Werke der Komponisten, die man zu einer „London Pianoforte School" zusammenfassen kann — Clementi, Dussek, Cramer, Field und Pinto —, bilden einen wesentlichen Teil des geschichtlichen Kontextes, auf den man Beethovens Klaviermusik beziehen muß.

Romain Rolland, *Beethoven. Les grandes époques créatrices*, Band I—II, Paris 1927, deutsch Leipzig 1930

Rolland war ein universaler Gelehrter, vor allem aber, wie die biographischen Teile des Buches zeigen, ein großer Erzähler. Die Werkinterpretationen sind imaginäre Lebens- und Seelengeschichten.

Charles Rosen, *The Classical Style: Haydn, Mozart, Beethoven*, New York 1971, deutsch München und Kassel 1983

Rosens Buch ist ein gelehrter Essay, der vor allem die Vorzüge der scheinbar unverträglichen literarischen Gattungen aufweist, die er miteinander verquickt. Einen großen Teil des Beethoven-Kapitels bildet die Analyse von Terzstrukturen in der *Hammerklaviersonate*.

Adolf Sandberger, *Ausgewählte Aufsätze zur Musikgeschichte II: Studien und Kritiken zu Beethoven und zur Beethovenliteratur*, München 1924

Der Band enthält außer kleineren Aufsätzen eine Geschichte der Beethoven-Literatur bis 1922 und eine grundlegende Abhandlung über die kompositions- und ideengeschichtlichen Voraussetzungen der *Pastoralsymphonie*.

Heinrich Schenker, *Beethovens Neunte Symphonie*, Wien und Leipzig 1912
Schenkers früheste Beethoven-Publikation geht der Entwicklung der Reduktionsmethode voraus; sie verbindet eine Analyse der Harmonik und Motivik mit Vortragsanweisungen und einer häufig polemischen Auseinandersetzung mit der Literatur.

Heinrich Schenker, *Beethovens V. Symphonie*, Wien 1925
Neu gegenüber dem Buch über die *Neunte Symphonie* ist die Konstruktion von „Urlinien", die allerdings noch nicht die letzte Entwicklungsstufe der Schenkerschen Methode repräsentieren. Die Polemik gegen den „wüsten Miß- und Tiefstand" der Literatur ist schärfer geworden.

Heinrich Schenker, *Die letzten Sonaten von Beethoven. Kritische Ausgabe mit Einführung und Erläuterung*, Wien 1913—1920
Die Strukturanalyse von opus 109, die sich auf das Autograph stützt, soll vor allem einem angemessenen Vortrag den Weg bahnen. Bei opus 110 und opus 111 berücksichtigt Schenker außer dem Autograph auch die Skizzen. Neu in der Analyse von opus 101 ist der Entwurf von „Urlinien".

Arnold Schering, *Beethoven und die Dichtung*, Berlin 1936
Die Hypothese, daß Beethoven seinen Instrumentalwerken Dichtungen der Weltliteratur als verschwiegene Programme zugrunde gelegt habe, wird an Werken verschiedener Gattungen erprobt und in einer weit ausgreifenden Einleitung historisch und ästhetisch begründet.

Ludwig Schiedermair, *Der junge Beethoven*, Leipzig 1925
Die Darstellung von Beethovens Jugendzeit in Bonn verbindet biographische Schilderungen mit Werkanalysen und ideengeschichtlichen Exkursen.

Anton Schindler, *Biographie von Ludwig van Beethoven*, Münster 1840
Schindlers Biographie — eher eine Sammlung ungeschickt verknüpfter Materialien als eine zusammenhängende Darstellung — ist ebenso unentbehrlich wie irritierend: unentbehrlich als Quelle für sonst nicht überlieferte Vorgänge und Äußerungen; irritierend durch eine Unzuverlässigkeit, deren Grund weniger in Gedächtnisschwäche als in der Eitelkeit des „Ami de Beethoven" zu suchen ist.

Hans Schmidt, *Verzeichnis der Skizzen Beethovens*, in: Beethoven-Jahrbuch 1965—1968, S. 7 bis 128
Das — notgedrungen vorläufige — Verzeichnis bildet zusammen mit dem Handbuch von Johnson, Tyson und Winter die Grundlage der Skizzenforschung.

Hans Schmidt, *Die Beethovenhandschriften des Beethovenhauses in Bonn*, in: Beethoven-Jahrbuch 1969—1970
Die — zum Teil aus Nachlässen stammenden — Bestände des Bonner Beethoven-Hauses und Beethoven-Archivs — hunderttausende von Quellen und Quellenkopien — zu erschließen, ist eine nahezu unendliche Aufgabe.

Joseph Schmidt-Görg, *Beethoven. Die Geschichte seiner Familie*, München 1964
Das Buch faßt zahlreiche Funde zur Beethoven-Genealogie zusammen.

Arnold Schmitz, *Beethovens „Zwei Prinzipe"*, Berlin und Bonn 1923
Die Entdeckung, daß das Verfahren der „kontrastierenden Ableitung" in Beethovens Instrumentalwerken von grundlegender Bedeutung ist, wird dadurch, daß sich das Wort von den „zwei Prinzipen" inzwischen als Schindlersche Fälschung erwies, nicht geschmälert, denn die Interpretation der „zwei Prinzipe" als „kontrastierende Ableitung" war schwach begründet.

Arnold Schmitz, *Das romantische Beethovenbild*, Berlin und Bonn 1927
Die nicht-thematischen Teile des Buches — die Exkurse über Beethovens Religiosität, über

den Einfluß der französischen Revolutionsmusik auf den „heroischen Stil" und über das Liedhafte und das Pittoreske in romantischen Symphonien — sind bedeutender als die thematischen, die von einem wenig differenzierten Romantikbegriff ausgehen.

Leo Schrade, *Beethoven in France*, New Haven 1942, deutsch Bern und München 1980
Daß Beethoven in Frankreich „seinem Wesen nach eine Idee" sei, ist die tragende These des Buches. Die Darstellung reicht von Cambini und Stendhal über Berlioz bis zu Rolland, Péguy und Suarès.

Maynard Solomon, *Beethoven*, New York 1977, deutsch München 1979
Zu den Themen, bei deren Behandlung die Neuheit und Besonderheit des psychoanalytisch orientierten Buches deutlich hervortreten, gehören die Verschiebung von Beethovens Geburtsjahr, die Beziehung zu Paris und zu Napoleon, die „unsterbliche Geliebte", die mit Antonie von Brentano identifiziert wird, und das Verhältnis zum Neffen.

Peter Stadlen, *Beethoven und das Metronom*, in: *Musik-Konzepte 8 (1979), S. 12—33*
Stadlens scharfsinnige Untersuchung, die eine Vielzahl von Gesichtspunkten verbindet, führt zu dem Resultat, daß Beethovens Metronomziffern, obwohl Verzerrungen nicht auszuschließen sind, mehr Beachtung verdienen, als man ihnen gewöhnlich zugesteht.

Rudolf Stephan, *Zu Beethovens letzten Quartetten*, in: Die Musikforschung 28 (1970), S. 245 bis 256
Der Aufsatz, den man als Kapitel aus einer Theorie der musikalischen Form auffassen kann, behandelt vor allem den Unterschied zwischen „Sonatenrondo" und „Rondosonate", der zu den geringen Differenzen gehört, auf die es ästhetisch ankommt.

Editha und Richard Sterba, *Beethoven and His Nephew*, New York 1954
Die als Sensation wirkende Studie, die Beethoven eine latente Homosexualität unterstellt, diskreditiert durch offene Feindseligkeit gegen Beethoven die psychoanalytische Methode, deren Anwendung auf historische Personen ohnehin problematisch ist.

Marie-Elisabeth Tellenbach, *Beethoven und seine „unsterbliche Geliebte" Josephine Brunswick*, Zürich 1983
Daß Josephine Brunswick die Adressatin des Briefes an die „unsterbliche Geliebte" war, ist aus inneren Gründen warscheinlich, wenn auch die äußeren Anhaltspunkte hypothetisch bleiben.

Alexander Wheelock Thayer, *Ludwig van Beethovens Leben*, I—III, hrsg. von Hermann Deiters, Berlin 1866—1879, IV—V aufgrund Thayerscher Materialien bearbeitet von Hermann Deiters, nach dessen Tode weitergeführt von Hugo Riemann, Leipzig 1907—1908, Band II—III ²1910—1911, Band I ²1901, ³1917
Thayers Absicht, die aus Dokumenten erschließbare Wirklichkeit und nichts sonst zu schildern, manifestiert sich in einer Darstellungsform, die von der Rhetorik der populären Beethoven-Literatur durch eine geradezu lapidare Nüchternheit absticht und insofern ein Stil und nicht etwa ein Mangel an Stil ist. Als Sammlung von Zeugnissen und als quellenkritischer Kommentar ist Thayers Biographie — in deren Neuausgabe Elliot Forbes 1964 Addenda und Corrigenda einfügte — immer noch unentbehrlich. Riemanns interpolierte Werkerläuterungen sind eher Anmerkungen als Analysen.

Donald Francis Tovey, *Beethoven*, London 1944
Das Buch, das von Tovey als Fragment hinterlassen wurde, stellt zu den Werkinterpretationen in den *Essays in Musical Analysis* und in *A Companion to Beethoven's Pianoforte Sonatas* insofern eine Ergänzung dar, als es systematische Gesichtspunkte wie Tonalität, Rhythmus und Tempo in den Vordergrund rückt.

Leo Treitler, *History, Criticism, and Beethoven's Ninth Symphony*, in: 19th Century Music III (1980), S. 193—210

314

Probleme, die sich bei einer Interpretation der *Neunten Symphonie* zeigen — Treitler unterscheidet zwischen Interpretationen, die der Individualität eines Werkes gerecht werden sollen, und Analysen, deren Funktion es ist, die Triftigkeit einer Theorie zu demonstrieren —, bilden den Ausgangspunkt für eine Auseinandersetzung mit Schenker und für Reflexionen über Geschichtstheorien von Droysen und Dilthey bis zu Eliot und Collingwood.

Jürgen Uhde, *Beethovens Klaviermusik*, Band I—III, Stuttgart 1968—1974
   Obwohl Uhde im Vorwort die Methode der „gesellschaftlichen Dechiffrierung" rühmt, besteht das Buch selbst ausschließlich aus Strukturanalysen.

Franz Gerhard Wegeler/Ferdinand Ries, *Biographische Notizen über Ludwig van Beethoven*, Koblenz 1838
   Sowohl Wegeler, ein Jugendfreund, als auch Ries, ein Schüler Beethovens, erzählen nicht zusammenhängend, sondern fügen Notizen aneinander, die manchmal belanglos sind, zu einem nicht geringen Teil aber zum Grundbestand der Beethoven-Biographik gehören.

Kurt Westphal, *Vom Einfall zur Symphonie*, Berlin 1965
   Westphal schildert am Beispiel der *Zweiten Symphonie* den Kompositionsprozeß von den ersten Skizzen bis zur endgültigen Fassung, ohne sich auf psychologische Interpretationen einzulassen.

Personenregister

Register der Werke Beethovens